本书是 2024 年度山东省社会科学规划研究重点项目"新质生产力的法治保障研究"（24BFXJ01）、中共山东省委党校（山东行政学院）重大项目攻关创新科研支撑项目"新质生产力对中国式社会治理现代化的影响及路径研究"（25CX126）的成果。

新质生产力的法治保障研究

马玉丽 著

中国政法大学出版社

2025·北京

声　明　1. 版权所有，侵权必究。

　　　　2. 如有缺页、倒装问题，由出版社负责退换。

图书在版编目（CIP）数据

新质生产力的法治保障研究 / 马玉丽著. -- 北京：中国政法大学出版社, 2025.4. -- ISBN 978-7-5764-2018-0

Ⅰ.D920.0

中国国家版本馆CIP数据核字第2025Q4V068号

出 版 者	中国政法大学出版社
地　　址	北京市海淀区西土城路 25 号
邮　　箱	fadapress@163.com
网　　址	http://www.cuplpress.com（网络实名：中国政法大学出版社）
电　　话	010-58908435(第一编辑部) 58908334(邮购部)
承　　印	北京旺都印务有限公司
开　　本	720mm×960mm　1/16
印　　张	18
字　　数	353 千字
版　　次	2025 年 4 月第 1 版
印　　次	2025 年 4 月第 1 次印刷
定　　价	76.00 元

前言 Preface

党的十八大提出"两个一百年"奋斗目标，即到2035年基本实现现代化，经济总量和人均GDP翻一番，到2050年建成社会主义现代化强国。新质生产力是这一国家战略的重要组成部分和有力支撑。[1] 党的二十大报告指出："高质量发展是全面建设社会主义现代化国家的首要任务。发展是党执政兴国的第一要务。没有坚实的物质技术基础，就不可能全面建成社会主义现代化强国。"[2] 高质量发展，是全面建设社会主义现代化国家的首要任务，是新时代的硬道理；发展新质生产力，则是推动高质量发展的内在要求和重要着力点。发展新质生产力既是现实所需，更是长远所系，有利于抢占发展制高点、赢得未来主动权。[3]

习近平总书记在2023年9月考察黑龙江期间首次提出"新质生产力"这一概念。[4] 2024年1月，习近平总书记在中共中央政治局第十一次集体学习时再次强调，要"加快发展新质生产力，扎实推进高质量发展"。立足现实国情，习近平总书记明确指出，"新质生产力已经在实践中形成并展示出对高质量发展的强劲推动力、支撑力"。[5] 党的二十届三中全会《中共中央关于进一步全面深化改革 推进中国式现代化的决定》明确提出，"健全因地制宜发展新质生产力体制机制"。[6] 习近平总书记关于新质生产力的重要论述，为开辟高质量发展新领

---

[1] 参见王晓明、沈华：《对新质生产力的理论认识、战略认识、实践认识》，载《科技中国》2024年第4期。

[2] 参见习近平：《高举中国特色社会主义伟大旗帜 为全面建设社会主义现代化国家而团结奋斗——在中国共产党第二十次全国代表大会上的报告（2022年10月16日）》，人民出版社2022年版，第28页。

[3] 参见吴忧：《"新质"与"高质"如何双向奔赴》，载《四川日报》2024年5月14日，第2版。

[4] 参见《习近平主持召开新时代推动东北全面振兴座谈会强调 牢牢把握东北的重要使命 奋力谱写东北全面振兴新篇章》，载《人民日报》2023年9月10日，第1版。

[5] 《习近平在中共中央政治局第十一次集体学习时强调 加快发展新质生产力 扎实推进高质量发展》，载《人民日报》2024年2月2日，第1版。

[6] 参见《中共中央关于进一步全面深化改革 推进中国式现代化的决定》，载《人民日报》2024年7月22日，第1版。

域新赛道、塑造发展新动能新优势提供了科学指引。新质生产力是我国经济社会发展的新起点、新动能，是新时代符合我国历史和阶段发展特征的理论指引，是代表当前先进生产力演进方向的理论，对指导我国经济社会发展具有极其重要的意义。[1] 新质生产力理论是对马克思主义生产力理论的继承性和集成性发展。

新质生产力的爆发式增长，正重塑全球经济的动力格局，极大地推动了社会经济的高效运行与繁荣。这种由人工智能、云计算、区块链等前沿技术引领的新浪潮，催生了无数新兴产业，提升了生产效率，优化了资源配置，实现了经济效益的飞速增长，但与此同时，也对既有法律框架和政策环境构成了严峻挑战，尤其是知识产权的保护机制，如何在快速迭代的技术环境中保持同步，成为亟需关注的焦点。技术进步的两面性显露无遗，它在赋予社会无限可能的同时，也催生了一系列复杂的法律与伦理困境。大数据时代的数据安全问题犹如达摩克利斯剑，悬在数字社会的脖颈之上。个人信息的收集、存储和使用，与个人隐私权的维护之间的平衡如何在大数据的洪流中找到立足之地？这是一个亟待破解的难题。因此，治理机制必须与时俱进，既要激发创新的活力，又要防范可能的滥用，以确保公平、公正的市场环境和公民的合法权益。在这个瞬息万变的技术疆界中，不仅要追赶新质生产力的步伐，更要预见并应对其带来的深远影响，以实现科技与社会秩序的和谐共生。

因此，探究新质生产力的法治保障显得至关重要且紧迫。法治是国家治理的基本方式。法治作为平衡创新与风险的制度天平，以特殊规则规范和引领创新事业。充分发挥法治的引领、规范、保障作用，围绕加强重点领域、新兴领域立法，通过科学立法、民主立法、依法立法，在法治轨道上提供制度供给，打通束缚新质生产力发展的堵点卡点，培育壮大战略性新兴产业和未来产业，为发展新质生产力提供法治"加速度"。[2] 一个健全的法治环境不仅能够保护创新成果，防止盗版与侵权，还能够为数据安全构建起坚固的防火墙，确保个人信息不被滥用。同时，法治的完善与执行将为新质生产力提供公正的竞争环境，防止市场垄断，保障公平交易，以此推动经济的持续、健康增长。法治的强化还有助于确保科技创新的福祉能够惠及所有人，避免数字鸿沟的产生，促进社会的包容性发展。因此，新质生产力的法治保障研究，更多是在探索如何在变革中寻找平衡，以期在法律框架内释放科技的全部潜力，实现社会的繁荣。

---

[1] 参见王晓明、沈华：《对新质生产力的理论认识、战略认识、实践认识》，载《科技中国》2024年第4期。

[2] 参见尹栋、吴萌、王晓丹：《以法治保障引领发展新质生产力》，载《黑龙江日报》2024年5月1日，第3版。

新质生产力的进步与应用深刻重塑了社会资源的配置模式，对传统生产关系产生颠覆性影响。与此同时，法律需适时演进，以回应并推动科技进步和产业创新。这一动态调整的过程是一项冗长且复杂的任务，应遵循依法保障、平等保护、灵活适应、预防与救济相结合、人民至上等原则，确保法治框架能够契合新质生产力的演变，助推其实现更高层次的升华，同时保障社会稳定，支持经济发展，维护和增进公众利益和社会整体利益。

完善的法律法规体系是新质生产力茁壮成长的基石，为其构筑了一套稳定、可预见性的制度框架，为创新与投资活动提供了清晰的指导和保障。法律明确规定市场准入标准、知识产权的保护、数据安全措施以及对个人隐私的尊重，能有效降低营商环境的不稳定性，减少交易过程中的障碍，激发企业对研发与长期投资的积极性。通过设定公平的规则，法律的规制效用在于抑制过度集中，维护市场公平竞争，防止垄断行为，保护市场生态的公正性，确保新质生产力沿着健康的路径演进，进而促进整个社会经济的持久和谐发展。

行政执法活动是政府机构运用公共权力、执行社会治理任务的核心手段，其效力与质量直接影响公民、法人及其他组织的合法权益。执法保障在催生和推动新质生产力发展过程中具有重要影响。一个公平、公正的执法环境构成了新质生产力演进的坚实基础，为创新发展勾勒出一个可预见且稳定的法治空间。有力的执法有利于捍卫知识产权，刺激并鼓励个人和企业投身研发与创新，从而促进新质生产力的塑造。同时，通过执法监督防止市场垄断，保障公平竞争，确保新质生产力的良性发展。面对新技术可能引发的数据安全、隐私安全等社会问题，执法部门需灵活响应，通过高质量执法来维护公共利益。

司法体系在维护社会公平和公正中发挥着基石般的作用，尤其在面对新质生产力的培育和发展时，其影响力至关重要。新质生产力，涵盖高技术产业、数字经济和绿色能源等新兴领域，这些正是全球经济增长的新动力。在当前数字化、网络化、智能化的趋势下，司法的保驾护航对于经济结构的优化和升级起到决定性影响。司法保障不仅是规则的守护者，也是创新的催化剂，为高科技产业和数字经济等新兴产业营造出一个可预见且稳定的经营环境，从而增强投资者和创新者的信心。例如，公正、透明的知识产权司法实践，对创新成果的保护，激励企业与个人投入研发，加速了科技成果产出和转化的步伐。同时，司法公正的裁决也有助于打破市场障碍，保障公平竞争环境，确保新质生产力能够与传统行业在同一平台上竞争，有力推动产业结构的调整和升级。因此，司法在新经济秩序中的角色，已超越了单纯的纠纷解决，演变成新质生产力发展的助推器，塑造着全球经济的未来形态。

普法教育对培育公众法律意识、推动法治化进程至关重要。法律的权威源自人民的信仰。习近平总书记指出，"只有铭刻在人们心中的法治，才是真正牢不可破的法治。"[1] 在新质生产力发展中，普法教育的作用越发关键，其对科技创新生态、商业运营模式及社会安定繁荣产生直接影响。因此，深化新质生产力领域的普法教育，成为提升公民法治素养的必备手段，同时也是实现高质量发展不可或缺的要素。

新质生产力的发展，正深刻地改变着经济社会的肌理，催生出全新的产业链和商业模式，同时也在法律领域带来了新的议题。人工智能、大数据、云计算等先进技术的应用，极大地提升了产业效能，催生了丰富的创新业态，但也引发了复杂的法律真空和权益冲突。利益多元化成为目前中国社会的鲜明特征，加剧了社会关系的错综复杂性，使得有效调节各方利益成为迫切需求。在此背景下，传统的纠纷解决路径如诉讼，往往因程序繁复、耗时长，而无法适应现代社会快节奏的需求，其局限性在科技日新月异的背景下更为凸显。多元化纠纷解决机制应运而生，它以主体多元、方式灵活、高效快捷的优势，正逐渐成为平衡社会利益冲突的关键工具。它接纳了各种非诉讼解决方式，如调解、仲裁和谈判，旨在快速、高效地调和各方权益，维护社会稳定。同时，它以自身高度的灵活性和包容性，补充并丰富了传统的司法体系，共同构建了一个多层次、立体化的纠纷解决网络，以适应并满足现代社会多样且复杂的法律服务需求。

在全球化的深度影响下，新质生产力的跨国、跨领域特性愈发显著，科技进步与创新活动跨越了传统的国界和行业壁垒，引领着经济社会的新变革。国际科技合作的发展，激发出无数创新突破，重塑了全球产业链和价值链。然而，科技快速发展的同时，法律领域的局限性也逐渐显露，现有的国际法律框架往往滞后于新质生产力的发展，导致法律适用性的不确定性与冲突日益显现。因此，面对新质生产力带来的法律挑战，需要全球各国携手，以构建人类命运共同体以及开放协作的态度，改革并拓宽法律视野，共同制定和调整法律框架，以适应这一时代的新特征。构建一个与新质生产力发展相协调的国际法治环境，对于确保全球新质生产力的健康、持续进步至关重要，也是全球化时代赋予的责任和使命。

加快发展新质生产力，必须有效发挥法治固根本、稳预期、利长远的保障作用，在法治轨道上确保发展新质生产力有法可依、有规可循。法治涵摄新质生产力的发展进程。[2] 本书从法治视角，对新质生产力的法治保障问题进行了系统研究。全书共分为九章，分别是：新质生产力法治保障的理论分析；新质生产力法治保障的现状；构建面向新质生产力的法治保障体系应遵循的原则；完善新质

---

[1] 中共中央文献研究室编：《习近平关于全面依法治国论述摘编》，中央文献出版社2015年版，第121页。

[2] 参见张钦昱：《论新质生产力的法治保障》，载《行政管理改革》2024年第6期。

生产力的法律法规体系；优化新质生产力的执法保障；强化新质生产力的司法保障；加强新质生产力的普法教育；建立健全新质生产力多元化纠纷解决机制；加强新质生产力法治保障的国际合作。

马玉丽

2025 年 3 月

目录 Contents

第一章 新质生产力法治保障的理论分析 / 1

　　第一节　新质生产力法治保障的概念界定 / 1
　　第二节　新质生产力法治保障的有关理论 / 11

第二章 新质生产力法治保障的现状 / 43

　　第一节　新质生产力发展面临的法律问题 / 46
　　第二节　新质生产力亟需解决的法治难题 / 57
　　第三节　新质生产力法治保障的关键影响因素 / 63

第三章 构建面向新质生产力的法治保障体系应遵循的原则 / 67

　　第一节　依法保障原则 / 68
　　第二节　平等保护原则 / 70
　　第三节　灵活适应原则 / 74
　　第四节　预防与救济相结合原则 / 79
　　第五节　人民至上原则 / 83

第四章 完善新质生产力的法律法规体系 / 89

　　第一节　制定专门法律法规以满足新质生产力发展需求 / 90
　　第二节　完善现有法律体系以兼容新质生产力 / 102
　　第三节　增强法律的前瞻性以引领新质生产力发展 / 113
　　第四节　加强新质生产力法律法规的实施与监督 / 122

第五章　优化新质生产力的执法保障 / 135

第一节　新质生产力执法保障面临的问题与挑战 / 135
第二节　加强执法机构与人员建设 / 140
第三节　创新执法方式与方法 / 151
第四节　加强行政执法的监督与制约 / 157

第六章　强化新质生产力的司法保障 / 163

第一节　新质生产力的司法保障概述 / 164
第二节　优化司法资源配置　提升审判质效 / 167
第三节　深化司法体制改革　提高司法公信力 / 175
第四节　加强新质生产力的司法解释　厘清法律模糊地带 / 179
第五节　完善知识产权司法保障 / 185

第七章　加强新质生产力的普法教育 / 199

第一节　新质生产力普法教育概述 / 199
第二节　加强新质生产力普法教育的路径 / 204

第八章　建立健全新质生产力多元化纠纷解决机制 / 214

第一节　新质生产力多元化纠纷解决机制概述 / 215
第二节　新质生产力与多元化纠纷解决机制的融合路径 / 223

第九章　加强新质生产力法治保障的国际合作 / 229

第一节　新质生产力法治保障的国际合作背景 / 229
第二节　新质生产力国际合作法治保障体系的构建 / 242

主要参考文献 / 261

后　记 / 279

第一章

新质生产力法治保障的理论分析

新质生产力，作为基于技术创新、知识更新和人才聚集的现代生产力形态，具有高度的创新性和变革性。法律是宏观调控多元目标协调的耦合剂，为行为人提供大致稳定预期的制度结构。[1] 在新时代背景下，新质生产力与法治建设的结合已经成为推动经济社会发展的重要动力。政府加强法治建设，完善法律法规，创新治理模式，为新质生产力的发展提供有力支持；在法治的保障下，创新主体的合法权益可以得到有效维护，创新风险可以得到有效防控，从而增强创新主体的信心和动力。企业遵守法律法规，加强自律，推动科技创新，促进产业升级；社会各界应加强法治意识，维护法治权益，共同推动新质生产力与法治建设的良性互动，实现经济社会可持续发展。[2]

第一节 新质生产力法治保障的概念界定

一、新质生产力的概念

马克思在《资本论》中指出，"生产力，即生产能力及其要素的发展"。[3] 生产力是人们生产物质资料的能力，其构成包括人的因素、物的因素，还包括科技和生产中的生产组织方式。[4] 作为一种展现着人类社会文明程度的物质力量，

---

[1] 参见[美]理查德·A. 波斯纳：《法理学问题》，苏力译，中国政法大学出版社1994年版，第58页。

[2] 参见蒋坤洋：《让法治建设为新质生产力保驾护航》，载《社会主义论坛》2024年第6期。

[3] 中共中央马克思恩格斯列宁斯大林著作编译局编译：《马克思恩格斯文集》（第七卷），人民出版社2009年版，第1000页。

[4] 参见马昀、卫兴华：《用唯物史观科学把握生产力的历史作用》，载《中国社会科学》2013年第11期。

生产力在社会发展的不同阶段也呈现出不同的质态，如农业生产力、工业生产力、信息生产力，等等。[1] 随着科技的飞速发展和全球化的深入推进，生产力的概念也在不断地演进和拓展。特别是在当今这个信息爆炸、技术日新月异的时代，一种新型的生产力——新质生产力，逐渐崭露头角，成为推动社会进步和经济发展的重要力量。

以习近平同志为核心的党中央高度重视新质生产力发展。2012年11月15日，在十八届中共中央政治局常委同中外记者见面时的讲话中，习近平总书记就提出："我们的责任，就是要团结带领全党全国各族人民，继续解放思想，坚持改革开放，不断解放和发展社会生产力，努力解决群众的生产生活困难，坚定不移走共同富裕的道路。"[2] 2023年9月，习近平总书记在黑龙江考察时强调，"整合和优化科技创新资源……积极培育未来产业，加快形成新质生产力"。[3] 2024年1月31日，中共中央政治局进行第十一次集体学习，习近平总书记在主持学习时指出："新质生产力已经在实践中形成并展示出对高质量发展的强劲推动力、支撑力，需要我们从理论上进行总结、概括，用以指导新的发展实践。"[4] 2024年全国两会期间，习近平总书记在参加江苏代表团审议时再次强调，要"因地制宜发展新质生产力"。[5] 2024年3月20日，习近平总书记在主持召开新时代推动中部地区崛起座谈会上指出，"要以科技创新引领产业创新，积极培育和发展新质生产力"。[6] 习近平总书记关于发展新质生产力的重要论述，立足新时代经济发展实践，为我们发展新质生产力、推动高质量发展提供了科学指引。[7] 是对马克思主义生产力理论的守正与创新，是党领导推动经济社会发展深刻理论洞见与实践经验的凝练总结，为新征程推动高质量发展提供了科

---

[1] 参见孟子硕、尹彦：《勘探"新质生产力"的内在机理：何谓、为何与何为》，载《湖北经济学院学报（人文社会科学版）》2024年第5期。

[2] 习近平：《必须坚持人民至上》，载《求是》2024年第7期。

[3] 《习近平主持召开新时代推动东北全面振兴座谈会强调 牢牢把握东北的重要使命 奋力谱写东北全面振兴新篇章》，载《人民日报》2023年9月10日，第1版。

[4] 《习近平在中共中央政治局第十一次集体学习时强调 加快发展新质生产力 扎实推进高质量发展》，载《人民日报》2024年2月2日，第1版。

[5] 《习近平在参加江苏代表团审议时强调 因地制宜发展新质生产力》，载《人民日报》2024年3月6日，第1版。

[6] 《习近平主持召开新时代推动中部地区崛起座谈会强调 在更高起点上扎实推动中部地区崛起》，载《人民日报》2024年3月21日，第1版。

[7] 参见康凤云、邹生根：《深刻把握新质生产力的科学内涵、鲜明特征与培育路径》，载《光明日报》2024年5月24日，第6版。

学指引。[1]

新质生产力，英文翻译为"new quality productive forces"，是指在经济社会发展过程中，以知识、技术、创新为核心，通过科技进步和知识创新形成的生产力。它不仅包含传统的物质资源和劳动力，更强调信息、知识、技术的运用和创新，是在信息技术、生物技术、新材料技术等高新技术快速发展的基础上，通过知识创新、技术创新、制度创新和管理创新等手段，形成的一种全新的、高效的、可持续的生产能力。新质生产力是以科技创新为主导的生产力，是生产力质的跃迁，具有所涉领域新、技术含量高、依靠创新驱动等特征。[2]

第一次与第二次技术革命的核心驱动力分别源自蒸汽机与电力的广泛应用，这两大突破性创新极大地拓展了人类的"体力"边界，引领了工业化时代的一次重大飞跃。随后的第三次技术革命，以计算机科学的崛起为代表，特别是进入信息时代，人类的"脑力"因此得到了前所未有的延伸，催生了蓬勃发展的信息技术产业，社会因此步入了信息爆炸的新纪元。当前新一轮技术革命的双引擎是人工智能和生命科学技术。人工智能，以其深度学习和机器学习的精妙，正以前所未有的方式挑战和扩展人类的"智力"边界。人工智能概念最早由美国计算机科学家约翰·麦卡锡及其同事于1956年达特茅斯会议上提出，指让机器能够与人类做同样的行为。[3] 与此同时，生命科学技术的发展，尤其是基因编辑和再生医学的进步，正试图攻克人类"寿命"的局限。这些先进技术的融合，预示着一场更深层次的产业革命，将创造出全新的产业链，孕育出一系列以创新驱动的新兴产业，它们将深度影响并重塑全球经济格局，推动社会迈向更高层次的高质量发展阶段。[4]

新质生产力的提出是现阶段生产力发展的必然要求。[5] 新质生产力突破了传统生产力的局限，实现了生产方式的根本性变革，为人类社会的发展注入了新的活力。新质生产力通过发展新兴产业，尤其是人工智能等数字技术，实现生

---

[1] 参见魏崇辉、李垠辰：《唱响中国经济光明论语境下新质生产力推动共同富裕：内在机理与实践路径》，载《统一战线学研究》2024年第3期。

[2] 参见韩喜平、马丽娟：《新质生产力的政治经济学逻辑》，载《当代经济研究》2024年第2期。

[3] 参见腾讯研究院等：《人工智能——国家人工智能战略行动抓手》，中国人民大学出版社2017年版，第4页。

[4] 参见刘志迎：《"双链"耦合构建现代化产业体系形成新质生产力》，载《合肥工业大学学报（社会科学版）》2024年第4期。

[5] 参见齐文浩、赵晨、苏治：《基于四"新"维度的新质生产力发展路径研究》，载《兰州大学学报（社会科学版）》2024年第2期。

力的质的飞跃。[1]

新质生产力的崛起，象征着历史进程的崭新阶段，它在驱动经济指数式增长的同时，也对社会治理模式、法律体系及伦理规范提出了全新挑战。需要从数据安全、知识产权、劳动权益及资源分配等多个维度进行深度反思，重构法律体系，调整社会结构，乃至变更对伦理道德的界定，以适应科技进步带来的社会变迁。

二、法治的概念

法治，作为现代社会秩序的基石，其核心地位日益凸显。在21世纪的信息时代，随着全球化、多元化的发展，法治不仅是国家治理的工具，更是保障公民权利、维护社会公正、促进经济发展和推动国际交往的基石。在国家层面，法治确保政府权力的合法性和有限性，防止专制与腐败，保护公民的自由与安全。在社会层面，法治为公民提供明确的行为预期，减少不确定性，促进社会和谐稳定。在全球层面，法治成为国际交往的通用语言，是解决国际争端、推动国际合作的基础。

（一）法治思想的起源与演变

法治的思想源远流长，可以追溯到古希腊和罗马的法治理念。古希腊哲学家亚里士多德提出了"法治优于人治"的观念，认为法律应当高于个人意志，为国家治理提供稳定性和公正性。罗马法中，法治原则体现在"法是善与公正的艺术"这一经典表述中，强调法律应当公平对待所有公民。

（二）法治的内涵

法治一词源自拉丁文"Rule of Law"，指的是一个社会的运作应基于法律规则，而非个人意志或任意权力。法治的内涵究竟是目标、价值，抑或工具？在探讨法治的本质时，这一问题至关重要。一些理论家，如边沁和奥斯汀，他们所倡导的"法律工具说"，暗示了法律可以被视作达成特定社会政策目标的手段，但这在很大程度上窄化了法治的广泛性和深远意义。[2] 法治，超越了简单的工具理性，旨在建立一个公平、透明且可预测的法律环境，保障公民权利，限制公权力的滥用，并确保法律面前的平等与公正。将法律单纯视作工具，无疑忽视了它在塑造公正社会秩序中的核心作用。法治的价值在于法律的至高无上，它强调法律的普遍适用性，要求所有公民，包括政府和公共机构，都必须遵守法律。法治不仅是对法律的遵守，更是一种价值观念，它倡导公正、平等和秩序，是维护社

---

[1] 参见高帆：《"新质生产力"的提出逻辑、多维内涵及时代意义》，载《政治经济学评论》2023年第6期。

[2] 参见胡田野：《论法治的含义及其实现路径》，载《北京警察学院学报》2015年第1期。

会公正、保障公民权利和限制政府权力的重要工具。法治是现代国家治理的基本方式，实行法治是国家治理现代化的内在要求。"法治"作为一种治理理念，其核心在于通过法律规范来调整社会关系、解决矛盾、维护秩序。[1]

法治包含公平、正义、自由、民主、人权、秩序等多重价值。[2] 法治的核心原则与价值观主要体现在法律至上、平等、公正、权利保障、程序正义等方面。

可见，法治既具有工具性，也是一种价值、一种目标，法治应"内化为自己的价值观、人生观与生活观，将法治同化为中国价值、中国精神的构成元素"[3] "法治的固有含义包含了良法和善治两方面内容。只有良法才能促善治、保善治。实现善治，核心是依宪治理、依法治国，构建法治国家、法治政府与法治社会。"[4] 良法是实现善治的前提，善治是法治追求的目标。实行法治的前提是有法可依，并且所依之法应为良法、可循之法。[5] "法治"（rule of law）包含着"良法"[6]（law）和"善治"[7]（rule）两个方面。

三、新质生产力与法治的关联

技术是一种工具理性。[8] 新质生产力，通常指在科技革命推动下产生的具有突破性、创新性以及高效能的生产力形态，它包括了数字化、网络化、智能化等新型生产要素。21世纪以来，以互联网、大数据、人工智能为代表的新技术飞速发展，催生了新质生产力的崛起。这些技术不仅极大地提高了生产效率，而且正在重构全球经济和社会的运行模式。随着5G、物联网、区块链等前沿技术的不断成熟，新质生产力正以前所未有的速度和规模影响着各行各业，对经济社会发展产生深远影响。

新质生产力的崛起，对法治体系提出了新的要求和挑战。新质生产力在加速创新与产业升级的过程中，难免因不正当竞争等市场失灵问题或"一刀切"地整顿取缔等政府失灵问题而遭遇发展风险。作为创新与风险之间的稳定器，法治

---

[1] 参见张文显：《法治与国家治理现代化》，载《中国法学》2014年第4期。

[2] 参见王乐泉：《论改革与法治的关系》，载《中国法学》2014年第6期。

[3] 参见汪习根：《论法治中国的科学含义》，载《中国法学》2014年第2期。

[4] 王利明：《"良法""善治"并举 四中全会将绘就"法治中国"路线图》，载《人民论坛》2014年第27期。

[5] 参见李坤轩：《法治政府理论热点与实践进路研究》，人民出版社2023年版，第4页。

[6] 所谓良法，是符合法律的内容、形式和价值的内在性质、特点和规律性的法律。参见王利明：《法治：良法与善治》，北京大学出版社2015年版，第11～13页。

[7] 善治指的是公共利益最大化的治理过程和治理活动，是一种官民共治，是国家治理现代化的理想状态。参见俞可平：《法治与善治》，载《西南政法大学学报》2016年第1期。

[8] 参见苏力：《法律与科技问题的法理学重构》，载《中国社会科学》1999年第5期。

能够激励创新技术守正创新、矫正技术局限性、引导新质生产力向好向善发展，以价值理性约束创新可能带来的无序发展。在法治轨道上推动新质生产力发展，运用法治思维和法治方式破除制约新质生产力发展的制度障碍，建立与新质生产力发展相适应的体制机制，是建设世界科技强国、实现科技自立自强的必然要求。[1] 随着知识更新速度的加快，如何在保护创新与促进共享之间找到平衡，成为法律制定者面临的重要问题。新技术的应用使得传统的法律概念和规则面临更新，例如，对于数据的产权、隐私权保护、网络安全等问题，现有的法律框架往往难以提供充分的保障。新质生产力驱动的商业模式创新，如共享经济、平台经济等，其法律地位和监管框架也需要适时调整。人工智能和自动化技术的广泛应用，可能导致法律责任的认定更为复杂，比如自动驾驶车辆发生事故时的法律责任归属。新质生产力对法律的执行和司法公正提出了新的挑战。自动化和人工智能可能在某些领域替代人类决策，如何确保这些决策的公正性，防止算法歧视，是法治需要面对的新课题。已有研究表明，尽管机器学习和自动化决策提高了效率，但也带来一定的副作用——歧视效应或曰算法歧视。[2]

法治作为社会秩序的基石，必须适应科技变革带来的挑战，确保新质生产力的发展在法律的规范和保障下有序进行。这需要法律制定者、执法者和司法者对新科技有深入的理解，以便制定具有前瞻性的法律法规，也需要在法律实践中不断探索和创新，以应对新出现的法律问题。法治体系的适应性、灵活性和包容性将决定其能否有效应对新质生产力带来的变革。

在新质生产力的推动下，法治理论也在不断演进。传统的实体法和程序法需要结合技术发展，探索新的法律框架。例如，数字身份、智能合约和区块链技术可能推动法律体系的重构，促使法律从静态规则向动态、自适应的规则转变。

新兴的法治理论如科技伦理、数据治理、算法治理等，在新质生产力的背景下开始得到重视。这些理论强调在追求科技进步的同时必须兼顾社会公平、公共利益和人类价值。新质生产力的发展推动了法学研究的跨学科融合，法律学者与科技专家、社会学者共同探讨新的法治理念和实践。

法治理论的发展也体现在司法实践中，如司法公开、在线纠纷解决、智慧法院等，都是新质生产力与法治结合的实例。这些变化要求法律工作者不仅要掌握法律知识，还要了解和掌握相关技术，以适应不断变化的法律环境。

法治是国家治理的基本方式。加快发展新质生产力，必须有效发挥法治固根本、稳预期、利长远的保障作用，在法治轨道上确保发展新质生产力有法可依、

---

[1] 参见张钦昱：《论新质生产力的法治保障》，载《行政管理改革》2024年第6期。
[2] 参见张凌寒：《算法权力的兴起、异化及法律规制》，载《法商研究》2019年第4期。

有规可循。[1] 新质生产力与法治的相互关系是动态的，它们在相互影响和推动中不断发展，共同塑造着现代社会的法治格局。

（一）法治在新质生产力领域的创新应用

1. 人工智能与法治的融合。随着人工智能的快速发展，其在法律领域的应用日益广泛，为法治带来了革命性的变化。人工智能通过机器学习和自然语言处理技术，能够辅助法律工作者进行案例检索、法规解读、合同审查等工作，提高了法律服务的效率和准确性。例如，智能法律助手可以24小时提供咨询服务，分析复杂案例，减少人为错误。人工智能在司法决策支持系统中的应用，为法官提供量刑建议，确保法律的公正执行。然而，这也带来新的挑战，如数据隐私保护、智能决策的透明度和可解释性，需要法律体系及时跟进，确保人工智能的合理、公正和合法使用。

2. 区块链技术在法治中的应用。区块链技术以其去中心化、不可篡改的特性，正在逐步渗透到法治领域。在证据保全方面，区块链可以提供时间戳和分布式存储，确保证据的真实性，防止篡改。在合同执行中，智能合约的应用能够自动执行合同条款，减少纠纷，提高执行效率。区块链技术在司法公开、跨境司法协作等方面也有潜力，例如，通过区块链平台实现跨地区、跨国家的司法信息共享，提升国际司法合作的透明度和效率。但区块链的匿名性和安全性问题，也需要相应的法律法规进行规制，以防止其被用于非法活动。

3. 大数据在法治领域的价值挖掘。大数据的运用为法治提供了极大助力。通过对海量法律数据的分析，可以发现法律执行的规律，预测潜在的法律风险，为政策制定提供科学依据。例如，通过大数据分析，司法部门可以更好地识别犯罪模式，优化警务资源配置。大数据还可以用于司法决策的辅助工作，帮助法官作出更为公正的判决。然而，大数据的使用也引发数据安全、隐私保护等法律问题，需要通过立法和政策来平衡大数据的利用与个人权利的保护，确保公平与合理。

（二）法治与新质生产力的协同发展

1. 法治对新质生产力的推动作用。在信息化和智能化的时代，新质生产力如人工智能、大数据、物联网等，正以前所未有的速度推动社会进步。法治在这一过程中扮演了不可或缺的角色。明确的法律法规为新技术的研发和应用提供了稳定预期，鼓励企业投资和创新。例如，通过制定数据隐私保护法，可以保障个人数据的安全，同时也为数据驱动的创新活动提供了合法基础。法治环境的优化

---

[1] 参见尹栋、吴萌、王晓丹：《以法治保障引领发展新质生产力》，载《黑龙江日报》2024年5月1日，第3版。

能有效规范市场秩序，减少不正当竞争，促进公平竞争，从而激励企业提高产品质量和服务水平。完善的法治体系有助于化解新技术带来的社会风险，如通过环境法和劳动法，确保新技术应用过程中的环境保护和劳动者权益。

2. 新质生产力对法治的反馈与促进。新质生产力的发展同样对法治提出了新的要求和挑战。科技进步不断拓宽法律的边界，如无人驾驶技术的发展要求法律对责任归属、事故处理等进行重新定义。新质生产力的普及加速了信息传播，对传统法律的执行和司法程序提出了高效、透明的新需求。例如，区块链技术的去中心化特性对现有合同法、证据法的挑战，要求法律体系适应新的技术环境，探索更有效的司法实践。新质生产力通过提供大数据分析、人工智能辅助决策等工具，也为法治保障措施的智能化、精准化提供了可能。

3. 协同发展的路径。实现法治与新质生产力的协同发展，需要采取一系列策略。法律制定和修订应紧跟技术发展，既要防止过度监管阻碍创新，又要防止法律滞后导致的监管真空。加强跨部门、跨行业的合作，以协调统一的法规框架应对新质生产力带来的复杂问题。利用新技术优化法治保障措施，如利用大数据进行风险预测，利用人工智能辅助司法决策。加强公众教育和参与，深化社会对新技术及其法律影响的理解，形成法治与科技相辅相成的社会共识。

在这个过程中，法治与新质生产力的关系将更加紧密，互相推动，共同塑造未来社会的繁荣与和谐。通过不断调整和优化，法治将成为新质生产力发展的稳固基石，而新质生产力也将不断激发法治体系的创新与进步。

四、新质生产力的特征与发展态势

在21世纪的信息时代，科技进步和产业变革日新月异，新质生产力作为推动经济社会发展的重要力量，呈现出独有的特征和发展态势。

（一）新质生产力的核心特征

1. 技术创新引领。新质生产力的显著特征之一是技术创新引领。随着人工智能、大数据、云计算、物联网等新一代信息技术的迅猛发展，技术创新已成为推动新质生产力发展的关键动力。这些技术不仅改变了生产方式，也重塑了产业结构和商业模式，为经济增长注入了新的活力。技术创新也成为驱动企业国际化的核心力量。例如，中国人工智能大模型如阿里云百炼国际版、科大讯飞等产品在海外市场的成功落地，以及云服务提供商如腾讯云、华为云、阿里云等在海外市场的加速布局，都展示了中国企业在科技领域的国际竞争力。[1]

2. 数字化智能化。新质生产力还表现出数字化智能化的特征。在数字化转型的浪潮下，企业纷纷拥抱云计算、大数据等数字技术，提升生产效率和创新能

---

[1] 参见张伟伦：《科技企业成国际合作亮丽名片》，载《中国对外贸易》2024年第9期。

力。人工智能的广泛应用使得生产过程更加智能化，减少了人力投入，提高了生产效率和产品质量。

3. 绿色可持续发展。新质生产力强调绿色可持续发展。作为传统生产力迭代升级的成果，新质生产力具有数字化、绿色化的时代特征。[1] 在资源环境约束日益加剧的背景下，新质生产力注重资源的高效利用和环境的保护，推动形成绿色、低碳、循环的经济发展模式。这不仅有利于缓解资源环境压力，也为未来可持续发展奠定了基础。

4. 开放合作共享。新质生产力具有开放合作共享的特征。在全球化的时代背景下，各国之间的经济联系日益紧密，开放合作成为推动新质生产力发展的重要途径。通过加强国际合作与交流，共享技术、人才和市场等资源，推动产业链、供应链、价值链深度融合，共同应对全球性挑战。

（二）新质生产力的发展态势

1. 持续加速发展。随着技术创新的不断加速和产业变革的深入推进，新质生产力将持续保持快速发展态势。未来，人工智能、大数据等新一代信息技术将更加广泛地应用于各个领域，推动生产方式、产业结构、商业模式等发生深刻变革。

2. 跨界融合创新。在新质生产力的发展过程中，跨界融合创新将成为重要趋势。不同领域之间的技术、产业、应用等将加速融合，形成新的增长点。企业也将通过跨界合作和资源共享，打造具有竞争力的产业生态体系。

3. 更加注重人才培养。在新质生产力的发展中，人才是关键因素。新质生产力的发展需要"新质人才"。"新质人才"具有实践创新能力、跨界融合能力、终身学习能力、数字化技能等能力。[2] 未来，企业将更加注重人才培养和引进，加强人才队伍建设，提升企业的创新能力和核心竞争力。政府也将出台相关政策和措施，支持人才培养和引进工作。

4. 面临新的挑战和机遇。在新质生产力的发展过程中，也面临着一些新的挑战和机遇。随着技术的不断进步和应用领域的不断拓展，新质生产力的发展将带来更多的机遇；全球经济形势的不确定性、政策环境的变化等因素也将给新质生产力的发展带来挑战。因此，企业和政府需要密切关注市场动态和政策变化，灵活应对各种挑战和机遇。

五、新质生产力法治保障的功能意义

法治保障是新质生产力发展的重要基础。随着社会的快速发展和科技的不断

---

[1] 参见李晓华：《新质生产力的主要特征与形成机制》，载《人民论坛》2023年第21期。
[2] 参见吕爽：《加强"新质人才"培养 为发展新质生产力蓄力赋能》，载《中国就业》2024年第9期。

进步，新质生产力已成为推动经济增长和社会进步的重要力量。新质生产力，即基于新技术、新业态、新模式所形成的生产力，其发展和应用对经济社会结构产生了深远影响。在这个过程中，法治保障的功能意义日益凸显，成为支撑新质生产力健康发展的关键因素。通过提供稳定的发展环境、促进规范发展、维护公平竞争的市场环境以及推动与社会发展的深度融合等方面的作用，法治保障为新质生产力的健康发展提供了有力的支撑和保障。

（一）为新质生产力提供稳定的发展环境

法治保障的首要功能是为新质生产力提供稳定的发展环境。法律明确和保护知识产权，激发创新动力，保障新质生产力的源头——知识和技术成果的合法利益。知识产权保护在新质生产力时代变得更加复杂。知识产权就是生产力。[1]在市场经济发展中，法治具有基础性作用，要求通过法律来确保产权明晰、交易安全、公平竞争，实现对合法权益的保护。随着我国市场经济体制的不断发展与完善，法治成为我们这个时代的主旋律。[2]通过建立健全的法律法规体系，明确市场主体的权利义务，保护知识产权，打击不正当竞争等违法行为，为新质生产力的发展提供有力的法律支撑。同时，通过法律规范政府与市场的关系，限制政府不当干预，为市场主体提供一个稳定、公正、可预期的营商环境，从而激发市场活力和社会创造力。[3]在这样的环境下，企业可以更加专注于技术研发和产品创新，无需担心法律风险和不确定性。

（二）促进新质生产力的规范发展

新质生产力的发展必须遵循一定的规范和标准。法治保障通过制定和实施相关法律法规，明确了新质生产力的发展方向和规范要求，促进了其规范发展。随着新质生产力的发展，法律需要不断创新以适应新的业态和模式。例如，在人工智能领域，通过制定数据安全法、隐私保护法等法律法规，规范人工智能技术的开发和应用，保护用户隐私和数据安全。法治保障还可以防止新质生产力的滥用和误用，维护社会公共利益。

（三）为新质生产力提供公平竞争的市场环境

公平竞争是市场经济的基本原则之一，也是新质生产力发展的必要条件。通过制定和执行公平竞争法规，防止垄断，促进新质生产力的健康发展。法治保障通过加强市场监管和执法力度，打击不正当竞争和垄断行为，维护了公平竞争的市场环境。法律体系提供公正、高效的纠纷解决机制，保护各方权益，减少交易

---

[1] 参见侍敏、徐新合、朱昌伟：《"知"度为新质生产力发展保驾护航》，载《连云港日报》2024年7月3日，第1版。

[2] 张德军、战晓彤：《高利放贷刑事规制研究》，中国政法大学出版社2024年版，第8页。

[3] 参见钱颖一：《市场与法治》，载《经济社会体制比较》2000年第3期。

成本，促进新质生产力的传播。在这样的环境下，新质生产力可以在竞争中不断成长壮大，提高产品质量和服务水平。公平竞争的市场环境还可以激发市场主体的创新活力，推动新质生产力的快速发展。通过社会保障和劳动法律，确保新质生产力发展过程中不加剧社会不平等，促进社会和谐稳定。

（四）推动新质生产力与社会发展深度融合

新质生产力的发展不仅仅是技术层面的突破和创新，更是与社会发展的深度融合。法治保障通过制定和实施相关政策法规，推动新质生产力与经济社会各领域的深度融合。例如，在智慧城市建设方面，通过制定智慧城市发展规划和政策法规，推动人工智能、大数据等新技术在城市建设和管理中的应用，提高城市的智能化水平和运行效率。法治保障还可以促进新质生产力在医疗、教育、文化等领域的广泛应用，为社会发展注入新的动力。

新质生产力与法治保障间的动态互动能激发社会发展的活力。法治为新质生产力的萌芽、发展和创新塑造了不可或缺的规则与秩序，确保了市场公平竞争与产权保护，反过来，新质生产力的涌现有助于催生适应高科技、信息化时代的法治架构。在知识经济与信息革命的浪潮中，法治与新质生产力的良性互动成为驱动社会结构优化、经济增长质量提升的关键动力，对社会繁荣和稳定的法治环境提出更高、更专业化的要求，推动法律制度与司法实践的持续革新和深化。

第二节 新质生产力法治保障的有关理论

一、马克思主义生产力理论

在社会化生产过程中包含着两方面的互动，一是人与自然之间的互动，表现为生产力；二是人与人之间的互动，表现为生产关系。生产力和生产关系是唯物史观的两个重要概念，也是马克思、恩格斯分析社会经济运行规律和社会形态发展规律的两个基本维度。[1] 在19世纪中叶，欧洲社会正处于工业革命的高潮，资本主义生产方式逐渐占据主导地位，社会生产力得到了前所未有的提升。然而，伴随着生产力的飞速发展，社会矛盾也日益尖锐，工人阶级与资产阶级的对立加剧。马克思在这一历史背景下，深入分析了资本主义生产方式的本质，提出了生产力理论，旨在揭示社会发展的内在规律和阶级斗争的根源。马克思的生产力理论是关于生产力和生产关系的理论，是马克思主义哲学、政治经济学和科学

---

[1] 参见刘文祥：《塑造与新质生产力相适应的新型生产关系》，载《思想理论教育》2024年第5期。

社会主义理论体系中的重要组成部分，其强调了生产力在社会发展中的决定性作用，认为生产力的发展是推动社会历史进步的最重要的力量。[1]

（一）早期马克思主义生产力理论的核心观点

人类发展史就是生产力发展史。依据马克思辩证唯物主义的历史观，每一次科技革命和产业变革都会催生生产力发生一次飞跃。[2] 马克思在《资本论》等著作中，提出了生产力的核心概念，强调生产力是人类改造自然的能力，包括劳动者的技能、劳动工具、劳动对象以及科学技术等因素。生产力要素和人们日常所讲的"生产要素"是一致的，包括劳动、劳动对象和劳动资料在内。马克思认为，生产力的决定作用不仅是指它决定着生产关系的发展和变革，而且它也是整个人类社会发展的决定力量，生产力的发展是社会历史进步的最终动力，而资本主义生产方式下，生产力的发展与生产关系的矛盾是社会变革的根本原因。资本主义生产方式通过不断地资本积累，虽然极大地提升了生产力，但也加剧了社会的不平等，为社会主义革命提供了物质基础。

（二）生产力理论在历史发展中的演进

马克思指出，自然科学和现代科技正通过工业日益在实践上进入人的生活，改造人的生活。并且，劳动生产力是随着科学和技术的不断进步而不断发展的。为此，恩格斯强调，在马克思看来，科学是一种在历史上起推动作用的、革命的力量。[3] 列宁对发展生产力的重大意义的认识是极其深刻的。十月革命胜利后，他曾多次强调为了战胜资本主义，必须大力发展生产力。[4] 斯大林也认为发达的生产力是社会主义优越性的集中体现，是确保社会主义战胜资本主义的关键因素。[5] 后续的马克思主义者，如毛泽东、邓小平等人，结合国家的实际情况，对生产力理论进行了本土化的发展，强调社会主义条件下的生产力解放和提高。[6]

20世纪下半叶，随着全球化进程的加速和科技革命的浪潮，生产力理论进一步扩展到对知识经济、信息化和全球化影响的分析。现代马克思主义者探讨了知识、信息、创新等新的生产力要素，以及全球化背景下生产力发展的不平衡性

---

[1] 文丰安：《从"解放发展生产力"到"培育发展新质生产力"——新中国成立以来生产力理论的变迁及启示》，载《重庆邮电大学学报（社会科学版）》2024年第4期。

[2] 参见刘志迎：《"双链"耦合构建现代化产业体系形成新质生产力》，载《合肥工业大学学报（社会科学版）》2024年第4期。

[3] 参见周文：《加快发展新质生产力的理论意义》，载《红旗文稿》2024年第7期。

[4] 参见韦秉超：《列宁论发展生产力问题》，载《华东经济管理》1992年第2期。

[5] 参见徐恕：《斯大林论发展社会主义的生产力》，载《真理的追求》1998年第12期。

[6] 参见朱佳木：《毛泽东对什么是社会主义、怎样促进生产力发展的探索及其贡献》，载《中华魂》2014年第1期。

和复杂性。

生产力理论的发展，始终贯穿于对资本主义进行批判和社会主义建设的实践中，不断揭示生产力与生产关系、经济基础与上层建筑的辩证关系，为理解和解决现实社会问题提供了理论指导。

(三) 生产力理论的基本概念

生产力，作为社会生产过程中人类改造自然的能力，包含了人类的劳动能力、劳动工具、劳动对象以及科学技术等因素。它是社会经济发展和物质生活条件的基础，直接决定了社会的生产力水平和物质财富的创造。生产关系，则是人们在生产过程中形成的社会关系，包括生产资料的所有制、生产过程中的人与人之间的关系以及产品分配方式。生产力和生产关系构成了社会经济的基础结构，它们之间的互动关系构成了社会发展的基本动力。

生产力的三要素为劳动者、劳动对象和劳动资料，只有三要素系统结合起来，才能形成现实生产力。[1]

劳动者是生产力的主体，其知识、技能和体力投入是生产力发展的关键。劳动者素质的提高，包括教育水平、健康状况和创新能力，对生产力提升有着直接的影响。马克思认为人的本质是社会关系的总和，他高度关注人的价值和尊严，追求人的自由和全面发展。马克思强调人不是抽象的存在，认为人是有意识的、能动的存在，具有自我实现和追求幸福的权利。马克思认为，在这三大要素中，人是一切生产活动的核心。"现实的人""生产自己的生活资料，同时间接地生产着自己的物质生活本身"。[2] 人的本质是由其所在的社会环境和社会关系所决定的，在资本主义社会中，工人阶级被剥夺了劳动的价值和尊严，这是马克思批判资本主义的重要理由之一。[3]

劳动对象是劳动者作用的物质资源，如土地、矿产、能源等。劳动对象是被征服、改造和利用的对象，分为天然对象和人化对象。[4] 劳动对象的丰富性和可利用性直接影响生产力的潜力。

以生产工具为主体的劳动资料是人类改造自然、支配自然的必要条件。马克思指出："劳动资料是劳动者置于自己和劳动对象之间、用来把自己的活动传导

---

[1] 参见张志杰、马岚：《教育促进新质生产力发展的理论逻辑与路径》，载《河北师范大学学报（教育科学版）》2024年第3期。

[2] 参见中共中央马克思恩格斯列宁斯大林著作编译局编译：《马克思恩格斯文集》（第一卷），人民出版社2009年版，第519页。

[3] 参见文丰安：《从"解放发展生产力"到"培育发展新质生产力"——新中国成立以来生产力理论的变迁及启示》，载《重庆邮电大学学报（社会科学版）》2024年第4期。

[4] 参见张志杰、马岚：《教育促进新质生产力发展的理论逻辑与路径》，载《河北师范大学学报（教育科学版）》2024年第3期。

到劳动对象上去的物或物的综合体。"[1] 劳动资料包括设备、设施、技术工艺等，是生产力发展的物质基础。从石器到现代的高科技设备，劳动工具的进步体现了生产力的巨大飞跃。

在农业时代，劳动者的核心是农民，他们利用以自然力量驱动的工具，如风车、水车等，与土地和自然资源，主要是土地及其中生长的动植物进行互动，构建起初期社会的物质基础。这一阶段的生产力特征是对环境的顺应和利用，体现了人与自然和谐共生的朴素理念。

进入蒸汽时代，工业革命的浪潮席卷而来，劳动者的身份转变为工人，他们的劳动资料升级为由蒸汽动力驱动的机器，劳动对象也随之扩大，涵盖了矿物资源。这一转变不仅提升了生产效率，也标志着人类对自然力的掌控进入了一个新的层次。

电力时代的到来，技术工人成为劳动的主力军，电力和自动化工具的引入极大地提高了生产效率，劳动对象也从传统的土地、矿物扩展到更广泛的领域，反映出生产力的深化和复杂化。

在信息时代，技术工人，包括那些在机器旁和电脑旁工作的工人们，利用电动力和信息化工具，进一步挖掘了土地、矿物和数字资源的潜力，催生了社会经济的飞速发展，同时也孕育了全新的商业模式和生活方式。当前已经步入智能时代，人形机器人加入劳动者的行列，与技术工人并肩作战，他们共同运用智能化工具，处理海量的大数据，劳动对象更加多元化，涵盖了从土地、矿物到虚拟世界的广泛资源。人形机器人，科幻作品中常见的角色，在2024年世界机器人大会上大放异彩，它们会跳舞、能作诗、会端上咖啡、叠好衣服。[2] 这种智能化与自动化的结合，不仅提升了生产力，更引领了社会的全面变革。由此，每个时代，生产力要素的组合变化，都推动了生产方式的革新，促进了生产力的质的飞跃，进而催生了各个时代独具特色的新质生产力，塑造了人类历史的进程。[3]

综上所述，相较于传统生产力，新质生产力的崛起，本质上是当前经济社会发展的新纪元。在这一转型过程中，劳动者的角色发生了根本性转变，他们从单纯的体力劳动者转化为知识型、创新型的工作者，具备更高的技能和专业知识，这是新质生产力的第一推动要素。科技不再仅仅是工具，而是渗透进生产过程的每一个环节，使得劳动资料——生产设备和工具——实现了智能化与数字化的飞

---

〔1〕参见中共中央马克思恩格斯列宁斯大林著作编译局译：《马克思恩格斯全集》（第二十三卷），人民出版社1972年版，第203页。

〔2〕参见沈慧：《期待人形机器人成为好帮手》，载《经济日报》2024年9月2日，第10版。

〔3〕参见刘志迎：《"双链"耦合构建现代化产业体系形成新质生产力》，载《合肥工业大学学报（社会科学版）》2024年第4期。

跃，极大地提升了生产效率和精度，同时减少了人为错误。劳动对象的范畴已超越实体，涵盖数字领域，包括数据、信息和知识，构建起虚实交融的多元劳动对象网络。这种虚拟与实体交融的特性为新形态的生产力开辟了无限创新空间。这种生产力是科技革命和产业变革的引擎，催生以人工智能、生物科技、清洁能源为代表的新产业。同时，它孕育了对量子科技、区块链等尖端领域的前瞻性探索。此种新形态的生产力以其强大的推动力，促成经济结构的优化，促进高质量发展的历史跨越，重塑了国家的竞争优势。

（四）马克思主义生产力理论在当代的意义

纵观人类社会的历史进程，生产力始终起着根本的推动作用。[1] 生产力是社会发展的根本动力，马克思主义生产力理论指出，生产力的发展程度是衡量一个社会文明程度的重要指标。在当代社会，生产力的提升不仅体现在物质产品的丰富上，更体现在科技、信息和知识的创新上。科技进步推动了社会生产效率的提高，促进了社会结构的演变，如信息社会、知识经济的兴起，都是生产力发展带来的社会进步的体现。生产力的进步也推动了社会公正的实现，如减小劳动强度，提高劳动者的生活水平，以及通过技术创新解决环境问题，这些都是生产力发展对社会进步的积极贡献。

马克思主义生产力理论为现代经济建设提供了理论指导。在制定经济政策时，政府需要充分考虑如何通过科技创新、教育培养、资源配置等方式提高社会生产力。例如，政府投资科研项目，鼓励企业进行技术改造，促进产业结构升级，这些都是遵循生产力理论的实践。生产力理论还强调了劳动者的主体地位，重视人力资源的开发和利用，提倡通过提高劳动者素质来提升生产力，这在现代经济建设中显得尤为重要。

面对全球化的挑战和环境问题，生产力理论提供了分析和解决问题的视角。例如，面对气候变化，生产力的发展应当转向绿色、可持续的模式，推动清洁能源和环保技术的应用，以减少对环境的破坏。在社会公平问题上，生产力理论强调消除生产中的不合理分工和不平等，通过提高劳动者待遇、改善工作环境，实现社会生产力的全面发展。生产力理论也对解决区域发展不平衡问题有所启示，通过资源的合理流动和基础设施建设，促进落后地区的生产力提升，实现区域间的协调发展。

---

[1] 参见邓玉龙、吴静：《从政治经济学史看新质生产力理论的出场逻辑和科学意蕴》，载《经济问题》2024年第9期。

（五）新质生产力理论是对马克思主义生产力理论的继承性和集成性发展

1. 中华人民共和国成立以来的生产力发展理论。生产力是人类社会存在和发展的基础，不断解放和发展生产力，提高人民生活水平是中国共产党的重要使命。[1]

解放和发展生产力，是社会主义的本质要求。新质生产力的本质是先进生产力，是符合社会主义本质要求的生产力。[2] 新质生产力是我国经济社会发展的新起点、新动能，是新时代符合我国历史和阶段发展特征的理论指引，是代表当前先进生产力演进方向的理论，对指导我国经济社会发展具有极其重要的意义。[3] 回顾中华人民共和国成立至今70余年的历史，不难发现，中国共产党作为领航者，引领着中华民族在波澜壮阔的历史潮流中，实现了从"站起来"到"富起来"，再到"强起来"的三大历史性跨越。

（1）站起来——社会主义革命的胜利与生产力的解放。中华人民共和国的成立，标志着中国人民从此站起来了。这一伟大转变，是在以毛泽东为主要代表的中国共产党人的英明领导下实现的。面对旧中国贫穷落后、百废待兴的局面，毛泽东等老一辈革命家深刻认识到，只有通过社会主义革命，才能彻底改变中国的命运，解放和发展生产力。

"社会主义革命的目的是解放生产力"，这一科学论断，为中华人民共和国初期的建设指明了方向。毛泽东在1949年中华人民共和国成立前夕召开的中共七届二中全会上就明确指出："在革命胜利以后，迅速地恢复和发展生产，对付国外的帝国主义，使中国稳步地由农业国转变为工业国，把中国建设成一个伟大的社会主义国家。"[4] 在这一思想指引下，中国实施了土地改革、三大改造等一系列重大举措，确立了社会主义基本制度，为生产力的快速发展奠定了坚实的基础。这一时期，中国人民在党的领导下，自力更生、艰苦奋斗，逐步摆脱了贫困和落后的面貌，实现了从半殖民地半封建社会向社会主义社会的历史性跨越。

（2）富起来——改革开放与科学技术的飞跃。进入改革开放新时期，以邓小平为主要代表的中国共产党人，深刻总结国内外历史经验，指出"整个社会主

---

[1] 参见文丰安：《从"解放发展生产力"到"培育发展新质生产力"——新中国成立以来生产力理论的变迁及启示》，载《重庆邮电大学学报（社会科学版）》2024年第4期。

[2] 参见魏崇辉、李垠辰：《唱响中国经济光明论语境下新质生产力推动共同富裕：内在机理与实践路径》，载《统一战线学研究》2024年第3期。

[3] 参见王晓明、沈华：《对新质生产力的理论认识、战略认识、实践认识》，载《科技中国》2024年第4期。

[4] 参见江春泽：《对生产力要素的几点看法》，载《学术月刊》1962年第7期。

义历史阶段的中心任务是发展生产力,这才是真正的马克思主义"[1],号召全党同志解放思想,实事求是,对社会主义的发展和理论问题展开了深入的思考和探索,在坚持四项基本原则的基础上,集中力量发展社会生产力,提出"生产力方面的革命也是革命,而且是很重要的革命,从历史的发展来讲是最根本的革命"。[2] 在生产力发展方面,邓小平同志提出"科学技术是第一生产力"的重要论断。这一论断,不仅深刻揭示了科学技术在推动社会生产力发展中的关键作用,也为中国的现代化建设指明了方向。改革开放是一场深刻的伟大革命,它为我国的发展注入了新的活力。[3] 自改革开放以来,中国经历了前所未有的社会变革与经济发展,这一成就的取得,离不开中国共产党对中国特色社会主义道路的不懈探索与创新。在这一过程中,我国不仅明确了长期处于社会主义初级阶段的基本国情,还通过一系列理论创新与实践探索,成功地将科学社会主义理论逻辑与中国社会发展的历史逻辑、现实逻辑紧密结合,开创了中国特色社会主义道路。

在改革开放的推动下,中国积极引进国外先进技术和管理经验,大力发展科技教育事业,推动产业结构优化升级。经过几十年的努力,中国已经成为世界上具有重要影响力的科技大国和创新型国家。科学技术的飞速发展,极大地提高了中国的生产效率和国际竞争力,为中国人民带来了更加富裕的生活。

(3) 强起来——新质生产力与中华民族伟大复兴。进入 21 世纪,随着新一轮科技革命和产业变革的加速推进,中国面临着前所未有的发展机遇和挑战。新型举国体制的提出更是对科学发展、协调发展的方向突破和理论升华。2022 年 9 月,中央全面深化改革委员会第二十七次会议审议通过《关于健全社会主义市场经济条件下关键核心技术攻关新型举国体制的意见》。新型举国体制的核心任务是关键核心技术攻关,强调在社会主义市场经济条件下,更好发挥政府作用和市场机制的优势,形成全国一盘棋的发展格局。这一体制不仅有助于集中力量办大事,还能有效激发市场活力和社会创造力,推动经济社会持续健康发展。2023 年 2 月,《数字中国建设整体布局规划》印发,指出健全社会主义市场经济条件下关键核心技术攻关新型举国体制,加强企业主导的产学研深度融合。

在这个阶段,生产力的提法进一步升级为"创新驱动发展",进一步提出了"新质生产力"这一新概念,即强调通过科技创新、人才创新等方式,推动生产

---

[1] 参见邓小平:《邓小平文选》(第三卷),人民出版社 1993 年版,第 254~255 页。
[2] 参见邓小平:《邓小平文选》(第二卷),人民出版社 1994 年版,第 311 页。
[3] 参见焦方义:《新中国成立以来生产力发展的基本规律》,载《学术交流》2010 年第 7 期。

力的质变和飞跃，实现国家的强盛和民族的复兴。[1] 新质生产力的提出成为我国在完成重化工业任务、进入工业化后期发展阶段的重要理论创新。2022年10月召开的中共二十大提出，发展是党执政兴国的第一要务。高质量发展是全面建设社会主义现代化国家的首要任务，是新时代的硬道理；发展新质生产力，则是推动高质量发展的内在要求和重要着力点。[2] 新质生产力强调以创新为引领，推动产业结构升级和经济增长方式转变，为实现高质量发展提供强大支撑。

中华人民共和国成立以来我国关于生产力提法的几次变迁，与国家的发展历程紧密相连。从"解放生产力"到"发展生产力"，再到"培育发展新质生产力"，每一次提法的变化都反映了国家在不同阶段的发展需求和战略目标。可以看出，中国共产党人根据时代与历史任务的变化，对于培育和发展生产力进行了持续的探索和发展，这些理论探索与实践与不同时代生产关系与生产资料等的发展实际是相符的，也是相互联系、一脉相承的。[3] 对于中国共产党而言，始终将解放和发展生产力视为核心任务。回顾党的光辉历程，可以清晰地看到，这其实就是一部不懈追求解放和发展生产力的历史。特别是自中华人民共和国成立以来，党明确将工作重心转向发展生产力，并在历代领导人的共同努力下，逐渐形成了全面而科学的生产力发展观念。[4] 毫无疑问，中国特色社会主义道路将继续在探索与创新中前行。面对国内外复杂多变的形势和挑战，中国将坚定不移地走中国特色社会主义道路，坚持全面深化改革和扩大开放，推动高质量发展。中国还将积极参与全球治理体系改革和建设，为构建人类命运共同体贡献中国智慧和力量。

2. 新质生产力是符合我国历史和阶段发展特征的理论。马克思、恩格斯指出："人们所达到的生产力的总和决定着社会状况"。[5] 在人类历史的长河中，生产力的每一次飞跃都深刻地改变了社会结构、经济形态乃至文明进程。

从工业革命到信息革命，生产力的每一次跃升都伴随着科技革命的浪潮。我国在成立后的几十年里，经历了从农业国向工业国的转变，传统生产力得到了极大发展。进入新时代，面对全球科技竞争的新态势和国内经济社会发展的新要

---

[1] 参见文丰安：《从"解放发展生产力"到"培育发展新质生产力"——新中国成立以来生产力理论的变迁及启示》，载《重庆邮电大学学报（社会科学版）》2024年第4期。

[2] 参见吴忧：《"新质"与"高质"如何双向奔赴》，载《四川日报》2024年5月14日，第2版。

[3] 参见文丰安：《从"解放发展生产力"到"培育发展新质生产力"——新中国成立以来生产力理论的变迁及启示》，载《重庆邮电大学学报（社会科学版）》2024年第4期。

[4] 参见黄亚玲：《新中国成立以来中国共产党生产力发展观研究》，载《思想理论教育导刊》2010年第2期。

[5] 参见中共中央马克思恩格斯列宁斯大林著作编译局编译：《马克思恩格斯文集》（第一卷），人民出版社2009年版，第533页。

求，我国提出了创新驱动发展战略，加快构建新质生产力体系，以应对复杂多变的国内外环境。

随着时代的不断演进，特别是进入21世纪以来，全球范围内兴起了探索新质生产力的热潮。新质生产力，作为符合我国历史和阶段发展特征的重要理论，不仅是对传统生产力理论的丰富与发展，更是引领我国经济社会高质量发展的关键力量。在中国特色社会主义进入新时代的背景下，我国经济发展迎来了历史性转变，从过去的高速增长阶段稳步迈向高质量发展阶段。这一转变不仅是经济发展规律的体现，更是我国经济社会发展阶段性特征的深刻反映。面对新阶段的新挑战，新质生产力的提出与实践，成为推动我国经济持续增长、实现高质量发展的关键所在。新质生产力理论不是无源之水、无根之木。[1] 新质生产力作为物质生产力的具体形态和最新发展，同样具有生产力的普遍性特征，也是中国实现高质量发展、推进强国建设的基本前提。[2] 当前，我国正向着第二个百年奋斗目标奋勇前进，社会主要矛盾已转变为人民日益增长的美好生活需要和不平衡不充分的发展之间的矛盾，解决这一问题的关键是提升发展质量和效益。发展新质生产力是推动高质量发展的内在要求和重要着力点。[3] 新质生产力作为符合我国历史和阶段发展特征的理论创新和实践探索，将在未来较长时间内为我国经济增长提供强有力的支撑和引领。面对新时代的新机遇和新挑战，应坚定不移地推进新质生产力的发展和应用，努力构建高质量发展的经济体系和社会体系。

3. 新质生产力代表了当前先进生产力的演进方向。习近平总书记指出，新质生产力"以全要素生产率大幅提升为核心标志，特点是创新，关键在质优，本质是先进生产力"。[4] 新质生产力不仅仅是技术层面的革新，更是生产关系、生产模式、组织形态等多方面的深刻变革，实现了对传统生产力的超越与重塑。习近平总书记以马克思生产力理论为指导，结合我国当下新的生产力条件，创新性地提出了新质生产力，拓展了生产力的构成要素，对马克思主义的生产力要素理论进行了丰富与发展。[5] 新质生产力超越了传统生产力单纯依靠资源消耗、劳动力密集的模式，转而强调劳动者素质提升、劳动资料智能化改造及劳动对象扩

---

[1] 参见邓玉龙、吴静：《从政治经济学史看新质生产力理论的出场逻辑和科学意蕴》，载《经济问题》2024年第9期。

[2] 参见谢鹏俊等：《加快形成新质生产力的唯物史观阐释》，载《当代经济研究》2024年第4期。

[3] 参见王晓明、沈华：《对新质生产力的理论认识、战略认识、实践认识》，载《科技中国》2024年第4期。

[4] 《习近平在中共中央政治局第十一次集体学习时强调 加快发展新质生产力 扎实推进高质量发展》，载《人民日报》2024年2月2日，第1版。

[5] 参见齐文浩、赵晨、苏治：《基于四"新"维度的新质生产力发展路径研究》，载《兰州大学学报（社会科学版）》2024年第2期。

展与深化。其核心在于通过技术的深度融入，实现对生产力各要素及其组合方式的全面升级和拓展。

（1）劳动者角色的转变。新型劳动者队伍不仅是技术的接受者，更是创新的主体。他们掌握着先进技术和数字技术应用技能，能够灵活应对市场变化和技术迭代，推动生产方式的持续优化和产品质量的不断提升。这一转变使得劳动力在生产中的地位更加重要，也为经济社会的持续发展提供了有力的人才支撑。

（2）劳动资料的智能化升级。"各种经济时代的区别，不在于生产什么，而在于怎样生产，用什么劳动资料生产。"[1]智能化、绿色化和高端化成为新型劳动资料的主要特征。智能设备、机器人、自动化生产线等先进生产工具的应用，不仅提高了生产效率和产品质量，还降低了人力成本和环境负担。新质生产力通过智能化技术的应用，实现了生产过程的精准控制与高效执行，显著提升了生产效率。以智能制造为例，通过智能设备、智能传感器与物联网技术的结合，企业能够实现生产数据的实时采集与分析，进而优化生产流程、减少资源浪费、提高产品质量。这些智能化劳动资料还具备自我学习、自我优化的能力，能够根据生产需求进行灵活调整和优化组合，进一步推动生产力的提升。

（3）劳动对象的拓展与深化。随着科技和产业前沿的不断拓宽以及数据等新要素的出现，劳动对象的范围也得到了极大的拓展和深化。数据作为一种新型生产要素，已成为推动经济社会发展的重要资源。通过对海量数据的收集、分析和利用，企业可以更加精准地把握市场需求、优化资源配置、提升决策效率，进而实现生产力和竞争力的双重提升。

（4）生产模式的变革与经济结构的优化。新质生产力推动了生产模式的深刻变革，从传统的大规模、标准化生产向小批量、定制化生产转变。借助数字化设计与制造技术，企业能够快速响应市场需求变化，提供个性化、差异化的产品与服务，满足消费者日益增长的多元化需求。新质生产力的兴起促进了经济结构的优化升级。它推动了传统产业的转型升级，提高了传统产业的技术含量与附加值；它催生了大量新兴产业与服务业态，为经济发展注入了新的活力与动力。

马克思认为："社会的物质生产力发展到一定阶段，便同它们一直在其中运动的现存生产关系或财产关系发生矛盾。于是这些关系便由生产力发展的形式变成生产力的桎梏。"[2]习近平总书记关于新质生产力的重要论述为进一步解放和发展生产力指明了方向，充分展现了马克思主义立场、观点及方法。新质生产力

---

[1] 中共中央马克思恩格斯列宁斯大林著作编译局译：《马克思恩格斯全集》（第二十三卷），人民出版社1972年版，第204页。

[2] 中共中央马克思恩格斯列宁斯大林著作编译局编译：《马克思恩格斯文集》（第二卷），人民出版社2009年版，第588~594页。

的论述遵循着马克思主义关于生产力与生产关系的论述。[1] 新质生产力这一表述与马克思时代重视科学的精神相呼应。[2] "加快形成新质生产力"彰显了中国共产党对发展生产力的一贯重视，体现出鲜明的马克思主义理论思维，因而也就具有深刻的唯物史观意蕴。同时，新质生产力又是基于生产力概念的创造性发展，是当代中国生产力理论的原创性范畴，推进了唯物史观的中国化、时代化。[3] 新质生产力的崛起，作为技术革命、生产要素创新性配置及产业深度转型升级的产物，正逐步超越并重塑着传统生产力的面貌，引领着全球经济的未来走向。新质生产力理论是中国化马克思主义生产力理论的最新成果。[4]

二、法治理论

（一）法治理论的基本要素

1. 法律至上。法律至上，是法治理论的核心原则之一，它强调法律在社会生活中的主导地位，要求所有公民、政府机构、社会组织都必须遵守法律，无一例外。法律至上原则的实施，旨在确保社会秩序的稳定和公正，避免个人或团体的权力滥用。在实践中，这一原则通过立法、执法、司法、守法四个环节得以体现。立法机关应制定公平、合理、透明的法律，执法部门要依法执行，司法机构须独立公正地裁决案件，而公民则须尊重并遵守法律，以形成良好的法治环境。

2. 权利保护。法治理论的另一个重要基石是权利保护，这不仅包括公民的基本权利，如言论自由、宗教信仰自由、人身和财产权，还包括更广泛的经济、社会和文化权利。权利保护强调法律应当是保障公民自由、平等和尊严的工具，通过法律手段确保权利的可诉性和可执行性。例如，通过设立独立的法院和法律援助体系，确保公民在权利受到侵害时能够寻求公正的救济。法律还应当积极预防权利的侵犯，通过立法手段设立权利保护机制，促进社会公正与和谐。

3. 司法公正。司法公正是法治理论中不可或缺的一环，它要求司法系统独立、公正、透明，以确保法律的公正执行。公正是司法制度的价值目标。公正是司法的化身，没有公正就没有真正的司法。[5] 司法公正包括程序公正和实体公正两个方面。程序公正意味着法律程序应遵循公平原则，所有当事人在诉讼过程中享有平等的待遇，有权知道诉讼程序，有权辩护，并有权得到公正的听证。实

---

[1] 参见蒲清平、黄媛媛：《习近平总书记关于新质生产力重要论述的生成逻辑、理论创新与时代价值》，载《西南大学学报（社会科学版）》2023年第6期。

[2] 参见高超、吴娅：《新质生产力下部门法发展方向与回应》，载《现代交际》2024年第7期。

[3] 参见谢鹏俊等：《加快形成新质生产力的唯物史观阐释》，载《当代经济研究》2024年第4期。

[4] 参见袁芳：《新质生产力理论对马克思生产力理论的创新性发展》，载《学术界》2024年第8期。

[5] 参见张卓明：《司法改革的目标定位》，载《检察风云》2024年第16期。

体公正则关注判决结果的正义性，要求法官基于事实和法律，独立、客观地作出裁决，不受任何外部影响。为了实现公正司法，法院系统需要不断完善，法官的职业素质和道德操守需要得到保障，审判公开和透明度的提升也是关键。司法改革，如提高审判效率，减少审级，以及加强司法监督，都是追求司法公正的重要手段。通过这些努力，法治理论的目标——建立一个公正、可信的司法体系，才能真正实现。

4. 程序正义。程序正义作为现代社会治理的基础原则之一，本身具有可追求的独立价值。[1] 程序正义不仅是形式上的公正体现，更是法治精神的核心。程序正义对于保护当事人权益和维护社会公正至关重要。[2] 它要求法律程序公开、公正且透明，确保每一名当事人都能享有平等的辩护权，无论身份、地位如何，都能得到公正的裁决。程序正义原则旨在消除偏见，确保决策过程的透明，从而使判决结果获得人们的接受与信服。每个当事人应有充足的机会陈述、为自己辩护，实现法律面前的人人平等。

（二）法治理论在经济社会领域的应用

1. 法治与市场经济的相互促进。市场经济是实现资源优化配置的最优机制。良法善治对调解市场配置资源中的冲突与难题至关重要，有利于确保市场在决定资源配置中的核心地位，进一步激发市场的活力，增强资源分配的效率，最大化地释放社会生产力。良法善治的实施，不仅能保障交易的公平性，也能巩固市场经济体制的公信力，从而动态、高效地推动社会发展与经济增长。[3] 可见，市场经济的健康发展离不开法治的保驾护航。法治为市场经济提供了一个公平、公正的竞争环境，确保所有市场参与者都能在规则的约束下进行交易。通过制定和完善经济法规，政府可以防止垄断，保护消费者权益，维护市场秩序。法治也为投资者提供了稳定性和可预测性，鼓励长期投资和创新活动。例如，合同法保障了合同的履行，反不正当竞争法抑制了不公平的商业行为，从而促进市场经济的高效运行。

2. 法治在企业治理中的作用。企业治理是一个复杂而庞大的系统工程，它涉及企业的方方面面，包括企业的组织结构、管理模式、决策机制等。在这个系统中，民主参与和法治建设是两个不可忽视的重要方面。[4] 法治企业的核心内

---

[1] 参见王思敏、张沛：《程序正义独立价值的先天性及其认知神经基础》，载《华侨大学学报（哲学社会科学版）》2023年第5期。

[2] 参见李建伟：《程序正义在司法公正中的价值定位与优化建议》，载《山西科技报》2024年2月26日，第8版。

[3] 参见莫纪宏、蔡立东、张守文：《法治与社会主义市场经济》，载《甘肃农业》2023年第7期。

[4] 参见代玉：《浅谈企业治理中的民主参与与法治建设》，载《民主法制建设》2024年第3期。

涵是企业依法实行自由、平等、权利义务相对应的治理制度。[1] 法治在企业治理中扮演着核心角色。它通过确立公司的法律地位和权利义务，确保企业按照法律法规运营，避免内部管理的混乱。公司法规定了公司的设立、运营、合并和解散等程序，保障了股东、董事、监事和员工的权益。企业必须遵守劳动法、环境保护法等法律法规，确保劳工权益和环境安全。法治还促进了透明度和责任追究，如通过证券法规要求企业公开财务信息，防止财务欺诈，提高企业治理的透明度和有效性。

3. 法治在知识产权保护中的实践。知识产权的保护是激励创新和经济增长的关键。法治为知识产权提供了法律框架，确保创作者和发明者的劳动成果得到公正回报。知识产权制度是创新发展的法治支撑。[2] 专利法、商标法和著作权法等法律法规，确保了发明创新的专有权利，防止他人非法使用。例如，专利制度鼓励企业投资研发，因为它们知道创新成果将得到法律保护。打击盗版和假冒行为，保护了创作者的经济利益，也维护了市场的正常秩序。在国际贸易中，世界贸易组织的《与贸易有关的知识产权协定》（以下简称《TRIPS 协定》）为全球范围内的知识产权保护设定了统一标准，促进了知识和技术创新的国际交流与合作。

在经济领域，法治不仅规范了市场行为，还推动了经济结构的优化和产业升级。通过强化法治，经济活动得以有序进行，市场机制更加健全，从而实现经济的可持续发展。

三、习近平法治思想

党的十八大以来，以习近平同志为核心的党中央在领导全面依法治国、建设法治中国的伟大实践中，从历史和现实相贯通、国际和国内相关联、理论和实际相结合上，深刻回答了新时代为什么实行全面依法治国、怎样实行全面依法治国等一系列重大问题，提出了一系列全面依法治国新理念、新思想、新战略，创立了习近平法治思想。2020 年 11 月召开的中央全面依法治国工作会议正式提出"习近平法治思想"，明确了习近平法治思想在全面依法治国、建设法治中国中的指导地位。这在马克思主义法治理论发展史和中国社会主义法治建设史上具有里程碑意义。[3] 马克思主义法治理论在其中国化的历史进程和法治实践中不断发展完善，迄今产生了三次飞跃。第一次催生了毛泽东思想中关于新民主主义革

---

[1] 参见王耀国：《全面推进企业依法治理的思考》，载《中国司法》2015 年第 5 期。

[2] 参见马一德、韩天舒：《全力支持高质量发展的知识产权法治》，载《中国法治》2024 年第 4 期。

[3] 参见《习近平法治思想概论》编写组编：《习近平法治思想概论》，高等教育出版社 2021 年版，第 1 页。

命和社会主义革命的法制原则和经验总结的革命法制思想；第二次形成了改革开放和社会主义现代化建设的中国特色社会主义法治理论；第三次产生了马克思法治理论中国化的最新成果——习近平法治思想。[1]

习近平法治思想为新质生产力的法治保障提供了重要的思想基础，发挥了重要的指引作用。习近平总书记以"坚持以人民为中心""坚持中国特色社会主义法治道路""坚持统筹推进国内法治和涉外法治"等理论命题，科学指明了全面依法治国的政治方向、正确道路，也为新质生产力的法治保障指明了正确的道路和方向。

（一）坚持以人民为中心与新质生产力的发展

生产力的变革不仅推动着社会经济的进步，更深刻地影响着人民的生活质量和幸福感。新质生产力的兴起，作为生产力发展的高级阶段，正以前所未有的方式重塑着生产方式、生活方式乃至社会结构。在这一历史进程中，坚持以人民为中心的发展思想，不仅是我国发展的根本立场，也是推动新质生产力持续健康发展的关键所在。进一步全面深化改革、推进中国式现代化，必须坚持以人民为中心，从人民群众中汲取不竭力量。[2] 习近平法治思想本质上是人民的理论，人民性是其最鲜明的特征，人民立场是其根本政治立场。习近平法治思想始终坚持人民主体地位，把人民作为法治建设的主体。以人民为中心的法治，其逻辑起点是广泛而深刻的人民性。[3]

1. 人民需求是新质生产力发展的根本动力。中国共产党区别于其他一切政党的根本标志是全心全意为人民服务。[4] 人民群众对美好生活的向往是社会进步的原动力。在经济全球化与科技进步的双重驱动下，人们对生活品质的追求呈现出深度与广度的双重提升，这不仅局限于生存的基本需求，更涵盖了教育、医疗、休闲、环保、文化、健康和幸福感等多个领域。在教育领域，人民群众对优质教育资源的诉求日益个性化和多元化。人们希望教育能够激发个体潜能，培养创新思维，而不再仅仅是单一的知识传授。这推动了教育模式的创新，如在线教育、个性化教学、STEM教育等新型教育形态的兴起，促进了教育公平，提升了教育质量。医疗保健方面，人们对于健康生活的追求不再局限于疾病的治疗，而是向预防、康复、健康管理等全生命周期的健康服务转变。精准医疗、远程医

---

[1] 参见薛全忠：《论习近平法治思想的原创性贡献——坚持中国特色社会主义法治道路的视角》，载《青海师范大学学报（社会科学版）》2024年第3期。

[2] 参见李冉：《进一步全面深化改革要坚持以人民为中心》，载《红旗文稿》2024年第16期。

[3] 参见李帅：《以人民为中心的法治：逻辑起点、价值定位与中国道路》，载《湖湘论坛》2023年第4期。

[4] 参见肖鲁伟、史珺怡：《数字经济与以人民为中心的发展》，载《西藏发展论坛》2024年第1期。

疗、人工智能辅助诊断等科技的应用，正深刻改变着医疗服务的模式，提高着医疗效率和治疗效果。环保与可持续生活观念的深入人心，反映出人们对绿色、低碳生活方式的向往。这推动了绿色能源、环保材料、循环经济等新兴产业的蓬勃发展，也催生了新的社会经济形态。公众的环保行动，从垃圾分类到节能减排，都成为推动绿色发展的重要力量。文化层面，人们渴望精神生活的丰富多彩，对文化产品的多元化、高品质化需求日益增强，这推动了文化产业的创新与繁荣，丰富了社会文化生态。健康意识的觉醒，使大众对身心健康的关注度达到前所未有的高度，运动健身、心理健康、健康饮食等健康生活方式逐渐普及，促进了健康服务业的快速发展。幸福感的追求，既体现在物质生活的富足，也体现在精神世界的丰盈。社区建设、公共服务、社会公平等社会议题的重视，都体现了人们对幸福感的全面追求。这些多元、深度的人民需求，正是社会进步的内在驱动力，它们推动着生产力的革新，塑造着社会结构，引领着时代的发展方向。

需求驱动的创新，是现代社会经济发展的核心动力，它源于人们对生活质量的不断提升和多元化需求。创新驱动和需求导向推动科创企业发展，是构建新质生产力的一种有用的方法。[1] 当现有的产品和服务无法充分满足人民群众的期待时，企业和研究者便被激发去探索新的解决方案，从而引领科技与产业的革新。这并非单纯的供需关系，而是一种动态的、创新性的社会生产活动。以5G网络的快速发展为例，这正是人们对高速、即时通讯需求的直观反映。5G技术的诞生，不仅极大地提升了数据传输速度，降低了延迟，更在物联网、智慧城市等领域开辟了新的应用空间，为社会的信息化、智能化进程注入了强劲动力。同时，人们对健康生活的向往和追求，催生了生物技术、人工智能在医疗健康领域的深度渗透。远程医疗的兴起，使得优质医疗资源得以跨越地理限制，服务更广泛的群体；精准医疗的出现，让疾病预防和治疗更为个性化，极大地提升了医疗效率和效果。这些创新不仅满足了人民群众的基本健康需求，更在医疗产业内部催生了新的业态，形成了新的经济增长点，推动了社会生产力的跃升。因此，需求驱动的创新不仅是解决社会问题的手段，更是推动经济社会进步的关键。它在满足人民需求的同时，也塑造了新的经济结构，激发了潜在的市场活力，为社会的持续发展提供了源源不断的动力。这种创新的力量，是构建现代经济社会、实现高质量发展的重要基石。

2. 新质生产力的发展成果应惠及人民。发展是人类社会的永恒主题，其中首先要解决的是"为谁而发展"这一出发点问题。共享发展成果，是推动经济发展的重要前提，共享发展成果就是通过全体人民的共建，让发展成果更好地惠

---

[1] 参见刘运渠：《创新驱动，需求导向，建设新质生产力》，载《经济导刊》2024年第1期。

及全体人民，人人平等地享有发展机会。[1]

首先，从经济层面来说，新质生产力的发展有利于提升生产效率、增加社会财富。新质生产力的兴起，特别是人工智能、大数据与物联网等尖端科技的涌现，正以前所未有的方式重塑着生产模式，极大地提振了劳动生产率。在工业化生产过程中，自动化与智能化技术的运用已颠覆了传统的生产线，使得人力成本的削减成为可能，同时也大幅度提升了产品精准度和生产效率。在制造业中，智能制造系统通过精准的算法和精密的传感器，实现了生产流程的无缝衔接和优化，确保了产品品质的稳定性与生产速率的提升，从而为企业带来了显著的竞争优势。与此同时，服务业的数字化转型堪称一场革命，利用大数据分析优化服务流程，提升客户体验，通过精准预测和个性化推荐，极大地提升了客户满意度。这种转型不仅增强了服务的个性化和定制化，也催生了新的经济增长点，为产业结构调整与升级开辟了新的路径。这些创新技术的应用，不仅驱动了企业盈利模式的变革，也对国家经济结构产生了深远影响。企业利润的增加，为政府带来了更高的税收收入。税收的增加为国家提供了更为充足的公共财政，使得政府能够加大对公共设施建设的投入，如教育、医疗、交通等基础设施，进一步推动了社会福利制度的完善，增强了社会的公平性和稳定性，从而最大化地实现社会公共利益，增进全体公民的福祉。

其次，从社会层面来说，新质生产力的发展可以改善民生福祉、促进社会公平正义。新质生产力的勃兴，孕育出一系列新型就业模式，如远程工作和自由职业等，这些创新不仅拓宽了劳动者的就业途径，赋予其更高的工作选择自主权，更通过增强就业灵活性，提升了社会的劳动效率。在教育领域，"互联网+教育"的深度融合，使得优质教育资源得以破壁而出，跨越地域限制，有效弥合了城乡、区域间的教育鸿沟，推动了教育公平，保障了每个人受教育的权利。医疗健康领域，远程医疗的兴起与智能诊断技术的应用，一定程度上解决了偏远地区的医疗困境，使得那些以往难以触及优质医疗服务的人们也能享受到现代化医疗的便利，极大地提升了全民健康水平，实现了医疗资源的优化配置，降低了社会健康不平等现象。这些变革，都深刻地影响着社会结构，提升了人民的生活质量，有力地促进了社会公平，削弱了社会不平等的根基。它们是科技进步对社会公正的有力注解，也是法治社会下，通过科技手段实现社会公正、保障人权的具体实践。

最后，从环境层面来说，新质生产力的发展有利于推动绿色发展，建设生态

---

[1] 参见吴锋：《论以人民为中心的发展思想基本要义》，载《南方论刊》2020年第1期。

文明。新质生产力本身就是绿色生产力，是可持续的生产力。[1] 新质生产力的演进，催生了绿色科技的广泛应用，这不仅是科技进步的必然趋势，也是对环境责任的深刻践行。新能源产业，诸如风能、太阳能等可再生能源的开发与利用，不仅降低了对化石燃料的过度依赖，有效抑制了碳排放，更是对传统能源结构的一次深刻革新，旨在构建低碳、清洁、安全的能源体系。智能环保技术在城市规划中的深度融合，通过精准预测与科学管理，优化了城市空间布局，提升了资源利用效率，同时也改善了城市生态环境。在污染治理领域，智能科技的应用实现了污染源的实时监控与高效治理，为环境保护提供了科技支撑，推动了环境质量的持续改善。循环经济模式的推广，是新质生产力在经济领域的一次重要实践。废弃物的资源化利用，不仅减少了环境污染，更是将废弃物转化为宝贵的资源，实现了经济效益与环保效益的双重提升。这一模式的推广，证实了经济发展与环境保护的并行不悖，为可持续发展提供了新的路径。这些绿色科技的广泛应用，使得生态文明建设得以深入，为构建人与自然和谐共生的新型社会提供了强大的科技保障。新质生产力的推动力，使人们在享受经济发展成果的同时，守护好共同的地球家园，为后代留下一个绿色、健康、可持续的生存环境，这也是对全球环境治理的积极贡献。

3. 人民参与是新质生产力发展的重要途径。

首先，在新质生产力的发展中，人民的参与方式已不再局限于传统的消费者角色。在信息化时代的浪潮中，互联网、物联网及大数据技术的广泛应用，正悄然重塑社会生产的格局，人民群众的角色也随之发生了深刻转变。这一转变，不仅体现在经济领域的消费行为，更体现在生产领域的积极参与。用户生成内容的兴起，已深入到社交媒体、在线学习平台等众多领域，使消费者从被动接受信息的一方转变为主动的内容创造者，极大地促进了知识与信息的多元化、快速化传播，催生了新的知识创新模式。众筹与众包的模式，更进一步深化了这一变革。众筹，即大众筹资或群众筹资，是指一种向大众募资，以支持发起的个人或组织的经济行为。众包，是指公司或机构把过去由自己员工执行的工作任务，以自由自愿的形式非定向地外包给非特定大众网络群体的做法。[2] 人民群众不再仅仅是市场的被动接受者，而是产品设计、研发乃至决策过程的直接参与者。这种新型的生产方式，打破了传统的生产边界，将群众的智慧和创造力融入生产流程中，形成了以用户为中心、集思广益、协同创新的生产模式，彰显了人民群众在

---

〔1〕 参见乔佳琪、王哲：《新质生产力赋能农业绿色发展的逻辑机理与推进路径》，载《江南论坛》2024年第8期。

〔2〕 参见王硕：《P2P、众筹与众包：共享经济新范式》，载《农村金融研究》2016年第5期。

生产活动中的主体地位，也是对传统产权理论和劳动价值理论的创新性解读。在此背景下，如何在法律框架下保护用户的创新权益，如何构建适应新型生产方式的法规体系，以保障人民群众在数字化时代的合法权益，推动社会公平与进步，是法学研究需关注的现象和问题。

其次，人民的广泛参与显著激发了创新活力。人民的深度参与促进了社会创新的蓬勃发展，引发了广泛的群众创新热潮。这种参与不仅是对个体智慧和创新潜能的激活，也是对社会主义民主法治的生动实践。例如，在共享经济领域，人民群众的创新力量显著，诸如共享单车、共享住宿等新型业态应运而生，这些模式颠覆了传统的经济运行逻辑，催生了产业升级的崭新路径，依法规范并鼓励此类创新，对于构建现代化经济体系具有深远影响。在制造业中，消费者的参与不再局限于消费环节，他们通过反馈意见和建议，深度介入产品的设计与改进，这一过程不仅符合消费者权益保护法赋予消费者的知情权和参与权，也使得产品更符合市场需求，提升了产业的市场适应性和竞争力。这种"用户中心"的模式，实际上是对法治经济原则的实践应用，它强化了市场导向，推动了产业的持续优化和升级。此外，公众参与还体现在政策制定和公共事务管理中，通过听证会、网络征求意见等形式，人民群众的意见和建议被纳入决策过程，符合行政法中的公众参与原则，增强了政策的科学性和民主性，同时也促进了社会治理模式的创新。总的来说，人民的广泛参与在法治的保障下，有力地推动了经济社会的创新发展，彰显了以人民为中心和法治精神的有机结合。

最后，在新型社会经济形态下，政府在保障人民在新质生产力发展中的参与权利上，承载着重要职责。政府的政策引导成为联结国家发展与人民权益的核心纽带，它不仅限于制定法律法规，更在于构建一个公平、公正的创新环境，以确保人民能够充分、有效地参与其中。这包括建立并完善一系列激励创新的法制框架，如强化知识产权保护政策，这不仅激励个人和团体勇敢地公开并分享他们的创新成果，也通过法律手段坚决维护其创新权益，防止不公正的市场侵占和知识产权的滥用。同时，政府通过设立一系列的财政和税收政策，促进人民更广泛、更深度地参与到创新活动中。例如，设立创业引导基金，为人民群众的创新项目提供必要的资金支持，降低他们进入创新领域的初始成本和风险。税收优惠政策则进一步减轻了创新者的经济压力，增强了他们投身创新事业的积极性，推动社会创新活力的持续涌现。教育和培训策略亦是政府不可或缺的职能之一。例如，国家大力推行终身学习制度，强调持续教育和技能提升，确保人民有能力适应不断演变的科技环境，提升自身的知识和技能水平，以更好地适应新经济形态的需求。这不仅涵盖了传统的学历教育，更延伸到职业技能培训、在线学习平台的建立以及企业与社区内的知识共享，旨在全方位提升人民参与新经济的能力。可见，政府通过综合施策，确保人民在新质生产力发展中的参与权利，同时也为社会的创新生态系统提供了必要的支持和保障，使人民得以充分、有效地参与到国家的科技进步和经济发展之中。

综上，人民大众的深度参与在新质生产力的演进中发挥着至关重要的催化作用，其本质上是社会主义生产关系对生产力解放的生动体现。这种参与不仅是科技进步和产业革新的源泉，激发了技术创新，驱动了产业升级转型，同时也催生了社会经济形态的多元化，增强了社会的创新动能，使得整个社会体系的活力与韧性显著提升。在精准的政策导向和有力的制度扶持下，人民群众的集体智慧与创造潜力得以充分涌流，高效地内化为强大的社会生产力，对催生社会进步形成强劲的推动力，确保了可持续发展模式的源源动能。因此，坚持以人民为中心是新质生产力发展的重要指导思想，人民的广泛参与不仅塑造了发展的动态平衡，更为社会构建了一种自我更新、自我提升的内生动力机制，为社会的永续发展提供不竭的活力和深厚的潜力。

(二) 坚持中国特色社会主义法治道路与新质生产力发展相结合

习近平法治思想为马克思主义中国化作出了许多原创性重大贡献，坚持中国特色社会主义法治道路就是其中之一。[1] 中国特色社会主义法治道路，作为中国特色社会主义事业的重要组成部分，不仅为国家的政治稳定、社会和谐提供了坚实保障，更为新质生产力的健康、快速发展提供了强大的法律支撑和制度保障。中国特色社会主义法治道路，根植于深厚的社会主义制度土壤，其优势在于能够调动人力物力资源以实现公共利益的最大化。中国特色社会主义法治道路强化国家治理效能，强调全民守法、司法公正以及行政效率，有利于确保社会公平正义，为解决复杂社会问题提供系统性的法律保障，以此实现社会的和谐稳定。中国特色社会主义法治道路具有集中力量办大事的制度优势，在面对重大挑战时具有强大的决策效率和执行力，无论是在基础设施建设、疫情防控，还是在灾后重建等大规模项目中，都体现出显著的优越性。同时，中国特色社会主义法治道路结合中国传统文化中的法治理念，如"和为贵""天人合一"，形成具有中国特色的法治文化，为公民权利提供坚实保障，通过日益完善的法律体系解决社会纠纷，预防和化解社会矛盾，推动社会的健康发展。此外，中国特色社会主义法治道路随着时代发展而不断与时俱进，适应经济社会变革，保持法治建设的活力和创新性。有利于实现法治与改革协同推进，法治既是改革的保障，也是改革的成果，实现法治与改革的良性互动。

---

[1] 参见薛全忠：《论习近平法治思想的原创性贡献——坚持中国特色社会主义法治道路的视角》，载《青海师范大学学报（社会科学版）》2024年第3期。

1. 保障新质生产力发展的稳定环境。

（1）维护市场秩序。中国特色社会主义法治道路，立足于国情，力争实现依法治国、依法执政、依法行政共同推进，法治国家、法治政府、法治社会一体建设，涵盖国家、政府、社会各个层面，形成全方位、多层次的法治体系。这一独特的法治模式在维护市场秩序、保障市场经济健康运行方面展现出了显著的优越性。依法治国倡导法律的权威和尊严，确保市场行为的规范化；依法执政强调党纪国法的统一，防止权力滥用对市场公平的干扰；依法行政则要求将政府行为严格限定在法律框架内，以保障市场公平竞争。基于此，一系列专项法律法规如反垄断法、反不正当竞争法等得以制定和完善，有效打击了市场垄断和不正当竞争行为，维护了市场的公平性和竞争性。这一系列法律法规规定了市场主体的权责，也为其设定清晰的行为边界，为各类企业，尤其是新质生产力的发展提供了公正的竞技场。坚持中国特色社会主义法治道路，有利于防止大企业通过不正当手段压制新兴力量，保障市场的新陈代谢和持续创新，从而促进经济的长期稳定和健康发展。同时，法治环境的优化也有利于提升投资信心，吸引更多的国内外资本投入，进一步活跃市场，增强经济的活力。

（2）保护知识产权。知识产权，作为新质生产力的核心要素，是推动科技进步和社会经济发展的重要引擎。中国特色社会主义法治道路坚持公平公正原则，将知识产权保护纳入法治化轨道。通过不断细化和完善相关法律法规，构建起全方位、多层次的知识产权法律保护网，以法治捍卫创新者的合法权益。在执法层面，强化执法力度，对侵犯知识产权的行为进行坚决打击，查处各类违法犯罪活动。司法实践中，坚持公正裁判，保护创新成果，让侵权者无所遁形，让创新者安心创作。同时，注重提升全社会的知识产权意识，通过宣传教育，营造尊重知识、崇尚创新的良好社会氛围，激发全社会的创新潜力，为新质生产力的持续创新提供坚实的法律后盾，促进科技与经济的深度融合，推动国家迈向创新驱动发展的新时代。

2. 促进新质生产力的创新驱动。

（1）激励创新政策。在坚持中国特色社会主义法治道路的过程中，国家出台了一系列激励创新的政策措施，为创新发展提供了强大的动力。这些措施不仅直接促进了科技创新的蓬勃发展，也为新质生产力的成长壮大创造了良好的法治环境。政府通过加大对科技创新的投入力度，优化创新资源配置，完善创新激励机制等多种方式，积极推动科技创新的发展。这些政策措施的实施，使我国的科技创新能力得到了显著提升，也激发了科研人员的创新热情和创造力。同时，这些政策措施以法律形式得以固化，为我国科技创新的持续发展提供了有力的制度保障，越来越保护创新者的权益，尊重和认可创新成果，从而增强科研人员的获得感和成就感，进一步激发全社会的创新活力。

（2）构建创新生态。新质生产力的核心要义是"以新促质"，即以创新驱动高质量发展。[1] 法治环境是构建创新生态的重要基础。中国特色社会主义法治道路注重营造公平、公正、透明、可预期的法治环境，为各类创新主体提供了平等的法律地位和权利保障。这有助于激发全社会的创新热情和创造活力，推动形成开放合作、协同创新的良好氛围，为新质生产力的创新发展注入强大动力。

3. 优化新质生产力的发展路径。

（1）引导产业转型升级。在中国特色社会主义法治道路引领下，产业政策的制定与执行成为推动经济社会发展的关键工具。法治环境为传统产业的革新升级与新兴产业的蓬勃发展提供了稳固的制度基础，确保政府在法治轨道上行使经济调控权。通过精准的政策引导，产业结构得以深度调整，布局优化，促进新旧动能的转换，高端化、智能化、绿色化的新型生产力得以成长，体现了法治对经济发展的规范和促进作用，更彰显了社会主义法治道路的创新与实践智慧。

（2）促进国际合作与交流。在全球化的背景下，新质生产力的发展离不开国际合作与交流。中国特色社会主义法治道路强调依法治国与对外开放相结合的原则，通过完善涉外法律制度和加强国际法治合作，为新质生产力的国际合作与交流提供了坚实的法律保障，有助于拓展国际市场空间、引进先进技术和管理经验、提升国际竞争力。

（三）坚持统筹推进国内法治和涉外法治与新质生产力发展

作为习近平法治思想的重要组成部分，统筹推进国内法治和涉外法治是在准确把握国内国际两个大局的基础上，又立足法治中国建设的实践进程和面临的风险挑战，为更好地维护国家主权、安全和发展而提出的，对中国式现代化法治国家构建有着积极作用。[2] 习近平法治思想中的涉外法治理论内涵丰富，主要包括加快涉外法治工作战略布局、善于运用法治参与国际事务和推动国际关系法治化等方面。[3] 在全球化背景下，新质生产力的发展不再局限于国内，而是跨越国界，与国际市场深度交融。因此，既要强化国内法治，又要兼顾涉外法治的建设，以应对日益复杂的经济全球化挑战。国内法治的完善可以为新质产业提供坚实的内部基础，而涉外法治的推进则确保企业在国际舞台上公平竞争，减少法律风险，保护国家的经济利益。两者相辅相成，共同促进新质生产力的健康发展，

---

[1] 参见李蕊：《山东滨州高新技术产业开发区——优化创新生态 激活发展动能》，载《人民日报海外版》2024年9月4日，第5版。

[2] 参见曲亚囡、白冰：《习近平法治思想指导下国内法治与涉外法治的统筹推进——基于中国式现代化法治国家的构建视角》，载《北京科技大学学报（社会科学版）》2024年第1期。

[3] 参见卓泽渊：《习近平法治思想要义的法理解读》，载《中国法学》2021年第1期。

提升国家在全球经济中的竞争力。习近平法治思想坚持统筹推进国内法治和涉外法治，意味着在法律体系、司法实践、国际合作等方面实现统一与协调。在国内，需要构建适应新经济形态的法规框架，强化知识产权保护，优化营商环境；在国际层面，需要积极参与国际规则制定，提高我国在国际法律事务中的影响力，构建有利于新质生产力发展的国际法治环境。

1. 国内法治对新质生产力的促进作用。

（1）营造公平竞争的市场环境。国内法治的首要任务是营造公平竞争的市场环境。通过完善市场准入、反垄断、知识产权保护等法律法规，可以有效遏制不正当竞争行为，保障各类市场主体平等参与市场竞争。这种法治化的市场环境为新质生产力的发展提供了广阔的舞台，使得科技创新型企业能够专注于技术研发和产品创新，避免市场不公带来的负面影响。

（2）强化科技创新保障。科技创新是发展新质生产力的核心要素。国内法治通过完善激励创新的法律制度，如科技进步法、专利法、科技成果转化法等，为科技创新提供了坚实的法律保障。这些法律不仅明确了科技创新的权益归属和利益分配机制，还规定了科技创新成果的保护措施和转化途径。这有助于激发全社会的创新活力，推动新质生产力的快速发展。

（3）保护企业和科研人员的合法权益。企业和科研人员是新质生产力的直接创造者和推动者。国内法治通过加强执法司法保障，依法保护企业和科研人员的合法权益，使其能够安心投入科技创新活动。例如，加强对知识产权的保护力度，打击侵犯知识产权的违法行为；完善科研经费管理制度，保障科研人员的经费使用权和技术研发决定权。这些措施有助于提升企业和科研人员的创新积极性，进一步推动新质生产力的发展。

2. 涉外法治对新质生产力的支持作用。

（1）拓展国际市场空间。涉外法治通过完善涉外法律法规体系，为企业在海外投资、贸易、技术合作等方面提供法律保障。这有助于中国企业更好地融入全球经济体系，拓展国际市场空间。涉外法治还通过加强国际法治合作，推动形成更加公正、合理、透明的国际经贸规则体系，为中国企业在国际竞争中创造更加有利的外部环境。

（2）应对国际贸易摩擦。随着国际贸易的不断发展，贸易摩擦和争端也日益增多。涉外法治通过加强国际贸易法律制度建设，提高中国企业在国际贸易中的法律应对能力。例如，建立健全反倾销、反补贴等贸易救济法律制度，有效维护中国企业的合法权益；积极参与国际贸易规则制定和谈判，为中国企业争取更多的国际话语权。这些措施有助于中国企业在国际贸易中保持竞争优势，推动新质生产力的国际化发展。

(3) 保护海外利益安全。涉外法治还承担着保护中国海外利益安全的重要职责。通过加强领事保护、海外维权等法律服务工作，涉外法治为中国企业和公民在海外的合法权益提供坚实的法律支撑。涉外法治还通过加强与国际社会的合作与交流，共同打击跨国犯罪活动，维护国际社会的安全稳定。这些措施有助于中国企业在海外安心经营、创新发展，为新质生产力的国际化提供有力保障。

可见，统筹推进国内法治和涉外法治是新质生产力发展的必然要求。国内法治和涉外法治是相互依存、相互促进的关系。国内法治为新质生产力的发展提供坚实的法律基础和制度保障；涉外法治则为中国企业在国际舞台上拓展市场空间、应对贸易摩擦、保护海外利益安全提供有力支持。只有统筹推进国内法治和涉外法治建设，才能形成内外联动、相互支撑的法治保障体系，为新质生产力的持续健康发展提供全方位的法律保障。

四、服务型政府理论

有学者认为，政府治理主要经历了三种模式：传统型政府治理模式、管理型政府治理模式、服务型政府治理模式。[1] 服务型政府是一种以公众为中心，以提供高质量公共服务为首要任务的政府模式。服务型政府源起于为人民服务思想。[2] 它强调政府的角色从传统的管控者转变为公共服务的提供者，致力于满足公民的需求，促进社会公正和经济发展。服务型政府是建立在民主政治基础之上的，同现代市场经济相适应，以服务社会、服务公众为基本职能的政府模型。[3] 服务型政府的核心理念在于实现政府职能的转变，即从以命令与控制为主导转变为以服务和协调为主导，通过提高行政效率、透明度和公民参与度来提升政府治理能力。

（一）服务型政府的核心特征

1. 公民导向。服务型政府以公民为中心，以公众需求为出发点，确保政策与服务精准对接民需。它以公民满意度为导向，提供定制化、高质高效的服务，力求打造无缝、无障碍的行政体验。通过持续优化公共服务，强化社区参与，确保公民的合理诉求得到妥善回应，实现政府与公众的高效互动。

2. 公共服务质量。服务型政府致力于构建以人民为中心的治理模式，全力优化教育、医疗、社会保障等公共服务，通过创新驱动、高效运作，确保公民获得所需支持，涵盖从幼儿园到老年关怀的全方位服务，旨在持续提升公共福利，

---

[1] 参见于干千、邹再进、甘开鹏编著：《服务型政府管理概论》，北京大学出版社2012年版，第2页。

[2] 参见陆黎：《服务型政府理论基础的争议：化解、反思与未来展望》，载《理论观察》2024年第3期。

[3] 参见李坤轩：《法治政府理论热点与实践进路研究》，人民出版社2023年版，第156页。

增强社区凝聚力,以达成提升公民的生活品质和幸福感的终极目标。

3. 透明与公开。服务型政府致力于推动政府信息公开,旨在提升行政决策的透明度,从源头上保障公民的信息获取权,使民众能洞察政府行为,从而强化公众的监督权与参与感,进一步巩固社会对政府的信任基础。

4. 参与与合作。服务型政府秉持公众为本的理念,积极推动公民参与决策与执行过程,借助公众咨询、社区协商、听证会及在线论坛等多元途径,力求将公众的声音融入政策制定和执行的全周期,以确保政策的公正性和公众的广泛认同,从而打造契合民众需求的治理模式。

5. 绩效管理。服务型政府的绩效评估体系聚焦于实效,通过持续、系统性的评估和反馈循环,不断优化和升级公共服务供给,旨在实现更高效率和公民满意度。

6. 技术创新。服务型政府依托大数据的深度分析、云计算的弹性计算以及人工智能的智能决策支持,极大地革新了公共服务的提供方式,提升了行政效率,确保了更为精确、个性化的服务体验。通过科技赋能,政府工作流程得以优化,决策更为科学精准,从而打造出高效、智能且响应迅速的公共服务体系。

7. 持续改进。服务型政府秉承持续优化和创新的理念,不断调整策略以应对社会与经济环境的动态转变,确保公共服务与时俱进,以强化其响应性和实效性。通过前瞻性的规划和高效执行,打造以民为本的治理体系,提升和扩大政府服务的灵活性和影响力,以满足公众日益增长的需求,维持政府服务的高效性和可靠性。

(二) 服务型政府建设中的技术应用

1. 大数据技术在政府服务中的应用。大数据技术已经成为服务型政府提升效率和精准度的关键工具。政府通过收集、分析和利用海量数据,能够更深入地理解公众需求,提供个性化服务。例如,通过对交通流量数据的分析,政府可以优化公共交通路线,减少拥堵;通过健康大数据,可以实现疾病预防的早期预警和精准医疗政策制定。大数据还可用于反腐败,通过追踪公共资金流动,提高透明度,确保公共资源的有效利用。

2. 人工智能技术在公共服务领域的探索。人工智能技术在公共服务领域的应用,旨在实现更高效、更智能的政府服务。人工智能驱动的智能客服系统可以全天候为公众提供咨询和解决问题,通过自然语言处理技术理解并回应复杂问题。在社会保障领域,人工智能能辅助识别欺诈行为,提高社会保障系统的安全性。在教育领域,人工智能个性化学习平台可根据学生的学习习惯和能力提供定制化教学。而在应急响应中,人工智能可以快速分析灾害数据,协助决策者制定应急策略。

3. 云计算与智慧城市建设。云计算为服务型政府提供了强大的计算和存储能力，使得政府服务能够无缝、快速地扩展和升级。通过云计算，政府部门可以实现数据共享，提高协同效率。智慧城市建设是云计算应用的重要场景，通过物联网、传感器和数据分析，实现城市基础设施的智能化管理，如智能交通、智能环保和智能能源。例如，智能照明系统能根据环境光线和行人流量自动调节，既节能，又保障了公共安全。云计算使得政府能快速响应公众需求，如通过云端平台收集公众意见，实时调整政策和服务。

这些技术的融合应用，不仅提升了政府服务的效率和质量，也促进了政府决策的科学化和民主化，使得服务型政府的愿景更加具象化。然而，技术应用的同时也带来了数据安全、隐私保护以及技术依赖性等问题，需要政府在推进技术应用的过程中建立健全相关法规和保障机制，确保技术的健康发展。

（三）服务型政府建设的发展

随着科技的飞速进步和社会需求的不断演变，服务型政府的建设将呈现出以下几个显著的发展趋势：

1. 智能化与数字化。未来服务型政府将更加依赖于先进的信息技术，如人工智能、大数据和物联网等，以实现公共服务的精准化、个性化和高效化。政府的服务将更加智能化，通过预测分析和智能决策支持，提高政策制定的科学性和预见性。

2. 开放政府与公民参与。公民参与度将不断加深，政府将更加透明，数据开放将成为常态。在信息化浪潮的推动下，数据资源的重要性日益凸显，成为社会经济进步的强大引擎。为了释放数据的潜在价值，公共数据开放制度被提出并付诸实践，其核心目标在于打破数据壁垒，促进数据的自由流通与高效利用。我国公共数据开放制度从初期的政府信息公开起步，逐步过渡到建设公共数据开放平台，再到不断细化与完善数据开放政策，实现了从尝试到成熟、从理论到实践的跨越。[1] 同时，公众可以通过多种途径参与政策讨论和决策过程，实现政府与公众的互动沟通。

3. 跨界合作与协同治理。政府部门将与非政府组织、企业和社会力量更加紧密地合作，共同提供公共服务，形成多元主体参与的协同治理模式。

4. 可持续发展与绿色治理。面对环境挑战，服务型政府将更加注重可持续发展，推动绿色政策和绿色服务，促进经济社会与环境的和谐共生。

5. 服务型政府应关注国际合作与交流前景。一方面，实现国际经验共享；

---

[1] 参见蔡培如、王锡锌：《论个人信息保护中的人格保护与经济激励机制》，载《比较法研究》2020年第1期。

积极参与国际服务型政府的交流与合作，学习借鉴发达国家的成功经验，推动国际公共服务标准的制定和实施。另一方面，注重技术合作与转移：通过国际合作引进先进的技术和服务模式，同时分享本国的成功案例，共同推动全球公共服务水平的提升。在此基础上，实现环境治理合作。在全球环境治理领域，与其他国家合作，共同应对气候变化等全球性问题，通过绿色公共服务的跨境合作，实现环境治理的协同效应。此外，注重多边机制的参与。积极参与联合国等多边机构的公共服务议题讨论，推动国际公共服务政策的协调与合作。

五、智慧治理理论

（一）智慧治理理论的起源与发展

智慧治理是指以大数据、云计算、人工智能等技术为手段，促进多元主体在公共生活中互动和沟通交流，再造政府组织形态和运行机制的新型治理范式。[1]在21世纪初，随着信息技术的飞速发展，尤其是互联网、大数据、云计算以及人工智能等领域的突破，人类社会开始进入信息时代。这些技术的崛起不仅深刻改变了个人生活，也对政府管理、公共服务和社会治理带来了革命性影响。在此背景下，智慧治理理论应运而生，旨在利用科技手段提高政府决策效率、提升公共服务质量，以及促进社会公正与和谐。

2008年全球金融危机之后，各国政府面临着经济复苏、社会公平与环境可持续性的多重挑战，传统的治理模式在应对这些复杂问题时显得力不从心。智慧治理理论的出现，为解决这些问题提供了一种新的视角，强调通过智能化、数据驱动的决策过程，以更高效、更透明的方式进行公共事务管理。

（二）智慧治理理论发展的主要阶段

1. 初步形成阶段（2005年~2010年）。这个阶段，智慧城市的概念逐渐兴起，成为智慧治理理论的先驱。在全球化与信息化的背景下，城市需应对如人口增长、资源压力与环境挑战等难题。智慧城市理念的提出，象征着城市规划与管理的创新转型，它倡导的不仅是硬件设施的数字化升级，更涵盖对城市管理理念的革新。智慧治理，是智慧城市不可或缺的支柱，它借助大数据、物联网和人工智能等先进技术，驱动城市资源的精准分配，实现公共服务的高效化与个性化，同时强化城市对突发事件和复杂情况的预见和解决能力，以数据驱动的洞察力，为城市治理的前瞻性与灵活性赋能。[2]许多城市开始探索如何利用信息技术优化基础设施、提高公共服务效能。智慧治理的概念开始在学术界和实践领域中萌

---

〔1〕参见谭九生、李猛：《智慧治理视域下跨部门政府信息资源共享的阻碍与纾解》，载《行政与法》2021年第8期。

〔2〕参见张亚玮：《智慧城市建设中的智慧治理：赋能机制与达成路径》，载《山西科技报》2024年7月25日，第B6版。

芽，主要集中在数据收集和分析的初步应用。

2. 发展阶段（2011年~2015年）。随着大数据、云计算等技术的普及，智慧治理理论开始得到深入发展。学者们开始关注如何将这些技术应用于政策制定、公共服务和社区治理，以实现更高效的治理效果。这一阶段，智慧治理理论开始从单一的城市治理领域扩展到更广泛的公共治理领域。借助物联网、区块链、人工智能等数字技术，政府、公民和其他利益相关者之间能够智能化地互动协作，从而改进决策、监管和处理社会各项公共事务，主要由政府组织、公民参与和技术的使用组成。[1]

3. 成熟应用阶段（2016年至今）。随着人工智能和物联网技术的广泛应用，智慧治理理论已上升至一个新的高度。政府开始构建智慧治理平台，以数据驱动的决策支持系统，增强公共服务的个性化和精准化。公众参与度的提升，使得智慧治理更加注重公民参与和信息透明度。

在这个过程中，智慧治理理论逐渐从理论研究走向实践，形成了包括智慧决策、智慧服务、智慧监管和智慧参与等多个层面的综合体系，对现代社会治理模式产生了深远影响。新一轮科技变革和产业变革为城市建设带来新的机遇与挑战，随着数字中国、网络强国建设进入加速推进阶段，我国智慧城市建设也进入深化发展的新阶段。[2] 从2015年底起，我国在深圳、福州、嘉兴三市先行试点了"新型智慧城市"建设；2017年，我国政府颁布了《新型智慧城市发展报告2017》。目前，我国智慧城市试点建设的数量累计已达749个。[3] 2022年7月制定的《"十四五"全国城市基础设施建设规划》将"城市智慧化转型发展"确定为我国新型城市建设的战略目标；2022年10月16日，党的二十大报告确定了中国特色新型智慧城市建设的根本宗旨和行动指南："坚持人民城市人民建、人民城市为人民，提高城市规划、建设、治理水平，加快转变超大特大城市发展方式，实施城市更新行动，加强城市基础设施建设，打造宜居、韧性、智慧城市。"[4]

（三）智慧治理理论的核心概念

智慧治理（Smart Governance）是一种以信息技术，尤其是大数据、云计算、

---

〔1〕 参见张成岗、阿柔娜：《智慧治理场景下的数字信任构建：机制、挑战及趋向》，载《社会治理》2024年第1期。

〔2〕 参见张昕、杨丽萍、刘盼盼：《党就在身边 智慧治理就在身边》，载《郑州日报》2024年8月25日，第1版。

〔3〕 参见李金桃：《建设中国特色新型智慧城市：发展愿景、治理模式、价值取向》，载《贵州社会科学》2024年第1期。

〔4〕 中共中央党史和文献研究院编：《习近平关于城市工作论述摘编》，中央文献出版社2023年版，第40页。

人工智能等先进技术为支撑，旨在提升政府决策效率、优化公共服务、提高社会参与度的现代治理模式。它强调通过数据的收集、分析和应用，实现政府决策的科学化、治理过程的透明化以及社会资源的高效配置。智慧治理不仅仅是技术的应用，更包含对治理理念的创新，要求政府与公民、企业等多元主体之间形成更为紧密的互动关系，以实现社会问题的智慧解决。

智慧治理的概念包含以下几个层面：一是智慧治理的运行、发展和完善离不开智能技术的支持，尤其是数据的分析与挖掘技术，如大数据、云计算、物联网、移动网络技术、数据挖掘、人工智能等；二是在政府与公民、国家与社会之间建立新型合作创新关系，通过信息通信技术（ICTS）向公民开放，带动公民参与决策，为公共部门改革赋能，创新政策和公民参与途径；三是智慧治理的最终目标是建立一个更具责任性、更值得信赖、更加开放、透明、高效的政府。[1]

1. 大数据与数据挖掘。大数据技术是智慧治理的核心驱动力，它使得政府能够处理和分析海量的结构化和非结构化数据，以发现隐藏的模式和趋势。数据挖掘（Data Mining），又称数据采矿、数据勘探等，是指从大量的、不完全的、错误或异常的、模糊的、随机的实际应用数据中，提取隐含在其中的、人们事先不知道的、但又是潜在有用的信息和知识的过程，是从大规模数据集中自动发现有用信息和隐藏模式的一种过程。[2] 简而言之，数据挖掘就是运用各种算法和技术，从海量数据中挖掘出有价值的模式和知识。例如，通过对社会经济、环境、交通等多领域数据的整合，政府能够更准确地预测和应对各类社会问题，如交通拥堵、环境污染等，实现精细化治理。

2. 云计算。云计算，作为一种先进的分布式计算模式，它基于网络基础设施，将繁重的计算任务分解为大量微小的子任务，分布到多台互联的服务器上进行并行处理。[3] 这种方法克服了单个设备计算资源的局限，实现了对大规模数据的高效处理和分析。通过资源整合，云计算提升了数据处理的能力和效率，即使在面对海量数据时，也能为用户提供及时、准确的结果，从而突破了单个设备的计算与存储瓶颈。云计算提供了强大的计算能力和存储空间，使政府能够快速部署和扩展各类服务。例如，通过云平台，政府可以搭建在线公共服务系统，方便公民一站式办理各类事务，同时降低运营成本，提高服务效率。

3. 人工智能与机器学习。人工智能在智慧治理中扮演着智能决策支持的角色。机器学习的核心理念在于系统通过从数据中学习模式和规律，而不是通过显

---

〔1〕参见高圆：《智慧治理：互联网时代政府治理方式的新选择》，吉林大学2014年硕士学位论文。

〔2〕参见徐彦刚：《数据挖掘算法研究综述》，载《电脑知识与技术》2024年第24期。

〔3〕参见陈秉乾、周强、刘欣：《云计算时代安全问题探究》，载《天津科技》2024年第9期。

式的编程来完成任务。[1] 人工智能借助机器学习产生了能从原始数据中提取模式的能力，这种能力即人工智能自己获取知识的能力。[2] 通过机器学习，系统能够自动学习和改进，为政策制定提供数据驱动的建议。例如，智能分析系统可以帮助预测犯罪发生概率，协助执法部门安排预防性警务。

4. 物联网与传感器网络。物联网技术使政府能够实时监测和管理城市基础设施，如交通信号、环境监测设备等。通过传感器网络收集的数据，政府能够进行实时响应，如优化交通流量，改善空气质量，提升城市运行效率。2024年8月，工业和信息化部、国家标准化管理委员会联合印发《物联网标准体系建设指南（2024版）》，提出到2025年，我国新制定物联网领域国家标准和行业标准30项以上，引导社会团体制定先进团体标准，加强标准宣贯和实施推广，参与制定国际标准10项以上，引领物联网产业高质量发展的标准体系加快形成。[3]

5. 区块链技术。区块链的分布式、透明化和不可篡改的特性，为政府提供了一种新的信任机制，其核心在于去中心化的架构摆脱了对单一数据库的依赖。[4] 在公共服务、公共资源交易等领域，区块链可以增强数据的安全性和可信度，防止信息被篡改，提高治理的透明度和公正性。

综上，这些关键技术的集成应用，推动了智慧治理的实践，使得政府能够以更加智能、高效和透明的方式应对日益复杂的社会挑战，提升治理效能。

（四）智慧治理模式的创新与发展

在智慧治理的推动下，社会治理模式呈现出多元化、协同化和人性化的趋势。

1. 多元化治理主体。传统政府主导的治理模式逐渐转变为政府、企业、社区和公众等多元主体共同参与的模式。在这种模式下，不同主体通过智慧平台进行有效协作，共同解决社会问题，提升了治理效能。

2. 协同治理机制。智慧治理强调信息共享和协同决策，通过建立跨部门、跨领域的信息共享平台，实现数据互通，加强各部门间的协调配合，降低治理成本。智慧治理作为公共治理再造的核心，已显现了从管控向治理的转变，其特征之一是治理主体的多样化。这推动了公共事务处理从传统的政府一元主体向多元主体的过渡，鼓励各个主体共同贡献智慧，以提升行政效率。这种协作多元性的

---

〔1〕 参见吕磊：《基于机器学习的网络安全态势感知关键技术研究》，载《网络安全技术与应用》2024年第9期。

〔2〕 参见周志华：《机器学习》，清华大学出版社2016年版，第2页。

〔3〕 参见齐旭：《两部门加强物联网标准工作顶层设计》，载《中国电子报》2024年8月30日，第3版。

〔4〕 参见何悦：《数字版权交易中区块链技术的法律监管研究》，载《传播与版权》2024年第17期。

治理模式并未弱化责任归属，反而通过明确各个主体的权利和义务，强化了治理主体与公共治理过程的契合，从而增强了政府的治理效能。[1]

3. 人性化服务设计。在新一代数字技术推动下，智慧治理从模糊治理进一步转向精准治理。[2] 智慧治理注重以人为本，运用人工智能等技术，实现个性化服务，满足不同群体的特定需求。例如，通过智能分析，为老年人提供便捷的养老服务体系，为残障人士设计无障碍设施，体现了社会治理的人文关怀。

4. 持续创新与适应性。智慧治理模式不断进化，以适应快速变化的社会环境。例如，面对突发公共卫生事件，智慧治理可以通过大数据预测、预警和应急响应，迅速调动资源，有效防控风险，体现了其灵活适应性和韧性。

智慧治理在推动社会治理现代化方面发挥了关键作用，通过模式创新和持续发展，智慧治理将继续为构建更加公平、高效、智能的社会贡献力量。

（五）智慧治理的伦理与法治问题

1. 数据隐私与安全的伦理考量。在智慧治理中，数据的收集、分析和使用成为核心环节。大数据的运用使得政府和企业能够更好地理解公众需求，提供精准服务，但同时也引发了对个人隐私保护的担忧。政府和企业通过智慧系统收集的数据可能包含个人敏感信息，如健康状况、消费习惯、地理位置等，这些信息的不当使用可能导致个人信息的泄露，侵犯个人的隐私权。数据的集中处理可能导致数据安全风险，一旦系统遭到黑客攻击，可能造成大规模的信息泄露，对社会秩序和公民权益造成威胁。因此，智慧治理在追求效率与便利的同时，必须遵循尊重个人隐私和保护数据安全的伦理原则，建立合理的数据使用和保护机制。智慧治理日益寻求多层次、多元化技术工具和社会价值的结合。[3]

2. 智慧治理的法律框架与规范。在智慧治理的实践中，构建坚实的法律框架是确保公正、公平和透明的关键。目前，各国政府已经意识到这一问题，纷纷制定相关法律法规以规范智慧治理的行为。例如，欧盟的《通用数据保护条例》（GDPR）对个人数据的处理设定了严格标准，要求企业获取用户明确同意，并赋予用户对自身数据的访问、更正和删除权利。在美国，虽然联邦层面的全面数据保护法尚未出台，但各州已经出台了一系列数据隐私法规，如加利福尼亚的《加州消费者隐私法案》（以下简称CCPA）。

---

[1] 参见韩志明、李春生：《城市治理的清晰性及其技术逻辑——以智慧治理为中心的分析》，载《探索》2019年第6期。

[2] 参见陈水生：《迈向数字时代的城市智慧治理：内在理路与转型路径》，载《上海行政学院学报》2021年第5期。

[3] 参见宋君、沙巨山：《数字治理到智慧治理的演进逻辑、风险管控与价值实现》，载《领导科学》2022年第10期。

在国内，我国出台了《中华人民共和国个人信息保护法》（以下简称《个人信息保护法》）和《中华人民共和国网络安全法》（以下简称《网络安全法》），强调了个人信息的保护和网络运营者的责任。这些法律为智慧治理的实施提供了基础性规范，明确了数据收集、存储、使用的合法性要求，同时也为公民提供了法律救济途径，以应对可能发生的侵权行为。

然而，法律框架的构建并不能一蹴而就，它需要随着技术的发展和现实挑战的出现不断调整和完善。例如，如何划定公共利益与个人隐私的边界，如何在确保数据安全的同时推动数据共享，以及如何在跨境数据流动中平衡国家主权与个人权益，都是当前智慧治理法律框架面临的挑战。因此，未来的立法方向应兼顾技术进步、社会需求和伦理道德，以适应智慧治理的快速发展。

（六）智慧治理理论的跨学科研究

1. 信息技术与管理科学的交叉融合。数据的汇集、流通和应用是智慧治理的前提和基础。[1] 随着信息技术的飞速发展，尤其是大数据、云计算、人工智能和物联网等前沿技术的崛起，智慧治理理论与实践正不断跨越传统管理科学的边界。这些技术不仅提供了海量数据的收集、处理和分析能力，还改变了决策制定和问题解决的方式。

管理科学中的决策理论、组织理论和战略管理等概念，与信息技术的结合，催生了新的智慧治理模式。例如，数据驱动的决策过程使得政府能够基于事实和分析作出更为理性的选择；而组织理论中的学习与适应性原则，与信息技术相结合，使政府机构能够快速适应环境变化，实现自我优化。

2. 智慧治理与其他学科的相互渗透。智慧治理理论与经济学、法学、社会学、心理学等多学科的交叉，丰富了其理论体系，并推动了实践的深化。在经济学中，智慧治理强调公共资源配置的效率与公平，借鉴了市场机制和博弈论的理论，以优化公共服务的供给。在法学领域，智慧治理涉及法律规制的创新，以保护数据安全和隐私，同时确保技术的合法规范使用。社会学视角下，智慧治理关注社区参与和社会资本的构建，通过信息技术促进公民与政府之间的信息交流和合作。心理学则提供了对用户行为的理解，帮助设计更符合用户需求的智慧服务。智慧治理还与环境科学、地理信息系统等学科融合，为可持续发展和空间治理提供技术支持。

跨学科的研究视角不仅深化了对智慧治理本质的理解，也推动了跨领域问题解决方案的创新。例如，通过结合社会科学理论，智慧治理项目可以更好地

---

〔1〕 参见顾丽梅、李欢欢、张扬：《城市数字化转型的挑战与优化路径研究——以上海市为例》，载《西安交通大学学报（社会科学版）》2022年第3期。

考虑社会影响，减少技术应用可能带来的社会不平等现象，促进社会公正。这种跨学科的融合也促进了学术界的交流与合作，推动智慧治理研究的多元化和国际化。

第二章

新质生产力法治保障的现状

随着科技的不断进步和全球化的深入发展，新质生产力已成为推动经济社会高质量发展的核心动力。在这一背景下，法治保障对于促进新质生产力的发展至关重要。科技创新是发展新质生产力的核心要素。然而，科技创新过程中涉及的知识产权保护、科技伦理、数据安全等问题日益凸显，迫切需要完善的法治体系来保障科技创新的顺利进行。同时，新质生产力的发展离不开良好的市场秩序。法治通过制定和执行法律法规，规范市场主体的行为，维护公平竞争的市场环境，为新质生产力的发展提供稳定的制度保障。法治是社会稳定的基石，也是新质生产力持续健康发展的根本保障。通过法治手段，可以有效防范和化解各种矛盾和风险，为新质生产力的发展营造和谐稳定的社会环境。

目前，我国有关新质生产力的法治保障取得一定的进展，法律法规不断完善。近年来，我国在科技创新、知识产权保护、数字经济、绿色发展等领域的法治建设取得了显著成效，出台或修订了《中华人民共和国中小企业促进法》[1]、《促进大数据发展行动纲要》[2]、《中华人民共和国科学技术进步法》[3]、《中华

---

[1] 2002 年 6 月 29 日第九届全国人民代表大会常务委员会第二十八次会议通过，2017 年 9 月 1 日第十二届全国人民代表大会常务委员会第二十九次会议修订。这是我国制定的扶持和促进中小企业发展的第一部专门法律。

[2] 2015 年 8 月 31 日，国务院以国发〔2015〕50 号文件印发。

[3] 1993 年 7 月 2 日第八届全国人民代表大会常务委员会第二次会议通过、2007 年 12 月 29 日第十届全国人民代表大会常务委员会第三十一次会议第一次修订、2021 年 12 月 24 日第十三届全国人民代表大会常务委员会第三十二次会议第二次修订。

人民共和国专利法》（以下简称《专利法》）[1]、《中华人民共和国著作权法》（以下简称《著作权法》）[2]、《中华人民共和国商标法》（以下简称《商标法》）[3]、《中华人民共和国促进科技成果转化法》[4]、《互联网信息服务算法推荐管理规定》[5]、《互联网信息服务深度合成管理规定》[6]、《生成式人工智能服务管理暂行办法》[7] 等一系列法律法规、规范性文件，为新质生产力的发展提供了一定的法律支撑。

同时，创新发展也增加了法律治理的不确定性，监管真空亟需制度弥合。以平台经济从无到有的发展过程为例，平台经济在一段时间内曾是监管的"法外之地"，由于平台自身的发展需求，平台在自我调整的过程中形成了一整套自律规则。[8] 得益于国家坚持包容审慎监管原则，我国互联网平台经济快速发展，新模式、新业态不断涌现，产生一批头部数字平台企业，数字市场欣欣向荣。[9] 在平台经济发展过程中，生产方式突破原有法律规定的权利义务框架，形成"非

---

[1] 1984年3月12日第六届全国人民代表大会常务委员会第四次会议通过、1992年9月4日第七届全国人民代表大会常务委员会第二十七次会议第一次修正、2000年8月25日第九届全国人民代表大会常务委员会第十七次会议第二次修正、2008年12月27日第十一届全国人民代表大会常务委员会第六次会议第三次修正、2020年10月17日第十三届全国人民代表大会常务委员会第二十二次会议第四次修正。

[2] 1990年9月7日第七届全国人民代表大会常务委员会第十五次会议通过、2001年10月27日第九届全国人民代表大会常务委员会第二十四次会议第一次修正、2010年2月26日第十一届全国人民代表大会常务委员会第十三次会议第二次修正、2020年11月11日第十三届全国人民代表大会常务委员会第二十三次会议第三次修正。

[3] 1982年8月23日第五届全国人民代表大会常务委员会第二十四次会议通过、1993年2月22日第七届全国人民代表大会常务委员会第三十次会议第一次修正、2001年10月27日第九届全国人民代表大会常务委员会第二十四次会议第二次修正、2013年8月30日第十二届全国人民代表大会常务委员会第四次会议第三次修正、2019年4月23日第十三届全国人民代表大会常务委员会第十次会议第四次修正。

[4] 1996年5月15日第八届全国人民代表大会常务委员会第十九次会议通过、2015年8月29日第十二届全国人民代表大会常务委员会第十六次会议第一次修正。

[5] 经2021年11月16日国家互联网信息办公室2021年第20次室务会议审议通过，并经工业和信息化部、公安部、国家市场监督管理总局同意，自2022年3月1日起施行。

[6] 经2022年11月3日国家互联网信息办公室2022年第21次室务会议审议通过，并经工业和信息化部、公安部同意，自2023年1月10日起施行。

[7] 经2023年5月23日国家互联网信息办公室2023年第12次室务会议审议通过，并经国家发展和改革委员会、教育部、科学技术部、工业和信息化部、公安部、国家广播电视总局同意，自2023年8月15日起施行。

[8] 参见李怡然：《网络平台治理：规则的自创生及其运作边界》，上海人民出版社2021年版，第71~78页。

[9] 参见孙晋：《2024年反垄断民事诉讼新司法解释亮点阐释与未来展望》，载《法律适用》2024年第8期。

法兴起",并从产业发展早期的较为宽松的法律和监管规则中获取发展的红利。[1] 在此过程中,出现了部分网络平台利用平台规则变相捆绑消费等乱象。对此,2019年正式实施的《中华人民共和国电子商务法》(以下简称《电子商务法》)[2] 将电子商务平台纳入法律的规范视野,确立了电子商务平台的法律主体地位,为其提供了框架性的发展指引。又如,数据的法律地位一直存在争议。对此,2020年颁布的《中华人民共和国民法典》(以下简称《民法典》)[3] 第127条将数据确认为民事客体、第四编"人格权编"第六章专门规定了隐私权和个人信息保护,将隐私权单列为一项民事权利类型。2021年通过的《中华人民共和国数据安全法》(以下简称《数据安全法》)[4] 要求国家培育数据交易市场,以此促进数据安全与数字经济发展的平衡,为数据开发利用奠定了制度基础。[5] 2021年通过的《个人信息保护法》是我国首部独立的综合性个人信息保护法律,其详细规定了个人信息处理的一般规则、敏感个人信息处理的特殊规则、个人信息跨境转移的规则、个人在信息处理中的权利以及个人信息处理者的义务等内容。[6]

司法保护力度也在加强,司法机关在保障新质生产力发展方面发挥了重要作用。通过加强知识产权司法保护,严厉打击侵犯知识产权的违法行为,有效维护了市场主体的合法权益。同时,司法系统大力推进智慧法院建设,提升司法效率和质量,为新质生产力的发展提供了更加便捷、高效的司法服务。

公众的法治意识逐步增强,随着全面依法治国的深入推进,社会各界对新质生产力法治保障的认识不断提高。企业和个人更加注重运用法治思维和法治方式解决问题,法治意识逐步成为推动新质生产力发展的重要力量。

但从整体来看,目前的法治保障水平仍不高,仍存在一定的问题与短板,与新质生产力快速发展的要求不相匹配。

---

[1] 参见胡凌:《数字架构与法律 互联网的控制与生产机制》,北京大学出版社2024年版,第22~25页。

[2] 2018年8月31日第十三届全国人民代表大会常务委员会第五次会议通过,自2019年1月1日起施行。

[3] 2020年5月28日第十三届全国人民代表大会第三次会议通过,自2021年1月1日起施行。

[4] 2021年6月10日第十三届全国人民代表大会常务委员会第二十九次会议通过,自2021年9月1日起施行。

[5] 参见张钦昱:《论新质生产力的法治保障》,载《行政管理改革》2024年第6期。

[6] 参见华劼:《人工智能时代的隐私保护——兼论欧盟〈通用数据保护条例〉条款及相关新规》,载《兰州学刊》2023年第6期。

第一节　新质生产力发展面临的法律问题

一、传统法律体系的滞后性

随着科技的飞速发展和全球化的深入，新质生产力逐渐成为推动经济增长和社会变革的核心动力。然而，与此相对应的是，传统的法律体系在新质生产力快速发展下逐渐显现出其滞后性和局限性。

面对新质生产力的快速发展，传统法律体系显得力不从心，难以跟上科技的快速进步，导致许多新领域缺乏明确的法律指导。例如，人工智能的伦理问题、虚拟货币的监管等。颠覆性关键性技术的突破往往可以打破法律框架的限制，甚至超出现有法律范围。关键性技术涉及的领域复杂多变，法律必然会因滞后而失去约束力。[1]

传统法律体系的滞后性主要表现在以下几个方面：

1. 法律规范的缺失。新质生产力的快速发展带来了许多新兴领域和业态，法律规范对于这些领域和业态的规制往往存在空白。由于缺乏明确的法律规范，相关主体的权益难以得到有效保障，市场秩序也难以得到有效维护。以资产证券化为例，资产证券化作为一种金融创新工具，近年来在我国有了较快的增长，显示出市场对这种融资方式的强劲需求。然而，该领域中透明度的缺乏和资产信息的不充分披露成为阻碍其进一步发展的瓶颈。区块链技术以其独特的去中心化结构、数据不可篡改的特性，有效提高了信息透明度，为建立一个更为公正和公平的交易环境提供了可能，理论上能有效缓解资产证券化过程中的信息不对称问题。然而，理论的进步在法律实践中遭遇了挑战。我国对于区块链资产证券化的法律地位尚未有明确界定，特别是对于由区块链技术催生的新型证券关系，现有法律框架未能给出清晰的法律属性和法律关系定义。这不仅冲击了既有的金融法律体系，也给金融监管带来了前所未有的复杂性，需要法律界和金融监管机构进行深入的反思和及时的法规创新。[2]

2. 法律解释的滞后。法律解释是对法律表达之意义的说明，或者说，是寻找法律概念或条文之正确意义的过程或活动。[3] 法律解释不仅能够为司法机关

---

[1] 参见雷磊：《新科技时代的法学基本范畴：挑战与回应》，载《中国法学》2023年第1期。

[2] 参见谢智菲：《区块链技术在资产证券化中的应用——基于法律与监管的视角》，载《河北金融》2019年第8期。

[3] 参见宋旭光：《法律解释何以可能？——法律解释的推论主义说明》，载《法制与社会发展》2024年第1期。

提供明确的裁判依据,还能够为民事主体提供行为指引,使其能够更好地理解法律的规定。同时,法律解释还有助于统一司法尺度,减少同案不同判的现象。[1]目前,传统法律体系在解释新质生产力相关问题时,往往难以跟上技术发展的步伐。法律解释的滞后性导致法律适用存在不确定性,给相关主体带来法律风险。

3. 全球化背景下的法律冲突。在全球化的背景下,不同国家和地区的法律制度存在差异,这导致跨国经营和投资等活动在法律上可能面临冲突。传统法律体系在解决这些问题时往往力不从心。例如,美国于 2018 年出台的《澄清域外合法使用数据法案》(*U.S.A's Clarifying Lawful Overseas Use of Data Act*,简称 CLOUD 法案),以及我国出台的《中华人民共和国国际刑事司法协助法》[2],集中凸显了目前全球跨境电子取证的法律冲突:一边是倡导数据自由流动的国家单方面积极行使长臂管辖权;另一边是倡导数据主权的国家对此予以禁止。这一冲突往往导致在多个法域拥有实体的企业的应对困境。[3]

4. 科技进步对法律职业的冲击。随着科技的进步,法律职业也面临着变革。人工智能、大数据等技术的应用使得法律服务更加便捷和高效,但同时也对传统法律职业造成冲击。法治中国建设目标的实现离不开法律职业共同体的群策群力,这就对新时代背景下法律职业共同体提出了新的建设要求。[4]

5. 社会公众对法律信任的降低。现代法律系统有着天然的不被信任的倾向。但现代法律系统的正常运转又依赖于信任。[5]信任本质上具有简化社会复杂性的功能,推动着社会结构和制度的变迁,在其最广泛的含义上,指的是对某人期望的信心,它是社会生活的基本事实。[6]用比较学术的语言说,就是(熟人社会)具备信息的对称性和行为的高度可预见性。[7]在社会转型期,各种社会问题和矛盾不断涌现,这使得社会公众对法律的信任度降低。传统法律体系在维护社会公正和稳定方面面临巨大压力。

二、法律执行及法律救济的缺乏

随着科技的飞速进步,新质生产力已经渗透到了社会生活的方方面面。尽管

---

[1] 参见刘琼:《〈民法典〉实施中的法律解释与司法适用研究》,载《法制博览》2024 年第 17 期。

[2] 2018 年 10 月 26 日第十三届全国人民代表大会常务委员会第六次会议通过。

[3] 参见李佳、王京婕:《全球跨境电子取证法律冲突及应对思考》,载《中国信息安全》2019 年第 5 期。

[4] 参见徐辉、李俊强:《新时代法律职业共同体建设的机制、困境与路径探析——以共生理论为视角》,载《北京政法职业学院学报》2024 年第 2 期。

[5] 参见伍德志:《论法律信任建构的反向逻辑:不信任的制度化及其功能》,载《暨南学报(哲学社会科学版)》2023 年第 3 期。

[6] 参见[德]尼克拉斯·卢曼:《信任:一个社会复杂性的简化机制》,瞿铁鹏、李强译,上海世纪出版集团 2005 年版,第 3 页。

[7] 参见郑永年、黄彦杰:《中国的社会信任危机》,载《文化纵横》2011 年第 2 期。

新质生产力带来了前所未有的效率和便利，带来了生产力的巨大提升，但与其有关的法律执行和法律救济的缺乏却逐渐凸显，成为制约其进一步发展的关键因素。由于新质生产力的技术更新迅速，相关法律法规的制定往往滞后于技术发展的步伐。这导致在新质生产力的法律实践中，缺乏明确的法律依据和执法标准，给法律执行和法律救济带来了极大的困难。

（一）法律执行的挑战

一方面，法律执行不力。法治的发展离不开国家法律的正确实施。[1] 然而，在一些地区和领域，法律执行力度不够，存在执法不严、司法不公等问题，导致创新主体的合法权益难以得到有效保障。[2] 部分执法人员因主观意识、能力水平或外部压力等原因，未能严格按照法律规定履行职责，导致违法行为得不到应有的惩罚。这种现象不仅削弱了法律的权威性，也降低了公众对法律的信任度，使得创新主体在面对侵权行为时，往往因维权成本高昂、程序繁琐而选择忍气吞声，其合法权益难以得到有效保护。除了执法问题外，一些地方还存在过度干预创新活动的情况。个别政府或相关机构出于种种考虑，对创新项目、企业和个人进行不必要的限制和干预，导致创新资源无法自由流动和优化配置，政府不适当干预带来的要素市场扭曲也会对企业投资效率带来影响。[3] 这种过度干预不仅增加了创新主体的运营成本和时间成本，也限制了其创新能力和创新空间的拓展，最终会阻碍新质生产力的发展。

另一方面，在网络空间中，跨地域、跨国家的违法行为层出不穷，而传统的法律执行手段却往往难以适应这种新形势。新质生产力的技术特性决定了其与传统生产力之间存在本质区别。在网络空间中，数据和信息以光速传播，使得违法行为可以在瞬间完成，而且不留痕迹。这种特性给法律执行带来了极大的挑战。传统的法律执行手段往往依赖于地域管辖和国家主权，但在网络空间中，这些原则变得不再适用。例如，黑客攻击可能来自全球任何一个角落，而受害者却可能遍布世界各地。在这种情况下，如何确定管辖权和追责对象，成了法律执行的一大难题。新质生产力的技术特性使得证据的收集、固定和呈现变得更为复杂和困难。在网络空间中，电子数据成为主要的证据形式，但这些数据往往容易被篡改、删除或伪造。因此，如何确保电子数据的真实性和完整性，成为法律执行的关键。此外，电子数据的呈现方式也需要借助专业的技术手段，这使得法律执行的成本大大增加。

---

[1] 参见王宇：《对提高法律执行力的思考》，载《法制与社会》2020年第9期。
[2] 参见蒋坤洋：《让法治建设为新质生产力保驾护航》，载《社会主义论坛》2024年第6期。
[3] 参见庞思璐、刘雨晴：《政府干预、要素市场扭曲与企业投资效率》，载《经营与管理》2022年第4期。

（二）法律救济的缺乏

在新质生产力快速发展的技术背景之下，法律救济体系面临着前所未有的挑战。传统的法律救济方式已难以全面涵盖和应对新质生产力所带来的法律问题，因此需要重新审视并思考法律救济在新质生产力时代的发展方向。

新质生产力以其高度的技术创新性和变革性，给传统法律带来了极大的挑战。新质生产力的技术特性使得许多传统法律概念难以适用，如人工智能的自主决策、大数据的隐私保护、区块链的智能合约等。这些技术特性所引发的法律问题需要法律救济体系进行有针对性的解决。以区块链智能合约为例，目前，区块链智能合约已经在金融、信息管理和社会公共服务等诸多领域得到应用。[1] 智能合约的效力易受多重因素影响，包括签约主体的法律行为能力、各方意愿表达的真实性以及区块链技术的完善程度，这些都在缔结和执行过程中起决定性作用。[2] 智能合约的特性与传统合约显著不同，根源在其独特的技术特性。首要差异源于其运行基础，智能合约基于代码执行，而传统合约依赖于文字表述。再者，智能合约的匿名签署及节点代表的主体形式，常使真实身份模糊，主体资格确认成疑。此外，其预设执行的不可逆性虽确保了合约的确定性，但也限制了更改的灵活性，约束了当事人的意志自由。最后，编程语言的运用存在固有缺陷，且无法深度验证合约制定者的诚信，这些因素都对效力与权益产生潜在影响。[3]

新质生产力的快速变化也对法律救济的时效性和有效性提出了更高的要求。法律的制定和修改往往需要经过长时间的讨论和审议，往往难以同步于新质生产力的变化速度。因此，法律救济体系需要更加灵活和迅速地应对新质生产力所带来的法律问题。

除了技术挑战外，新质生产力的法律救济还面临着成本问题。由于新质生产力的技术特性，法律救济往往需要更加专业和复杂的法律服务，这使得诉讼成本高昂。对于许多受害者而言，高昂的诉讼成本成为他们维权的阻碍。

新质生产力的法律救济还需要考虑技术本身所带来的风险。例如，在数据泄露或黑客攻击等情况下，受害者可能需要支付额外的费用来修复损失或进行后续的法律诉讼。这些额外的成本也进一步加重了受害者的负担。

三、涉及新质生产力的法律法规呈碎片化

碎片化又称巴尔干化，起源于西方，原本是指完整的东西被分成破碎的东

---

[1] 参见何人可：《基于区块链的智能合约在金融领域应用及风险防控》，载《理论探讨》2020年第5期。

[2] 参见周建峰：《论区块链智能合约的合同属性和履约路径》，载《黑龙江省政法管理干部学院学报》2018年第3期。

[3] 参见邹丽梅、姜琪：《区块链背景下智能合约的法律救济探究》，载《长春理工大学学报（社会科学版）》2021年第6期。

西，进而呈现出分割、分离、分解、分散、缺乏整合的状态。现在也指完整的组织有机体中的各要素、各部分缺乏有机联系和统一性。[1] 新质生产力快速发展和更新换代，相关的法律法规却未能及时跟进，导致法律法规呈现出碎片化的状态。因此，法律法规的碎片化指的是原本应当完整、统一的法律体系因为各种原因而被分割成多个部分，这些部分之间缺乏有机联系，甚至相互矛盾。

(一) 新质生产力法律法规碎片化的具体表现

首先，各领域、各行业针对新质生产力的法律条款呈现出多样化的特点。新质生产力推动下的商业模式创新和技术变革，使得传统的行业边界逐渐模糊，有些企业开始涉足多个领域以寻求更广阔的发展空间。然而，这种跨界的经营模式也意味着企业必须面对更多元化、更复杂的法规环境。不同行业、不同领域的法规往往存在差异，甚至在某些方面可能产生冲突，这就要求企业必须具备更高的法规遵从能力和风险管理水平。

其次，法律法规分散。由于新质生产力涉及新能源、新材料、生物科技等领域和智能制造、绿色能源、生物医药等产业，相关的法律法规也分散在不同的法律文件中。这些法律文件之间缺乏统一的标准和规定，使得企业和个人在遵守法律法规时难以把握。

最后，法律法规冲突。在某些情况下，不同的法律法规之间可能存在冲突。例如，在知识产权保护方面，不同国家和地区的法律法规可能存在差异，导致企业在跨国经营时面临法律风险。

(二) 法律法规碎片化问题的成因

首先，技术进步与法律滞后。新质生产力的快速发展导致法律法规难以跟上其步伐。许多新技术、新产业在诞生初期缺乏相应的法律规制，导致法律法规的空白和滞后。

其次，多头立法与重复立法。在涉及新质生产力的法律法规制定过程中，不同部门、不同地区可能存在多头立法、重复立法的情况，导致法律法规之间的不协调、不一致。

最后，法律法规修订不及时。随着技术的不断进步和产业的不断发展，一些旧的法律法规可能无法适应新的形势和需求，但修订工作往往滞后于实践发展，导致法律法规的碎片化。

(三) 法律法规碎片化问题的影响

首先，阻碍新质生产力的发展。法律法规的碎片化使得企业在技术创新、产

---

[1] 参见丛楷力：《从"碎片化"到"整体性"：地方政府数据开放治理研究——以山东省为例》，山东师范大学 2019 年硕士学位论文。

业发展等方面面临诸多不确定性和风险，影响了新质生产力的健康发展。

其次，增加社会治理成本。法律法规的不协调、不一致使得监管部门在执法过程中面临诸多困难，增加了社会治理的成本和难度。

最后，损害消费者权益。在缺乏有效法律规制的情况下，一些企业可能利用新技术、新产业进行不正当竞争或侵害消费者权益，给社会带来负面影响。

四、法律意识与法律文化缺失

法律意识与法律文化在新质生产力发展过程中具有不可替代的作用。法律意识是公民个人对法和基于法律形成的社会关系的思想认识和心理感受。[1] 法律意识能够引导新质生产力的健康发展，使其在法律框架内规范运行，避免产生法律风险和法律纠纷。法律文化能为新质生产力塑造一个良好形象，提升其在社会中的公信力和认可度。法律意识和法律文化还能够为新质生产力提供有力保障，使其在面临外部压力和挑战时能够得到有效支持。

尽管法律意识和法律文化在新质生产力发展中具有重要意义，但现实中却存在一定程度的缺失现象。

（一）法律意识淡薄

新质生产力领域的从业者大多具有科技背景，他们在技术研发和创新方面有着丰富的经验和能力。然而，在法律法规的认识和运用方面，他们却往往显得力不从心。

首先，法律法规知识匮乏。部分从业者对与自身业务相关的法律法规缺乏必要的了解，甚至对基本的法律常识也知之甚少。部分新质生产力企业对国家法律法规缺乏深入了解，甚至存在违法违规经营行为。这不仅会使企业面临法律风险，还会损害企业的社会形象和信誉，这导致他们在面对法律问题时，往往无法做出正确的判断和决策。

其次，法律意识不足。一些从业者虽然知道法律法规的存在，但却没有将其纳入日常经营活动的考虑范围。他们往往认为只要技术过硬，就能在市场上立于不败之地，忽视了法律法规对企业运营的重要性。

最后，法律风险意识不足。在新质生产力领域，技术更新换代迅速，法律法规也在不断完善。然而，部分从业者却未能及时关注这些变化，导致企业在经营过程中面临一定程度的法律风险。

法律意识淡薄也使新质生产力领域的从业者面临着诸多问题。

首先，企业运营风险增加。由于缺乏必要的法律意识，企业在经营过程中容

---

[1] 参见王滨起：《法律意识是法治国家进程的基础——兼论"四五"普法的重心任务》，载《中国司法》2001年第2期。

易触犯法律法规，导致受到处罚甚至面临被关停的风险。

其次，市场竞争力下降。法律意识淡薄的企业往往难以在激烈的市场竞争中保持优势，因为它们无法充分利用法律手段保护自身权益。

最后，行业形象受损。一些违法违规的行为会给整个行业带来负面影响，降低公众对行业的信任度。

（二）法律风险防范意识不足

新质生产力企业在经营过程中，往往过于关注市场变化和技术创新，而忽视了法律风险的存在。这种缺乏法律风险防范意识的状态，主要表现在以下几个方面：

首先，合同管理不规范。在合同签订、履行和纠纷处理过程中，新质生产力企业往往缺乏专业的法律知识，导致合同条款不完善、履行不力或纠纷处理不当，进而引发法律风险。

其次，知识产权保护不足。新质生产力企业通常拥有大量的知识产权，但由于缺乏相应的保护措施和意识，知识产权被侵权或流失，给企业带来巨大的经济损失。

最后，劳动争议处理不当。随着企业规模的扩大和员工数量的增加，劳动争议问题日益突出。然而，新质生产力企业在处理劳动争议时往往缺乏专业的法律知识，导致问题处理不当，进而引发法律风险。

（三）法律文化建设滞后

习近平总书记指出："文明特别是思想文化是一个国家、一个民族的灵魂。无论哪一个国家、哪一个民族，如果不珍惜自己的思想文化，丢掉了思想文化这个灵魂，这个国家、这个民族是立不起来的。"[1]法律文化作为社会文明的重要组成部分，在维护社会秩序、保障公民权益、促进经济发展等方面具有不可替代的作用。新质生产力是指通过科技创新、产业升级等方式形成的具有高附加值、高技术水平的新型生产力。它的发展不仅改变了传统的生产方式和经济结构，也对法律文化提出了新的要求。因此，加强新质生产力领域的法律文化建设，对于推动社会全面进步具有重要意义。目前，法律文化建设仍存在一定的滞后现象。

首先，缺乏系统的法律文化教育和普及活动。在新质生产力领域，法律制度尚未形成完整的体系，一些新兴领域的法律问题尚未得到有效解决，给法律文化建设带来了难度。同时，法律文化教育和普及活动相对较少，许多企业和个人对于法律文化的认知和理解还停留在传统的层面，难以适应新质生产力发展的

---

〔1〕 习近平：《在纪念孔子诞辰2565周年国际学术研讨会暨国际儒学联合会第五届会员大会开幕会上的讲话》，载《人民日报》2014年9月25日，第2版。

需求。

其次，法律文化在新质生产力中难以得到广泛传播。由于新质生产力的快速发展和变化，传统的法律文化传播方式已经难以满足需求。法律文化教育资源的投入相对较少，难以满足广大群众对于法律文化学习的需求。新质生产力领域的法律文化内容也相对较为专业和复杂，难以被广大群众理解和接受。

最后，法律文化难以深入人心。新质生产力领域的法律文化内容相对较为专业和复杂，许多人对于其重要性和价值认识不足，难以形成广泛的社会共识和支持。同时，由于法律文化教育和普及活动的不足，以及新质生产力领域法律文化内容的复杂性和专业性，许多人对于法律文化的理解和认知还停留在表面层次，难以深入了解和认同法律文化的价值和意义。

五、法律冲突的存在

（一）新质生产力与法律冲突

"法律冲突"一词，在我国早期的教科书或论著中，通常是作为国际私法中的一个基本概念。大概是自20世纪末开始，许多专家学者认识到国内法律冲突的严重性，也将法律冲突用于国内法冲突的研究上。[1] 法律冲突大体区分为国际法冲突、国内法冲突。本书所指的法律冲突，主要是指国际法冲突。在新质生产力法治保障层面，各国的标准和执行存在差异，导致全球市场存在不平等竞争，跨境法律纠纷增多。

跨国法律环境是指在全球范围内，不同国家和地区的法律体系、政策规定以及国际法律规则共同构成的法律框架。在新质生产力的背景下，跨国法律环境表现出明显的复杂性。

1. 法律多样性。各国法律体系的差异性，导致新质生产力在跨国应用中面临法规冲突和难题。大陆法系与英美法系的根本性差异对新质生产力的应用产生了深远影响。大陆法系以成文法为主，注重法律的系统性和逻辑性，而英美法系则以判例法为主，更强调法律的灵活性和实用性。这两大法系的差异在数据保护、知识产权、合同法等领域体现得尤为明显，给跨国企业在这些领域的新质生产力应用带来了诸多困扰。各国在法律实施和执行上也存在显著差异。一些国家法律体系完善，执法严格，对违法行为的惩罚力度大；而另一些国家则可能存在法律漏洞，执法不力等问题。新质生产力的发展可能带来环境影响和伦理问题，各国在这些领域的法律规定不一，加剧了跨国法律冲突。新质生产力的创新成果往往涉及复杂的知识产权问题，各国对知识产权保护的力度和方式差异极易引发纠纷。这种差异使得跨国企业在应用新质生产力时，难以制定统一的标准，增加

---

[1] 参见余文唐：《法律冲突基本问题疏辨》，载《山东法官培训学院学报》2023年第3期。

了企业的法律风险。

例如，在全球化的大背景下，数字经济已成为全球经济的重要驱动力。然而，不同国家对数据保护和隐私权的立法标准各异，导致了跨境数据流动的法律冲突。欧盟的《通用数据保护条例》要求企业对个人数据进行严格保护，禁止未经用户明确同意的数据跨境传输。而美国的法律体系更倾向于促进商业发展，允许数据在一定程度上自由流动。这种差异使企业在全球运营时面临法律困境，如Facebook与欧盟的多次数据隐私纠纷，凸显了跨国法律协调的紧迫性。人工智能的发展也带来了一系列法律挑战，尤其是在知识产权、责任归属和伦理道德方面。以自动驾驶汽车为例，当车辆发生事故时，责任应由制造商、软件开发者还是用户承担？各国对此的法律规定不一。例如，美国的自动驾驶法规在州与州之间存在差异，而中国则在2018年颁布了《智能网联汽车道路测试管理规范（试行）》（现已失效），规定了自动驾驶汽车在公共道路测试的规则；在2021年颁布了《智能网联汽车道路测试与示范应用管理规范（试行）》。这些差异使得全球人工智能产业的发展面临法律不确定性，影响了技术创新和国际市场的统一。生物技术，尤其是基因编辑技术，如CRISPR-Cas9，带来了巨大的医疗和农业潜力，但同时也引发了国际法律的争议。在知识产权方面，基因编辑的专利权归属在全球范围内尚未形成共识，导致跨国诉讼。关于基因编辑的伦理界限，如人类胚胎基因编辑，各国的法规差异显著。如2019年2月26日，国家卫生健康委在官网上正式发布了《生物医学新技术临床应用管理条例（征求意见稿）》，该文件中明确：生物医学新技术临床研究实行分级管理。而国际社会对此尚无统一标准。这种法律冲突在一定程度上阻碍了生物技术的国际合作，也对全球生物安全和伦理道德提出了一定的挑战。

2. 政策动态性。随着新质生产力的发展，各国政策频繁调整，给企业的规划和运营带来不确定性。各国为了保护国内产业，可能制定不同的技术标准，引发国际的标准不一致问题。

3. 国际规则滞后。国际法律和条约往往难以跟上科技发展的步伐，导致某些领域存在法律真空。以人工智能、生物技术、网络空间等为代表的新兴科技领域，正不断突破现有的法律框架。例如，在人工智能领域，关于智能机器人的权利与责任问题，目前的国际法律尚未给出明确的答案。在网络空间，数据隐私保护、跨境数据流动等问题的法律规制也亟待完善。

4. 法律执行难度大。跨国法律执行面临主权问题，以及跨国诉讼和执行的复杂性。跨国法律执行往往会触及国家主权这一敏感领域。国家主权是现代国际法的基石，它意味着国家在其领土内拥有至高无上的权力。当一国法律需要在他国执行时，往往会遭遇到主权平等原则的挑战。每个国家都有权按照自己的法律体系和司法程序来处理事务，这无疑增加了跨国法律执行的难度。不同国家对于法律解释的差异、司法制度的独立性以及对外国法律文书的认可度，都可能导致跨国法律执行受阻。同时，跨国诉讼和执行的复杂性不容忽视。跨国诉讼往往涉及多个法律体系、司法管辖区和语言文化差异，这使得诉讼过程变得极为繁琐和耗时。原告不仅需要熟悉不同国家的法律制度和诉讼程序，还需要应对可能出现的法律冲突和管辖权争议。跨国执行判决也面临诸多困难，如被告财产所在地的法律问题、执行成本的高昂以及国际合作机制的不完善等。

这些背景因素使得新质生产力在跨国应用中不得不面对复杂的法律环境，催生了对法律框架、国际协调以及企业风险控制策略的深入探讨。

（二）跨国界新质生产力的法律挑战

在法律层面上，新质生产力涉及知识产权、数据隐私、网络安全、环境法规等多个领域。知识产权是新质生产力法律属性的核心，包括专利权、著作权、商标权等，保护创新成果免受非法使用。由于新质生产力往往涉及数据的收集、处理和利用，因此数据隐私和网络安全法律也对新质生产力的运作起到关键作用。

随着全球化的发展，新质生产力的跨国应用带来了一系列法律挑战。不同国家对知识产权的保护程度和执行力度差异可能导致创新成果在国际的不公平竞争。例如，发达国家的专利保护制度可能对发展中国家的技术引进和本土创新造成阻碍。数据跨境流动的法律问题日益突出，基于对本国数据主权的重视，各国的数据保护标准和规定不一，影响全球数据共享和企业运营。环境法规的差异可能导致跨国企业面临不同的环保责任，从而影响其在新质生产力领域的投资决策。

面对新质生产力带来的跨国法律冲突，现有的国际法律框架在一定程度上存在滞后性。世界贸易组织的《TRIPS协定》在一定程度上提供了全球知识产权保护的最低标准，但对新出现的技术如人工智能、生物技术等的保护可能不够充分。国际数据保护框架如欧盟的《通用数据保护条例》尚未形成全球共识，导致跨国企业需要应对多重法规，增加了企业的全球法规遵从成本。国际社会需要在联合国、世界知识产权组织等平台推动法律规则的更新和完善，以适应新质生产力的快速发展，促进全球科技合作与公平竞争。

（三）法律冲突的理论基础

1. 冲突法原理在新质生产力领域的应用。新质生产力，如人工智能、生物科技和大数据等，跨越国界，带来了一系列法律冲突。冲突法，作为国际私法的一个分支，旨在解决不同法律体系之间的冲突。长期以来，大量的涉外民商事关系因缺乏统一实体规范的调整而不得不按照冲突规范进行间接调整。在冲突法情形下，通过法律选择解决法律冲突是一个不确定的"走钢丝"般的过程。[1] 在新质生产力领域，冲突法通过确定法律适用的原则，为跨国纠纷的解决提供了指导。例如，当一项涉及跨国知识产权的新技术发明引发纠纷时，冲突法可能通过确定最密切联系原则，决定哪个国家的法律应当适用于该案件。冲突法的连结点理论，如发明地、使用地、当事人住所地等，也对确定适用法律起到关键作用。

2. 国际私法在新质生产力法律冲突中的作用。国际私法在解决跨国法律冲突中扮演着核心角色。国际私法通过确定规则确定应适用的法律体系，为新质生产力领域的纠纷提供法律依据。例如，对于跨国数据流动的争议，国际私法可能规定应遵循数据处理者的国籍法，或者数据接收国的法律。国际私法的统一化努力，如海牙国际私法会议的公约，为处理与新质生产力相关的法律问题提供了统一的标准和解释，有助于减少法律冲突。

3. 国际公法框架下的新质生产力法律冲突解决。国际公法，尤其是国际条约和国际组织的决议，为解决新质生产力的跨国法律冲突提供了更为宏观的框架。例如，世界贸易组织的规则，如《TRIPS协定》，为全球知识产权保护设定了最低标准。联合国的《生物多样性公约》则为生物科技领域提供了法律指导。国际电信联盟（ITU）和国际标准化组织（ISO）等机构制定的国际标准，有助于协调各国在新技术领域的法规，减少法律冲突。国际法院和国际仲裁机构在解决国与国之间的法律纠纷中也发挥着重要作用，它们的判决和裁决为新质生产力的法律问题提供了权威解释。

冲突法原理、国际私法和国际公法共同构建了一个多层次的法律框架，以应对新质生产力带来的跨国法律冲突。这些理论基础为各国政府、企业以及国际社会提供了法律工具和规则，以促进新技术的健康发展并应对由此产生的法律挑战。

综上，新质生产力的发展，如人工智能、生物技术、数字经济等，不断推动全球经济的变革，但同时也引发了前所未有的法律冲突。这些冲突主要体现在数据主权、知识产权保护、行业标准制定、环境和伦理问题上，它们挑战了现有的国际法律框架和传统的冲突解决机制。国际社会在应对这些冲突时，表现出合作与竞争并存的态势，既有通过国际组织推动规则制定的努力，也有各国基于国家利益的独立行动。

---

[1] 参见黄晖：《冲突法中的选法意外规制》，载《法商研究》2024年第3期。

第二节　新质生产力亟需解决的法治难题

一、人工智能伦理问题

在21世纪的信息时代，人工智能已成为新质生产力的代表，它的快速发展正在深刻地改变着人们的生活和工作方式。从自动驾驶汽车到智能家居，从医疗诊断到金融决策，人工智能的广泛应用正在推动社会经济的高效运转。然而，随着人工智能技术的深入渗透，一系列伦理问题也日益凸显，如隐私侵犯、数据安全、就业结构变化、决策透明度不足等，这些问题的解决变得越来越紧迫。以人工智能为代表的新质生产力逐渐成为智能时代下经济发展的强劲动力，同时也引致了智能技术可能影响人类个体和整体合法权益的担忧。[1]

（一）人工智能伦理问题的界定与范围

人工智能是一种模拟人类智能的科技，通过机器学习和深度学习等技术，使计算机系统能够理解、学习、决策和自我优化。它的核心特性包括自主性、学习能力、适应性和创新性。人工智能不仅能够处理大量数据，还能从中提取模式，预测趋势，甚至在某些领域展现出超越人类的性能。然而，这种能力的增强也引发了关于人工智能决策的透明性、责任归属以及对人类工作岗位的影响等伦理问题。

人工智能算法法律法规体系不健全可能会导致人工智能发展出现不确定性风险，从而抑制人工智能产业发展。近年来，人工智能算法不断迭代，算法技术及应用的隐蔽性、复杂性愈发显现，生成的认知结果超越了一般大众所能理解的范围。由此，"算法黑箱"现象日益突出，信息不对称性加深了算法的不透明度与不可理解性，并引发了诸如泄露隐私风险、算法歧视风险、伦理风险等一系列不确定性挑战。[2]

伦理治理应当成为人工智能治理的首要问题。[3] 人工智能伦理问题主要分为以下几个类别：

1. 隐私与数据安全。人工智能系统依赖大量的数据进行训练，但这一过程也带来了严重的隐私风险。个人信息有可能在训练过程中被泄露，甚至被不法分子滥用。此外，人工智能的预测和推理能力，如果不受监管或滥用，可能会导致

---

[1] 参见张平：《人工智能伦理治理研究》，载《科技与法律（中英文）》2024年第5期。

[2] 参见贾开、薛澜：《人工智能伦理问题与安全风险治理的全球比较与中国实践》，载《公共管理评论》2021年第1期。

[3] 参见张平：《人工智能伦理治理研究》，载《科技与法律（中英文）》2024年第5期。

对个人行为的监视和操控，严重侵犯个人自由和权利。因此，在推动人工智能发展的同时，必须高度重视数据保护和隐私安全，确保技术的健康发展不会以牺牲个人权益为代价。

2. 公平性与偏见。人工智能算法的决策过程可能潜藏设计者无意识的偏见，或反映出训练数据集的固有倾向，进而造成潜在的公正性问题。这可能导致在关键领域，如招聘、信贷审批等，出现不平等的决策结果。

3. 责任与透明度。人工智能引发的失误常常带来伦理困境，由于法律责任的界定未明，加之其决策机制的不透明——犹如"黑箱"，使得问题的后遗症凸显。这不仅模糊了责任归属，也使得公众对人工智能决策的内在逻辑无法追根溯源，加剧了问题的复杂性。

4. 人类劳动与价值。人工智能自动化的迅猛发展，虽然带来了生产效率的显著提升，但也引发了关于大规模失业和社会稳定的忧虑。这不仅触及了经济层面的变革，更深刻地提出了关于工作本质、尊严和价值的哲学思考。这就需要重新评估人类劳动的意义，以及如何在技术进步的浪潮中，确保每个人的尊严和价值得到应有的尊重和维护。

5. 武器化与安全。人工智能技术潜在地催生了自动化武器系统，加剧了全球军事竞赛，可能导致不可控的冲突升级。同时，人工智能安全漏洞一旦被误用或恶意利用，就可能引发前所未有的网络攻击风险，其破坏性不容小觑。

6. 人工智能与人类核心价值观。人工智能的快速发展可能对人类的核心价值观构成挑战，包括道德观念、自由意志的维护以及个人隐私权的保护。随着人工智能技术的日益成熟，人类不得不面对一系列复杂而深刻的伦理问题。

人工智能伦理问题呈现全球性特征，目前各国都在探索人工智能的应用，但并没有统一的国际标准。这可能导致数据保护、隐私权和公平性等问题的跨国冲突。人工智能伦理问题的复杂性在于它们涉及多学科交叉，包括法学、伦理学、社会学和计算机科学，需要跨领域合作才能妥善解决。人工智能技术的快速发展使得人们对伦理问题的关注滞后于技术的进步，增加了解决该问题的紧迫性。在面对人工智能的潜在益处与风险时，全球社会需要共同探讨并建立一套综合性的伦理框架，以确保人工智能的发展既能推动社会进步，又能尊重和保护人类的权益。

(二) 人工智能在现实生活中的应用与伦理困境

1. 人工智能在医疗领域的应用与伦理挑战。医疗领域是人工智能应用的前沿阵地，人工智能在疾病诊断、药物研发、手术辅助等方面展现出巨大的潜力。例如，深度学习算法可以分析医疗影像，帮助医生发现早期癌症等疾病。然而，这带来了一定的伦理问题，如数据隐私如何保障、人工智能错误诊断的责任归属以及医生与人工智能角色的界定。人工智能可能会加剧医疗资源分配不均，需要法律和政策来平衡公平与效率。

2. 人工智能在金融领域的创新与风险。金融领域广泛应用人工智能，如风险评估、智能投顾[1]、反欺诈等，提高了服务效率和准确性。但人工智能的黑箱决策可能引发公平性争议，如算法偏见可能导致某些群体受到不公正对待。人工智能可能导致大规模失业，以及对个人金融信息的过度收集和滥用。金融监管机构需要应对这些挑战，确保人工智能的透明度和责任可追溯性。

3. 人工智能在自动驾驶中的伦理抉择。自动驾驶汽车是人工智能的另一个重要应用场景，它在减少交通事故、提高交通效率方面有显著优势。然而，自动驾驶车辆面临伦理困境，如"电车难题"的现实版——在无法避免的事故中，车辆应如何选择最小化伤害？自动驾驶的责任归属、数据安全、隐私保护等问题也需要法律明确。例如，当事故发生时，是制造商、软件开发者还是车主应承担法律责任？这些问题的解决将影响自动驾驶技术的普及与接受度。

（三）人工智能伦理问题的法治困境

1. 国内外关于人工智能伦理的立法现状。在全球范围内，人工智能伦理的立法工作正逐步展开，各国政府与国际组织在这一领域展开了积极探索。美国通过《国家人工智能研究和发展战略计划》[2]等政策文件，强调了人工智能发展的伦理规范。2019年4月8日，欧盟人工智能高级别专家组发布《人工智能伦理指南》，提出了"可信赖人工智能"的原则，包括透明性、公平性和责任性等。

我国在人工智能法律治理框架的构建上，已有一定的进展，主要体现在《网络安全法》《个人信息保护法》和《数据安全法》等基础性法律的出台，这些法律为人工智能的数据处理和信息安全提供了基本的法制保障。此外，针对人工智能技术的具体应用，我国还出台了《互联网信息服务深度合成管理规定》以及《生成式人工智能服务管理暂行办法》等行政管理规范，以期对这一新兴技术进行有效规制。[3]

然而，现有的法制环境在人工智能算法治理领域仍存在一些挑战。具体表现为相关法规的系统性和协同性不足，这在一定程度上削弱了法规的执行力度和影响力。目前，人工智能算法的法律规定分散在不同的法规文本中，涵盖网络安

---

[1] 智能投顾为虚拟机器人根据客户自身的理财需求与风险偏好估测，通过算法和产品的特征搭建一个数据模型，来完成以往人工理财师所提供的理财顾问服务。参见江俊瑶：《我国智能投顾的法律风险及其监管规制》，载《西部学刊》2024年第4期。

[2] 美国国家科学技术委员会、美国网络和信息技术研发小组委员会于2016年10月公布。

[3] 参见陈兵：《以高水平法治促进新质生产力发展》，载《人民论坛·学术前沿》2024年第11期。

全、数据安全、个人信息保护等多个维度，但缺乏一部集大成的、高阶的、专门针对人工智能算法的立法。这种碎片化的法制环境，加之法律层级较低，导致监管部门在实际执法中可能遭遇困难，同时也增加了企业践行风险控制的复杂性和不确定性，不利于行业的健康发展。

为解决这一问题，我国在未来立法工作中可进一步强化法制的系统整合，提升立法层级，构建一部全面、统一、高阶的"人工智能算法治理法"，以期在保障技术创新的同时，确保数据安全、用户隐私和市场公平，该法应当涵盖人工智能研发、应用、服务的全过程，明确权责，强化透明度，促进各利益相关方的权益平衡，提升整体的法制协同性，从而为我国人工智能的健康发展提供坚实的法制基础。

2. 法治在解决人工智能伦理问题中的重要作用。人工智能技术作为试图研究、模仿、扩展人类智能的科学研究领域，自诞生以来就伴随着深刻的技术伦理争辩。面对人工智能伦理挑战，法治是确保技术健康发展的重要保障。法律不仅为人工智能的创新和应用设定边界，还为公民权益的保护提供了框架。各国通过设立监管机构、制定行业标准、推动国际合作等方式，促进人工智能伦理原则的落地实施。例如，欧洲联盟的《通用数据保护条例》对数据处理和隐私保护进行了严格规定；2017年7月27日，美国众议院一致通过两党法案《自动驾驶法案》（*Self Drive Act*），首次对自动驾驶汽车的生产、测试和发布进行规范和管理。

法治在人工智能伦理问题中扮演的角色不仅是规制者，更是引导者。它通过立法鼓励创新，平衡技术进步与社会公平，确保人工智能的发展不会损害公共利益。例如，通过设立专门的人工智能伦理准则，引导企业遵循公平、透明和可解释的人工智能设计原则，以及确保人工智能决策的公正性和无歧视性。

然而，当前的法律框架往往滞后于技术进步，需要不断更新和调整以适应人工智能的快速发展。因此，法治在解决人工智能伦理问题中的作用不仅仅是制定规则，更在于建立一个动态的、灵活的法律环境，以适应未来可能出现的新挑战。法治的实施需要公众的参与和监督，确保法律的有效执行，以实现技术进步与伦理道德的和谐共生。

人工智能伦理的法治化是应对技术风险和社会挑战的必要手段。随着人工智能技术的广泛应用，数据隐私泄露、算法偏见、自动化决策的不可解释性等问题日益凸显。法治能够提供明确的规则和预期，保护公民权利，确保人工智能发展不会损害公共利益。随着技术的快速发展，法律的动态调整和更新能力是确保其可行性的关键。通过设立专门的监管机构，充分利用技术专家与法律专家的智慧，有助于实现法治与技术的动态平衡。

与此同时，人工智能算法治理相关法规系统性、协同性不足的问题也日益凸显。现阶段，有关人工智能算法的法规与政策分散于多个领域、多个产业，缺乏立法层级较高、具有统辖性质的立法，现有的较为碎片化且法律层级较低的制度规则既不利于监管部门的有效执法，也不利于企业落实自我风险控制。

二、数据保护与网络安全法律问题

在新质生产力发展中，数据保护与网络安全法律问题愈发凸显，成了亟待解决的法治难题。

（一）新质生产力与数据保护

在当前信息化高速发展的时代，数据已经成为重要的资产和战略资源。然而，数据保护相关问题也日益凸显，数据泄露、数据滥用和跨境数据流动的法律障碍等问题频发，给个人隐私和企业安全带来了严重威胁。

1. 数据泄露事件频发，个人隐私泄露风险增加。近年来，数据泄露事件频繁发生，从大型零售商到社交媒体平台，无一幸免。2017年9月，Equifax系统遭到黑客攻击，导致超过1.45亿美国消费者的个人信息，以及1520万英国居民的记录和8000名加拿大用户的数据遭到泄露，其中包括姓名、地址、出生日期、身份证号、护照、驾照、信用卡等信息。事件曝光后，Equifax股票暴跌30%，相当于蒸发掉50亿美元市值，成为史上罕见大型数据泄露事件之一。数据泄露不仅导致个人隐私受到严重侵犯，还可能引发身份盗窃、金融欺诈等后果，对社会经济造成巨大损失。企业因数据泄露可能面临巨额罚款、信誉损失，甚至可能因消费者信任度下降而导致业务受损。公民个人的数据形象不仅被"老大哥"尽收眼底，还被众多拥有数据处理技术的"小老弟"——通信公司、互联网平台、企业和医院等——看在眼中、算在心里。[1]

2. 数据滥用问题突出，侵犯他人合法权益。数据滥用是另一个亟待解决的问题。一些企业或个人未经授权便擅自使用他人数据，进行商业活动或其他目的，严重侵犯了他人的合法权益。这种数据滥用行为不仅会导致个人隐私泄露，还可能对企业声誉和形象造成负面影响。为了防止数据滥用，需要建立健全的数据使用规则和监管机制。

3. 跨境数据流动面临法律障碍，数据保护国际合作亟待加强。在全球化的背景下，数据跨境流动已成为商业活动的常态。随着云计算、物联网和人工智能等技术的快速发展，跨国企业、政府部门以及个人用户对数据的需求与日俱增，数据的跨境传输已成为经济发展的关键驱动力。全球每天产生庞大的数据量，其中相当一部分涉及跨国传输。同时，数据流动的模式也日益复杂，不仅包括企业

---

[1] 参见[英]约翰·帕克：《全民监控：大数据时代的安全与隐私困境》，关立深译，金城出版社2015年版，第10页。

内部的数据传输，还有通过第三方平台和服务进行的数据交换。

尽管数据跨境流动带来了巨大的经济利益，但也伴随着诸多法律风险。各国对于数据保护的法律标准和实践存在显著差异，导致数据在跨国传输时可能面临规范遵从方面的挑战。例如，欧盟的《通用数据保护条例》对数据主体的权益保护要求严格，而一些国家的法律可能对数据出口有所限制，如我国实施的《网络安全法》要求关键信息基础设施运营者在中国境内运营中收集和产生的个人信息和重要数据应当在境内存储。数据跨境流动还可能引发隐私侵犯、知识产权纠纷、国家安全问题以及跨境执法合作等方面的难题。

当前，在全球范围内，数据保护法律法规体系正在不断发展和完善。以欧盟的《通用数据保护条例》为例，它设定了严格的数据处理规则，强调数据主体的知情权、访问权、更正权、删除权等。在美国，虽然没有统一的联邦数据保护法，但各州也对数据保护进行了规定，如加利福尼亚的CCPA等。许多国家和地区也制定了自己的数据保护法规，如我国的《个人信息保护法》。这些法律法规旨在为数据处理活动设定标准，保护个人隐私，但实施中仍面临挑战。数据主体实际上仍面临权益保护的困境。信息不对称使得个人往往难以全面了解数据如何被收集、使用和共享。即使法律赋予了数据主体一系列权利，如访问和删除个人数据，但在操作层面，这些权利的行使往往困难重重，企业可能设置繁琐的程序，或者对数据主体的请求置若罔闻。数据泄露后的赔偿机制并不完善，受害者往往难以获得足够的赔偿。跨国数据流动和云存储的普及增加了数据保护的复杂性，不同国家和地区法律的不一致也给全球范围内的数据保护带来了挑战。因此，如何在技术快速发展和全球化的背景下，强化数据保护，切实保障数据主体权益，成为亟待解决的问题。

（二）新质生产力与网络安全

网络安全是新质生产力发展中不可或缺的一环。随着新质生产力的深入应用，网络攻击、病毒传播等安全问题也愈发严重。网络安全问题不仅会导致个人信息泄露、企业机密被窃取等后果，还会对国家安全和社会稳定造成威胁。

当前，网络安全领域的法律问题仍然突出。随着数字化时代的深入，网络犯罪的增长趋势依然严峻，对网络安全的维护已刻不容缓。现有的网络安全法律体系有时会显得力不从心，亟需强化与更新。缺乏统一且全面的法规指导，以及对新兴网络犯罪手段的滞后反应，都暴露了法律制度的不完善。同时，跨国网络攻击的兴起，如分布式拒绝服务攻击、数据泄露等新型犯罪，给现有的法律框架带来严峻考验。因此，构建和强化一套适应时代发展需要的网络安全法律体系，有效打击跨国网络犯罪，已成为国际社会共同面临的紧迫任务。

在全球化的数字化时代，网络安全事件已经成为企业和社会的重大威胁之一。每年有成千上万家企业遭受黑客攻击，导致敏感信息泄露、财务损失以及业务中断。例如，2017 年的 Wanna Cry 勒索软件攻击影响了全球数万台计算机，严重影响了医疗、交通和金融等行业。此类事件不仅削弱了企业的竞争力，还可能导致客户信任度下降，甚至引发法律纠纷。对于社会而言，网络安全事件可能破坏基础设施，如电力、通信网络，对公共安全构成直接威胁。个人信息的泄露可能导致身份盗窃，影响社会稳定。

尽管各国政府已经意识到网络安全的重要性，但现有的法律制度在应对快速演变的网络威胁时往往显得力不从心。法律法规的更新速度往往落后于技术的发展，导致许多新的攻击手段和威胁因素缺乏明确的法律规制。不同国家和地区对网络安全的定义、责任分配和法律责任的设定存在差异，这增加了处理跨国网络安全事件的复杂性。现有的法律制度在保护个人隐私和企业数据安全之间寻找平衡时面临挑战，有时可能导致法律执行的模糊性和不确定性。

面对网络安全法律制度的不足，提升公众和企业对网络安全法律的认识至关重要。企业需要建立健全内部的网络安全政策，定期进行员工培训，以提高员工对网络安全风险的敏感度和应对能力。公众教育也是关键，需要通过各种渠道宣传网络安全法律法规，提高公民的网络素养，让他们了解如何保护自己的数据不被滥用。政府应加强与企业的合作，通过制定和推广最佳实践案例，推动网络安全法律的执行，形成全社会共同维护网络安全的良好氛围。只有当法律意识深入人心，才能在法律与技术之间构建起有效的防线，抵御日益复杂的网络安全威胁。

第三节　新质生产力法治保障的关键影响因素

一、法律法规的完善程度

任何创新与进步都离不开一个稳定、健全的法律环境。法律法规作为社会运行的基本规范，是新质生产力发展的坚实基石。

（一）法律法规为新质生产力创新提供法律保障

新质生产力的发展依赖于不断地创新。无论是技术创新、管理创新，还是制度创新，都需要在法律框架内进行。完善的法律法规体系可以为新质生产力的创新提供法律保障，明确创新者的权利和义务，保护创新成果的知识产权，防止他人非法侵占。

法律法规还可以为创新者提供明确的法律预期，降低创新过程中的法律风险。在一个健全的法律环境下，创新者可以更加安心地投入研发，不用担心因法律漏洞或有关规定不明确而遭受损失。

（二）法律法规及时适应新质生产力发展需求

随着科技的快速发展和经济的全球化趋势，新质生产力不断涌现，对法律法规提出了更高的要求。法律法规应当及时适应新质生产力的发展需求，不断更新和完善。

法律法规需要关注新质生产力的发展动态，及时制定和修改相关法律条款，确保其适应新质生产力的发展。法律法规还需要关注新质生产力对传统产业和社会生活的影响，制定相应的应对措施，确保新质生产力与传统产业的协调发展。

（三）法律法规明确新质生产力有关的权利与义务

新质生产力的发展离不开明确的权利与义务规范。法律法规应当明确新质生产力有关的权利与义务，保护创新者的合法权益，防止创新者的知识产权被侵犯。

法律法规应当明确新质生产力的知识产权归属问题，确保创新者能够享有其创新成果所带来的经济利益。法律法规还应当加强对知识产权的保护力度，打击侵犯知识产权的行为，维护创新者的合法权益。

法律法规还应当规定新质生产力在创新、应用和推广过程中应当遵守的义务，确保其在追求经济利益的同时也承担起相应的社会责任。

（四）法律法规规范新质生产力的市场秩序

一个公平、有序的市场环境是新质生产力发展的必要条件。法律法规应当规范新质生产力的市场秩序，防止不正当竞争和垄断行为，维护公平的市场环境。

法律法规需要加强对新质生产力市场的监管力度，确保市场主体遵守公平竞争的原则，防止不正当竞争行为的发生。同时，对垄断行为进行打击和制裁，确保市场竞争的公平性和有效性。

二、执法和司法的公正性

在法治社会的构建中，公正的执法和司法是新质生产力发展的重要保障。新质生产力，作为推动社会进步和经济发展的关键因素，其健康、有序的发展离不开一个公正、高效的法治环境。因此，确保执法和司法的公正性，不仅是对法律权威的维护，更是对新质生产力发展的有力保障。

（一）执法公正：维护新质生产力发展的基石

执法作为法律实施的重要环节，其公正性直接关系到新质生产力发展的秩序。执法机关在履行职责时，必须严格遵循法律原则，不偏不倚地处理各类案件。这不仅包括对市场主体的监管，也包括对违法行为的惩处。只有当执法公正无私，市场主体才能在公平、公正的市场环境中展开竞争，新质生产力才能得到充分发展。

在执法过程中，执法机关还须注重程序正义。程序正义是实体正义的前提和基础，只有确保执法程序的公正性，才能保证执法结果的公正性。程序正义可以从价值无涉的程序规范入手，能为社会各系统的自我规制规则实现民主正当性提供渠道，还能减少在各种价值、利益偏好之间不断平衡的困难。[1] 因此，执法机关在执法过程中，必须遵循法定程序，尊重当事人的合法权益，确保执法行为的合法性和正当性。

（二）司法公正：保障新质生产力发展的屏障

司法作为维护社会正义的最后一道防线，其公正性对新质生产力发展的重要性不言而喻。司法机关在审理案件时，必须坚守法律原则，公正地裁判每一起案件。这既是对当事人合法权益的保障，也是对社会公正的维护。

在司法实践中，司法机关需要不断加强监督与制约。监督与制约是司法公正的重要保障，通过加强对司法活动的监督与制约，防止权力滥用和腐败现象的发生。司法机关还需注重提高司法效率，及时处理各类纠纷和案件，减少新质生产力发展的阻碍。

三、社会法治意识的提升

法治意识的提升，对于新质生产力的健康发展具有至关重要的意义。

（一）政府角色：加强法治宣传和教育

政府作为法治建设的主导者，应当加强法治宣传和教育，提高公众的法律素养和法治意识。政府应当制定并落实全面系统的法治宣传教育规划，将法治教育纳入国民教育体系，确保法治教育贯穿于各级各类学校教育的全过程。通过多种形式开展法治宣传教育活动，如法治讲座、法治展览、法治文艺演出等，使法治观念深入人心。政府还应当加强对公职人员的法治培训，提高其依法行政、依法办事的能力。

（二）媒体作用：发挥舆论监督功能

媒体作为信息传播的重要载体，应当发挥舆论监督作用，及时揭露和批评违法行为，促进社会的公平与正义。媒体应当关注新质生产力发展中的法治问题，通过深入调查、客观报道，揭示违法行为的本质和危害，引导公众形成正确的法治观念。同时，加强法治宣传报道的时效性、权威性和专业性，提高公众对法治建设的关注度和认同感。

（三）公民责任：自觉遵守法律法规

公民作为法治建设的参与者和受益者，应当自觉遵守法律法规，积极维护自己的合法权益，同时也尊重他人的权益。公民应当了解并熟悉基本的法律知识，

---

[1] 参见朱涵：《数据安全认证机构的法律规制》，载《信息技术与管理应用》2024年第2期。

明确自己在法律上的权利和义务。公民在行使自己的权利时，应当遵守法律法规，不得损害他人的合法权益。在面对违法行为时，应当积极举报，为法治建设贡献力量。同时，积极参与法治实践活动，如法治宣传、法律援助等，增强自身的法治意识和社会责任感。

四、国际法治合作的加强

在全球化时代浪潮中，新质生产力的发展正以前所未有的速度推进，为全球经济社会发展注入了新的活力。然而，新质生产力的快速发展也带来了一系列法律问题和挑战，这就要求各国加强国际法治合作，为新质生产力的发展提供坚实的法治保障。

（一）法律制度交流与借鉴，完善国际法律体系

各国法律制度的差异性和多样性是新质生产力发展中不可避免的问题。因此，加强法律制度的交流与借鉴，是完善国际法律体系的关键所在。通过国际法律论坛、学术研讨会等渠道，各国可以就新质生产力发展中出现的法律问题展开深入探讨，分享各自的成功经验和做法。也可以借鉴其他国家的法律制度，不断完善本国的法律体系，以适应新质生产力发展的需要。

（二）执法和司法合作，打击跨国犯罪和知识产权侵权行为

随着新质生产力的快速发展，跨国犯罪和知识产权侵权行为也日益增多，给全球经济社会带来了极大的损失。因此，加强执法和司法合作，共同打击跨国犯罪和知识产权侵权行为，是新质生产力发展中不可或缺的一环。各国应当加强执法机构之间的合作，建立信息共享机制，及时交流情报和线索，共同打击跨国犯罪。各国也应当加强司法合作，建立跨国诉讼机制，确保知识产权得到充分的保护。

（三）加强国际法治宣传和教育，提高全球公民的法治意识

加强国际法治宣传和教育，提高全球公民的法治意识，是维护国际社会公正与正义的重要保障。各国应当通过各种渠道和形式，向全球公民普及法律知识，传递法治理念，增强全球公民的法治意识。这不仅可以促进各国之间的相互理解和信任，也可以为新质生产力的发展提供更加稳定和可靠的环境。

（四）建立合作机制，推动国际法治合作深入发展

为了加强国际法治合作，各国应当建立合作机制，推动国际法治合作深入发展。各国可以签署双边或多边合作协议，明确合作的范围、方式和目标。各国可以设立专门的机构或组织，负责协调和管理国际法治合作事务。这些机构或组织可以开展法律研究和培训、提供法律咨询和援助、推动国际法律制度的改革和完善等工作。各国还可以通过国际组织、国际法院等国际法律机构，加强对国际法治合作的监督和评估，确保合作的效果和成果。

第三章

构建面向新质生产力的法治保障体系应遵循的原则

新质生产力的发展和应用,对社会中资源的分配和利用产生了深远的影响,并导致对传统生产关系的重构。随着新质生产力的涌现,法律需要不断调整和更新,以适应并促进新技术和新产业的发展。例如,知识产权法需要保护创新,数据保护法需要适应新质生产力的要求,网络法律需要规范互联网经济。[1] 习近平总书记指出:"法治是国家治理体系和治理能力的重要依托""要更加重视法治、厉行法治,更好发挥法治固根本、稳预期、利长远的保障作用"。[2] 推进国家治理体系和治理能力现代化,必须确保在法治轨道上有序进行,确保符合现代法治精神。[3] 构建适应新质生产力发展的法治保障体系,不仅是维护社会稳定、促进经济繁荣的必然要求,也是实现国家治理体系和治理能力现代化的重要途径。这是一项长期而复杂的系统工程,需要遵循依法保障、平等保护、灵活适应、预防与救济相结合、人民至上等原则。只有遵循必要的原则,才能确保法治保障体系既能够适应新质生产力发展的实际需要,又能够引领和推动其向更高水平迈进;既能够维护社会稳定和促进经济发展,又能够保障人民群众的合法权益和社会整体利益。

---

[1] 参见高超、吴娅:《新质生产力下部门法发展方向与回应》,载《现代交际》2024 年第 7 期。

[2] 习近平:《坚定不移走中国特色社会主义法治道路 为全面建设社会主义现代化国家提供有力法治保障》,载《求是》2021 年第 5 期。

[3] 参见李坤轩:《法治政府理论热点与实践进路研究》,人民出版社 2023 年版,第 6 页。

第一节 依法保障原则

一、新质生产力法治保障体系的依据

在构建新质生产力法治保障体系的过程中，法律依据是其基石。这包括宪法、经济法、知识产权法、环境保护法等多个法律领域的规定，为新质生产力的发展提供保障与规范。

（一）宪法保障：根本大法的引领

宪法作为国家的根本大法，其关于科技创新、知识产权保护等条款，为新质生产力的发展提供了最坚实的法律基础。《中华人民共和国宪法》（以下简称《宪法》）明确规定国家推广先进的科学技术，这些条款不仅体现了国家对科技创新的高度重视，也为新质生产力的培育和发展指明了方向。宪法具有权威性和稳定性，为新质生产力在法律框架内的健康、有序发展提供了根本保障。

（二）经济法规范：市场竞争与资源分配的优化

经济法作为调整经济关系的法律规范的总和，在构建新质生产力法治保障体系中发挥着不可替代的作用。经济法通过反垄断、反不正当竞争等法律制度，维护公平的市场竞争秩序，为新质生产力提供公平竞争的市场环境；经济法还关注资源分配问题，通过财政、税收、金融等手段，引导和支持新质生产力的发展，优化资源配置，提高生产效率。

（三）知识产权法保护：创新驱动的源泉

培育和发展新质生产力，关键在于以科技创新推动产业创新，离不开知识产权治理体系的保障和支撑。[1] 知识产权是新质生产力的核心要素之一，知识产权法则是保护这一核心要素的重要法律武器。知识产权法通过明确知识产权的归属、保护范围、侵权责任等，为新质生产力的创新成果提供强有力的法律保护。知识产权法还通过促进知识产权的创造、运用、保护和管理，激发全社会的创新活力，为新质生产力的持续发展提供源源不断的动力。

（四）环境保护法约束：可持续发展的要求

在追求新质生产力快速发展的同时不能忽视对生态环境的保护。环境保护法作为维护生态平衡、促进可持续发展的法律保障，对新质生产力的发展提出了明确要求。环境保护法要求新质生产力的发展必须遵循绿色发展理念，采取节能减

---

〔1〕 参见马一德、韩天舒：《对标新质生产力要求 完善知识产权治理体系》，载《前线》2024年第5期。

排、循环利用等环保措施，减少对生态环境的破坏和污染。环境保护法的约束和引导，有助于促进新质生产力与生态环境的和谐共生。

二、立法对于新质生产力的支持与保护

立法层面，各国通过制定和修订相关法律法规，以适应新质生产力的发展需求。

（一）科技创新法的设立：明确政府角色与激励机制

以制度创新为根本保障，进一步全面深化改革，坚持改革和法治相统一、相协调，着力打通束缚新质生产力发展的堵点卡点、激发新质生产力的活力，政府需要不断优化和完善政策体系，提供全方位的政策支持。[1] 面对新质生产力的快速发展，各国政府通过立法手段，明确自身在科技创新体系中的角色与责任。科技创新法作为指导国家科技发展的纲领性文件，不仅确立了科技创新的战略地位，还规定了政府在资源配置、政策引导、服务支持等方面的具体职责。这种法律设置有助于构建一个政府、市场、社会三者协同创新的良好生态，为新质生产力的蓬勃发展提供坚实的制度保障。

为了激发科技创新的活力，各国政府还通过科技创新法设置了一系列激励措施。其中，税收优惠和资金支持是最为直接且有效的手段。通过降低企业研发投入的税负成本，鼓励企业增加对科技创新的投入；设立专项基金、提供贷款贴息等方式，为初创企业、中小企业及高新技术企业的研发活动提供必要的资金支持。这些激励措施的实施，极大地提升了企业开展科技创新的积极性和主动性，为新质生产力的快速发展注入了强劲动力。

（二）知识产权法的完善：保护创新成果，激发创新热情

知识产权是科技创新的核心要素，也是新质生产力得以持续发展的关键所在。为了有效保护创新成果，防止侵权行为的发生，各国政府不断完善专利法、商标法和著作权法等知识产权相关法律法规。这些法律不仅明确了知识产权的归属、保护范围及侵权行为的法律责任，还加大了执法力度，提高了侵权成本。通过这种方式，知识产权法为创新者提供了强有力的法律保障，激励他们更加积极地投入研发活动，不断推动新质生产力的发展。

随着全球化的深入发展，知识产权的国际保护也日益重要。各国政府积极参与世界知识产权组织，以不懈的合作与协调推动知识产权国际规则的制定和完善。通过加强跨国知识产权保护合作，共同打击跨国知识产权侵权行为，维护全球科技创新的良好秩序，为新质生产力的国际交流与合作创造更加有利的环境。

（三）劳动法和社会保障法的调整：保障劳动者权益，促进社会公平

在新质生产力的发展过程中，劳动者的就业形态、工作方式及权益保障等问

---

[1] 参见邹新月：《提升新质生产力，推动高质量发展》，载《南方经济》2024年第5期。

题日益凸显。为了应对这些挑战，我国加强对劳动法的调整和完善。例如，明确新型就业关系的法律地位，保障灵活就业人员的劳动权益；加强职业培训与技能提升服务，帮助劳动者适应新技术、新产业的需求。这些措施的实施，有助于缓解因技术变革带来的就业压力，保障劳动者的基本生活和发展权益。

同时，我国还致力于完善社会保障体系，为劳动者提供更加全面、有效的社会保障服务。通过扩大社会保险覆盖面、提高保障水平、优化保障结构等方式，构建更加公平、可持续的社会保障体系。这种制度安排有助于缓解因技术变革带来的社会不公问题，还能为新质生产力的持续健康发展提供稳定的社会环境。

第二节 平等保护原则

平等既是一条基础性的法律原则，也是社会主义核心价值观的重要内容之一。[1] 法律，作为社会秩序的守护者，其核心价值之一便是确保每一个社会成员都能在法律的框架内享有平等的权利与机会，免受不公正待遇。平等保护原则，作为现代法律体系中的一项基本原则，不仅体现了法律面前人人平等的理念，更是实现社会公正与和谐的重要基石。

一、不同类型生产力主体的平等保护

在现代经济社会的复杂生态中，生产力主体呈现出多元化的趋势，包括企业、个体工商户、科研机构、非营利组织等，它们共同构成了推动社会进步与经济发展的重要力量。为了确保这些不同类型的生产力主体能够在同一舞台上公平竞争，法律必须成为守护公平正义的坚实盾牌，为它们提供平等且无偏见的保护。

（一）法律制定层面：普适性与差异化并重

法律在制定时应秉持普适性原则，即确保所制定的规则能够普遍适用于所有类型的生产力主体。这意味着法律不应预设任何基于规模、行业、所有制结构等因素的偏见，而是应当基于公平、公正、公开的原则，为所有主体设定统一的行为标准和权利义务。例如，在市场准入方面，立法者应确保所有符合条件的主体都能获得平等的机会，不因企业规模、背景等因素而受到不合理的限制。

然而，普适性并不意味着一刀切。不同类型的生产力主体在资源禀赋、经营模式、创新能力等方面存在差异，因此在法律制定过程中，也需要充分考虑这些

---

[1] 参见陈林林、严书元：《论个人信息保护立法中的平等原则》，载《华东政法大学学报》2021年第5期。

差异，通过差异化政策给予适当的支持或约束。比如，对于中小企业和初创企业，可以通过税收减免、贷款优惠、技术创新资助等方式，降低其运营成本，增强其市场竞争力；而对于垄断企业或具有市场支配地位的企业，则应加强反垄断监管，防止其滥用市场地位，损害其他主体的合法权益。

（二）法律执行层面：避免偏袒与歧视

在法律执行层面，必须坚决杜绝任何形式的偏袒或歧视。执法机构应严格按照法律法规的规定，对各类生产力主体一视同仁，确保其在市场竞争中处于平等的地位。无论是国有企业还是民营企业，无论是大型企业还是小微企业，都应当受到同等的监管和对待。还应建立健全投诉举报机制，鼓励社会各界对执法不公行为进行监督和举报，确保执法过程的透明度和公正性。

以知识产权为例，知识产权保护是激发创新活力、保障创新成果的重要手段。在知识产权保护方面，法律应确保对所有创新者的无差别覆盖，不论其规模大小、行业背景如何。无论是大型企业的研发团队还是作为研究个体的发明家，都应当得到同等的法律保护和尊重。还应加强知识产权执法力度，严厉打击侵权行为，为创新者营造良好的市场环境。

二、市场竞争中的平等机会与条件

市场竞争作为推动经济发展的重要动力，其公平性与平等性一直是社会各界关注的焦点。平等机会与条件不仅是市场经济健康运行的基石，也是实现社会公正、促进经济可持续发展的关键要素。

平等机会，顾名思义，是指在市场竞争中，所有参与者都应享有同等的起步条件、资源获取途径及发展空间。这要求市场规则透明公开，不偏袒任何特定群体或企业，确保所有竞争者能在同一起跑线上展开竞争。具体而言，平等机会包括市场准入门槛的一致性、信息获取的公平性、法律政策的普遍适用性等。平等条件则进一步强调在竞争过程中，各参与方应面临相同的市场环境、监管标准和评价标准。无论企业规模大小、背景强弱，都应遵循相同的商业准则和法律法规，接受同样的市场检验。平等条件还体现在资源配置的效率与公正上，即市场资源应基于竞争效率和价值创造的原则进行分配，避免权力寻租和资源浪费。

（一）市场竞争环境对新质生产力的影响

首先，激发市场活力。市场准入是市场主体参与经济活动的起点，其平等性直接关系到新质生产力能否顺利进入市场并发挥作用。在平等的市场竞争环境中，无论是传统企业还是新兴的创新型企业，都应享有同等的市场准入机会，不受所有制形式、企业规模或地域等因素的限制。这种平等性有助于激发市场活力，促进新质生产力的不断涌现和成长。市场竞争中的平等机会与条件能够最大限度地激发市场主体的积极性和创造力，促使它们不断提升产品质量、优化服务体验、降低运营成本,从而在激烈的市场竞争中脱颖而出。这种良性竞争机制有助于形成更加活跃、高效的市场环境。

其次,促进社会公正。在平等机会与条件下,无论是大型企业还是中小微企业,无论是国有企业还是民营企业,都能获得公平的竞争机会。这有助于打破行业垄断和地域壁垒,促进资源的自由流动和优化配置,实现社会财富的合理分配,从而增进社会公正与和谐。同时,信息是现代经济活动的核心要素之一。在平等的市场竞争环境中,所有市场主体都应享有公平获取信息的权利,包括政策信息、市场信息、技术信息等各类与经营决策相关的信息。信息获取的公平性有助于消除信息不对称现象,降低市场交易成本,提高市场效率,为新质生产力的发展创造良好的信息环境。

最后,推动经济高质量发展。资源是经济发展的基础,而资源配置的效率则直接影响新质生产力的发挥。在平等的市场竞争环境中,市场机制能够充分发挥作用,通过价格信号引导资源向最具效率的方向流动。这种基于市场竞争的资源配置方式,有助于优化资源配置结构,提高资源使用效率,为新质生产力的发展提供有力的支撑。市场竞争中的平等机会与条件是经济高质量发展的必要条件。在公平竞争的市场环境中,企业更加注重技术创新和品牌建设,不断提升核心竞争力。这种以市场为导向的资源配置方式有助于推动产业结构优化升级,提高经济发展的质量和效益。

(二) 政府在维护平等市场竞争环境中的作用

政府的职责和作用主要是保持宏观经济稳定,加强和优化公共服务,保障公平竞争,加强市场监管,维护市场秩序,推动可持续发展,促进共同富裕,弥补市场失灵。[1] 政府在维护平等市场竞争环境中的作用可概括为以下三点:

首先,加强市场监管和执法力度。政府应加强对市场的监管和执法力度,确保相关法律法规得到有效执行。这包括对市场主体的经营行为进行监督检查,对违法违规行为进行查处和惩罚,以及建立健全的市场退出机制等。通过加强市场监管和执法力度,政府可以维护市场的公平竞争秩序,保障市场主体的合法权益,为新质生产力的发展提供稳定的市场环境。

其次,推动市场规则的透明化和公正化。政府应积极推动市场规则的透明化和公正化,确保所有市场参与者都能够清晰地了解市场规则和操作流程。这包括公开招标、政府采购等公共资源配置过程中的透明度和公正性建设,以及市场信息披露制度的完善等。通过推动市场规则的透明化和公正化,政府可以提高市场运行的透明度和可预测性,降低市场参与者的交易成本和风险,为新质生产力的

---

[1] 参见《中共中央关于全面深化改革若干重大问题的决定》,人民出版社2013年版,第16页。

发展创造更加有利的条件。

三、法治环境对弱势生产力的特别关注

弱势生产力，通常指的是在社会经济活动中处于相对不利地位的生产群体，他们可能由于资源匮乏、技能不足、信息闭塞、市场竞争能力弱等多种因素，难以充分参与市场竞争，获取应有的经济利益和社会地位。这些群体包括低收入家庭、小微企业、农民工、残疾人和老年人等。弱势生产力群体作为社会经济的组成部分，其生存与发展状况直接影响到社会整体的和谐与繁荣。因此，法治环境对弱势生产力的特别关注，不仅是法律公平正义的体现，也是实现共同富裕、促进社会全面进步的必要之举。

尽管平等保护原则在法律中扮演着基石的角色，但现实中，社会经济活动中的某些生产力主体，尤其是小型企业、初创企业以及在农业、环保及社会公益等领域从事工作的个人或团体，由于资源匮乏，往往在竞争中处于劣势。他们可能受限于资金的短缺、技术的落后或信息获取的不平等，这些因素都可能阻碍其发展潜力，从而影响整体的社会生产力。

因此，一个健全的法治环境不仅要坚守平等原则，更需积极应对这种不平衡。对于小微企业和初创企业，政府可以通过提供一系列的扶持政策，如税收减免、低息贷款、创业指导等，帮助他们在创业初期渡过难关，增强其市场竞争力。同时，政策倾斜也是一种有效手段，比如优先采购他们的产品或服务，以刺激其发展。

在农业领域，法律应当为农民和小型农场提供特别保护，防止他们在面对大规模工业化农业的竞争时被挤出市场。这包括提供技术支持、保障土地权益以及设立公平的农产品价格机制。在环保领域，法律应鼓励和保护那些致力于环保的生产力，如绿色能源企业，确保他们在追求经济效益的同时，也能实现更好的环境效益。

知识产权领域同样需要特别的关注。原创者和小型创新者往往面临大公司的专利压制，法律应强化对他们的保护，防止其创新成果被不公平地侵占，包括优化专利申请流程、严厉打击侵权行为、设立创新奖励机制等。

对于弱势群体的权益，如劳动者权益、消费者权益，法律应提供更为严密的保障，包括设定并执行最低工资标准、保障劳动者的安全和健康、建立有效的消费者保护机制、防止消费者在信息不对称的情况下受到欺诈等。

国家通过这些措施，落实平等保护的原则，最大程度维护社会公平，激发各类生产力的活力，促进经济的多元化发展，推动创新的繁荣，从而实现经济的持续、健康增长。

第三节 灵活适应原则

随着全球社会持续经历着前所未有的变革，新兴技术的崛起、国际关系的复杂变化以及社会结构的深刻调整，都对法治体系提出了新的挑战与要求。尽管法治发展需要尽可能完善、细化，但面面俱到、严苛繁复的法律机制可能成为新质生产力引领新型经济体系发展的掣肘。[1] 面对这样的现实背景，法治体系不仅需要保持其固有的稳定性和权威性，还需具备灵活适应的能力，以应对不断变化的社会环境。

一、法治体系灵活适应原则的必要性

（一）社会发展的需求

在现代社会的快速变迁中，新的社会问题与挑战对法治建设提出了前所未有的要求。科技，尤其是互联网技术的爆炸式进步，不仅极大地推动了社会生产力的提升，也滋生了新的法律盲区。网络犯罪，如网络欺诈、侵犯隐私、知识产权盗窃等，以其跨地域、匿名性和技术复杂性，对现有的法律框架提出了严峻的挑战。数据保护，在数字时代成为凸显的问题，更对法律的及时性、全面性和执行能力提出了新的考验。

传统的法律体系，往往基于实体世界的规则和行为模式建立，对于虚拟空间的法律问题缺乏预见性和适应性。例如，如何界定网络空间的产权，如何保护个人数据的安全，如何惩处跨国网络犯罪，这些问题都需要法律体系具有足够的灵活性和前瞻性，以适应科技发展的速度和深度。

因此，法治体系的构建不应仅仅停留在对既有问题的回应上，更应具备预见性，能够预测和预防可能出现的新问题。这就需要法律制定者具备深厚的专业知识，对科技趋势有敏锐的洞察力，以确保法律的修订和更新能够跟上时代的步伐。同时，法治体系的灵活性也体现在其包容性上，需要能够接纳并整合多元化的观点和利益，以实现公平公正的法律裁决。

此外，法律执行机制也需要适应变化。在面对网络犯罪时，执法部门需要提升技术能力，建立跨部门、跨国的协作机制，以提高打击犯罪的效率和效果。数据保护方面，需要建立健全的法规，设定明确的数据收集、使用和分享的规则，同时强化监管，保护公民的数字权利。

---

〔1〕 参见陈辉萍、徐浩宇：《新质生产力背景下平台常态化监管的法治化进路》，载《湖北大学学报（哲学社会科学版）》2024年第3期。

总的来说，法治体系的灵活性、前瞻性和执行力是应对新兴社会问题的关键。只有不断适应和创新，法律才能守护社会公正、推动科技进步、保障公众权益。

(二) 法治方式作用的局限性

法治方式，作为治国理政的核心手段，其重要性不言而喻，它构成了国家治理结构的基石，有利于保障社会公正，促进公共利益。然而，法治并非孤立存在，也非全能的解决方案。面对社会关系的多元化和复杂性，单一的法治方式无法满足所有治理需求，法律的边界并非无所不包，其效力与适用性在某些特定领域和特殊情况下可能受限。

社会生活纷繁复杂，涵盖了政治、经济、文化、伦理等多个维度，每个维度都有其独特的运行规律和治理需求。政治层面，政策引导和协商民主等形式有利于体现公共意志；伦理道德，作为社会行为的内在约束，其影响力有时会超越法律；经济领域，市场机制、经济杠杆的运用有时能更有效地调节社会资源；文化层面，价值观的引导和教化力量对社会和谐稳定有促进作用。因此，法治需要与这些多元治理方式相辅相成，形成一种全面、立体的治理格局。

这就要求法治体系具备足够的灵活性和包容性，能够适应与不同治理方式的并存和互动。一方面，法治应当为其他治理方式提供规则基础，确保其在合法的框架之内运行，防止权力滥用和混乱；另一方面，法治也应尊重和接纳其他治理方式的合理性和有效性，允许它们在特定领域发挥作用，以实现法律与政策、道德与市场、文化与社会的有机融合。

法治与多元化治理方式的协同，需要建立在科学的法治理念之上，包括公平正义、权利保障、程序正当等原则。同时，法治体系的构建应当考虑到社会的动态性，以适应社会变迁和发展，确保其能够灵活应对新的治理挑战，实现法治与多元治理方式的动态平衡。

总之，法治方式是治国理政的基础，但不应孤立看待。在法治的主导下，需要综合运用政治、伦理、经济、文化等多元治理方式，形成一种综合、立体、动态的治理模式，以更全面、更深入地解决社会问题，推动社会进步。

(三) 国际法治趋势的影响

在全球化进程中，国际法治以其普遍性、公正性和权威性，逐渐成为塑造国际秩序和各国法治建设的关键力量。中国，作为全球格局中的重要一极，既承担着推动国内法治进程的重任，也在国际法治舞台上扮演着不可或缺的角色。在这个过程中，中国法治体系的构建不仅要深度契合国家的经济社会发展需求，同时，也需积极呼应并融入国际法治的大潮，以实现全球治理体系的创新和优化。

中国的法治建设，立足于国情，旨在构建一套符合中国特色社会主义制度的法治框架，包括对宪法的完善，对法律体系的系统化建设以及对司法公正的追求。

国际法治的合作与互动，是中国法治建设不可或缺的组成部分。这既体现在参与国际法律规则的制定和完善上，也体现在通过国际司法合作，解决跨境法律问题，维护全球公共利益上。例如，中国积极参与国际海洋法、气候变化法、网络安全法等领域的规则制定，以推动构建公正合理的国际法律秩序。同时，通过国际司法协助和引渡条约，中国加强与各国在打击跨国犯罪、保护知识产权等方面的协作，彰显中国对国际法治的尊重和承诺。

在推动全球治理体系变革的过程中，中国法治体系的适应性和灵活性显得尤为重要。这要求中国法治既要保持对国内经济社会发展需求的敏感响应，也要能够灵活应对国际环境的快速变化。例如，随着经济全球化的深入，国际投资、贸易规则的变迁对国内法律体系提出了新的挑战，中国法治需要在保护国家经济安全和促进开放型经济发展之间找到平衡。

总之，中国法治建设在保持自身特色的同时，积极对接国际法治，旨在构建一个既能满足国内需求，又能适应全球治理变革的法治体系。这一进程既是中国对全球法治贡献的体现，也是中国在全球化背景下实现国家治理体系和治理能力现代化的必然选择。

二、法治体系对新质生产力的动态适应性

在新质生产力的演进进程中，法律制度扮演着至关重要的角色，它不仅需要稳固社会经济的基础，更需具备前瞻性和包容性，以有效应对层出不穷的新技术和创新商业模式。这种适应性要求法律体系能够敏锐洞察科技变革的潜在影响，预判并引导其发展方向，同时在维护公平竞争环境和保障消费者权益的基础上，为创新提供一定的容错空间。

以人工智能和大数据的飞速发展为例，这两项技术正在深度重塑社会结构和经济模式。法律制度须在这一背景下，对数据隐私的保护进行深度考量。在尊重个人隐私权的同时，也需要平衡数据的开放和利用，以推动科技进步。这需要在立法中设定明确的数据收集、使用和分享的边界，以及严格的数据安全和保护机制。

知识产权的法律体系也需同步更新。在人工智能生成的内容和大数据驱动的创新中，传统的知识产权定义和保护模式可能不再适用。法律需要界定何种创新成果可被赋予知识产权，如何保护原创者的权益，同时鼓励知识的传播和共享，以激发更多的创新活力。

此外，责任归属问题在新技术领域显得尤为复杂。在人工智能引发的事故中，如何确定责任主体，是制造商、开发者，还是使用者？大数据的滥用可能导致的损害，应由谁来承担责任？这些问题需要法律制度提供清晰的指导，以防止法律真空地带的出现，同时鼓励科技创新在有序和可预见的环境中发展。

在这一过程中，法律制度的构建不应过于僵化，应允许一定的灵活性和动态调整，以便在快速变化的技术环境中保持其有效性。同时，法律制定者需要与科技、商业、社会等多领域专家密切合作，以确保法律规则的科学性和公正性。

总之，面对新技术的挑战，法律制度需要展现出智慧和远见，既要防止滥用，又要鼓励创新，既要维护公平，又要保障发展，以实现科技与社会、经济的和谐共生。这是一项艰巨而必要的任务，也是法律制度在新时代下的使命与责任。

三、政策调整的灵活性与法治保障

政策，作为法治体系的有机组成部分，其动态适应性和创新性在推动新质生产力的演进中扮演着至关重要的角色。政策判断的灵活性一定程度上弥补了法律时滞性的缺陷，事前规制的预防为事后规制提供了警醒。[1] 新质生产力，往往源自科技的革新和市场的变化，因此，政策框架的灵活性是其得以发展的土壤。应当构建一种开放、包容且富有弹性的政策环境，这不仅要求政策制定者具有前瞻性，更需要具备在实践中根据市场动态和科技进步进行适时调整的能力。

例如，可以设立创新试验区，这既是一种政策创新的尝试，也是一种法治实践的探索。在这些区域内，可以试行针对新质生产力发展的特殊法规和政策，如放宽市场准入、优化审批流程、提供创新资金支持等。这些政策试验能够为新质生产力的萌芽和成长提供适宜的环境，同时，也为全国范围内的政策制定提供经验和参考。

法治保障在此过程中发挥着基石作用。政策调整的每一个环节，从调研、制定、试行到调整，都应遵循法治原则，确保过程的透明度，保证所有信息公开，让公众充分了解政策的来龙去脉。公正性是法治的另一核心，政策调整不应偏袒任何特定群体，而应公平对待所有市场参与者，维护市场公平竞争的环境。公众参与是法治精神的体现，政策制定者需要倾听社会各界的声音，尊重并吸纳公众的建议，使政策更符合公众利益。

此外，防止政策的随意性和不可预测性对市场造成负面影响，也是法治保障的重要内容。政策调整须遵循法定程序，避免"朝令夕改"，确保政策的稳定性和连续性，为市场提供可预见的环境，增强市场信心。同时，法治的约束力也能防止权力滥用，防止政策成为影响市场公正的工具。

---

[1] 参见宋亚辉：《社会性规制的路径选择：行政规制、司法控制抑或合作规制》，法律出版社2017年版，第202页。

总的来说，政策的灵活性和法治的保障是新质生产力发展的一对翅膀，它们共同推动社会经济的创新和进步。政策的适时调整与法治的保驾护航，将共同塑造一个有利于新质生产力发展的良好生态，实现科技、市场和法治的和谐共生。

四、创新实践中法治的引导与支持

法治，作为社会运行的基石，不仅是新质生产力发展的规范制约，更是其创新演进的推动力量。法律以其权威性和稳定性，构建起一套明晰的规则体系，设定可预期的行为框架，并提供公正的纠纷解决机制，为创新者提供坚实的行动平台。

例如，专利法通过赋予创新成果独有的法律保护，激励着企业和个人投入大量的时间和资源进行研发活动。这种保护不仅保障了创新者的权益，也塑造了公平的竞争环境，使得知识产权成为推动科技进步的重要动力。同时，专利法的实施也促进了技术的公开与传播，加速了知识的扩散和再创新。又如合同法，通过明确各方权利义务，规范了各种合作模式，降低了交易成本，促进了跨领域、跨行业的深度合作。无论是技术转让、项目合作还是研发联盟，合同法的存在使得复杂的合作关系得以有序运行，为创新活动提供了稳健的法律支撑。还有反垄断法，通过对市场行为的严格监管，防止了不公平竞争和市场垄断，维护了市场的公平与活力。其旨在保护消费者权益，促进资源的有效配置，也为创新企业提供了公平竞争的土壤，鼓励新的、有竞争力的创新产品和服务进入市场。

需要强调的是，政府在此过程中扮演着不可或缺的角色。通过制定税收优惠政策，政府可以减轻创新者的经济负担，刺激创新活动的活跃度。提供资金支持，无论是直接投资还是设立创新基金，都能为创新项目提供启动和持续发展的动力。例如，为快速响应"专精特新"企业涉税诉求，青岛市税务局设立"专精特新"服务专线，定期进行"专精特新"企业咨询需求数据分析。据统计，截至目前，共有4991户"专精特新"企业通过12366热线渠道进行业务咨询。针对高频业务咨询，税务部门一方面联动"以咨五促"，推进"热点+诉求"精准推送，另一方面"线上+线下"持续加强对"专精特新"企业的涉税辅导。[1]然而，这些支持措施必须在法治的框架下进行，以防止资源的滥用，保证公平竞争，防止形成市场扭曲，确保所有参与者都在同一规则下公平竞争。

法治在创新发展中发挥着不可替代的作用。它不仅是创新活动的保障，更是创新精神的催化剂。在法治的引导和保障下，创新活动得以在公平、公正的环境中蓬勃开展，推动社会生产力的持续提升。

---

〔1〕 参见傅军、王鑫彤、张翔宇：《分批次做好政策推送，设立"专精特新"服务专线——青岛税务助推新质生产力发展》，载《青岛日报》2024年7月24日，第7版。

第四节 预防与救济相结合原则

法治理念的核心在于通过法律手段预防潜在问题、化解矛盾纠纷,并在损害发生后提供有效的救济途径。预防与救济相结合的原则,作为现代法治理论的重要组成部分,其重要性不言而喻。

一、风险预防机制的建立与完善

(一) 风险预防机制的建立

在构建新质生产力法治保障体系的过程中,风险预防机制扮演着核心角色,它是法治与创新良性互动的稳定器,旨在确保科技驱动的生产力发展在有序、安全的轨道上运行。法律规范的制定应当前瞻性地预见并规避创新活动可能引发的各种风险,以实现法治对科技进步的有效引导和规范。

首先,法律应当构建一套详尽的安全标准和操作规范,明确各创新主体的权责边界。在知识产权领域,法律应强调对创新成果的保护,规定企业必须进行深度的尽职调查,以确保其研发活动不侵犯他人的知识产权。这不仅包括专利权、商标权,也应涵盖著作权、商业秘密等各类知识产权,以防止因侵权行为导致的法律纠纷,保障创新活动的合法性。

其次,对于科技创新过程中可能出现的经济风险,法律应设立一套健全的财务安全保障机制。政府可以设立专门的创新基金,为科技创新提供必要的资金支持,以缓解企业在研发过程中的资金压力。同时,创新保险机制也是必不可少的,通过保险形式分散创新失败可能带来的经济损失,降低创新风险,有利于鼓励企业大胆尝试,勇于创新。此外,法律还应规定风险管理与信息披露的机制,要求创新主体定期进行风险评估,并公开相关信息,以便社会监督和市场自我调节。这既有利于防止信息不对称导致的市场失灵,也有助于提高创新活动的透明度,增强公众对创新活动的信任。

再次,建立完善的纠纷解决机制也是风险预防体系的重要组成部分。法律应规定快捷、公正的争议解决途径,如设立专门的科技法庭,专门处理科技领域的知识产权纠纷,以保证争议得以及时、有效地解决,避免科技创新活动因法律纠纷而受阻。

最后,强化法治教育和法治宣传,提升全社会的法治意识,是预防风险、保障创新的长远之策。通过教育和宣传,让各创新主体理解并遵守法律,形成尊重知识产权、遵守创新规范的良好社会氛围。

综上,构建新质生产力法治保障体系中的风险预防机制,需从法律规范、财务保障、信息披露、纠纷解决和法治教育等多个层面着手，形成全面、立体的风险防控网络，以法治的稳定性和预见性，保障科技创新的健康发展。

（二）建立健全风险评估制度

在当前全球化和技术革新的浪潮中，新质生产力的引入、发展与应用已成为推动社会进步的重要动力。然而，伴随着这种进步，也潜藏着诸多不可预见的风险。习近平总书记指出，"科技是发展的利器，也可能成为风险的源头"。[1] 科技领域安全是国家安全的重要组成部分。[2] 因此，建立健全一套全面、严谨的风险评估制度，对新质生产力的各个环节进行科学、公正、透明的评估，显得尤为关键。这不仅是科技伦理的呼唤，也是法治社会的必然要求。

首先，风险评估制度的核心目标在于预测和规避可能产生的负面影响。习近平总书记指出，"科学预见形势发展走势和隐藏其中的风险挑战，做到未雨绸缪"。[3] 这些影响可能表现在环境、社会、经济等多个层面。环境层面，新质生产力的引入可能对生态环境产生短期或长期的影响，包括资源消耗、污染排放、生物多样性损失等。对此，评估制度应科学预测这些影响的规模、持续时间和可逆性，以确保技术进步与环境保护的平衡。

其次，社会层面，新质生产力的推广可能引发社会结构的调整，包括就业形态变化、社会阶层分化、信息不对称等。评估制度应深入研究这些社会影响，确保技术发展不加剧社会不公，而是促进社会公正和谐。此外，还需关注新技术对个人隐私、数据安全、公民权利的潜在挑战，以法治手段保护公民的基本权益。

最后，经济层面，新质生产力可能带来经济结构的深刻变革，包括产业转型、市场垄断、经济安全等问题。风险评估制度应评估新技术对经济稳定、公平竞争的影响，防止技术进步引发的经济失衡。同时，应考虑新技术对全球价值链、贸易格局的改变，确保国家经济安全和战略自主。

在此过程中，风险评估制度应遵循科学性、公正性、公开性原则，充分听取各利益相关方的意见，确保评估结果的全面性和准确性。同时，应结合国际先进的评估方法和标准，借鉴成功的实践经验，以提升我国风险评估的科学性和公信力。

同时，风险评估制度的建立和完善，应当与法律法规相结合，习近平总书记强调，要充分发挥制度在防范化解风险方面的重要作用。[4] 通过立法手段明确评估程序、标准和责任，构建起科技发展的法治屏障。同时，应当建立健全相应

---

[1] 参见习近平：《习近平谈治国理政》（第四卷），外文出版社2022年版，第201页。

[2] 参见习近平：《习近平著作选读》（第二卷），人民出版社2023年版，第246页。

[3] 参见习近平：《习近平谈治国理政》（第三卷），外文出版社2020年版，第223页。

[4] 参见习近平：《习近平谈治国理政》（第三卷），外文出版社2020年版，第128页。

的监管机制，对新质生产力的应用进行全过程、全方位的监管，以实现科技发展与社会福祉的和谐共生。防范化解风险的法治、机制与体制改革旨在全面系统地应对潜在危机，提前介入、从小处着手，以保障民众的生命财产安全，维护民族复兴的安定大局。[1]

综上，建立健全风险评估制度，旨在以科学的手段预判和控制新质生产力可能带来的负面影响，确保其在推动生产力提升的同时，不损害社会的可持续发展，实现科技、环境、社会、经济的协调发展。这是一项关乎国家长远发展、人民福祉的重大任务，需要共同努力，以法治智慧和科技智慧共同守护。

(三) 加强监管和法律风险防范培训

在当前的法治社会中，监管和法律风险防范培训已不再仅仅是一种选择，而是企业与个人在运营和发展中不可或缺的重要环节。强化这一领域的建设和实践，旨在确保各实体深入理解并严格遵循相关法律法规，从而有效预防和遏制违法行为的滋生，维护公正公平的市场环境，促进社会经济的健康发展。

首先，法律风险防范培训是法治教育的重要组成部分。它要求企业及个人不仅要熟知现行的法律法规，更要理解其背后的立法精神和价值导向，以此塑造法律意识，培养法律素养。对于企业而言，这意味着要将企业法律风险防范理念融入企业文化中，形成全员参与、全程控制、全面覆盖的企业法律风险防范管理体系。对于个人而言，这要求其不断提升自我法律意识，做到知法、懂法、守法，避免因对法律的无知或误解而误入歧途。

其次，随着社会经济的快速发展，法律法规也在不断更新和完善，因此，定期的法律法规更新培训显得尤为重要。这不仅能让各主体及时了解新的法律要求，适应法律环境的变化，还能帮助他们预防和应对可能出现的法律风险。例如，新的《反垄断法》等，都对企业运营提出了新的要求，通过培训，企业可以及时调整策略，确保业务符合法律规范性要求，有效降低企业经营过程中的法律风险。

再次，法律风险防范培训也是一种风险防控机制。通过系统的培训，可以提前识别潜在的法律风险，建立健全法律风险防范预警系统，减少因违规行为导致的经济损失和社会影响。同时，良好的企业法律风险防范体系也能提升企业的公众形象，增强市场信任，为企业的长期稳定发展奠定基础。

最后，强化监管和法律风险防范培训，也是企业承担社会责任的体现。在追求经济效益的同时，企业应当承担起维护社会秩序、保护消费者权益的责任。通

---

[1] 参见刘浩然、胡象明:《习近平关于防范化解风险重要论述中的知行合一观》，载《北京联合大学学报（人文社会科学版）》2023年第1期。

过合法规范运营，企业可以实现经济效益与社会效益的双赢，为构建法治社会贡献力量。

二、救济措施在法治保障体系中的作用

救济措施，作为法治保障体系不可或缺的环节，旨在为受到损害的主体提供一定的补偿。在新质生产力的背景下，救济措施涵盖法律诉讼、行政救济，还涉及仲裁等多种救济途径，旨在为复杂多变的知识产权纠纷和技术创新带来的经济转变提供公正且及时的解决方案。

在知识产权侵权的治理中，法律救济显得尤为关键。为了确保权利人能够迅速并公正地获取赔偿，法律应当构建专门且高效的诉讼程序。例如，设立知识产权专业法庭或者在现有法庭中增设知识产权审判庭，提升案件处理效率和专业性。这些专门机构能够深入理解知识产权的独特性，提供更为精准的法律判断，从而更好地保护创新者的权益。

同时，政府在面对企业因技术更新换代引发的经济困难时，应当扮演积极的救济角色。通过提供税收优惠、补贴或转型援助等形式，可以帮助企业平稳度过技术变革的阵痛期，促进其适应新质生产力的环境。对于由此可能产生的失业问题，社会保障体系应当发挥其社会保障功能，设立再就业培训项目，帮助受影响的劳动者获取新的职业技能，重新融入劳动力市场。此外，对于环境损害等社会问题，应建立补偿机制，通过经济补偿和环境修复等方式，减轻新质生产力发展对生态环境的负面影响，实现可持续发展。

综上，救济措施在法治保障体系中扮演着平衡利益、缓解矛盾的重要角色。通过多元化的救济途径和机制，可以有效应对新质生产力带来的挑战，确保社会公平与经济发展的和谐共生。

三、预防与救济机制的衔接与配合

预防与救济机制的无缝对接，是法治保障体系功能完备性的核心体现，旨在确保在法律框架下，风险的防范与应对能形成有效联动，从而构筑起社会稳定的屏障。这一机制的构建，需要在信息传递、机制设计和政策调整等多个层面进行精细操作。

首先，信息共享机制的建立，是预防与救济无缝衔接的基石。监管机构在识别到潜在风险时，应及时将这些预警信息传递给相关主体，如保险公司、金融机构等，使他们能够提前调整策略，提供有效的风险保障。例如，监管机构可以将对新兴科技领域的风险评估意见及时通报给保险公司，以便其设计出针对新风险的保险产品，填补可能出现的保障空白。

其次，救济措施的设计必须充分考虑预防机制的局限性。在预设的防护措施未能完全防止损害发生时，救济机制应能迅速、有效地介入，以减轻损失，恢复

秩序。例如，对于已经通过严格风险评估但仍遭受损失的情况，法律应设定合理的救济标准，既要保护创新者的积极性，也要确保受害者的权益得到合理保障。这可能需要对现有的法律责任和赔偿制度进行调整，以适应预防失败后的救济需求。

最后，政策制定者和执行者在预防与救济机制的配合中，需要展现出动态适应性。须密切关注新质生产力的发展趋势，及时更新法律规则，以适应不断变化的风险环境。这可能涉及对既有法律的修订，对新出现的法律问题的前瞻性预判以及对救济机制的灵活调整，确保法治保障体系始终能够提供适时、适度的保障。

总的来说，预防与救济机制的无缝衔接，不仅是法治体系应对风险的有效手段，也是推动社会进步的重要动力。通过法治的引导，可以更好地管理风险，鼓励创新，促进社会繁荣。

第五节　人民至上原则

马克思、恩格斯对于生产力与生产关系的分析最终着眼于人的自由全面发展，旨在通过对生产力和生产关系两者之间关系的分析，探寻实现人类解放的发展道路。因此，人民性是马克思主义政治经济学的鲜明品格。[1] 习近平总书记指出："发展为了人民，这是马克思主义政治经济学的根本立场。"[2] 人民至上原则，是社会主义核心价值观的重要体现，强调一切工作都应以满足人民日益增长的美好生活需要为根本出发点和落脚点。在新质生产力的发展中，人民至上原则要求将人民的需求、利益、参与和监督置于首要位置，确保科技进步和产业变革的成果能够真正惠及广大人民群众。这不仅是经济发展的目标，更是社会公正和文明进步的体现。人民至上原则要求决策者和实践者在推动新质生产力发展时，要始终关注人民的需求、尊重人民的智慧、保障人民的利益、接受人民的监督，从而实现生产力发展与社会福祉的有机统一。

一、人民需求是新质生产力发展的出发点

（一）人民需求的多样性

人民需求，作为社会进步的核心动力，其内涵广泛，涉及物质富足、精神富饶、文化繁荣及生态环境等多个维度，构成了社会发展的动力。科技演进与社会

---

[1] 参见刘文祥：《塑造与新质生产力相适应的新型生产关系》，载《思想理论教育》2024年第5期。

[2] 习近平：《不断开拓当代中国马克思主义政治经济学新境界》，载《求是》2020年第16期。

变迁的浪潮中，人民的需求日益呈现多元化、个性化和品质化的趋势，这不仅是时代进步的烙印，也是人类文明演进的必然。

物质需求层面，已从单纯的生存温饱跃升至对食品安全的严谨要求和绿色健康产品的热切期盼，体现出对生活质量的深度追求。精神需求层面，已超越简单的休闲娱乐，扩展至对知识的深度探索，对精神文化的高尚追求，反映了人的全面发展。至于环境需求，已从基本的生存条件升华至对生态环境的和谐共生和可持续发展的深切关注，这是对人与自然和谐关系的理性诉求。应当敏锐把握这些需求的变迁，以满足人民日益增长的美好生活需要为宗旨和导向，驱动社会的持续健康发展，实现人民福祉的最大化。

(二) 新质生产力如何满足人民需求

技术创新，作为新质生产力的核心驱动力，其本质是科技革新的集中体现，对社会经济结构产生深远影响。科技创新通过推动新科技、新材料和新工艺的广泛应用，持续满足人民群众对高品质生活及服务的日益增长的需求。以人工智能为例，人工智能技术的快速发展不仅催生了智能家居和智能医疗等领域的一系列创新，如自动化的家庭助手、智能化的健康监测系统等，极大地提升了生活和工作的便利性，同时也显著提高了生活质量，使科技真正融入人们的日常生活中。

借助大数据和互联网技术的强大力量，企业得以深入了解消费者的个性化需求，实现产品和服务的精准定制。以在线教育领域的发展为例，个性化教育平台通过大数据分析，依据每个学生的学习行为、兴趣和进度，提供量身定制的教学方案，从而极大地优化了教育资源配置，提升了教育质量和效果，体现了新质生产力在满足个体差异性需求方面的卓越能力。

随着环保理念的深入人心，新质生产力强调绿色、可持续的发展模式。在新能源汽车和可再生能源技术的快速发展中，这种转变尤其明显。这些创新不仅满足了人们的出行和能源需求，同时也减少了环境的负担，实现了生态与经济发展的和谐共生，构建了一个环保、高效的未来图景。

新质生产力的影响力还渗透到公共服务领域，通过智慧城市管理系统和远程医疗服务等创新实践，提升了城市管理的效率，解决了医疗资源分布不均等社会问题。智慧城市管理系统利用物联网和大数据技术优化了城市基础设施的运行，而远程医疗服务则在一定程度上缓解了医疗资源在地域间的不平衡，提高了公共福利的可达性和满意度。

同时，新质生产力在精神文化层面的滋养也不可忽视。虚拟现实技术为人们带来了全新的娱乐体验，数字出版和在线教育平台拓宽了知识获取的途径，使得文化传承和知识传播更为广泛和便捷。这些创新不仅丰富了人们的文化生活，也推动了文化产业的繁荣，体现了新质生产力在促进社会全面发展方面的积极作用。

二、人民利益是新质生产力发展的落脚点

（一）保障人民利益是新质生产力的责任

习近平总书记指出，"要始终把人民利益摆在至高无上的地位"。[1] 人民利益是指以劳动者为主体的社会各阶层的利益，包括政治、经济、文化等多方面的利益。[2] 在新质生产力发展过程中，人民利益的保障与增进构成了其核心价值导向。新质生产力旨在大幅提升生产效率，重塑生产结构，以及实质性地优化人民的生活品质。其发展不应局限于对经济效益的追逐，更应聚焦于其深厚的社会价值，即对人民利益的全面保障与持续提升。

以人为本，是新质生产力发展不可动摇的原则，它关乎人民的福祉，关乎社会的和谐。因此，技术革新与产业结构的优化必须警惕社会不平等的滋生和贫富差距的扩大。科技创新不仅要驱动经济增长，更应致力于教育、医疗、环境保护等基本民生领域的改善，以科技之力解决社会问题，增进公共福祉。

新质生产力的发展理应促进就业机会的增加，而非引发劳动力市场的动荡。面对技术可能带来的替代效应，应通过提供持续的技能培训和教育改革，帮助劳动者适应新的生产模式，确保他们能在变革中找到新的立足之地。如此，新质生产力才能真正成为人民福祉的源泉，成为社会进步的动力。

（二）新质生产力对人民利益的促进作用

新质生产力的跃升在促进人民福祉的进程中发挥着至关重要的作用，其影响深远且多元化。它以提升生产效率为核心，降低生产成本，从而使得商品与服务的价格更为亲民，进一步激发了人民的消费潜力。在人工智能与自动化技术的驱动下，生产流程的优化使得高质量产品和服务得以广泛普及，这不仅是经济效率的提升，也是消费者福利的增进。

新质生产力同样催生了就业结构的转型与升级。尽管其可能使部分传统职业面临挑战，但数字经济、清洁能源等新兴产业的崛起，为社会创造了丰富的就业机会。这要求政策制定者与企业共同应对，通过精准的职业教育与终身学习体系，助力劳动力的转型与升级，以适应新经济形态的需求。

新质生产力的提升对改善人民生活质量产生了深远影响。环保科技的进步，有效降低了污染，提升了环境质量，从而直接提高了人民的健康水平。信息技术的革新，如远程工作与在线教育的普及，不仅提升了生活的便利性，也为人们提供了更丰富的学习与休闲方式，进一步丰富了社会生活的多元性。

---

[1] 习近平：《习近平谈治国理政》（第三卷），外文出版社2020年版，第343页。
[2] 参见李逸桢：《习近平"人民至上"理念的丰富内涵和时代价值研究》，北方民族大学2024年硕士学位论文。

尤为重要的是,新质生产力对于推动社会公平与包容性增长发挥了积极作用。借助数字化与网络化的浪潮,即便是居住在偏远地区的群体或弱势群体也能更平等地获取信息与服务,从而缩小城乡、区域间的差距,有力地促进了社会的和谐与平衡发展。这种包容性增长模式,实质上是新质生产力在社会层面的公正分配,它有力地推动了社会公正,保障了每一个人共享发展成果的权利。

总而言之,新质生产力的提升不仅是经济发展的引擎,更是提升人民福祉、促进社会公平的关键驱动力。面对这一变革,应积极应对,以确保其在推动社会进步的同时,也能充分惠及每一个社会成员。

三、人民参与是新质生产力发展的动力源泉

(一) 人民参与新质生产力发展的意义

发展全过程人民民主是中国式现代化的本质要求。全过程人民民主不应是抽象的话语或纸上谈兵,而应是活生生的治理实践,是可感可摸的参与过程,能让民众有美美满满的获得感。[1] 人民,作为社会的基本构成单元,其在新质生产力发展中的作用不容忽视,他们是推动社会进步和经济发展的决定性力量。人民的创新意识激发了实践中的新思维和新方法,从而孕育出驱动经济社会发展的新动力。他们具备实践能力,能有效识别并解决发展过程中的问题,推动科技、管理、商业模式的革新升级。

人民的广泛参与,不仅是生产力提升的催化剂,更是实现生产力民主化的重要途径。这种参与有利于巩固决策的公众基础,使发展成果能够更公平地惠及社会各个阶层,防止发展的不平衡和不充分。同时,它有利于强化社会公正,促进社会和谐,是构建公平正义社会的必要条件。

人民的参与,营造出开放、包容、活跃的创新环境,有利于激发社会的内在活力。这种活力是经济持续健康发展的引擎,推动着国家在变革中前行,实现高质量发展。因此,尊重人民的主体地位,充分发挥其在生产力发展中的作用,是新时代经济社会发展的核心策略。

(二) 促进人民参与新质生产力发展的路径

作为提升国家创新力的基石,教育与培训在培育人的科学素养和专业技能上扮演着至关重要的角色。应当深化教育体系改革,将科技教育和职业教育融入核心课程,不仅教授理论知识,更要培养实践操作能力和创新思维,以塑造出具备独立思考和实际操作能力的新一代人才。此外,应强化继续教育和终身学习机制,使全体公民能在职业生涯中持续提升,适应科技快速发展的需求。

政府的职责在于制定前瞻性的政策框架,以激励创新精神。这包括设立专项

---

〔1〕 参见肖唐镖:《以多元性居民参与践行全过程人民民主》,载《中国报道》2024 年第 9 期。

研发基金，为创新项目提供财政援助，以及通过税收优惠政策减轻创新活动的经济负担。同时，政府应建立公正透明的政策环境，确保所有创新者都能公平地获取资源和机会。

公共研发平台的建立是推动创新的重要途径，它能聚合民间创新力量，无论是团队还是个人，都能在这里获取必要的技术支持和资源共享。通过降低创新的初始成本和风险，这些平台能够激发全社会的创新热情，尤其是对于初创企业和个人创业者，更能提供至关重要的起步支持。

完善的知识产权法律体系是创新活动的保护伞。应强化知识产权的立法工作，提供全面的法律保护，确保创新者的权益不受侵犯。同时，加强对知识产权有关内容的宣传教育，提高公众的保护意识，形成尊重和保护创新成果的社会氛围。

社区与企业的合作是创新成果转化的关键环节。政府应鼓励二者通过项目合作、技术交流等方式进行深度互动，使社区的创新思维和企业的实践能力相结合，将创新想法转化为实际产品或服务。同时，这种合作也能为社区带来经济效益，提升生活质量，实现社会和经济的双重发展。

四、人民监督是新质生产力发展的重要保障

（一）人民监督在新质生产力发展中的作用

人民监督，作为民主社会的基石，是公众权利的体现，其深度参与决策过程，确保公正与公平的运行机制透明化，是新质生产力发展不可或缺的保障。这一机制有利于强化资源的合理配置，构筑起防范权力滥用的坚固屏障，同时，它在科技、政策及资金运用的全过程中注入了透明度，有利于防止潜在的不公。

人民是目标主体、实践主体，也是监督主体。[1] 在新质生产力的演进中，人民监督扮演着引导者和矫正者的角色。它推动科技发展的公开性，确保新技术和创新的研发不仅基于科技进步，更应符合公众的整体利益，避免成为个别团体或个人的私利工具。公众的反馈和建议有利于校正新质生产力的研发路径，确保其始终立足于、服务于广大人民的福祉，实现社会公平与进步的有机统一。因此，人民监督不仅是民主的生动实践，更是推动新质生产力健康、有序发展的法治保障。

（二）加强人民监督，推动新质生产力健康发展

人民监督在推动新质生产力健康发展中的作用不容忽视，尤其在涉及新质生产力这一前沿科技领域时，公众的洞察力与反馈至关重要。

---

〔1〕 参见李逸桢：《习近平"人民至上"理念的丰富内涵和时代价值研究》，北方民族大学2024年硕士学位论文。

信息透明度的强化是保障这一过程公正、公平的基础，要求对新质生产力从研发、实验到应用的全程进行公开，允许公众的密切关注与批判性评价。这不仅包括在技术研发的每一个环节中实现信息的全面公开，还应设立专门的平台，鼓励公众进行深度参与，让公众能够全面理解并评价这些项目的科学性、可行性和潜在影响。

为了确保公众的参与权和监督权，应当建立多元化的反馈渠道，如公众听证会，应成为常态，让公众有机会直接与决策者对话，表达他们对新质生产力发展项目的意见和建议。同时，利用数字化工具，如在线论坛和调查问卷，收集公众的即时反馈，以期形成全面、客观的公众舆论。

设立一个独立的、公正的评估机构同样重要，该机构须具备科学的独立性和公正性，定期发布详尽的评估报告，全面记录新质生产力项目的发展动态，深入分析其对社会结构、经济状况以及环境生态的多维度影响。评估报告应公开透明，以便公众能够理解和评估新质生产力项目的风险与收益，同时，该机构还须对可能存在的问题提供具有前瞻性和操作性的改进建议，助力项目的优化和完善。

此外，公众教育和宣传环节不容忽视。通过教育系统和媒体平台，深化公众对新质生产力的理解，普及相关科学知识，使公众有能力参与监督过程，提供具有洞察力的反馈和建议。这不仅确保新质生产力的发展与社会的整体福祉保持一致，避免科技发展的脱节，也能通过提升公众的科技素养，使他们能够充分理解并积极支持创新技术的健康发展，形成科技发展与社会福祉的良性互动。媒介信息素养教育（Media and Information Literacy，MIL）不仅关乎个体在网络空间中的自我保护和维权能力，更对整个社会的网络安全意识强化产生深远的影响。[1]

加强人民监督对于新质生产力的健康发展至关重要。它不仅是民主参与的体现，也是确保新质生产力能够公正、公平、透明发展的必要保障。通过有效的监督机制，新质生产力项目可以更好地满足人民的需求，推动科技和经济的可持续发展，同时避免潜在的负面影响，从而真正实现人民福祉。

依法保障、平等保护等五个原则是法治保障体系应坚持的核心原则，它们相互支撑，共同为新质生产力的健康发展构建坚实的法律基石。在实践中，这些原则需要不断适应社会变革，通过立法、执法、司法、守法的各个环节，实现法治的动态完善，以保障新质生产力的持续创新和有序发展。

---

〔1〕通过加强 MIL 教育，公民可以提升识别网络中虚假信息、恶意软件和钓鱼网站的能力；帮助公民建立正确的网络安全观念；有助于培养公民的数据素养，即如何在网络环境中正确地处理和使用数据；教育公民了解数据隐私和安全的基本知识。参见叶小源、王维先：《网络空间治理体系中用户数据安全及隐私保护研究》，载《中国高校社会科学》2024 年第 5 期。

第四章

完善新质生产力的法律法规体系

新质生产力，作为科技进步和创新的产物，通常涉及新兴产业、新技术、新模式等，其特点是高知识密集、高附加值和强创新性。然而，现有的法律法规未能充分涵盖这些新兴领域，导致新质生产力在实际运行中可能遭遇合法性模糊、权益保障不充分的问题。与新质生产力相适应的生产关系指的就是能够促进技术发生关键性、颠覆性突破以及促进关键性、颠覆性技术转化为现实生产力的一系列制度和体制。[1] 完善法律法规体系，可以明确新质生产力的法律地位，为它们提供明确的规则框架，保护其创新成果，确保投资者、创业者以及从业人员的合法权益，激发社会创新活力。法治作为上层建筑的重要组成部分，是新质生产力蓬勃发展的守护者与助推器，通过精细调整因新技术、新业态涌现而产生的复杂法律关系，为新质生产力的发展铺设公平公正的轨道。[2]

新质生产力的兴起不仅改变了生产关系，也对法律体系、法律意识形态提出了新的挑战，需要法律与时俱进，以确保社会稳定和公正。[3] 健全的法律法规体系能够为新质生产力的发展提供稳定、可预期的制度环境。通过明确市场准入、知识产权保护、数据安全与隐私权等关键领域的法律规则，可以降低市场不确定性，降低交易成本，鼓励企业进行长期投资和研发。法律的规范作用可以防止市场垄断，维护公平竞争，防止不正当竞争，确保新质生产力的健康发展，从而促进整个经济社会的可持续发展。

同时，在全球化背景下，新质生产力的发展往往跨越国界，涉及国际合作与竞争。完善的法律法规体系能为中国企业在国际竞争中提供有力的法律支撑。例

---

[1] 参见周文、许凌云：《论新质生产力：内涵特征与重要着力点》，载《改革》2023年第10期。
[2] 参见张钦昱：《论新质生产力的法治保障》，载《行政管理改革》2024年第6期。
[3] 参见高超、吴娅：《新质生产力下部门法发展方向与回应》，载《现代交际》2024年第7期。

如，通过接轨国际标准，提高知识产权保护水平，可以吸引更多的外资和技术流入，促进国际技术交流与合作。清晰的法律法规有助于避免国际纠纷，保护中国企业的海外利益，提升其在全球价值链中的地位。在国际贸易和投资谈判中，坚实的法律基础也有助于中国在规则制定中争取更多的话语权，为新质生产力的全球化发展保驾护航。

第一节 制定专门法律法规以满足新质生产力发展需求

大数据、人工智能、生物科技、自动驾驶及机器人技术等领域的发展，不仅极大地提升了生产效率和生活质量，同时也给现有的法律体系带来了前所未有的挑战。这些新兴技术往往超越了传统法律法规的框架，使得法律在应对新质生产力带来的法律挑战时显得滞后和无力。

一、数据治理：隐私与安全的双重考验

自 2023 年以来，以 ChatGPT 和文心一言为代表的语言模型，以及 2024 年的 Sora 等视频生成模型的诞生，意味着生成式人工智能 AIGC 进入新的里程碑时代。[1] 这些创新不仅在技术领域引发了深远影响，更在社会经济各层面引发广泛且深刻的变革。它们预示着新一轮科技浪潮的崛起，昭示我国的数字技术领域即将步入一个崭新的高速发展时代，不断重构人们的认知与期待。

数字技术的快速发展带来一个数字经济的黄金时代。5G、云计算、大数据和人工智能等先进技术的深度融合，正在以前所未有的方式重塑产业结构，推动经济社会的数字化转型。数字经济的崛起，不仅催化了新的商业模式，更在很大程度上颠覆了传统的经济形态，催生了全新的市场动态和规则。

在这一转变中，数据的地位日益凸显，已从单纯的资源演变成一种核心的生产要素。在第四次工业革命的背景下，数据已经成为驱动科技进步和产业创新的关键动力。无论是对于人工智能的训练，还是物联网的应用，数据的重要性不言而喻。随着数据采集、存储和分析技术的不断演进，数据的挖掘和利用方式正在以前所未有的速度改变着市场供需，催生了数据市场的深刻变革，进一步巩固了数据作为新型生产要素的基础地位。但同时也应看到，我国社会数字化转型发展迅速，但是起步较晚。关于数据的生产、流通和存储过程，目前尚未形成一套规范，数据安全和隐私信息保护措施存在不足，这些矛盾阻碍了数据要素助力新质

---

[1] 参见包炜杰、陈晓青：《数据所有权：数字经济时代马克思主义所有制理论的新议题》，载《上海经济研究》2024 年第 9 期。

生产力的发展。[1]

（一）数据隐私与安全的现状分析

在信息时代，大数据已嵌入了人们的日常生活，个体数据的采集、处理与应用已然成为不可或缺的一环。然而，这一进程的快速推进，使得现有的隐私权和数据保护法规陷入了尴尬的境地，它们往往滞后于技术的革新，难以提供充分的防护屏障。

数据的规模之大，复杂性之深，已经超出了传统数据保护机制的应对范畴。传统数据机制主要用于管理有限且结构化的信息，面对目前规模巨大的数据洪流，显得力不从心。大数据的处理技术，如机器学习和人工智能，具有高效和智能的特性，但同时提高了数据的滥用和泄露风险，增加了监管的复杂性。

与此同时，全球化的步伐加剧了跨国数据流动，数据在不同国家之间自由穿梭，使得单一国家的法规难以全面覆盖。跨境数据流动，不仅加大了监管的难度，也使得隐私保护的法律框架变得模糊不清，滋生了数据的非法交易和滥用。

面对数据泄露事件的频繁发生，数据治理变得更具紧迫性。个人信息被非法获取，隐私被侵犯，甚至数据被用于不法活动，这些都对社会秩序和公民权益构成了严重威胁。数据滥用不仅会损害个人隐私权，也会对公平竞争环境产生破坏性影响，因为数据的不正当使用可能形成不公平的竞争优势。

因此，必须重新审视和构建数据保护的法律框架，以适应大数据时代的新挑战。人工智能通过技术发展增强了人们获取和监控数据的能力，对隐私保护构成威胁。[2] 这需要法律制定者、政策制定者和技术开发者共同努力，既要保护个人隐私，又要促进数据的合法、安全和有效利用。需要制定更为精细的法律法规，以规范数据的收集、存储和使用，同时也需要强化对跨境数据流动的监管，确保数据的流动不会削弱隐私保护的力度。

（二）数据保护领域法律法规面临的挑战

当前，我国在数据保护领域已初步建立起以《数据安全法》《网络安全法》等为核心的法律框架。2020年3月30日，《中共中央、国务院关于构建更加完善的要素市场化配置体制机制的意见》发布，其中首次提出"数据要素"概念；2022年12月，《中共中央、国务院关于构建数据基础制度更好发挥数据要素作用的意见》发布，其中提出建立"三权分置"的数据产权制度；2023年12月，由国家数据局等17部门联合发布的《"数据要素×"三年行动计划（2024—2026

---

[1] 参见占智勇、徐政、宁尚通：《数据要素视角下新质生产力创新驱动的理论逻辑与实践路径》，载《新疆社会科学》2024年第3期。

[2] 参见华劼：《人工智能时代的隐私保护——兼论欧盟〈通用数据保护条例〉条款及相关新规》，载《兰州学刊》2023年第6期。

年)》中指出,要充分发挥数据要素的乘数效应。上述政策文件体现出我国对"数据要素"的支持与推进态度。同时,2024 年政府工作报告中提出"大力推进现代化产业体系建设,加快发展新质生产力"。这些都为数据的收集、处理、使用和跨境流动提供了基本的行为规范和法律依据。例如,依据我国《数据安全法》第 32 条[1]规定,当 ChatGPT 等生成式人工智能系统在我国境内进行数据爬取时,务必严格遵循我国关于数据保护的法律条文,旨在确保用户数据的完整性与隐私权益的不可侵犯。[2] 然而,面对大数据与人工智能技术的快速发展,现有法律法规仍存在一些不足和缺陷。

1. 数据确权规则不清晰。数字经济的发展离不开数据要素市场的稳定,而数据要素市场的稳定根植于数据产权的界定。数据要素被认定为数字经济的生产要素,数据要素流动和市场构建成为数字经济时代市场建设的重要战略安排,在对应的制度保障上,对于数据要素所涉相关利益主体之间的确权、赋权等权利义务安排,也成为制度建设的基础环节。[3] 如何构建数据权属制度,保障数据交易流通,实现数据要素市场的最优配置,成为数字经济发展的关键议题。[4] 我国在《民法典》第 127 条、《中共中央、国务院关于构建数据基础制度更好发挥数据要素作用的意见》及相关部门法中,对于数据权属作出了一些原则性规定,但仍缺乏明确的操作指南和实施细则。《民法典》第 127 条规定数据是一种民事权益,并明确了对数据权益的民法保护。但该条并未进一步详细阐述数据权益的具体内容和范围。这导致在实际操作中,对于如何界定和保护数据相关权益缺乏明确的法律依据和指导。《北京市数字经济促进条例》[5]《深圳经济特区数据条例》[6]《上海市数据条例》[7]《重庆市数据条例》[8] 等地方性立法,在数据权利的界定上虽有所尝试,但仍存在一定的局限性,与数据权利保护发展的实践要

---

[1] 《数据安全法》第 32 条规定:"任何组织、个人收集数据,应当采取合法、正当的方式,不得窃取或者以其他非法方式获取数据。法律、行政法规对收集、使用数据的目的、范围有规定的,应当在法律、行政法规规定的目的和范围内收集、使用数据。"

[2] 参见钭晓东:《论生成式人工智能的数据安全风险及回应型治理》,载《东方法学》2023 年第 5 期。

[3] 参见刘晓春:《新质生产力的知识产权司法保障:理念、功能与机制》,载《中国应用法学》2024 年第 4 期。

[4] 参见李森:《数字经济时代企业数据财产权确权研究》,载《江西财经大学学报》2024 年第 5 期。

[5] 2022 年 11 月 25 日北京市第十五届人民代表大会常务委员会第四十五次会议通过,2023 年 1 月 1 日起施行。

[6] 2021 年 6 月 29 日深圳市第七届人民代表大会常务委员会第二次会议通过,2022 年 1 月 1 日起施行。

[7] 2021 年 11 月 25 日上海市第十五届人民代表大会常务委员会第三十七次会议通过,2022 年 1 月 1 日起施行。

[8] 2022 年 3 月 30 日重庆市第五届人民代表大会常务委员会第三十三次会议通过,2022 年 7 月 1 日起施行。

求不相适应。虽然《数据安全法》等已对数据安全与隐私保护提出了总体要求，但在具体执行过程中，缺乏详细的操作指南和配套措施，而且对企业数据的权属与流转规则没有作出明确界定，导致企业在规范遵从过程中面临困惑。同时，中央的政策文件和地方立法均不能替代全国性法律。数据权属立法的缺位造成实践中有关数据主体不明、权利内容不清、权属边界模糊等一系列问题。[1] 数据确权一直是我国开展数据要素市场建设所要解决的重要问题。明确的数据所有权和合理的数权安排是数据流通的基础，有助于促进数据合法有效流动，提高利用效率，发挥数据要素的最大价值。[2]

2. 个人信息保护力度不足。知情同意规则又被称为告知同意规则，最初作为一个伦理问题应用于医疗领域，后来逐渐发展到法律等其他领域，成为个人信息保护的重要基石。[3]《个人信息保护法》的出台和实施，首次在我国法律框架内明确了"知情同意"的基本原则，对不同等级的个人信息，包括"一般信息、敏感信息和特殊信息"，规定了相应的"同意"层级，以强化和保障信息处理活动的合法性、合理性和必要性。作为收集、使用和处理个人信息的重要法律依据，知情同意规则在个人信息保护法律中具有"帝王条款"的意义。[4] 在对用户信息进行处理的过程中，知情规则与同意规则表里相依，知情规则是同意规则的基础，是保障同意规则有效实施的前提。[5] 然而，在实际操作中，知情同意原则的贯彻时常流于形式。尤其是在数字化服务领域，用户常常在未详尽阅读或充分理解详细的隐私政策的情况下，便匆匆对冗长的条款——点选同意，例如，部分条款涉及 SDK、OAID、MAC 地址、SSID 等网络专业术语，普通公众无法知晓其内在含义。对用户作出有效同意起到促进作用的少量条款被冗长繁杂的无关信息所淹没，用户所接收斗量筲计的信息并非意旨其拥有真实可靠的信息源，与此相反，在信息不对称的情况下，用户所掌握的有效信息不足以反映其真实境况，告知原则无法真正落实。[6] 这无疑削弱了知情同意原则的价值——确

---

[1] 参见李淼：《数字经济时代企业数据财产权确权研究》，载《江西财经大学学报》2024年第5期。

[2] 参见端利涛：《数据确权的内在逻辑分析——以数权在场景和流通中的表现为视角》，载《互联网周刊》2024年第18期。

[3] 参见郭旨龙、李文慧：《数字化时代知情同意原则的适用困境与破局思路》，载《法治社会》2021年第1期。

[4] 参见宋辰琦：《知情同意规则在网络个人信息处理中的适用困境及进路》，载《中阿科技论坛（中英文）》2024年第9期。

[5] 参见朱沛智：《论生物识别信息保护中的知情同意原则》，载《西北师大学报（社会科学版）》2023年第5期。

[6] 参见吕炳斌：《个人信息保护的"同意"困境及其出路》，载《法商研究》2021年第2期。

保用户能够自主决定其个人信息的使用和分享。这种形式主义的同意过程，不仅使用户的知情权和选择权流于表面，也使得个人信息的保护力度大打折扣，无法达到法律设定的初衷，更难以在实践中有效地维护个人信息的安全与隐私。

此外，互联网用户的知情同意原则建立在"理性人假设"上，假定用户将基于充分的信息作出明智抉择，仔细研读隐私政策并据此平衡自身利益。"理性人假设"，常被称为"经济人假设"，它预设个体始终秉持理性与自利，以最大效率追求个人目标，行为决策皆以效用最大化为准绳。但很多情况下，用户往往关注即时效益，宁可牺牲长期隐私权益，以换取即时的便利，忽视了个人信息泄露可能导致的长远人格权和财产权风险。用户作出看似矛盾行为的深层次原因在于，通过披露自身隐私而获取的网络服务，从而享受其提供的满足感。用户时常将目光着眼于当下利益的取得而忽视潜在风险。[1] 因此，如何确保"知情同意"原则的实质实施，而非仅仅停留于形式，成了亟待解决的法律执行问题。

3. 数据安全保护存在缺陷。传统数据保护模式在应对数字化时代的挑战时显得力不从心。在"互联网+"背景下，信息承载渠道发生了重大变化。[2] 随着全球化的深入，跨境数据流动日益频繁，在数据日益成为关键生产要素的今天，数据的流动性与价值发掘是其核心特质，数据不再局限于静态存储，而是成为驱动创新和经济增长的动力，尤其在人工智能、大数据分析和物联网等新技术领域，数据的交换和流动已成为价值创造的关键，但当前法律法规对于跨境数据流动的监管规则尚不完善，给企业国际合作带来不确定性。传统的"一刀切"保护模式无法适应这种动态性，因为它忽视了数据的多样性与独特性。这种模式下，所有数据被同等对待，导致在确保信息安全与隐私保护的同时，可能过度限制了数据的流动，限制了数据的潜在价值，也可能因此阻碍了科技创新和社会进步。

关于数据分类分级保护也存在实施困境。在认识到上述问题后，《数据安全法》第21条明确规定"国家建立数据分类分级保护制度"，对数据分类分级作出原则性规定。在中央政策上，"十四五"规划中提出"完善适用于大数据环境下的数据分类分级保护制度"，以期在保护与使用间找到平衡。关于数据分类分级的内容，国内有学者将分类与分级合并探讨。[3] 虽然二者之间联系紧密，但

---

[1] 参见王俐智：《隐私政策"知情同意困境"的反思与出路》，载《法制与社会发展》2023年第2期。

[2] 参见鲍静、张勇进：《政府部门数据治理：一个亟需回应的基本问题》，载《中国行政管理》2017年第4期。

[3] 参见完颜邓邓、陶成煦：《国外政府数据分类分级授权协议及对我国的建议》，载《图书情报工作》2021年第3期。

是仍存在显著差异。分类与分级在语义与内涵上存在差异,前者强调将数据分门别类,后者则是将数据分成层次有序的保护级别。[1] 分类分级理念在方法论上是合理的,但具体实施起来却困难重重。目前,我国相关法律法规对数据分类分级保护的具体指导标准和实施步骤并未给出清晰的界定,使得各行业、各部门在实践中的理解和执行标准不一。这种碎片化的保护策略不仅降低了数据流动的效率,也增加了数据安全风险,因为数据在不同系统间难以无缝对接,使得整体数据保护环境的连贯性和一致性大打折扣。

同时,数据分类分级保护的执行还面临着内在和外在的挑战。在没有统一标准的环境中,企业和组织可能会根据自身成本和效益的考量,自由选择数据的保护级别,这可能导致分类分级的主观性。在缺乏外部监管的情况下,为降低运营成本,某些组织可能倾向于选择较低的保护等级,这种行为虽能短期减少规范遵从的压力,却可能加剧数据泄露的隐患,对个人隐私构成潜在威胁,甚至在严重情况下可能危害到国家的数据安全。因此,我们需要建立一个公平、透明且具有可操作性的数据分类分级标准,以降低这种负面的外部性,确保数据安全与合理使用并行不悖。

简言之,面对数据保护的双重困境,需要在立法和实践中找到更具前瞻性和可操作性的解决方案,以适应和引导数据经济的快速发展,同时平衡数据的保护与流通,防止因保护措施的不足或过度而引发潜在风险。

(三) 完善数据治理法律法规的路径

数据安全和隐私保护不彻底,缺乏有效的数据保护机制和隐私规范,阻碍企业、研究机构和个人创新活动的展开,数据泄露事件频发和隐私侵犯案例的曝光可能导致消费者信任度的下降。[2] 完善数据治理,明确数据收集、处理、使用的规则和标准,是保护个人隐私权、维护数据安全的必然要求,可以为企业合法规范地使用数据提供清晰指引,降低企业遵从规范的成本,促进数据要素市场的健康发展。

1. 细化法律法规条款。新质生产力是智能时代的生产力,随着信息技术、人工智能、量子技术等战略性新兴产业和未来产业的发展,数字化场域成为新型生产领域,数据成为重要的新型生产要素。相比其他生产资料显著的排他性,数据的公共性则更为明显,因此在生产资料所有制方面,数据这一新型生产资料的确权成为塑造新型生产关系的重要内容。马克思、恩格斯在《共产党宣言》中

---

[1] 参见陈兵、郭光坤:《数据分类分级制度的定位与定则——以〈数据安全法〉为中心的展开》,载《中国特色社会主义研究》2022年第3期。

[2] 参见张夏恒:《ChatGPT的政治社会动能、风险及防范》,载《深圳大学学报(人文社会科学版)》2023年第3期。

强调，"所有制问题是运动的基本问题"。[1]《中共中央、国务院关于构建数据基础制度更好发挥数据要素作用的意见》，强调"推动数据产权结构性分置和有序流通"。可见，数据确权与数字利益分配已经成为亟需研究的重大现实理论问题。[2]

应建构数据产权制度，推动数据产权结构性分置。数据作为新质生产力的新型生产要素，已经融入生产、分配、流通、消费各环节，建立数据产权制度势在必行。作为一种具有非独占性和非排他性特征的"物"，数据产权的建构应摒弃单纯的所有权思维，实现持有权、加工权、经营权的合理配置，从而促进数据的有序流动，激发数据要素的活力。[3] 因此，针对现有法律法规对数据确权不明及细化程度不足问题，应进一步制定实施细则或配套措施，明确数据收集、处理、使用的具体操作流程和法律责任。加强对企业的指导和服务，帮助企业更好地理解和执行相关法律法规。此外，针对数据分类分级制度缺乏具有统一性和强制性的判定标准和方法的问题，应建立具有统一性和强制性的数据分类分级制度，从法律层面统一"重要数据""关键信息"的认定标准和识别因素。[4]

2. 完善跨境数据流动监管规则。应明确统筹协调境内外数据治理活动的跨境数据监管行政执法主体，推动多元主体协同共治。应抓住国家数据局成立的关键契机，从多方位着手提升跨境数据监管水平，构建数据安全领域的"跨部门会商工作机制"和国家数据安全的"协同联动机制"。将构建"宏观发展—安全监管—具体领域"[5]的三元协同治理格局作为促进跨境数据流动的核心任务，通过整合国家网信、安全、公安等部门，以及行业协会、教育科研机构和专业机构等多方面资源，共同参与跨境数据流动安全治理与风险控制，此外，也可以考虑适当授权网络空间安全协会等行业组织承担一定的跨境数据流动安全风险审查职责。[6] 针对跨境数据流动监管规则不明确的问题，建议制定专门的跨境数据流动管理办法或指导意见，明确跨境数据流动的条件、程序、监管机构和法律责任等。针对当前部分企业违法成本过低的问题，建议加大对违法行为的处罚力度，

---

[1] 中共中央马克思恩格斯列宁斯大林著作编译局编译：《马克思恩格斯选集》（第一卷），人民出版社 2012 年版，第 435 页。

[2] 参见包炜杰、陈晓青：《数据所有权：数字经济时代马克思主义所有制理论的新议题》，载《上海经济研究》2024 年第 9 期。

[3] 参见刘文祥：《塑造与新质生产力相适应的新型生产关系》，载《思想理论教育》2024 年第 5 期。

[4] 参见姚瑶：《我国跨境数据流动治理法律问题研究》，大连海洋大学 2024 年硕士学位论文。

[5] 参见李爱君：《组建国家数据局释放哪些关键信号》，载《人民论坛》2023 年第 9 期。

[6] 参见徐瑛晗、纪孟汝：《"三同时"制度：个人数据跨境流动风险监管之创新》，载《情报杂志》2022 年第 7 期。

提高违法成本。建立健全投诉举报和维权机制，鼓励社会公众积极参与数据保护和维权活动。应当在现有数据处理者的"告知-说明"义务框架之下，对数据贫困主体的个人信息权利予以倾斜性保护。[1]

此外，优化我国网信部门的职责与权限分配，完善机构内部上下联动的层级互动。[2] 针对数据出境的监管事务，当前机制主要由省级以上网信部门执行，地市级部门在权限上存在一定局限，难以对基层的数据跨境治理需求作出充分响应。为应对不断增长的基层个人数据跨境治理挑战，建议根据数据的敏感度、重要性和数量，在保障效能与效率的前提下，酌情扩大地市级网信部门的监管职能，赋予其进行初步形式审查的权力，以判断数据出境的合法性和潜在风险。根据数据特性及出境事务本质，可先期制定适宜的监管策略，并将评估结果上报上层监管机构以进行深度审批和决策。

二、自动驾驶与机器人技术：法律责任归属的模糊地带

随着科技的飞速进步，自动驾驶与机器人技术已经从科幻概念逐渐变为现实。无人驾驶汽车、无人机、服务机器人以及工业自动化设备等，正在逐步渗透到人们的日常生活和工作中。这些技术的发展，不仅极大地提升了生产效率，也为人类的生活带来了前所未有的便利。例如，自动驾驶车辆可以减少交通拥堵和人为驾驶错误，服务机器人则在医疗、教育等领域发挥着重要作用。

然而，随着这些先进技术的广泛应用，一个新的问题日益凸显——当这些系统出现问题导致损害时，法律责任应如何归属？自动驾驶汽车发生事故时，是制造商、软件开发者、车主，还是保险公司承担责任？机器人在执行任务时造成损失，是设计者、制造商，还是使用者应负责任？这些复杂的问题挑战了现有的法律框架，因为现有的法律往往假设人是行为的主体，而无法直接适用于无生命的智能系统。

例如，2018年3月18日夜间，优步公司一辆配备自动驾驶功能的沃尔沃XC90汽车在亚利桑那州坦佩市测试时发生交通事故，导致一名49岁女性行人死亡。当地警方表示，车祸发生时，涉事车辆正处于自动驾驶模式，车内配有一名安全操作员。该事故引发了全球对自动驾驶安全性的讨论。法院最终认定，优步在此次事故中不承担刑事责任，理由是车辆在事故发生时由安全驾驶员监控，尽管其未能及时接管控制。此案涉及在自动驾驶中，人与机器的责任界定问题，以及在技术不完善时，监管者、制造商和操作者的责任分配。

---

〔1〕参见李蕊、巩逸凡：《以法治力量推动粮食产业新质生产力发展》，载《农村工作通讯》2024年第12期。

〔2〕参见姚瑶：《我国跨境数据流动治理法律问题研究》，大连海洋大学2024年硕士学位论文。

(一) 自动驾驶汽车的责任困境

自动驾驶汽车亦即无人驾驶汽车，也称智能汽车，它主要是依靠人工智能、视觉计算、雷达、监控装置和全球定位系统协同合作，让电脑可以在没有任何人类主动操作的情况下，自动安全地驾驶机动车辆。[1] 然而，自动驾驶技术的快速商业化应用也带来了一系列法律规制方面的难题，特别是在自动驾驶车辆交通肇事时该如何规制，对各国来说都是无法绕过的重要理论课题和现实问题。[2] 责任的归属问题尤为复杂。传统的汽车事故责任划分，主要基于驾驶员的过失或疏忽，但在自动驾驶模式下，驾驶员的角色被大幅弱化，甚至在某些情况下完全由车辆系统控制。"无人驾驶技术（汽车）是当前最成熟的应用领域。这对传统交通事故犯罪的影响有：'人'已不实质参与驾驶行为，'人'作为驾驶主体虚化。"[3]

1. 制造商责任。有观点认为，自动驾驶汽车的制造商应承担主要责任。"无人驾驶汽车碾压了行人：如此描述的过程似乎指向智能代理自身的行为，只要它独立于人的实际操控，其行动是依照预先编制的——具有前面介绍的那种学习能力的——程序。"[4] 毕竟，车辆的设计、编程与测试均由其完成，任何因技术缺陷导致的事故，理论上都应归咎于制造商。但这也带来了新的问题：如何界定技术缺陷与意外事件的界限？制造商是否应对所有使用场景下的潜在风险负责？

2. 车主或使用者责任。有观点主张车主或使用者也应承担一定责任。虽然自动驾驶模式下驾驶员的参与度降低，但车主仍有义务确保车辆处于良好状态，遵守交通规则，并在必要时接管车辆控制权。因此，对于因车主疏忽（如未及时更新软件、未遵守使用说明）导致的事故，车主应承担责任。只有在无人驾驶汽车的使用者没有违反相关操作规范，而仅因汽车或者软件出错导致事故的情形下，汽车制造商、软件提供商才有成立交通肇事罪的空间。[5]

3. 第三方责任。第三方因素如黑客攻击、道路基础设施故障等，也可能直接导致自动驾驶汽车失控，造成事故。在此情况下，责任归属更加复杂，可能涉及多个主体，包括黑客、道路维护部门等。

由此可见，在自动驾驶技术的快速发展中，法律和伦理问题日益凸显，构成了对现有法规和理论的严峻挑战。

---

〔1〕参见张鸿涛等编著：《物联网关键技术及系统应用》，机械工业出版社2017年版，第236页。

〔2〕参见姚万勤：《客观归责理论与自动驾驶交通肇事刑事责任的归属》，载《大连理工大学学报（社会科学版）》2023年第6期。

〔3〕孙道萃：《人工智能对传统刑法的挑战》，载《检察日报》2017年10月22日，第3版。

〔4〕陈泽宪主编：《刑事法前沿》（第十卷），社会科学文献出版社2017年版，第222页。

〔5〕参见李振林：《人工智能刑事立法图景》，载《华南师范大学学报（社会科学版）》2018年第6期。

首先，责任界定的模糊性是一个核心问题。在自动驾驶事故中，人类驾驶员、系统设计者、制造商之间责任的划分并非易事。需要深入探讨的是，当自动驾驶系统在"自动"模式下发生事故，是应归咎于软件的缺陷、硬件的故障，还是驾驶员的不当操作？进一步讲，如何划定系统故障与人为错误的界限，这不仅涉及技术标准的设定，也牵涉法律的解释和适用。传统的法律责任归责原则，如过错责任、严格责任或无过错责任，在面对自动驾驶技术时面临挑战。在过错责任原则下，需要证明责任方的过失，但在自动化系统中，错误可能源于算法的缺陷、数据的不准确或是无法预见的外部因素，这使得过错的判断变得复杂。严格责任原则可能将责任过于简单地归于技术提供者，而忽视了用户或环境因素的影响。无过错责任原则则可能导致过度赔偿，对技术发展形成抑制。此外，人工智能是否具备犯罪主体资格也有待商榷。有学者认为人工智能不仅没有具备人类所具有的认识能力和意志能力，而且对其判处刑罚也不能实现一般预防以及特殊预防的效果。[1] 有学者认为具有法律主体资格的通常是人，法律意义上的人包括自然人与法人，他们都具有权利能力和行为能力；属于法律客体的通常为物，包括有形物与无形物，泛指除人以外的没有思想、精神的物。[2] 此外，如果将人工智能拟制为具有法律主体资格，必须明确人工智能故意或过失的过错行为是否根据其自身意志完成，而且这一意志具有道德上的可谴责性，但并非所有人工智能都具备自身意志。[3] 也有学者认为，当人工智能发展为强人工智能或超人工智能后，不排除其在满足法律规定的实体和程序要件时，成为法律认可的民事主体。[4]

其次，数据隐私问题同样至关重要。自动驾驶车辆为了实现其功能，会收集大量的驾驶数据，包括行车路线、驾驶习惯、乘客信息等。随之而来的问题不仅涉及用户隐私权的保护，还关系到数据安全和防止数据滥用的问题。法律应当设定明确的规则，确保数据的合法收集、使用和存储，同时防范数据泄露或被用于不正当目的。

再次，伦理问题在自动驾驶领域中尤为敏感。在无法避免的事故情境中，如两车相撞或行人与车辆碰撞，自动驾驶系统如何遵循"最小损害原则"进行决策？这涉及生命价值的量化，以及机器是否应该被赋予判断生死权力的问题。法

---

[1] 参见姚万勤：《对通过新增罪名应对人工智能风险的质疑》，载《当代法学》2019年第3期。

[2] 参见邵国松、黄琪：《人工智能中的隐私保护问题》，载《现代传播（中国传媒大学学报）》2017年第12期。

[3] 参见付其运：《人工智能非主体性前提下侵权责任承担机制研究》，载《法学杂志》2021年第4期。

[4] 参见刘小璇、张虎：《论人工智能的侵权责任》，载《南京社会科学》2018年第9期。

律应当设定一定的框架，指导和约束自动驾驶系统的决策算法。

最后，保险和赔偿机制的改革也是亟待解决的问题。传统的汽车保险模式是基于驾驶员的责任，但在自动驾驶时代，这一模式可能不再适用。如何构建新的保险框架，以涵盖自动驾驶车辆可能引发的各种损失，同时公平地分配风险和责任，是法律界需要面对的新课题。这需要平衡制造商、保险公司、车主和受害者的权益，确保在事故发生后，赔偿机制能有效运行，提供必要的经济保障。

综上，自动驾驶技术的法律挑战涉及责任界定、数据隐私、伦理决策和保险赔偿等多个层面，需要法学界与科技界共同探讨，以期构建出一套适应新技术发展的法律体系。

4. 有关自动驾驶法律法规的完善。

首先，在面对自动驾驶技术带来的法律责任模糊地带时，首要的解决方案是完善相关法律法规体系。立法机关应制定专门针对这些先进技术的法规，明确技术的法律地位，规定在何种情况下，技术开发者、制造商、运营商或用户应承担何种责任。例如，可以设定特定的过错责任标准，区分不同的自动驾驶等级，对不同程度的自动化设定不同的责任分配。法规应考虑技术的快速发展，保持一定的前瞻性，预留足够的法律空间以适应未来可能出现的新情况。

其次，加强技术监管与标准制定。监管机构应强化对自动驾驶技术的监管，确保其安全性和规范性。这包括建立严格的技术测试标准，对自动驾驶车辆进行多场景、多环境的模拟测试，确保其在各种条件下都能稳定运行。应制定统一的技术标准，如数据安全、隐私保护、系统可靠性和故障应对机制等，以降低潜在风险。定期的安全评估和透明的报告制度也是监管的重要组成部分。

最后，提高公众法律意识与风险意识。公众对新技术的理解和接受程度直接影响其广泛应用。教育和宣传活动应普及自动驾驶技术的法律知识，使公众了解在使用这些技术时可能面临的法律责任。强调风险意识，让公众认识到即使技术先进，也并非万无一失，需要在享受便利的同时遵守相关法律法规，承担起个人责任。学校和社区应开展相关教育，让不同受众群体具备相关知识和意识。

（二）机器人技术的法律责任归属

随着人工智能时代的到来，机器人在人类社会中扮演着越来越重要的角色。[1]与自动驾驶汽车相似，机器人技术在医疗、工业、服务业等领域的广泛应用，也带来了法律责任归属方面的新挑战。机器人作为执行特定任务的智能体，其行为后果的责任归属同样存在争议。机器人可能会在很多应用场景下形成

---

[1] 参见王华伟：《论人形机器人治理中的刑法归责》，载《东方法学》2024年第3期。

损害后果，同时它又前所未有地带给人以某种社会主体的形象。[1]

1. 设计者与制造商责任。机器人的设计者和制造商对其产品的安全性负有首要责任。任何因设计缺陷、制造瑕疵或软件漏洞导致的事故，都应由相关责任方承担。但同样，如何界定"合理预见"的风险范围，是这一领域的一个关键问题。

2. 使用者责任。在使用机器人的过程中，使用者往往需要进行一定程度的操作或监控。因此，使用者是否按照说明书正确使用机器人，是否尽到了合理的注意义务，也是判断责任归属的重要因素。例如，在医疗领域，医生在使用手术机器人时应确保操作规范，避免因人为失误导致患者受伤。

3. 机器人损害责任的归责原则。在法律体系中，损害责任通常遵循过失责任、严格责任或产品责任原则。对于机器人损害责任，由于其技术特性，可能需要重新审视这些原则。过失责任通常需要证明行为人有过失行为，但在高度自主的机器人中，过失可能难以归因于特定个体。严格责任则可能更适用于机器人，因为它强调只要损害发生，无论是否存在过失，都应承担责任。产品责任则可能适用于机器人制造商，要求他们对产品设计和制造的缺陷负责。当前关于机器人技术的法律法规尚不完善，监管体系也存在滞后现象。这导致在出现新问题时，往往缺乏明确的法律依据和指导原则。因此，加强相关领域的立法与监管，是解决机器人技术法律责任归属问题的关键所在。

4. 机器人法律责任的实现路径。搭建机器人法律责任的架构是一项复杂的系统工程，它需要对法条的严密构建、对技术创新的全面考虑以及对伦理的深度探讨。

首先，相关法律法规须对机器人的法律地位进行清晰界定。在法律层面上，应制定详尽的法律法规，明确规定在何种类型的行为或事故中，机器人及其制造商、使用者应承担何种法律责任。同时，应设立一套公平的责任分配机制，以平衡各方利益，避免法律责任的过度集中或分散。展望未来，法律必须关注人工智能与机器人技术的迅猛进步。为应对可能产生的法律责任分散问题，应前瞻性地探讨赋予智能机器人潜在的独立法律责任主体地位。[2] 为应对这一挑战，理论构建的策略至关重要，例如，重新审视刑法理论基础，包括自由意志、人格特征、责任归属及刑罚原理等核心概念的定义。

其次，设定更为完善的技术标准。这包括强制性的安全设计规范，例如，机

---

[1] See Ryan Calo, "Robotics and the Lessons of Cyberlaw", *California Law Review*, Vol. 103, 2015, p. 515.

[2] 参见孙道萃：《人工智能犯罪的知识解构与刑法应对》，载《青少年犯罪问题》2023 年第 2 期。

器人应具备自我诊断和故障预防能力，以降低潜在的损害风险。此外，应推广使用先进的安全认证机制，如区块链技术，用于记录和追踪机器人的操作历史，以便在事故发生后进行责任追溯。同时，应强化网络安全措施，防止机器人被恶意操控导致损害的发生。

再次，完善保险机制，进行风险缓冲。政府和业界应考虑引入专门针对机器人损害的保险制度，通过市场机制分散风险。这种保险不仅应覆盖物质损害，还应包括可能的心理伤害和隐私侵犯等非物质损害。保险公司应在风险评估、损失赔偿和预防措施上发挥积极作用，推动机器人行业的健康发展。

最后，加强公众教育和伦理规范的建立。教育公众理解和接受机器人法律责任的概念，增强他们的法律意识和安全意识，对相关工作人员进行必要的培训，是防止机器人事故发生的有效手段。同时，应建立一套机器人伦理规范，明确机器人在社会生活中的行为边界，防止技术滥用。在机器伦理学领域，核心议题之一聚焦于如何将伦理规范嵌入人工智能的设计中，以确保其行为符合人类的道德标准。这包括构建能依据预设道德准则和行为指南进行决策的机器，从而使人工智能的行为和选择能遵循这些原则的指导，进而为其决策过程注入伦理维度。[1]这包括尊重人的隐私、避免不公正的偏见、保护弱势群体权益等原则。

此外，国际的法律协调和合作也至关重要。随着机器人技术的全球普及，各国需共同解决法律责任划定的问题，制定统一的国际标准和法律框架，以确保全球范围内的公平性和一致性。

总之，构建机器人法律责任体系是一个多维度、多层次的工程，需要法律、技术、伦理、保险和公众教育等多方面的紧密协作，从而有效应对由此产生的法律和伦理问题，确保社会的和谐与安全。

第二节 完善现有法律体系以兼容新质生产力

现有的法律体系往往是在传统经济模式下建立的，侧重于保护和规制传统的生产关系和市场行为。然而，新质生产力的发展带来了许多前所未有的法律问题。例如，数据所有权和隐私保护在大数据时代变得至关重要，但现有法律可能并未充分考虑这些新兴领域的需求；共享经济的兴起挑战了传统的劳动法和社会保障体系；区块链技术的匿名性和跨境性对现有的金融监管框架构成挑战。这些新情况使得现有法律体系在应对新质生产力带来的变革时显得力不从心，有时甚

---

[1] 参见马玉杰：《人工智能"符合伦理设计"的逻辑基础研究》，苏州大学2021年硕士学位论文。

至成为创新发展的障碍。

面对新质生产力的快速发展，强化法律体系的兼容性显得尤为迫切。法律的滞后性可能导致法律真空，使得新的经济活动缺乏有效的规范和保护。不适应的法律环境可能抑制创新，阻碍生产力的进步。法律的不兼容可能加剧社会不平等，因为新的生产方式可能会导致财富分配的结构性变化。因此，构建一个能够适应并促进新质生产力发展的法律体系，对于维护市场秩序、保障公平竞争、保护消费者权益、促进社会和谐具有重要意义。这需要对现有法律进行适时的修订和完善，以确保其与新质生产力的动态匹配。

一、新质生产力对现有法律体系的影响评估

新质生产力的崛起正以前所未有的速度重塑着全球经济格局与社会结构，不仅推动了生产力的飞跃，也对既有的法律体系提出了严峻挑战。新质生产力发展对隐私与数据保护、知识产权、劳动关系、环境法规及行业监管等法律领域产生了重要影响。

（一）新质生产力对现有法律体系的影响

随着大数据、云计算、人工智能等技术的广泛应用，数字化生产过程中的数据流动日益频繁，个人隐私与数据安全的法律边界变得模糊不清。企业为追求商业利益，往往会在数据收集、处理、利用等环节上打"擦边球"，侵犯用户隐私权的现象时有发生。跨境数据传输的复杂性也增加了隐私保护的难度；新技术的快速迭代使得知识产权的保护面临前所未有的挑战。传统的知识产权保护框架难以适应新技术的特性，如区块链技术的去中心化特性对传统版权登记制度构成了挑战；新技术的快速迭代缩短了知识产权的生命周期，增加了保护难度；自动化技术的广泛应用可能导致就业结构发生深刻变化，传统劳动岗位被替代，新兴职业不断涌现。这一变化要求法律对劳动权益和失业保障进行重新定义，以适应新的就业形态；绿色生产对环境保护提出了更高要求，但现有环境法规往往滞后于技术发展的步伐，难以有效应对新质生产力带来的环境风险；跨界创新带来的新产业不断涌现，这些新产业往往具有跨行业、跨领域的特点，给传统监管模式带来了巨大挑战。

基于此，需要明确法律体系的不足，为后续的法规修订提供依据，确保法律能够有效地促进和规范新质生产力的发展。同时考虑法律的适应性、公平性和前瞻性，以确保法律体系能够有效应对新质生产力带来的变化。

（二）现有法律体系对新质生产力的适应性

我国的法律体系，以宪法为最高法律，涵盖民法、商法、行政法、刑法、诉讼法等多个领域，旨在维护社会秩序、保障公民权利、促进经济发展。在新质生产力的背景下，数字化、人工智能、生物科技等新兴领域的发展，对法律体系提出了新的要求，法律的滞后性问题逐渐显现，需要对现有的法律体系进行深入分析，以判断其对新质生产力的适应性。

1. 数字经济领域。在数字经济领域，现行的《电子商务法》为规范网络交易行为、保护消费者权益以及维护数据安全和隐私权提供了基础性的法律保障。然而，随着技术的飞速进步，这些法律条款的局限性日益显现，特别是在面对数据跨境流动、数据安全及用户隐私权保护等复杂问题时，显得力不从心。数据的跨境流动问题也随之浮出水面，如何在保障国际交流与合作的同时，防止数据滥用和侵犯国家主权，是法律亟待解决的新课题。现有的法律体系需要对此进行深度细化，明确数据的跨境传输规则，设定合理的监管机制，以防止数据泄露和滥用。与此同时，云计算的普及使得数据存储和处理更为便捷，但也带来了新的安全挑战。数据安全问题不仅是用户个体的隐私保护，还涉及国家安全和社会稳定。因此，法律需要完善对云计算服务提供商的数据安全责任规定，设定严格的数据保护标准，并设定有效的数据泄露应对机制，以确保数据的完整性和保密性。用户隐私权的保护在数字化背景下显得尤为重要。在大数据和云计算的运用中，个人数据往往被大量收集和分析，如何在保护公众利益与企业创新之间找到平衡，是法律需要精细考量的问题。应当细化相关法规，明确规定数据收集、使用和分享的界限，强化用户知情权和选择权，建立有效的数据主体权利行使机制，确保用户对其个人信息的控制。

综上，面对数字经济的快速发展，需对现有的《电子商务法》进行适时修订和完善，以适应数据作为新生产力要素的新特性，既要鼓励科技创新，又要保障公共利益，尤其是在数据跨境流动、数据安全和用户隐私权保护等方面，法律应当发挥更为积极的引导和规范作用。

2. 生物科技领域。生物科技，特别是基因编辑技术的突飞猛进，已然对全球的生物安全格局、伦理道德规范以及公民的健康权等领域产生了深远且复杂的挑战。这种技术的运用，无论是对人类基因的修改，还是对动植物基因的改良，都在一定程度上撼动了传统的生命科学认知，并在法律的边缘地带引发了诸多争议。

《中华人民共和国生物安全法》[1]等现行法律，无疑为基因编辑的科学研究和应用提供了基本的法律指引，规定了生物技术的基本操作规范，明确了生物安全的基本原则，也为基因编辑可能带来的环境和健康风险设立了预防性屏障。然而，面对基因编辑这一前沿科技的快速发展，现有的法律框架在具体实践中的

---

[1] 第十三届全国人民代表大会常务委员会第二十二次会议于2020年10月17日通过，2024年4月26日经第十四届全国人民代表大会常务委员会第九次会议修正。

适用性和针对性仍显不足。

首先，基因编辑的监管机制亟待强化。现有的法律往往对传统的生物技术有所规范，但对于基因编辑这一新兴领域，其操作的复杂性和潜在影响的不确定性，使得现有的监管手段显得力不从心。因此，需要建立一套更为精细且灵活的监管体系，以适应基因编辑技术的动态发展，确保其在科学、安全、道德的边界内运行。

其次，责任界定的模糊性是另一个亟待解决的问题。在基因编辑过程中，一旦发生意外或不良后果，如基因泄露、基因歧视或未知的长期健康影响，现行法律往往无法清晰地界定责任归属。这既可能影响到受害者的权益保障，也可能抑制科研人员的创新动力。因此，需要明确基因编辑过程中的法律责任，构建一套公平、公正的赔偿机制，以防止法律风险对科技进步的抑制。

最后，公民健康权的保护也需要进一步强化。基因编辑技术可能带来的遗传性改变，可能影响到个体和后代的健康，这无疑对公民的健康权构成了新的挑战。因此，需要在法律中明确规定，基因编辑技术的应用必须以保护公民健康权为首要原则，确保公民在享受科技进步带来的福利的同时，其基本的健康权益不受侵犯。

生物科技的进步带来了巨大的机遇，但也带来了前所未有的法律挑战。面对基因编辑技术，需要在法律层面进行深度反思和创新，以适应科技发展的步伐，确保生物安全、伦理道德和公民健康权的和谐共存。这不仅需要完善现有的法规，更需要构建一种前瞻性的法律思维，以应对未来可能出现的新问题和新挑战。

3. 人工智能领域。在人工智能科技领域，法律体系的建设显得尤为重要，尤其是在《民法典》的框架下，对智能机器人的规范虽已有所规定，但面对日新月异的人工智能技术，法律的滞后性凸显。对于人工智能的法律责任、数据所有权以及算法透明度等核心问题，现行法律并未提供充分且明确的指引，这在自动驾驶、人工智能决策等诸多前沿应用中，形成了法律的灰色地带。

前已述及，在自动驾驶的场景下，当人工智能系统在驾驶过程中出现事故，责任归属问题亟待法律明确。现有的交通法规大多基于人类驾驶员进行责任界定，而对于无意识、无意志的人工智能，如何划分其在事故中的责任，法律尚无定论。这不仅困扰着事故处理，也影响了自动驾驶技术的商业化进程。

再者，数据所有权的归属不明。随着大数据和人工智能的深度融合，数据已经成为人工智能发展的关键资源。然而，在个人数据的收集、使用和处理过程中，权利边界模糊，数据所有权的法律界定亟待明确。如何在保障个人隐私权的同时，促进数据的合法、有效利用，是法律需要解决的重要课题。

此外，算法透明度是人工智能公平性、可信赖性的基础。然而，当前的法律并未要求人工智能系统公开其决策过程，导致"暗箱操作"现象普遍，可能引发公众对人工智能决策公正性的质疑。因此，透明度原则的法律化，对于防止算法歧视、保护消费者权益具有重大意义。

面对这些挑战，法律的跟进显得尤为紧迫。需要构建适应人工智能发展的新型法律体系，明确人工智能的法律责任，界定数据所有权，强化算法透明度的要求，以填补法律真空，为人工智能的健康发展提供坚实的法律保障。这不仅要求立法者对科技有深入理解，也要求法律与科技之间形成有效的互动，以确保法律的前瞻性和适应性，从而在保障社会公平正义的同时，推动科技的创新和应用。

综上，现有的法律体系在应对新质生产力方面表现出一定的局限性，需要通过修订和完善法律，以更好地适应科技革命带来的变化，为新质生产力的健康发展提供坚实的法律保障。

二、修订调整相关法律法规以消除冲突和不适配

（一）关键领域法律法规修订建议

面对新质生产力的持续演进与挑战，法律法规的适时修订显得尤为重要，它不仅是法律体系适应社会经济发展的必要手段，更是保障社会公正、秩序稳定的基石。特别是在科技创新、数据安全、环境保护以及劳动关系等关键领域，法规的更新与完善具有深远的现实意义。

要科学编制新质生产力立法规划。法治的核心功能之一就是为经济发展提供稳定、可预期的制度保障，让市场主体敢创新、勤创新、乐创新。立法规划是立法工作的"任务表"。要深入贯彻习近平法治思想，坚持急用先行、着眼长远谋划的原则，将党中央明确的新质生产力立法、修法项目列入立法规划，并加以重点推进，确保立法工作安排的"最后一公里"，与党中央决策部署对标对表。党的二十届三中全会《中共中央关于进一步全面深化改革 推进中国式现代化的决定》中指出："统筹立改废释纂，加强重点领域、新兴领域、涉外领域立法。"应充分发挥法治的引领、规范、保障作用，围绕加强重点领域、新兴领域立法，通过科学立法、民主立法、依法立法，在法治轨道上提供制度供给。[1]

首先，科技创新领域的法规修订，应当着眼于知识产权法的现代化。要着眼长远，加强前瞻性、引领性的立法项目研究储备，凝聚立法合力，推动立法工作高质量发展。[2] 习近平总书记强调："全面建设社会主义现代化国家，必须从国

---

[1] 参见尹栋、吴萌、王晓丹：《以法治保障引领发展新质生产力》，载《黑龙江日报》2024年5月1日，第3版。

[2] 参见黄海华、袁先鹏：《精心编制十四届全国人大常委会立法规划》，载《中国法治》2024年第8期。

家战略高度和进入新发展阶段要求出发，全面加强知识产权保护工作，促进建设现代化经济体系，激发全社会创新活力，推动构建新发展格局。"[1] 顺应科技创新发展趋势，应加快大数据、云计算、人工智能等新领域、新业态知识产权立法，及时修订完善专利法、商标法、著作权法以及商业秘密保护、植物新品种保护、集成电路布图设计等方面的专项立法，激发相关新领域新业态创新创造活力。[2] 完善知识产权保护法律体系与执法体制，加强关键核心技术、新兴产业领域知识产权法治保障，是培育和发展新质生产力的必然要求。应完善知识产权保护法律体系与执法体制。加强知识产权法典化研究，完善企业技术秘密保护的法律法规，加强对新技术、新业态的保护，细化技术秘密内涵边界、审理程序、举证规则等。[3] 在数字化时代，著作权保护的边界已经超越了传统媒介，涵盖了数字内容、软件代码乃至虚拟现实等新兴领域。因此，法律应当明确数字版权的定义，规定适应新技术特点的侵权判定标准，强化版权的注册、交易与保护机制，以此激发创新活力，同时保障创作者的合法权益。目前，已有部分地方人大及其常委会围绕加快发展新质生产力这一主题，统筹谋划有关立法项目。例如，安徽省人大常委会立足人大职能，不断完善加快发展新质生产力法治保障体系，为增强发展新动能提供有力制度支撑，制定《安徽省创新型省份建设促进条例》，修改《安徽省科学技术进步条例》《安徽省促进科技成果转化条例》，制定《安徽省科学技术普及条例》《安徽省社会科学普及条例》，协同提升劳动者科学技术素养，增强自主创新能力，促进科技成果向现实生产力转化，促进科学技术全面进步。在制定全国首部促进战略性新兴产业集聚发展条例时，省人大常委会将党中央有关战略性新兴产业发展的政策举措制度化、法治化，确保在安徽落地生根，同时将省委一系列决策部署的重要内容上升为地方性法规规范，保证重大改革于法有据。[4] 近年来，赣州市深入贯彻落实习近平总书记考察江西重要讲话精神，深入实施科技创新赋能行动，加快发展新质生产力，科技创新工作取得较好成效。为将一些好的经验上升为法规，长效推进科技创新促进工作，《赣州市科技创新促进条例》经赣州市第六届人大常委会第二十一次会议于2023年12月15日通过，江西省第十四届人大常委会第七次会议于2024年3月26日批准，

---

[1] 中央全面依法治国委员会办公室：《中国共产党百年法治大事记（1921年7月—2021年7月）》，人民出版社、法律出版社2022年版，第323～324页。

[2] 参见周佑勇：《以高水平法治助力新质生产力发展》，载《浙江人大》2024年第6期。

[3] 参见马一德、韩天舒：《对标新质生产力要求 完善知识产权治理体系》，载《前线》2024年第5期。

[4] 参见范孝东：《不断完善发展新质生产力法治保障体系》，载《安徽日报》2024年4月25日，第6版。

并于2024年5月1日起施行。[1]

其次，数据安全法规的完善，核心在于强化个人信息保护。随着大数据、人工智能等技术的发展，个人信息的收集、处理和利用日益频繁，法律应当明确个人信息的权属，设立严格的数据安全标准，完善数据泄露的法律责任，同时，建立有效的数据跨境流动监管机制，确保在合法、安全、有效使用数据的同时，尊重和保护个人隐私权。

再次，环保法规的修订，应当鼓励绿色技术的发展，约束传统污染产业。法律应设立激励机制，如税收优惠、补贴等，以推动清洁能源、环保技术的研发与应用。同时，强化对高污染、高能耗产业的监管，通过设定严格的排放标准和环保责任，引导企业向绿色、可持续的生产方式转型。

最后，劳动关系法规的更新，需要关注灵活就业和远程工作的法律地位。在共享经济和远程办公成为趋势的背景下，法律应当明确这些新型劳动形式的法律地位，规定相应的劳动权益保障，如工作时间、休息权、社会保障等，以防止劳动者权益保护出现真空地带，同时，维护劳动市场的公平与稳定。

综上，法律法规修订不仅是回应时代变革的必要举措，更是构建和谐社会、推动经济社会可持续发展的法治保障。每一项修订都应以保障公共利益、维护公平正义、促进科技进步、保护环境生态、保障劳动者权益为目标，确保法律的前瞻性和适应性，以实现法律与社会的良性互动。

（二）法律法规修订的程序与保障

法律法规的修订作为一项复杂而精细的法制建设任务，它要求在遵循透明、公正和科学原则的基础上，以公众参与、专家论证、审议修正和有效执行为核心环节，旨在构建一个适应社会发展、兼顾各方利益的法律框架。

首先，透明度是立法过程的灵魂。公开的立法调研是确保公众参与的第一步，这涉及广泛征求社会公众、行业组织、专家学者等多元主体的意见，在广泛的共识中形成法规修订的基础。通过公开听证、网络问卷、专题研讨会等多种方式，让法律法规修订的过程在阳光下运行，提升法规的公众认同度和执行效力。

其次，公正性是法律法规修订的基石。这要求通过专家论证和技术评估的介入，确保修订内容的科学性和可行性。专家凭借专业知识和独立判断，能对法律法规的法律逻辑、社会影响和实际操作进行深入剖析，避免因短视或偏见导致的立法失误。技术评估则从实证角度验证法规的可行性，确保法规在技术层面上的可执行性。

---

[1] 参见刘珊伊：《为发展新质生产力提供法治保障——〈赣州市科技创新促进条例〉解读》，载《赣南日报》2024年4月29日，第2版。

再次，科学性是法律法规修订的生命线。法律法规草案须经过多轮审议和修改，这不仅是个技术过程，也是个与社会对话的过程。每一轮审议都是一次对法规的深度打磨，旨在消除可能的矛盾，提升法规的严密性和完整性。审议过程中，应充分考虑法律法规的长远影响，避免短期决策带来的长期困扰。

最后，修订完成后，配套的实施机制和监督机制是保障法律法规有效执行的关键。应设立专门的执法机构，提供法规培训，以提升执法人员的专业素养和执法水平。同时，建立反馈和评估机制，定期评估法规执行效果，以便及时发现并解决实施中的问题，确保法规的持续适应性和生命力。

在整个修订过程中，平衡各方利益至关重要。立法程序中最重要的问题是如何确保决定者的素质和如何提供充分的信息以资判断。[1] 法律法规既要保护公民的基本权益，维护社会公平正义，又要激发创新活力，推动经济增长。这意味着在立法中要兼顾公共利益与私权保障、稳定与变革、保护与激励，以实现法制的动态平衡。立法人员不仅要有立法为民的工作态度和作风，还要有系统的法律知识以及较高的立法技术。[2]

三、加强跨领域法律法规的协同与衔接

在新质生产力的背景下，单一领域法律法规往往难以涵盖复杂多变的现实问题。例如，互联网技术的发展带来了数据隐私、网络安全、知识产权等一系列跨领域的法律挑战。传统的法律体系可能无法有效解决这些问题，需要不同领域的法律法规之间形成协同，共同应对新的社会经济现象。跨领域法律法规的协同不仅是解决当前法律法规碎片化、重叠与冲突的有效途径，更是促进新质生产力发展的重要保障。

（一）跨领域法律法规协同的意义

1. 促进产业融合发展。跨领域法律法规的协同能够打破行业壁垒，推动不同领域的深度融合。例如，信息技术与医疗健康的结合催生了远程医疗、健康大数据等新兴产业，而法律法规的协同能够消除数据共享、隐私保护等方面的法律障碍，为这些产业的健康发展提供法律支持。通过制定和实施适应跨领域合作的法规，可以鼓励创新型企业跨界合作，促进产业链条的延伸和升级，从而激发新的经济增长点。例如，2023年，安徽省明确汽车产业为省首位产业。省人大常委会及时跟进，制定了新能源汽车产业集群发展条例，这是全国首部新能源汽车产业立法。条例把增强产业链韧性和竞争力放在更加重要的位置，深入实施产

---

[1] 参见季卫东：《法律程序的意义——对中国法制建设的另一种思考》，载《中国社会科学》1993年第1期。

[2] 参见胡旭东：《地方立法权在中国法治中的双重角色》，载《中国党政干部论坛》2008年第9期。

基础再造工程,就创新引领、产业链提升、场景拓展、开放合作、支撑保障等作出规定,强化新能源汽车产业链上下协同联动,优化产业空间布局,推动新能源汽车产业高质量发展。为更好推进大数据产业高质量发展,省人大常委会制定了大数据发展条例,明确大数据发展的促进措施,严格规范安全管控措施,切实以法治引领、规范和保障大数据领域新技术、新业态、新模式高质量发展,推动构建以数据为关键要素的发展路径,推进数据产业化、产业数据化,促进科学技术和实体经济的深度融合。这种协同也有助于激发创新,促进产业升级,保障国家的长远发展和全球竞争力。[1]

2. 提高法律执行效率。法律法规之间的协同可以避免执行中的混乱和冲突。当多个部门的法规对同一行为有不同规定时,可能导致执法部门在执行中无所适从,增加司法成本。通过法规的协调,可以确保不同部门的法规相互补充,减少法律冲突,提高执法的效率和一致性。例如,环保法规与能源政策的协同,可以确保在促进清洁能源发展的同时兼顾环境保护,避免在执行过程中产生不必要的矛盾。跨领域法律法规的协同不仅能够消除法规间的冲突,避免监管真空,还能增强法律的统一性和连贯性,为新质生产力的发展提供稳定、公正的法律环境。

3. 保障创新环境稳定。跨领域法律法规的协同为创新提供了稳定、可预期的法律环境。创新活动往往涉及多个领域,如知识产权、数据保护、市场竞争等。如果这些领域的法规之间缺乏协调,可能会影响创新者的行为预期,增加创新风险。通过法律法规的协同,可以建立一套全面、一致的规则体系,降低创新者在探索新技术、新产品时的法律不确定性,鼓励他们投入到更多的创新活动中,从而促进整体社会的科技进步和经济繁荣。只有通过跨领域协同,才能构建起适应这些新兴领域发展的法律框架,确保技术创新与法律法规之间的动态平衡。稳定的法律环境也有利于吸引国内外投资,促进资本流向高潜力的创新项目。

(二) 加强跨领域法律法规协同的路径

跨领域法律法规的协同需要有效的合作机制作为支撑。然而,目前这种机制并不完善。部门间的沟通不畅,缺乏统一的协调平台,使得法律法规的制定和更新难以同步,难以形成合力。对新出现的跨领域问题,如新兴技术、新兴产业的法律监管,往往缺乏前瞻性的规划和协调,导致法律法规滞后于实践,不能及时适应社会和经济发展的需要。法律法规制定者和执行者在处理跨领域问题时,往往面临权责不清、协调困难的窘境,阻碍了法律法规的高效实施。

---

[1] 参见范孝东:《不断完善发展新质生产力法治保障体系》,载《安徽日报》2024年4月25日,第6版。

1. 完善顶层设计，明确协同方向。法律法规的协同不能仅停留在表面，更需要在国家层面进行深度规划和设计。应从宏观视角出发，确立跨领域法律法规协同的战略目标，确保各个领域的法律法规在整体框架下有序衔接。立法质量说到底是立法者的素质问题。[1] 这要求法律法规制定者对新质生产力的未来趋势有深刻理解，以便预设法律法规的发展路径。应定期对顶层设计方案进行评估和调整，以适应不断变化的经济社会环境。

首先，进一步贯彻落实《公平竞争审查条例》。[2] 该条例是为了规范公平竞争审查工作，促进市场公平竞争，优化营商环境，建设全国统一大市场而制定的条例。该条例的出台，标志着我国在公平竞争审查领域迈出了重要一步，对于促进市场公平竞争、优化营商环境、建设全国统一大市场具有深远的意义。未来，应进一步加强对条例的宣传和实施工作，确保其在实践中得到有效落实。同时，应当密切关注市场变化和经济形势的发展，不断完善公平竞争审查制度，为市场经济的健康发展提供更加坚实的保障。

其次，加快制定"全国统一大市场建设标准指引"。该指引将作为地方政府完善市场制度体系的蓝图，以期在全国范围内实现市场准入、产权保护、公平竞争和社会信用等关键领域的规则统一。这一标准化进程旨在消除现存的地方保护主义壁垒，打破市场分割现象，促进全国市场的深度整合与无缝对接，确保所有参与者在统一、公平的规则下开展经营活动，这对于深化市场经济体制改革，维护市场公平，以及激发更广泛的经济活力至关重要。

2. 建立协调机制，加强沟通合作。跨部门、跨行业的法律法规协同需要一个有效的协调机制来保证。可以探索设立专门的跨领域法律法规协调委员会，负责处理不同法规之间的冲突，解决不同部门在法规执行中的分歧。通过定期的会议、工作坊和联合研究项目，鼓励各部门之间的信息交流和经验分享，以增强协同意识，提高法规制定的科学性和合理性。

3. 强化信息共享，提升法律法规透明度。信息共享是法律法规协同的关键。利用现代信息技术，建立统一的法规信息平台，实时发布和更新法律法规，使得公众、企业和政府部门能够方便地获取和理解相关法规。鼓励公众参与法规制定过程，通过公开征求意见、在线讨论等方式，提高法规的公众认知度和接受度。透明的法规信息可以减少误解，增强法规的执行效果。

4. 推动法律法规创新，适应新质生产力需求。法律制定者应密切关注新领域的发展，及时修订和完善相关法律法规，确保其与科技发展同步。例如，制定

---

[1] 参见周伟：《论我国地方立法存在的问题及其解决》，载《河南财经政法大学学报》2013年第2期。

[2] 2024年5月11日国务院第32次常务会议通过，2024年8月1日起施行。

专门的数据保护和隐私法规，以应对大数据时代的信息安全挑战；建立适应共享经济的法规框架，促进新型商业模式的健康发展。法律法规创新不仅涉及具体条款的修改，还包括法律理念的更新。鼓励以包容性、前瞻性的眼光看待法规，促进法规与社会、经济、科技的和谐共生，为新质生产力的发展提供有力的法律保障。

（三）跨领域法律法规的协同面临的挑战

1. 利益协调机制的建立。在跨领域法律法规协同中，各方利益的平衡至关重要。政府部门、企业、行业协会、消费者等利益相关主体可能在法规制定和执行过程中存在不同的立场和诉求。建立有效的利益协调机制，如公开透明的决策过程、利益相关主体参与的协商平台、公正的补偿机制等，可以减少冲突，促进共识的形成。政策制定者需要充分评估法规对各方主体的影响，确保法规的公平性和公正性，以维护市场的健康竞争和持续发展。新质生产力在结构承载上由新兴产业、未来产业所主导，肩负着提升国家科技实力、占领产业创新制高点的战略任务。只有对标新质生产力发展要求，持续优化新兴产业和未来产业领域的法治保障和政策措施，才能不断开辟新赛道，从源头上提升原始创新能力。这就需要按照党的二十大部署，完善党中央对科技工作统一领导的体制，依托中央科技委员会、中央财经委员会和中央金融委员会等决策议事协调机构，提升重点领域和各类创新主体的知识产权创造水平，助力关键技术的突破和行业标准的制定，建立包括科技创新、产业发展、金融服务等于一体的政策体系，充分发挥知识产权制度的激励和保障作用。[1]

2. 技术与法律协同的挑战。随着科技的快速发展，尤其是人工智能、大数据、区块链等新技术的应用，法律往往滞后于技术进步，导致法律监管存在空白。为应对这一挑战，需要建立动态的法规制定和更新机制，使法律能够及时反映技术发展的新趋势。鼓励技术专家和法律专家的深度合作，共同探讨技术的法律边界，如数据隐私保护、算法透明度等问题。政府和企业应共同投资研发，开发出能够适应技术进步的法律工具和监管技术，如智能合约、区块链审计等，以实现技术与法律的协同创新。

3. 法律文化差异。在全球化的背景下，跨领域法律法规的协同工作面临不同国家和地区之间法律文化差异的挑战。不同的法律体系，如大陆法系和英美法系，有着截然不同的思维方式和法律传统。例如，大陆法系强调成文法的权威，而英美法系则更侧重判例法的积累。克服这种差异需要增进法律专家之间的理解

---

[1] 参见马一德、韩天舒：《对标新质生产力要求 完善知识产权治理体系》，载《前线》2024年第5期。

和交流，推动国际法律标准的趋同。尊重和理解当地法律文化，如在制定跨国法规时充分考虑当地习俗和习惯法，有助于增强法规的可接受性和实施效果。

第三节　增强法律的前瞻性以引领新质生产力发展

随着科技的飞速进步，新技术的发展速度往往远超法律的适应速度，导致法律滞后于现实，催生了法律真空地带，给社会秩序带来了潜在风险。因此，增强法律的前瞻性至关重要。这包括预见到技术可能带来的社会变革，预测潜在的法律问题，并提前构建适应新质生产力发展的法律框架。通过前瞻性立法，可以引导和规范新技术的合理利用，避免法律纠纷，促进经济社会的稳定与繁荣。

法律前瞻性不仅要求法律制度能够迅速响应科技进步，还要求法律理念与政策能够引导科技发展方向，确保科技伦理的底线。只有当法律能够预见并妥善应对新技术带来的挑战，才能保障新质生产力的持续、健康和可持续发展。

一、设立法律研究机构以监测新技术发展趋势

（一）研究机构的定位与职责

法律研究机构，作为法律实践与科技发展之间的关键纽带，其核心使命在于推动法律制度的创新与完善，以适应日新月异的科技变革。这些机构扮演着独特的角色，通过科学研究和实践指导，为政府决策者和产业界提供坚实的理论基础，预见并解决新技术可能引发的法律问题。

首先，紧密围绕新质生产力形态的发展需求，以科技创新为核心驱动力。坚持问题导向和目标导向，统筹推进立法、改革、废止、解释和编纂等法律工作，以进一步增强科技创新法律制度的整体性和协调性。针对人工智能、生物技术等前沿科技领域，须深入研究其带来的伦理、道德和安全等重大问题。为此，需加强这些新兴领域的前瞻性立法工作，并强化科技伦理的治理，以确保新技术的研发和应用既符合伦理规范，又能有效应对其不确定性所带来的挑战。同时，加强数字经济领域的法治建设。包括建立健全数据要素交易、确权、共享等方面的制度规则，以及加快完善网络平台、电子商务、互联网金融、网络数据安全等方面的相关立法。

其次，法律研究机构需与产业界保持密切互动，实时了解科技发展的动态。通过定期的研讨会、座谈会和产业调研，收集第一手资料，确保政策制定者能够及时掌握科技动态，以便在法律制定过程中充分考虑到科技的最新进展。这种互动机制有助于避免法律滞后，使法律规则能够与时俱进，适应科技的快速发展。

再次，建立并更新科技法律的评估标准是法律研究机构应当承担的责任。这

包括对现有法律法规的适用性进行评估，对新兴科技可能影响的法律领域进行预测，以及对可能需要修订或新建的法律法规提出建议。通过这样的动态评估机制，法律研究机构可以确保法律制度与科技发展的步调一致，有效防止因科技进步而产生的法律真空。

最后，法律教育和培训是提升公众和专业人士法律意识的关键。法律研究机构应开设专门的课程，针对新技术的法律问题进行教育和培训，使法律从业者、科技工作者以及公众能够理解并应对科技发展带来的法律挑战。通过研讨会、讲座、在线课程等多种形式，推动法律知识的普及，提升社会整体的法律素养。

总的来说，法律研究机构作为连接科技与法律的桥梁，其工作内容涵盖深度研究、信息传递、标准制定和教育培训等多个方面，旨在构建一个能够适应科技发展的法律环境，保障科技进步的同时，维护社会公正与秩序。

（二）监测新技术发展的方法与技术

有效监测新技术发展，是一项融合了法学、信息科学、经济学等多学科知识的复杂任务，旨在提前预见和评估技术变革对社会、法律环境的影响。此过程离不开高效的数据分析、科技情报系统、预测模型的构建，以及广泛的国际合作。

首先，数据分析在这一过程中扮演了至关重要的角色。借助大数据技术，能够系统性地收集和分析技术专利的申请趋势、企业的研发投入、市场动态等多元信息，以量化的方式揭示技术发展的脉络。通过对这些海量数据的深度挖掘，可以预测技术的未来走向，预判可能的技术突破，甚至评估其可能带来的经济效益和行业变革。

其次，科技情报系统的建立是实时响应技术动态的关键。这包括对国内外科研机构的前沿研究、企业的创新成果进行持续跟踪，以及对各类科技报告、论文的详尽梳理。通过科技情报系统，可以快速获取并理解科技发展的最新动态，以便及时调整策略，适应科技环境的变化。

再次，预测模型的构建是预测新技术影响的重要工具。系统动力学、机器学习等先进方法的运用，能构建出复杂的"社会-技术"系统模型，预测新技术可能带来的社会效应，如就业结构的变化、隐私保护的挑战，以及可能引发的法律问题，如知识产权保护、数据安全等。这些预测模型能帮助决策者提前预见问题，制定相应的法规和政策，以引导技术的健康发展。

最后，国际合作在新技术监测中不可或缺。参与国际科技法律研究网络，不仅能够共享全球的科研信息和研究成果，提升研究的广度和深度，也能促进跨国的法规协调，避免技术发展与法律监管的冲突。通过跨文化的交流和合作，可以更好地理解全球科技趋势，以更全面的视角应对技术进步带来的挑战。

（三）研究成果的应用与转化

将学术研究的深度洞察力转化为实际的法律政策和行业实践，是研究机构至关重要的职能，这不仅强化了理论与实践的互动，也为社会的法治化进程注入了活力和创新。

1. 积极参与制定法律草案。基于严谨的科学研究，研究机构应积极参与法律草案的构建过程。通过对研究数据的深度挖掘和解析，为政府提供前瞻性的法律修订建议，或者提出创新性的立法提案，确保法律的适应性和前瞻性，以应对不断演变的社会和技术挑战。

2. 制定行业标准。通过与行业协会的密切协作，研究机构可以将最新的研究成果纳入行业规范和标准的制定中。这有助于引导新兴技术的健康发展，预防潜在风险，同时为行业内的公平竞争和消费者权益保护提供坚实的法律基础。

3. 提供法律咨询服务。研究机构的角色不仅限于理论创新，更在于实践应用。为公众、企业和政府部门提供专业的法律咨询服务，解答他们在实际操作中遇到的法律问题，是研究机构连接理论与实践的重要桥梁。这种咨询服务可以涵盖知识产权保护、合同法务及法律风险防范等多方面，旨在提供切实可行的法律解决方案。

4. 案例研究。通过对实际案例的深度分析，研究机构可以提炼出宝贵的实践经验，总结教训，为未来类似问题的解决提供理论指导和实证参考。这种案例研究不仅提升了法律实践的智慧，也为法学教育和法律工作者的专业发展提供了丰富的素材。

5. 传播与教育。研究机构有责任将研究成果广泛传播，通过出版研究报告、举办研讨会、利用在线平台等方式，加深公众、企业和政策制定者对新技术法律问题的认识和理解。教育公众理解法律的重要性，提高他们的法律素养，是构建法治社会不可或缺的一环。

总的来说，研究机构在法律政策和行业实践中的角色是多元化的，他们既是知识的创造者，也是知识的传播者，更是法律与社会变迁的积极推动者。

二、加强与产业界的沟通与合作

（一）建立常态化的沟通机制

政府与产业界之间的有效沟通，是科技法律框架与时俱进、适应科技创新需求的基石。这不仅要求政策制定者能够敏锐捕捉到科技行业的脉动，也要求企业在清晰的法规引导下实现有序且创新的繁荣。为了实现这一目标，建立一套常态化的沟通机制显得至关重要。

以定期举办的研讨会为载体，邀请业界专家与政府官员共同探讨科技发展的前沿问题，分享最新的科研成果和市场动态。研讨会不仅提供了一个信息交流的平台，也能促进各方对科技法律需求的深入理解。同时，产业政策咨询会议的召开，能够让政府直接听取企业的声音，理解其在实际运营中遇到的法律挑战，以便在立法过程中进行有针对性的调整。

公开征求意见是另一项不可或缺的环节。政府应通过官方公告、公众论坛等多种渠道，广泛征求社会各界、特别是产业界的意见，确保法规的制定能够反映多元化的利益诉求。此外，线上平台如行业论坛、在线问卷调查等的建立，不仅提供了便捷的信息收集途径，也保证了意见反馈的即时性和广泛性，使法律的修订更具代表性。

政府应当积极倡导产业界代表参与决策过程，让他们在政策制定的桌面上拥有发言权。这不仅能够增强政策的实践性和可行性，也能增进政府与产业界的相互理解和信任。通过建立透明的决策机制，企业能够理解法规背后的意图，政府也能更好地理解企业的需求，从而形成良性的双向互动。

总的来说，政府与产业界之间的沟通不应仅仅局限于单向的信息传递，而应构建一个开放、包容、动态的对话框架，让科技法律成为推动科技创新的有力工具，同时也为企业提供一个稳定、可预期的法律环境。这种深度合作模式，无疑将有助于科技产业的健康发展，同时也将提升科技法律的适应性和前瞻性。

（二）促进法律与产业的深度融合

在全球化与数字化的时代背景下，法律与产业的深度融合已经成为推动经济社会健康发展的重要引擎。政策制定者在构建法律框架时，不仅要精通法学理论，更需深入洞察各产业的技术特性、市场动态以及未来发展趋势。这种跨领域的理解能力，使得法律能够更好地适应和引领产业发展，为创新提供有力的法治保障。

政府可以建立产业法律顾问团队，邀请来自不同行业的专家参与，共同探讨新技术的法律边界。法律顾问团队可以提供有针对性的法律咨询，帮助界定新技术在法律框架内的活动空间，确保在保护知识产权、维护公共利益的同时，激发科技的创新活力。例如，在人工智能、大数据等领域，法律顾问团队可以协助制定适应性法规，平衡技术创新与个人隐私、数据安全的关系。

企业层面，应当强化法律风险防范意识，设立专门的法律风险防范部门，培养既懂法律又懂技术的复合型人才。这样的团队能够从源头上预防和解决法律问题，确保企业在市场竞争中合法、规范运营。同时，企业内部应建立完善的法律风险防控机制，定期进行法律培训，提高员工的法治素养，形成自上而下的企业法律风险防范文化。

政府在其中的角色不仅是规则制定者，更是引导者和支持者。政府应提供一系列的培训和指导服务，帮助企业理解和适应不断更新的法律法规，减少因法律盲点导致的经营风险。例如，定期举办法律研讨会，发布法律风险防范指南，甚至通过政策激励，鼓励企业投资法律人才培养。人是新质生产力形成与发展过程中最活跃、最具决定意义的能动主体。培育和发展新质生产力归根结底依靠的是人才实力。新时期，应着力培养高素质的创新型人才，为新质生产力提供内在发展动力。[1]

此外，政府还应鼓励产业界与法律界的交流与合作，建立常态化的沟通机制，以便及时解决产业发展中的法律问题。通过产业与法律的深度融合，构建一个既充满活力又稳健的市场环境，推动经济高质量发展，同时确保社会公平正义和法律秩序的稳定。

（三）共同参与新技术法律标准的制定

新技术的法律标准制定已成为国家政策制定者、法学学者和产业实践者共同关注的焦点。这一过程的参与主体多元化，旨在确保法律标准的科学性、前瞻性和实用性，以应对技术进步带来的复杂挑战。科学性意味着标准必须基于坚实的理论基础，而前瞻性则要求标准能够预见并引导技术的未来发展方向。实用性则强调标准在实际应用中的有效性，避免产生理论与实践的鸿沟。

产业界，作为新技术的实践者，其丰富的经验和深入的理解对法律标准的制定至关重要。企业专家对技术的微观操作和市场动态有直接感知，他们的参与能确保法律标准与实际业务需求相契合，防止理论与实践的脱节，从而提高标准的执行效率。政府在其中的角色不可或缺，可以设立跨部门、跨行业的协调机构，邀请产业界代表共同参与，以全局视角和专业洞察力，研究制定适应新经济环境的法律框架。

国际层面的合作与交流是法律标准制定的另一重要维度。在全球化的背景下，各国的技术发展相互影响，借鉴和参考国际最佳实践，不仅能够提升本国标准的国际化程度，也有助于推动全球技术法律环境的和谐统一，促进国际科技合作的顺利进行。同时，国际交流也是检验和优化本国法律标准的重要途径，通过比较和反思，可以不断提升标准的质量和适应性。

在标准制定过程中，必须充分考虑到技术的快速发展和不可预知性。科技的突飞猛进往往超乎想象，因此，法律标准需要具备一定的灵活性和包容性，以适应未来可能出现的新技术、新业态和新模式。在制定标准时，既要严谨科学，又要预留足够的发展空间，确保标准在应对技术变革时具有足够的应变能力。

由此可见，新技术的法律标准制定是一项涉及政府、学术界和产业界多方面参与的复杂工程，需要兼顾科学性、前瞻性和实用性，注重国际交流，同时灵活应对技术的快速发展。

---

[1] 参见施娴丽、杨俊：《深刻把握新质生产力的科学内涵与实现路径》，载《新华日报》2024年4月19日，第14版。

三、预测并应对新技术带来的法律风险与挑战

（一）新技术法律风险的特点与类型

1. 新技术法律风险的特点。新技术的飞速发展，如量子计算、人工智能、区块链、生物科技等，正以前所未有的态势重塑社会结构，催生出一系列崭新的机遇，同时也孕育出一系列独特的法律风险，对法律体系提出了严峻的挑战。

（1）快速演变。新技术的快速演变特性使得法律监管往往显得滞后。科技的创新步伐往往快于法律的修订与制定，这导致了法律真空地带的出现，为风险的滋生提供了温床。例如，无人驾驶技术的出现，引发了对现有交通法规的挑战，如何界定车辆事故的责任归属，现有的法律框架往往无从解答。

（2）跨界融合。新技术的跨界融合会催生出新的法律问题。跨领域的技术融合，如人工智能与生物技术的结合，不仅可能推动医疗科技的革命，也可能引发生物伦理的新问题，如基因编辑的道德边界、个人生物数据的隐私保护等，这些都需要法律进行新的界定和规范。

（3）不确定性。新技术应用的不确定性加大了法律风险。新技术的潜在影响和应用效果在早期往往难以准确预测，这增加了法律风险的复杂性和不确定性。例如，大数据和云计算可能带来的信息安全风险，以及区块链技术可能对金融监管带来的挑战，都需要法律在模糊的未来面前做出前瞻性的预判和规划。

（4）全球影响力。新技术的全球影响力使得法律风险具有跨国性。随着全球化的技术扩散，法律风险不再局限于一国之内，而是跨越国界，形成全球性的挑战。这需要各国进行深度的国际合作，共同构建全球性的法律体系，以应对如跨境数据流动、网络安全等问题。

因此，面对新技术带来的法律风险，法学界需要积极探索新的理论和方法，以适应科技的快速发展，同时，政策制定者也应前瞻性地预见和规划，以法律的智慧引导技术的健康发展，平衡科技创新与法律秩序的关系，确保新技术在合法规范的轨道上行稳致远。

2. 新技术法律风险的类型。新技术法律风险的多样性与复杂性日益凸显，其主要分为以下几个类型：

（1）数据安全与隐私保护。在大数据和云计算的浪潮下，个人信息的收集、存储和使用呈现出前所未有的广度和深度。这既带来了生活和工作的便利，也催生了数据滥用和泄露的风险。数据泄露可能导致个人隐私受到严重侵犯，甚至影响社会稳定。法律在此领域的滞后性可能导致对个人信息保护的不足，亟需建立健全的数据保护法规，明确数据权属，规范数据流通，以防止信息滥用和侵犯个人隐私。

（2）知识产权侵权。科技的飞速发展和迭代，尤其是软件、互联网和人工

智能领域的创新，使得知识产权的界定和保护变得复杂。新技术的快速复制和传播可能侵犯原创者的知识产权，挑战现有的法律框架。因此，法律需要适应技术进步，设定清晰的知识产权边界，制定严格的侵权惩罚机制，以保护创新者的合法权益。

（3）责任归属模糊。前已述及，以自动驾驶技术为例，当发生交通事故时，责任的界定往往涉及制造商、软件开发者、运营商甚至乘客等多个主体，法律对此的界定并不明晰。这种模糊性可能导致责任归属的争议，影响公正的法律裁决。因此，法律应当预见到这些新兴技术可能带来的问题，提前制定相应的法规，明确各方的责任和义务，以保障消费者的权益和维护社会秩序。

（4）伦理道德问题的出现。人工智能技术的发展，如自主决策的人工智能，以及基因编辑技术的突破，都触及人类伦理和道德的边界。如何在科技进步与道德伦理之间找到平衡，是法律必须面对的难题。法律应建立相应的伦理审查机制，设定科技发展的道德底线，以防止科技滥用对人类社会造成不可逆的伤害。

因此，新技术法律风险的应对需要法律与科技同步发展，以确保在科技进步的同时，公民权益、社会公平和道德底线也得到维护。

（二）应对新技术法律风险的措施

法律风险管理在应对新技术革命的冲击中扮演着至关重要的角色，其核心在于制定并实施富有前瞻性和适应性的策略，以确保科技革新与法律框架的和谐共存。

1. 立法前瞻。立法前瞻是法律风险管理的基石。这需要对科技发展趋势的深度洞察，以立法的形式为新技术设定明确的法律界限。立法者需要在尊重创新与防范风险之间寻找平衡，通过预设规则，引导新技术在合法框架内发展，防止其可能带来的社会问题。涉外法治体系的建设是加速新质生产力发展的关键环节。要构建更高层次的开放型经济体系，需要打造一个公平、公正且充满活力的市场环境，以法治为基石，吸引全球投资。积极参与全球治理改革，不仅要深度介入国际规则的制定，还要推动创建新的多边合作平台和公正的国际争端解决框架，以法治原则引导国际关系的发展。需进一步健全公开透明的涉外法律框架，运用法治力量抵制任何试图干涉我国内政、实行单边制裁或长臂管辖的企图，以确保我国免受不利影响，同时维护全球产业链、供应链和价值链的稳定与安全。与国际高标准经贸规则接轨，既要深度参与，更要力争在新兴领域的国际技术标准和治理规则制定中发挥引领作用。推动多边经济治理机制创新，促进公正、公平且透明的国际经贸规则体系的形成，是稳步扩大制度型开放的必由之路。[1]

---

〔1〕 参见周佑勇：《以高水平法治助力新质生产力发展》，载《浙江人大》2024 年第 6 期。

2. 监管创新。监管创新是应对法律风险的动态策略。引入如沙盒监管等灵活模式，可以在保护消费者权益和维护市场秩序的同时，为新技术提供实验空间。这种监管方式允许在可控环境中试错和改进，以促进科技的健康发展。

3. 国际合作。国际合作是解决跨国法律问题的关键。通过签署国际公约和协议，各国可以共同应对新技术引发的法律挑战，协调不同法域之间的冲突，建立全球性的法律应对框架，以实现法律规则的统一和公平。

4. 企业法律遵从计划。企业制定法律遵从计划是法律风险管理的内在驱动力。企业应建立健全的法律风险防范体系，确保新技术的研发、应用和商业化过程符合法律法规要求，这不仅能避免法律风险，也是企业承担社会责任的体现。同时，企业应定期进行法律风险评估，以适应不断变化的法律环境。

5. 公众参与。公众参与是法律风险管理不可或缺的一环。公共治理模式是当前建设服务型政府最为理想的模式，其本质特征在于政府与社会对公共生活的共同治理，是国家权力与公民权利的持续互动过程。[1] 公众参与已成为衡量一个国家或地区社会有效治理与否的重要标准之一。[2] 通过公众教育，提高公众对新技术法律风险的理解，增强其法治观念；通过公众咨询，汲取社会多元观点，使法律制定更符合公众期待，从而增强法律的公信力和执行力。

6. 应急响应。应急响应是法律风险管理的保障。面对新技术带来的突发法律问题，需要有快速的决策和行动能力，及时调整政策或采取应对措施，以防止问题的扩大化，维护社会秩序的稳定。

四、构建动态更新的法律框架与机制

在当前日新月异的科技革命背景下，原有的静态法律框架，往往滞后于社会变迁的步伐，无法及时适应并规范新兴技术所带来的法律问题。因此，构建一个动态更新的法律机制显得至关重要，以确保法律能够与时代同步，实现对社会现象的有效规制。

1. 法律体系的动态更新机制应包含定期的法律评估环节。这不仅要求对现有法律法规进行周期性的审查，以评估其在新环境下是否依然有效，还应考虑引入科技预测和风险评估，预测未来可能出现的法律问题，以便提前进行立法规划。例如，可以设立专门的科技法律评估委员会，由法律专家、科技专家以及社会学者等具有多元背景的人员组成，他们能够从不同角度对新技术可能带来的法律影响进行深度分析，并提出前瞻性的修订建议。

2. 立法程序的灵活性是动态法律机制的另一关键要素。传统的立法过程往

---

〔1〕 参见汪斯坦：《公众参与加快城市治理法治化》，载《中国管理信息化》2017 年第 13 期。
〔2〕 参见贡太雷：《公众参与社会治理与法治中国建设》，载《南海法学》2018 年第 3 期。

往冗长且僵化，无法迅速应对突发的法律问题。因此，需要建立一套快速响应机制，如设立"紧急立法通道"，针对新技术引发的紧急法律问题，能够迅速启动立法程序，进行有针对性的法规修订。同时，立法过程中应强化公开透明，鼓励公众参与，让社会公众能够直接或间接地影响法律的制定，增强法律的民主性和公正性。

3. 公众参与是法律动态更新机制的重要组成部分。公众作为法律的执行者和受益者，其意见和需求应当得到充分的尊重和考虑。政府可以通过公开听证会、在线问卷调查、公众论坛等多种方式，收集公众对法律修订的意见和建议，使法律修订更加符合社会期待。同时，公众的参与也有助于提升法律的可接受度和执行效果。

4. 科技法律咨询委员会应与行业组织、科研机构、企业等多元主体建立紧密的合作关系，共同探讨新技术对法律的影响。这不仅能够引入更广泛的视角，也能确保法律修订的科学性和实用性。例如，对于人工智能、大数据、区块链等前沿科技领域，应设置专门的法律研究小组，及时跟踪科技发展，预测并解决可能产生的法律难题。

5. 动态法律更新机制的构建还应当注重法律的前瞻性，不仅要解决眼前的问题，更要预见未来可能出现的挑战。这需要法律制定者具备前瞻性的思维，同时，也需要法律教育和研究机构培养出一批具有科技素养的法律人才，以应对科技发展带来的法律挑战。新质生产力的主体要素是人，尤其是人才。人才是生产力发展的重要推动力量，人才具备的知识、技能和创新能力，是提升生产效率、推动技术创新、促进产业升级的关键因素，生产力发展与人才发展之间还存在着相互依存、相互促进的关系。[1] 人，作为新质生产力的核心，是推动经济社会进步的决定性力量，尤其在知识经济时代，高技能和高素质的人才是创新与发展的关键驱动力。产业链，承载着新质生产力，构成了经济活动的实体基础，通过优化资源配置，促进产品和服务的产出。创新链则如同引擎，激发新质生产力的活力，驱动科技与思维的革新，为发展注入不竭动力。资金链，作为新质生产力的重要支撑，确保了研发、生产和运营的资金需求，是保障各项活动顺利进行的血液。而人才链，汇集了各行各业的专业人士，是推动新质生产力发展的中坚力量，他们的知识、技能和经验形成了一种协同效应，共同促进了社会生产力的质的飞跃。因此，新质生产力的发展是国与国之间的竞争，归根到底还是人才

---

[1] 参见文丰安：《从"解放发展生产力"到"培育发展新质生产力"——新中国成立以来生产力理论的变迁及启示》，载《重庆邮电大学学报（社会科学版）》2024年第4期。

竞争。[1]

第四节 加强新质生产力法律法规的实施与监督

一、建立完善的监督机制

有效的监督机制是确保法律法规实施的关键。新质生产力，作为科技进步与创新的产物，已经成为推动经济社会发展的重要引擎。法律法规的实施与监督在规范这一进程、保障公平竞争、防范潜在风险方面发挥着至关重要的作用。法律法规为新质生产力的发展提供了清晰的规则框架，确保技术创新与市场应用的合法性，保护知识产权，激励企业进行研发和创新。有效的实施与监督可以预防和纠正市场失灵，防止垄断和不正当竞争，维护市场秩序。通过对新质生产力的监管，可以预防和减少新技术可能带来的社会问题，如数据安全、隐私保护等，确保科技发展的社会福祉。

（一）明确监督主体与职责

首要且至关重要的任务是确立清晰的监督主体及其法定职责。政府机构，作为核心监管力量，承担着立法、行政和执法的多重角色。例如，科技部作为科技创新的主要推动者，应当负责制定并实施有关科技研发和新质生产力发展的监督政策，确保科技进步与社会公正的平衡。而工信部则应侧重于工业生产和新技术应用的监督，以防止技术进步可能带来的产业不平等和环境问题。

同时，法律法规的制定和执行需要兼顾全面性和专业性，这就需要行业协会和专业机构的参与。行业协会，作为行业内部自我约束和自我管理的载体，应当依据法律法规制定行业规范，对会员单位进行指导和监督，防止行业内部的不正当竞争和违规行为。此外，行业协会还应与政府机构紧密协作，提供行业动态和问题反馈，以辅助政策的调整和完善。

专业机构，如科研机构、咨询公司等，凭借其专业技术和深度研究，可以提供科学的评估和建议，对新质生产力项目进行技术审查和风险评估，确保其符合社会公共利益和可持续发展的要求。他们的独立性和专业性是监督机制不可或缺的一部分。

公众，作为社会的基本构成单元，其权益直接影响到法律法规的公正性和有效性。公众的监督权应得到充分保障，可以通过举报、投诉、参与公开听证会以

---

[1] 参见刘志迎：《"双链"耦合构建现代化产业体系形成新质生产力》，载《合肥工业大学学报（社会科学版）》2024年第4期。

及提出建议等方式,对新质生产力的开发和应用进行监督。公众的参与不仅增强了监督的广泛性和代表性,也有助于法律法规的公开透明和公正执行。

因此,新质生产力的法律法规监督机制应构建一个以政府为主导,以行业协会、专业机构为辅助,公众参与的多元化、多层次的监督网络,既保证监督的权威性,又确保监督的全面性和公正性,从而有效引导和规范新质生产力的发展,使其真正服务于社会进步和增进人民福祉。

(二) 构建多元化监督体系

构建一个多元化的监督体系是确保新质生产力沿着健康轨道发展的关键步骤,这一体系的构建应当涵盖行政监督、行业自律、社会监督和市场机制等多元维度,以形成全方位、多层次的监管网络。

行政监督,是确保政策法规得到有效执行的关键。行政监督手段包括定期的例行检查,对特定领域的专项审计以及随机进行的抽查,以防止潜在的违规行为。行政监督的实施,旨在通过法律执行,维护市场秩序,保护公共利益,同时引导和规范新质生产力的发展。

行业自律则是企业自我约束和自我提升的过程。企业应遵循行业标准和规范,通过建立内部的监管机制,确保自身行为的合法性和合理性。行业自律不仅仅是对法律法规的遵守,更是对社会责任的承担,是企业诚信经营、持续发展的基础。

社会监督,尤其是媒体、公众和非政府组织的参与,是监督体系的重要补充。媒体的公开报道,公众的监督反馈,以及非政府组织的专业评估,可以形成强大的舆论压力,推动问题的发现和解决。透明的信息发布和公开的讨论平台,可以构建起社会共治的格局,使监督更具广泛性和公正性。

市场机制作为无形的手,通过竞争和市场反馈,对新质生产力的发展起到引导和调整的作用。竞争促使企业提高产品质量,提升服务水平,以满足消费者的需求和市场的期待。市场反馈则提供了一种实时的评价机制,使企业能够迅速调整策略,遵守法律法规,以适应市场的变化。

综上所述,构建多元化监督体系,就是要形成行政、行业、社会和市场四位一体的监督网络,以此推动新质生产力在法治、自律、公众监督和市场规律的共同作用下,实现健康、有序、可持续的发展。同时,新质生产力往往跨越地域和行业界限,如互联网平台经济的崛起,涉及的不仅是技术问题,还有数据安全、隐私保护等多方面挑战。互联网平台是否安全收集、使用数据,需要科学系统从客观层面依据专业知识、专家技术加以判断。[1] 现有的分区域、分行业的监管

---

〔1〕 参见朱涵:《数据安全认证机构的法律规制》,载《信息技术与管理应用》2024年第2期。

模式难以有效应对。要解决这一问题，需要加强不同层级、不同部门之间的协调合作，建立跨区域、跨行业的协同监管机制。通过信息共享、联合执法等方式，实现对新质生产力的全方位、立体化监管，确保监管的有效性和公正性。

（三）引入科技手段提升监督效能

科技手段在提升新质生产力法律法规监督效能方面发挥着至关重要的作用。例如，大数据分析可以实时监控企业行为，预警潜在的违法行为，提高监管的精准度。区块链技术可以确保信息的不可篡改性，提升监管的公信力。人工智能和机器学习可以自动化处理大量数据，减少人为错误，提高监督效率。云计算和物联网技术可实现远程监控，实时追踪新质生产力项目的发展状况，及时发现并解决问题。

综合运用这些科技手段，可以打破信息壁垒，提升监督的全面性和实时性，降低监督成本，同时增强法规执行的威慑力，形成对新质生产力的有效约束和激励。科技驱动的监督机制，不仅能够确保法律法规的落地，还能为企业创新提供更健康的环境，促进新质生产力的持续发展。

二、强化政府的主导作用

（一）政府在新质生产力发展中的角色转型

1. 政府角色的历史演变。从历史来看，政府在生产力发展中的角色经历了从直接参与者到引导者、服务者的转变。在传统工业经济时代，政府主要通过基础设施建设、产业政策制定等手段推动生产力发展。随着经济全球化的深入和信息技术的崛起，政府的角色逐渐转变为营造创新环境，促进知识的创造、传播和应用，通过法规制定、资金支持、市场调节等方式引导新质生产力的培育和发展。

2. 当前政府面临的挑战。在新质生产力时代，政府面临着多重挑战。政府需要在快速变化的技术环境中保持政策的前瞻性，以适应不断涌现的新技术和新产业。政府需要平衡市场与政府的关系，既要激发市场创新活力，又要防止市场失灵。政府还需要解决由于技术变革带来的就业结构变化、社会不平等等问题，确保新质生产力的发展惠及全社会。在全球化的背景下，政府还需要在国际合作中维护国家的经济安全和利益，同时积极参与国际规则的制定，推动全球经济的和谐发展。

3. 新质生产力背景下政府的角色转型。新质生产力的应用要求政府创新治理模式和管理手段，以应对新技术带来的社会问题，其中涉及法律、文化、教育、制度等方面的变革。只有形成与新质生产关系及其发展相匹配的格局，社会生产力才能得到健康释放，促进社会迈向新的发展阶段。[1]

首先，从管理者到服务者的转变。政府在新质生产力发展中的角色转型首先体现在从传统的监管者向服务提供者的转变。随着信息时代的到来，政府不再是单一的规则制定者和执行者，而是要扮演促进创新、协调资源、提供公共服务的角色。政府需要通过构建更加开放、透明的政务环境，鼓励企业和社会组织参与到新质生产力的创新过程中，提供必要的政策指导和支持，同时简化行政流程，提高服务效率，降低创新成本。例如，2024年，青岛市税务局印发《关于开展"税智'小巨人'"行动 助力"专精特新"高质量发展的实施意见》，落实落细税费政策直达快享及热线数据分析等相关工作，为"专精特新"企业发展蓄势赋能，助推新质生产力发展。青岛市税务局按照工作要求，分批次做好税费优惠政策精准推送。在税费优惠政策办前、办中、办后，区分法人、财务负责人、办税人员向纳税人、缴费人推送政策消息、政策解读和提示提醒等信息。2024年，围绕"专精特新"企业，累计完成推送34批次，惠及纳税人26 188户次。[2]

其次，引入市场机制与社会力量。更有为政府与更有效市场是中国共产党创造的践行以人民为中心发展理念的两个重要抓手。[3] 应当推进以政府为主导的多元组织协作。促进先进优质生产要素向发展新质生产力顺畅流动和高效配置，依托于协同治理下政府公共部门与社会部门之间的有效协作。通过横向与纵向的协调重组，使各部分组织的资源与功能优势得以凸显。[4] 政府通过制定和执行合理的市场规则，促进公平竞争，保护知识产权，鼓励企业自主创新。政府积极引导社会资本参与，通过公私合作（PPP）模式，吸引民间投资，推动技术创新和产业升级。社会力量的引入不仅增加了创新的多样性，也减轻了政府的财政压力，实现了政府、市场和社会的协同作用。

最后，政府角色的持续优化与调整。随着科技的进步和社会的变迁，政府的角色需要不断优化和调整。政府需要持续关注新兴技术和产业发展趋势，制定前瞻性的政策，以适应快速变化的经济环境。在监管方面，政府需要强化对新技术、新业态的监管能力，既要防止市场失灵，也要避免过度干预。在服务方面，政府要提升数字化服务水平，利用大数据、人工智能等技术提高公共服务的精准性和有效性。政府还需要加强与企业、学术界、民间组织的沟通与合作，构建多

---

[1] 参见高超、吴娅：《新质生产力下部门法发展方向与回应》，载《现代交际》2024年第7期。

[2] 参见傅军、王鑫彤、张翔宇：《分批次做好政策推送，设立"专精特新"服务专线——青岛税务助推新质生产力发展》，载《青岛日报》2024年7月24日，第7版。

[3] 参见肖鲁伟、史珺怡：《数字经济与以人民为中心的发展》，载《西藏发展论坛》2024年第1期。

[4] 参见张贤明、田玉麒：《论协同治理的内涵、价值及发展趋向》，载《湖北社会科学》2016年第1期。

方参与的治理体系，以适应新质生产力发展带来的复杂性和不确定性。

在这一过程中，政府的转型不是一次性的，而是一个持续的过程。通过不断学习、调整和改革，政府能够更好地服务于新质生产力的发展，推动经济的持续增长和社会的和谐进步。

（二）政府在新质生产力法律法规的实施与监督中的作用

1. 评估法律执行效果。法律法规作为维护社会秩序、保障公民权益的重要工具，其执行效果直接关系到国家治理的成效与社会的和谐稳定。因此，对法律执行效果进行全面、深入的评估，不仅是政府职责所在，更是推动法治建设、促进社会公正与效率提升的必然要求。法律执行效果评估有助于政府了解法律实施中的实际问题与困难，为政策调整和优化提供科学依据。通过持续改进和完善法律执行机制，政府可以更加高效地履行管理职能，提升治理能力和水平。法律的有效执行能够减少社会矛盾与冲突，维护社会稳定。通过评估法律执行效果，政府可以及时发现并解决潜在的社会问题，预防重大社会事件的发生，为经济社会发展创造良好的法治环境。

法律法规的实施效果评估，作为法治建设的重要组成部分，是确保其公正性、公平性以及有效性的核心步骤。这一过程不仅涉及对现有政策的定期深度审查，更涵盖了一套严谨的评估机制，包括量化分析、案例深度研究和公众意见的广泛采集，旨在全方位、多维度地评估法规的执行成效。

政策审查是评估的基础。通过对法律法规的定期审视，可以发现其在实际应用中可能出现的疏漏和不足，相关机构应及时调整和完善，以保证法律的适应性和时效性。这要求政府建立一套科学的政策审查制度，定期对法律法规进行系统性、全面性的评估。

数据分析是评估的量化手段。借助现代信息技术，可以对法律法规的执行数据进行深入挖掘和分析，揭示其在实际操作中的执行状况，如执行率、违法率、社会反应等，为政策调整提供客观依据。同时，通过对大数据的分析，可以预测法规可能产生的长远影响，为未来的法治建设提供前瞻性指导。

案例研究是评估的实证方法。通过对典型案例的深度剖析，可以直观地揭示法律法规在具体情境下的执行效果，找出实施过程中的问题和挑战，为优化法规提供具体实例。案例研究也能够揭示法律法规对不同社会群体的影响，以确保法律的公平性。

公众作为法律法规的直接受影响者，他们的意见和建议是评估的重要参考。政府应设立有效的公众参与机制，鼓励公众参与法律法规的评估过程，通过问卷调查、公众听证会等方式收集公众的反馈，确保法律法规的实施既符合公众期待，又能维护公共利益。

同时，为了保证评估的公正性和透明度，政府应设立独立的评估机构，负责监测法规的实施情况，分析执行过程中的问题和漏洞。这个机构应具备专业的法律知识和独立的立场，以避免利益冲突，确保评估结果的公正性。此外，第三方独立评估也应被鼓励，这不仅能提供多元的视角，也能增加评估的公信力。

总的来看，法律法规的实施效果评估是一个复杂而严谨的过程，需要政府、专业机构和公众的共同参与。通过科学的评估，可以不断优化法律法规，使之更好地服务于社会，保障公正，促进社会公平和谐。

2. 法律法规的灵活调整。法律法规，作为社会秩序的基石，应具备动态适应性，以应对日新月异的社会变迁和环境演进。需要构建一套敏捷的更新机制，确保法律的时效性和前瞻性，以精准地框定新技术、新业态的边界，促进其健康发展。

首先，设立定期的法规复审制度，以周期性地评估现有法规的适用性和有效性，适时剔除过时条款，更新滞后规定。同时，应设立快速响应机制，面对突如其来的社会变革或技术创新，能够迅速制定或调整法规，防止法律真空的出现，保障社会运行的平稳有序。

其次，更为关键的是，对新兴领域的法规研究应具备前瞻性，预判未来可能出现的问题，防患于未然。这需要法学研究者、政策制定者以及业界专家的深度合作，通过跨学科的探讨，预测科技发展趋势，为法规制定提供科学依据。

最后，在法规调整的过程中，公众参与是不可或缺的一环。政府需广泛征求各利益相关方的意见，包括公民、企业、行业协会等，确保法规的公平性和公正性。公众参与不仅能够提升法规的公众认同度，也有助于防止法规制定过程中的片面性，确保法规的普适性和公平执行。

总的来说，法律法规的调整应是一个动态、开放、前瞻的过程，它既要反映出社会的现实需求，也要预见未来的可能变化。这样的法规，才能真正成为推动社会进步、保护公众权益的有力工具。

3. 保障法律法规有效性。当前，各地亟需全面梳理与国家法规冲突的政策，构建完善的地方法治监督架构和评估机制，以保障法制统一和执行效力。在市场准入、审批许可及运营等环节，需营造无歧视、公正的营商环境，包括深化监管体制改革，确立行政裁量权的合理边界，避免执法随意性和过度干预，提高执法透明度和公平性，从而增强市场参与者的信心，激发社会经济活力。让企业在投资、创新和经营活动中有更强的安全感和信任感，激励社会资本投入到新质生产力发展领域。[1]

---

[1] 参见陈兵：《以高水平法治促进新质生产力发展》，载《人民论坛·学术前沿》2024年第11期。

坚持顶层政策设计与实践刚性约束有效结合，打造稳定公平透明、可预期的法治化营商环境，确保各项法律法规之间的统筹协调和彼此融通。[1] 为了确保法律法规的全面、准确和公正执行，政府应当致力于执法机构的基础建设和能力提升，既包括提供充足的财政资源，以支持执法机构的日常运作和扩大执法范围，也包括投资先进的执法设备和技术，以提升执法的科技含量和精准度。同时，对执法人员进行持续的专业培训是必不可少的，这旨在提高他们的法律素养，确保他们能够熟练运用法律，公正无私地执行职务。

建立一个高效、透明的举报和投诉机制是公众参与法治监督的重要途径。政府应鼓励公众积极举报违法行为，通过设立热线电话、在线平台等多种方式，使公众能够便捷地行使监督权。同时，应建立健全的反馈机制，对每一起举报和投诉进行认真处理，对处理结果进行公开，以增强公众对法治建设的信心。

法治宣传教育是提升全社会法律意识的关键。政府应通过学校教育、社区活动、媒体宣传等多种形式，深入普及法律知识，弘扬法治精神，让尊重法律、遵守法律成为公众的自觉行为。同时，应特别关注弱势群体的法律教育，使他们了解并能运用法律保护自己的合法权益。

在必要时，政府应设立专门的法律法规执行基金，用于支持执法技术研发和创新。这包括数字化执法系统的开发、大数据分析在执法中的应用、人工智能在解决复杂法律问题中的探索等。通过科技手段，可以提高执法效率，减少人为错误，同时也能更好地保护公民的合法权益。

此外，还应健全法律法规的评估和修订机制，根据执法实践反馈，适时对法律法规进行修订和完善，以适应社会发展的需要，确保法律法规的时效性和适用性。同时，推动跨部门、跨领域的协同执法，以解决日益复杂的社会问题。

因此，确保法律法规的有效执行，需要政府、执法机构、公众以及科技的全方位配合，形成一个立体、动态的法治环境，让法治成为社会运行的基石，让公正公平的法治精神深入人心。

三、发挥行业协会与企业的作用

《中华人民共和国国民经济和社会发展第十四个五年规划和2035年远景目标纲要》强调，"充分发挥市场在资源配置中的决定性作用，更好发挥政府作用，推动有效市场和有为政府更好结合"。应注重激发社会组织的活力，特别是要提倡行业团体、产业联合体及平台公司在政府与市场之间担当中介角色，强化行业治理，以及促进市场主体发展先进的生产力。

（一）行业协会在新质生产力法律法规实施中的桥梁与纽带作用

行业协会，作为连接政府、企业、市场以及社会各方的重要平台，其本质属

---

[1] 参见高泓：《营造法治化营商环境：内涵与路径》，载《人民论坛·学术前沿》2023年第23期。

性决定了其在推动新质生产力法律法规实施中的独特作用。行业协会深谙行业内部运作机制，能够准确把握行业发展趋势及企业实际需求；行业协会与政府保持着密切的沟通联系，能够及时获取政策导向，反映行业诉求。因此，行业协会在推动新质生产力法律法规实施中，既是政策宣传的"扬声器"，也是企业声音的"传话筒"。

1. 组织行业交流与培训，提升法规认知。为了确保新质生产力法律法规的有效实施，行业协会首先需要通过组织行业内的交流与培训活动，提升企业对新法规的理解和遵守程度。这些活动可以采取政策解读会、专题研讨会、案例分析分享会等形式，邀请法律专家、学者及政府官员进行深入讲解，帮助企业全面了解新法规的精神实质和具体要求。通过同行间的经验交流与分享，企业能够相互学习、取长补短，共同提升行业整体的法规遵守水平。

2. 代表行业发声，推动政策优化。行业协会作为行业的代言人，有责任也有能力代表行业向政府提出合理诉求，推动政策制定与调整。在新质生产力法律法规的实施过程中，行业协会应密切关注企业的实际操作情况，收集并整理企业在执行过程中遇到的困难和问题，及时向政府部门反馈。行业协会还可以基于行业发展的整体利益，提出建设性的意见建议，推动政府部门对现有政策进行必要的优化和完善，以确保政策更加符合行业实际，更加有利于行业的健康发展。

3. 探索赋予行业组织一定的权力。未来还可探索将部分通行的技术标准与行业伦理等转化为行业自律准则，并通过法律法规授权的方式，赋予部分第三方组织实质权力，例如可对部分轻微、过失违法行为在权限范围内进行处置，以达至自我管理、自我服务、自我教育的目标。[1] 这也与新质生产力发展所要求的多方协同参与治理的理念相契合。[2]

（二）发挥企业在新质生产力法律法规实施与监督中的核心作用

新质生产力法律法规的制定与实施不仅为新兴产业的健康发展提供了法律保障，也为企业创新活动划定了清晰的边界。企业，作为市场经济的主体和法律法规的直接执行者，在新质生产力法律法规的实施与监督中扮演着不可或缺的角色。

1. 积极参与政策制定：从旁观者到参与者。

一方面，反馈实践经验，优化法律框架。企业作为新质生产力的实践者，拥有丰富的一手数据和实战经验。通过积极参与政策制定过程，企业可以将这些宝贵的实践经验反馈给立法机构，帮助政策制定者更准确地把握行业动态，预测未

---

〔1〕 参见徐汉明、张新平：《网络社会治理的法治模式》，载《中国社会科学》2018年第2期。

〔2〕 参见陈辉萍、徐浩宇：《新质生产力背景下平台常态化监管的法治化进路》，载《湖北大学学报（哲学社会科学版）》2024年第3期。

来趋势，从而制定出更加贴近实际、科学合理的法律法规。这种"从实践中来，到实践中去"的立法模式，能够显著提高法律的针对性和有效性。

另一方面，提前布局，把握政策红利。通过参与政策制定，企业还能提前了解政策走向，把握政策红利，为企业战略调整和市场布局提供重要参考。这不仅有助于企业抓住发展机遇，实现快速成长，也能为整个行业的健康发展注入新的活力。

2. 构建完善的风险防控体系：自我监管与行业规范的双重保障。

首先，强化内部的风险防控意识。企业要想在新质生产力领域稳健前行，就必须构建起完善的风险防控体系。这要求企业从高层到基层，全面树立风险防控意识，将风险防控理念融入企业文化之中，确保每一名员工都能自觉遵守法律法规，维护企业声誉和利益。

其次，建立健全风险防控制度。企业应根据自身业务特点和法律法规要求，建立一套完善的风险防控制度，明确风险防控责任，规范业务流程，确保企业在经营活动中不触碰法律红线。企业还应加强风险防控培训，提升员工的风险防控能力，确保制度得到有效执行。

最后，强化自我监管，促进行业规范。企业应积极参与行业自律，通过自我监管提升行业整体的规范性。企业可以通过参加行业协会、参与行业标准制定等方式，加强与同行之间的交流与合作，共同推动行业标准的建立和完善。这不仅能够提升企业自身的竞争力，还能为整个行业的健康发展贡献力量。

3. 促进法律与实践的深度融合：实现创新与规范的良性互动。

一方面，灵活应对法律变化，保持创新活力。新质生产力领域的发展日新月异，相关法律法规也在不断完善之中。企业应密切关注法律动态，灵活应对法律变化，及时调整经营策略和业务模式，确保在遵守法律的前提下保持创新活力。企业还应积极探索法律边界，勇于尝试新的技术和商业模式，为行业发展提供新的思路和动力。

另一方面，加强法律咨询与援助，降低法律风险。企业在面对复杂的法律问题时，应及时寻求专业的法律咨询与援助。通过聘请法律顾问、加入法律服务平台等方式，企业可以获得专业的法律建议和支持，有效降低法律风险。企业还应加强与司法机关、执法机构的沟通与合作，共同维护良好的法治环境。

四、公众参与新质生产力法律法规实施与监督的重要性与路径

公众参与作为监督体系中的重要组成部分，对于提升新质生产力法律法规的执行力、增强社会信任度具有不可替代的作用。

（一）公众参与的重要性

1. 拓宽监督渠道，增强监督效能。公众参与在法治建设中的角色至关重要，它不仅是民主监督的重要体现，也是法律实施精细化、公正化的有力保障。公众的深度介入，能打破信息壁垒，拓宽监督视野，使得法律法规的执行情况得到全方位、多层次的审视，及时揭示并矫正执行过程中的偏误和疏漏，以确保法治的公正性和公平性。

公众参与监督，能洞察并预防潜在的法律风险，保障新质生产力的发展在严格的法律框架内稳步前行。这种参与不仅是单向的监督，更是一种双向的互动，公众的反馈能促使法律法规更加贴近社会实际，更加人性化。

同时，公众的积极参与能激活社会的自我调节机制，构建起对政府行为、企业运营等多元主体的立体监督网络。这种监督力量的增强，不仅提升了法治的执行力，也强化了社会公正的防线，形成了一种有效的外部约束，推动了社会公平正义的实现，提升了法治社会的建设效能。

2. 提升公众认知，增强法律信仰。公众的深度参与在新质生产力法律法规的构建与实践中，构成了法治精神的生动体现，也是提升法治教育实效性的关键路径。公众法治意识还不能完全匹配新质生产力发展的要求。一些社会成员对创新活动的包容度和理解度不够，容易对创新成果产生怀疑和抵触情绪，影响了新质生产力的发展氛围。[1] 通过公开透明的信息发布，公众得以洞察立法的初衷，理解法规的深远意图和具体条文，从而深化对法治原则的认知，强化法律权威。公众咨询与听证会等形式，不仅赋予公众话语权，使法律制定更具有民主性和代表性，同时也使法律法规更接地气，更符合社会实际需求。

"法律信仰"是 20 世纪 90 年代以来的一个潮流词汇。谢晖教授认为法律信仰是指社会主体不仅具有法律信念，把法律规则作为行为准则，而且在实际活动中也严格接受法律的支配。[2] 陈金钊教授认为法律信仰与中世纪的上帝信仰如出一辙，中世纪的人们只有信仰上帝才能获救，现代社会公众只有信仰法律才会采取护法行动、成为法律主人。[3] 刘旺洪教授认为法律信仰是对法的一种心悦诚服的认同感和归依感，是人们对法的理性和激情的升华，是主体关于法的主观心理状况的上乘境界。[4]

公众的法治观念在参与过程中得以塑造，他们对法律法规的理解不再停留于表面，而是转化为内心的认同和尊重。这种信仰和尊重是法治社会的基石，它激

---

[1] 参见蒋坤洋：《让法治建设为新质生产力保驾护航》，载《社会主义论坛》2024 年第 6 期。

[2] 参见谢晖：《法律信仰概念及其意义探析》，载《宁夏大学学报（社会科学版）》1996 年第 3 期。

[3] 参见陈金钊：《论法律信仰——法治社会的精神要素》，载《法制与社会发展》1997 年第 3 期。

[4] 参见刘旺洪：《法律信仰与法制现代化》，载许章润等：《法律信仰——中国语境及其意义》，广西师范大学出版社 2003 年版，第 28 页。

发公众主动遵守法律，积极维护法律尊严，形成良好的法制环境。同时，公众的参与也促进了法律法规的完善，通过反馈实际问题和建议，有助于法律在实施中不断修正、优化，以更好地适应新质生产力的发展需求。

因此，公众参与不仅是法治建设的必要环节，更是推动法律法规有效执行，实现法治社会的重要动力。它在法律与公众之间构建起互动桥梁，使法治精神深入人心，为社会的和谐稳定和新质生产力的健康发展提供了坚实保障。

3. 促进社会和谐，增强信任度。公众参与不仅是民主法治的重要体现，也是实现社会公正的关键环节。公民积极参与法律制定和政策讨论，使得法规与政策更能反映多元社会的声音，从而消除信息不对称带来的误解和冲突，构建和谐的社会关系。公众参与的过程，实质上是法律与社会的互动过程，它确保法律的制定和执行更符合公众期待，更具备社会认同感。公众参与，能够催生出更具包容性和前瞻性的决策，因为广泛的公众意见能够揭示复杂的社会问题，防止决策的片面性和疏漏。决策的公正性和合理性在公众的参与下得以提升，使得法律法规的权威性和公信力得以巩固，进而提高社会对法律体系的尊重和遵守程度。

公众参与的深化，能有效化解社会矛盾，预防潜在冲突，因为通过公开透明的讨论，各方利益得到充分考量，共识得以形成。这种基于理解与共识的法制环境，是社会稳定的基础，也是经济持续健康发展的法治保障。公众参与机制，有利于连接法治与社会，增强法治的适应性和生命力，推动社会向着更加公正、公平、和谐的方向发展。

（二）公众参与的路径

1. 加强信息公开，保障公众知情权。信息公开，作为公众参与政策制定与执行的重要桥梁，构成了法治社会的基础和公众权益保障的前提。政府及企业应当秉持透明原则，积极主动地披露关于新质生产力的相关法律法规，包括其立法过程、实施细节以及后续的监督情况，以便公众能够全面、及时地获取并理解这些信息，从而实现知情权和参与权的有效行使。

为了确保信息公开的质量，应构建一套完善的信息公开监督体系，包括法规的定期审查、信息的实时更新以及反馈机制的建立。同时，要强化信息公开的问责制度，对于信息延误、失实或者不全的情况，必须有明确的追责路径，以此保证信息公开的及时性、准确性和全面性。

此外，应当注重公众的信息素养教育，提升公众获取、理解和利用信息的能力，以便他们在参与公共事务决策时，能够更有效地利用公开信息进行理性分析和判断。同时，保护个人信息安全，平衡信息公开与个人隐私权的关系，也是信息公开制度不可或缺的一环。

信息公开制度的建设，不仅是法治社会的必然要求，也是推动民主进程、保障公民权益、促进社会公正的重要工具。政府和企业应以此为重任，不断优化信息公开机制，真正实现信息的公开、公平、公正，让信息成为公众参与社会管理的有力武器。

2. 拓宽参与渠道，鼓励公众积极参与。政府应当积极推动公众参与机制的创新与完善，以确保公民的知情权、参与权和监督权得到有效落实。这其中包括构建数字化参与平台，利用信息技术打造透明、互动的在线决策参与系统，使公众能即时、全面地获取政策信息，同时方便其提交建议和诉求，提升政策制定的公众参与度。

此外，设立 24 小时公众咨询热线，提供专业、高效的咨询服务，是确保公民声音得以及时传达的重要途径。定期举办公开听证会，让公众直接参与政策讨论，使决策过程更具包容性和代表性。同时，政府应鼓励公众参与社区治理，通过社区会议、居民代表制度等，使基层民意得以充分表达。

此外，政府应积极引导和支持社会组织、媒体等第三方力量的监督角色。社会组织以其专业性和独立性，可以提供深度分析和专业建议；媒体则以其公信力和传播力，促进信息的公开与透明。通过多元化的监督格局，可以形成政府、公众、社会组织和媒体的四方互动机制，共同促进公共政策的科学化、民主化。

总之，拓宽公众参与渠道不仅是民主法治的内在要求，也是提升公共治理效能的关键。政府应持续优化参与机制，激发社会活力，构建开放、合作、共享的公共治理模式。

3. 提升公众素质，增强监督能力。公众的监督能力，作为社会治理的重要一环，其效能的发挥直接决定了公众参与的深度与广度。因此，政府有义务并应积极强化对公众的法律教育和培训工作，致力于提升公众的法律素养和监督能力，以构筑起坚实的法治社会基础。

应当构建多元化的法律教育平台，定期举办各类法律知识讲座，邀请法学专家解析法律条文，使公众能够理解法律的实质内涵和精神要义。同时，利用新媒体手段，如制作法律微课堂、发放法律宣传手册等，将法律法规知识传播到社会各个角落，确保公众获取法律信息的便利性。

在教育内容上，不仅应涵盖基础的公民法律知识，还应注重培养公众的法律思维和批判性思考能力，使他们在参与监督过程中能理性分析、公正判断。此外，引导公众理解并遵守监督程序，确保监督行为的有序进行，防止出现无序或过度监督的现象，以维护法律的权威性和公正性。

公众的法律素养提升并非一日之功，需要政府持之以恒地引导和培养，通过长期的法制宣传教育，使公众真正成为法治社会的积极参与者和监督者，从而推动社会公正，保障公共利益。

4. 强化监督结果运用,形成有效震慑。监督结果的运用是公众参与监督的核心机制,旨在确保公正透明,强化公众的法治信仰。政府应构建一套完善的监督结果反馈与运用体系,确保信息的及时、准确公开,以此增强公众的知情权和参与感。一旦监督过程中发现违法行为和问题隐患,必须严格按照法律法规进行深入调查,作出公正裁决,并通过公共平台予以公开曝光,以此形成有力的社会舆论压力,威慑潜在的违规行为。

同时,政府需建立健全跟踪问责机制,对监督结果进行持续性的跟踪,确保问题的整改落实到位。通过对监督结果的深度分析和评估,可以揭示制度漏洞,为政策优化和机制改革提供数据支持。此外,应定期发布监督报告,展示监督工作的进展和成效,以增强公众对监督体系的信任度。

同时,政府应积极推动监督机制的创新和完善,结合科技手段提升监督效能,例如运用大数据、人工智能等技术进行智能监测,提高发现问题的精准度。同时,加强法治宣传教育,提升公众的法治观念,营造全社会尊重法律、遵守规则的良好氛围,从而使监督工作真正发挥出预防和纠正问题、维护公平正义的重要作用。

公众参与新质生产力法律法规的实施与监督是保障其健康、有序发展的重要途径。通过加强信息公开、拓宽参与渠道、提升公众素质以及强化监督结果运用等措施,可以提升公众参与度和监督效能,增强社会对法律法规执行的信任度。

第五章

优化新质生产力的执法保障

政府行政机关是公权力的行使者,行政执法是行政机关行使权力、实施社会治理的主要方式,行政执法的质量和水平高低,关系着公民、法人和其他组织的合法权益。[1] 执法保障在新质生产力发展中扮演着至关重要的角色。公正、公平的执法环境是新质生产力发展的基础,它为创新活动提供了稳定和可预期的法律框架。有效的执法能够保护知识产权,激励企业和个人进行研发和创新,推动新质生产力的形成。执法监管可以防止市场滥用行为,维护公平竞争,确保新质生产力的健康发展。针对新质生产力可能带来的社会问题,如数据安全、隐私保护等,执法部门需要及时响应,制定并执行相应的法规,以确保技术进步与社会福祉。因此,执法保障是新质生产力发展中不可或缺的支撑。

第一节 新质生产力执法保障面临的问题与挑战

随着科技的飞速发展和全球化进程的加速,新质生产力已成为推动经济社会发展的重要力量。在这一背景下,执法机构在新质生产力领域的职能作用日益凸显,不仅关系到市场秩序的稳定,更直接影响到创新驱动发展战略的深入实施。人工智能、生物科技等新兴领域的兴起,不仅推动了社会经济的进步,也给传统的执法体系带来了前所未有的挑战。

一、新兴领域存在执法空白

新质生产力的崛起,以人工智能、生物科技等为代表,带领我们进入了一个

---

[1] 参见李坤轩:《社会治理法治化研究》,中国政法大学出版社2020年版,第51页。

科技飞速迭代的时代。然而，法律体系并未同步跟上这种创新的步伐，执法领域的空白因此暴露无遗。新兴技术的发展速度，似乎总是快于法律法规的制定与修订，这种"滞后性"现象在法律学界被称为"法律滞后"，它造成了对执法效率的实质性制约。

人工智能的应用范围已从最初的自动化生产扩展到智能决策、数据分析、甚至人类情感理解等多个层面。然而，涉及的法律问题也随之变得复杂且多元化。数据隐私问题最为突出，人工智能系统在收集、处理和使用个人数据时，如何在保障公众隐私权与推动技术创新之间找到平衡，是当前法律体系亟待解决的问题。此外，人工智能的决策过程往往缺乏透明度，其"黑箱"特性可能引发公正性、公平性争议，如何构建公正的人工智能伦理规则，也是法律需要填补的空白。生物科技，如基因编辑、生物信息学等，同样面临法律挑战。在科技进步带来的生命科学突破面前，传统的伦理道德边界显得模糊。例如，CRISPR基因编辑技术可能改变人类基因，涉及生命权、健康权以及生物安全等问题，法律应当如何回应，才能确保科技进步不偏离道德轨道？知识产权领域，新兴技术的发展也带来了新的挑战。例如，人工智能创作的作品版权归属问题，生物技术产生的新物种专利权问题，这些都对现有的知识产权法律框架提出了挑战。如何在保护创新者权益与促进科技发展之间找到平衡，需要法律的适时更新和精准解释。

面对这些执法空白，需要深入理解法律滞后性对执法公正性和公信力的影响。执法人员在处理新兴技术引发的案件时，由于缺乏明确的法律指引，往往陷入困境，这不仅增加了执法的难度，也可能导致公众对法律公正性的质疑。

二、执法资源分配不均

执法资源的分配问题逐渐成为法学领域亟待解决的关键议题。传统与新兴生产力的并存，形成了一种独特的经济结构，也对执法机制提出了新的挑战。传统行业，作为国家经济的基石，其深厚的根基和广泛的影响使得执法资源长期以来向其倾斜，包括执法人力、物力和财力的投入。这些资源的大量投入，无疑在维护传统行业稳定、打击相关违法行为上起到了积极作用。

然而，随着科技的进步和创新的驱动，新兴产业迅速崛起，它们对社会经济的贡献日益显著，甚至在某些领域已经超越了传统行业。这些新兴产业的特性往往决定了其对执法资源的需求具有特殊性，如对知识产权保护、数据安全监管等方面的需求日益增强。然而，现有的执法资源分配模式并未能及时适应这种变化，新兴产业的执法需求未能得到充分满足，其对应的执法资源相对匮乏。

这种资源分配的不均衡现象，不仅削弱了对新兴产业的法治保障，也可能导致违法行为的滋生。新兴产业的特殊性往往使得其更容易成为违法行为的潜在滋生地，如网络诈骗、侵犯知识产权等问题可能在缺乏有效执法监管的环境中愈演愈烈。对新兴生产力的保护力度不足，可能会抑制创新动力，影响经济的持续健康发展。

三、证据收集与鉴定的挑战

在当今这个数字化与智能化迅猛发展的时代，信息的产生、传播和存储方式发生了翻天覆地的变化。这一变革不仅深刻地影响了人们的日常生活，更对执法领域产生了深远的影响，尤其是在证据收集与鉴定这一关键环节上。

（一）数字证据的特性与挑战

1. 易篡改性与难追踪性。数字证据，如电子邮件、社交媒体聊天记录、电子支付记录等，不同于传统的纸质文件或物证，它们极易被篡改、删除或伪造。这种易篡改性使得数字证据的真实性和完整性在执法过程中容易受到质疑。数字证据的存储和传输往往依赖复杂的网络环境和多样的技术平台，一旦证据被篡改或删除，其原始状态和变化轨迹往往难以追踪，给取证工作带来了极大的困难。

2. 技术依赖性与平台特异性。数字证据的收集与鉴定高度依赖特定的技术平台和存储介质。不同平台之间的数据格式、加密方式和存储机制千差万别，这要求取证人员必须具备丰富的技术知识和专业技能，以便在多种复杂的系统中快速准确地提取和恢复数据。然而，现实中能够熟练掌握这些技术的专业人才相对匮乏，导致取证工作往往难以高效进行。平台特异性还可能导致证据在不同系统之间的兼容性问题，进一步增加了取证的难度。

（二）专业技术鉴定的困境

1. 对第三方机构的依赖。面对复杂的数字证据和专业技术问题，许多执法机构不得不依赖于第三方机构进行鉴定。然而，这种做法虽然能够在一定程度上缓解相关机构在技术和资源方面的压力，但也带来了新的问题。第三方机构的独立性和专业性往往难以保证，可能存在利益冲突或技术偏见，从而影响鉴定结果的公正性；第三方鉴定过程往往耗时较长且费用高昂，增加了执法成本和案件处理时间。

2. 标准与规范的缺失。目前，关于数字证据收集与鉴定的标准和规范尚不完善。不同国家和地区在实践中对数字证据的认定标准和取证程序存在较大差异，导致在跨国或跨地区案件中，数字证据的互认和采信成为一大难题。随着新技术的不断涌现和应用，现有的标准和规范往往难以跟上技术的发展步伐，导致新型数字证据的收集与鉴定缺乏明确的指导。

四、执法人员配置现状与挑战

（一）专业知识与技能的不足

尽管已建立起一支训练有素的执法队伍，他们在维护法律秩序、保障社会公正方面发挥了不可或缺的作用，但在面对新质生产力带来的技术挑战时，执法队伍的知识体系与技能储备显得捉襟见肘。新质生产力，尤其是与高新技术的深度融合，诸如人工智能、大数据、区块链等前沿科技，已成为推动经济社会发展的关键动力，同时也对执法环境产生了深远影响。

人工智能能够处理海量信息，大数据能揭示复杂的社会现象，区块链则以其去中心化和不可篡改的特性重塑信任机制，这些技术的运用，无疑对法律监管提出了新的要求。执法人员不仅需要理解这些技术的基本原理，更需掌握其在实际应用场景中可能引发的法律问题，如数据隐私保护、智能决策的法律责任、区块链的法律监管等。

然而，当前的执法队伍在科技素养方面存在明显短板，具备相关专业背景的人才凤毛麟角。这使得他们在面对如网络犯罪、知识产权侵权、技术滥用等新问题时，往往显得力不从心。

（二）跨部门协作机制的效率问题

新质生产力的提升所面临的一个关键挑战就是如何有效推动多领域、多部门的协同作业。这不仅涉及技术层面的整合，更包括制度和管理层面的深度协调。然而，当前的跨部门协作机制在实践中暴露出一些亟待解决的问题，其效率提升的空间仍然广阔。

首先，信息共享机制的不完善。在信息化时代，数据和信息是生产力的重要组成部分。实践中，我国政府信息资源标准化体系复杂多元，各部门在信息化、资源库和网络建设中采用的标准不一，导致了众多"信息孤岛"现象，阻碍了跨部门的无缝连接与信息共享，给互联互通带来了挑战。[1] 各部门各自为政，数据无法畅通无阻地在各个系统间流动，导致信息的碎片化，影响了决策的精准性和及时性，从而制约了生产力的提升。

其次，权责不清是协作中的另一大难题。在跨部门协作中，如果职责分配不明确，可能导致责任推诿，决策延迟，影响工作进度。明确且公正的权责划分是保证协作顺畅的基础，也是激发各部门积极性的关键。

最后，部门间的利益冲突也不容忽视。在资源有限的情况下，各部门可能会从自身利益出发，导致协作中的摩擦和冲突。解决这一问题需要建立公平公正的利益协调机制，以确保所有参与者都能在协作中获得合理回报，从而提高整体的协作效率。

五、公众认知与理解的局限

新质生产力不仅深刻改变了传统行业的运作模式，也为社会治理带来了全新

---

[1] 参见李卫东：《我国城市政府的数据调查和信息资源共享现状分析》，载《电子政务》2008年第10期。

的机遇与挑战。公众对于新质生产力的理解不足已成为当前执法领域面临的一大难题。

（一）公众理解新质生产力的困境

新质生产力的高门槛与复杂性。新兴技术的内核往往蕴藏着复杂的数学构架、精巧的算法逻辑以及多学科深度融合的创新思维，这些都是非专业人士难以企及的学术高地，需要深厚的理论基础和专业训练才能解读。对于公众而言，这些新兴技术只能从表面揣测其形态，却无法触及其实质。他们可能欣赏到技术带来的表象变革，如生活便捷的提升、工作效率的提高，却往往难以洞悉其内在的运行机制和深远影响，这在一定程度上限制了公众对新质生产力全面、深入地理解和评价。

公众存在一定的误解与抵触情绪。公众对新质生产力的理解常受限于表面现象，进而滋生出复杂的情绪反应。新兴科技，如人工智能、大数据等，被视为双刃剑，既被期待成为驱动社会进步的强大力量，又被认为是可能颠覆传统秩序的"未知力量"。一方面，部分公众担忧这些技术的广泛应用可能颠覆传统就业结构，引发大规模的职业危机，甚至挑战个人隐私的边界，威胁到基本的生存安全。另一方面，也有公众对新兴技术抱有过度的理想化期待，幻想它们能一举解决社会的种种难题，却忽视了技术的局限性、风险及其可能带来的新的社会不平等。他们未能认识到，技术本身并不能自动带来公正，而是需要法律的引导和伦理的约束。在执法领域，这种公众情绪的影响尤为显著。当新技术应用于执法，如人脸识别技术用于犯罪侦查，可能会引发公众对侵犯隐私权的疑虑，导致对执法行动的误解和抵触。此时，法律需要在保障公正执法与尊重公民权利之间找到微妙的平衡，同时，也需要通过透明的法规制定和执行，以及有效的公众教育，来缓解这种紧张情绪，确保科技的合理、公正使用。

（二）执法领域面临的挑战

1. 执法决策的科学性受到质疑。新质生产力的涌现，正在深度渗透到社会的各个领域，包括执法工作。然而，如何在执法实践中科学、合理且公正地运用这些新工具，以实现公正执法与公众信任的平衡，已成为法学研究和实务工作的一大挑战。

新质生产力的应用，旨在提高执法效率，减少人为误差，实现更精确的决策。以智能交通为例，大数据分析通过对海量交通数据的挖掘，能够预测和识别违章行为，从而对违章车辆进行精准查处，这是对传统执法方式的重要补充。然而，公众对新工具的理解和接受程度往往滞后于科技的发展，这在一定程度上引发了对新执法方式的误解和质疑。

部分公众基于对新技术的陌生感，将其对违章行为的精准识别解读为"技术歧视",认为这是对某些群体的不公平对待。他们可能忽视了大数据分析的本质是数据驱动,而非主观判断,其目标是实现公正。此外,对"数据造假"的担忧也可能源于对数据来源、处理过程的不透明。这要求执法机关不仅要有高效利用数据的能力,更要有公开透明的数据管理机制,以消除公众的疑虑。

同时,公众的这些质疑对执法决策的科学性构成了挑战。如果公众不理解或不接受基于新兴技术的执法决策,那么这些决策的合理性和有效性就会受到质疑,进而影响执法效果。更为重要的是,质疑也可能损害执法机关的公信力,降低公众对法律体系的信任度,这在法治社会中是不可忽视的问题。

2. 执法行动的执行难度增加。公众对新质生产力的理解偏差和本能的抵触情绪,往往构成执法行动的复杂的社会环境,使得执法实践遭遇前所未有的挑战。新质生产力无疑对社会结构、经济形态以及日常生活产生了深远影响。然而,这种影响并非全然积极,其副作用和潜在风险可能引发公众的恐慌和误解,进而转化为对执法行动的抵触。

在具体的执法过程中,执法人员时常遭遇公众的质疑,他们对新质生产力带来的变革感到陌生甚至恐惧,这种情绪可能转化为对执法决定的不理解和反对。抗议活动时有发生,甚至在极端情况下,暴力抵抗也可能成为对抗执法的手段。这种局面不仅极大地提升了执法成本,包括物质资源的消耗和时间的延误,还加剧了执法机关与公众之间的信任鸿沟,破坏了社会和谐稳定的基础。

第二节 加强执法机构与人员建设

执法机构与人员在新质生产力中扮演着重要角色,是确保新质生产力得以健康、有序发展的守护者。通过执行法律法规,维护市场秩序,打击违法行为,保护知识产权,促进科技创新,确保企业在公平竞争的环境中发展,为新质生产力的提升提供坚实的法制保障。

执法机构的效能和人员素质直接影响着新质生产力的转化与应用。加强执法机构与人员建设,不仅是为了应对层出不穷的新问题和挑战,更是为了提高执法效率,确保法治的权威性和公正性。高效、专业的执法队伍能够及时发现并解决新质生产力发展中的法律问题,预防和减少潜在的法律风险,维护社会稳定,保障公民的合法权益。高素质的执法人员能够准确理解和适用法律,为新质生产力的创新活动提供清晰的法治导向,激发社会创新活力,推动经济高质量发展。因此,加强执法机构与人员建设,已经成为当前的一项迫切任务。

一、优化执法机构设置与职能划分

当前，执法机构的设置多沿袭传统模式，往往存在部门间职责交叉、执法效率低下等问题。一些执法机构在面对新质生产力带来的挑战时，如高科技产业、互联网经济等新兴领域的监管，表现出应对能力不足。执法资源分散，缺乏统一协调，导致执法效果打折，同时也影响了公众对执法公正性的信心。

（一）构建新型执法机构

构建新型执法机构，其核心目标在于提升执法效率与公正性，以适应社会发展和公共需求的日益复杂化。这要求打破传统的部门分割，消除信息孤岛，推动执法职能的有机整合，构建起一个高效、公正、透明的执法体系。

首先，设立跨领域的综合性执法机构是实现这一目标的重要途径。该机构应具备广泛的执法权限，能够覆盖新质生产力领域的各类执法工作，包括科技创新、新兴行业监管等。其核心任务是协调各部门的执法行动，避免执法空白和重叠，确保对新经济、新业态的有效监管，同时保证政策执行的一致性和连贯性。

其次，强化专业化分工是提升执法效能的关键。针对特定的执法领域，如环境保护、知识产权保护、网络安全等，应当设立专门的执法队伍。环保执法队伍应具备深厚的环境科学知识，能够对环境污染行为进行精准打击；知识产权执法队伍需精通相关法律法规，才能有效保护创新成果；网络安全执法队伍则需具备高超的技术素养，以应对日益严峻的网络犯罪。这些专业执法队伍的存在，旨在提高对新兴问题的反应速度，提升处理复杂问题的专业能力，确保公正、公平、精准地执法。

最后，新型执法机构的构建还需要注重法治建设。执法过程应严格遵循法定程序，保障公民的合法权益，避免执法滥用和过度执法。同时，执法信息公开和公众参与机制的完善，能够增强公众对执法的信任度，提高执法的公信力。

（二）优化职能划分

职能划分的科学性与高效性是法治社会建设中的关键环节，其核心在于遵循科学性原则，以确保执法工作的精准性和高效性。在构建执法体系时，应保证每一项执法任务都有其明确且不容混淆的责任归属，这是法治公正的基石，也是防止执法混乱的必要条件。

首先，基于法律法规的权威性，需要对不同执法机关的权限进行清晰界定。这既涉及对法律条文的精确解读，也包括对法律精神的深刻理解。每一家执法机构的职能和职责都应有法可依，有据可循，从而防止在实际操作中出现职能交叉或者职责空白。这种明确的权限划分，既是对执法者职责的清晰界定，也是对公民权益的有效保障。

其次，科学的职能划分还要求关注执法效率。在当前快速发展的社会环境中，执法工作需要适应新质生产力的发展，这就需要通过流程再造，对执法程序进行深入的优化，既要剔除冗余的环节，简化复杂的流程，也要在保证公正的前提下，尽可能地降低执法成本，提升执法效率。这不仅有助于提高执法的及时性，更能确保执法资源的合理配置，以应对日益复杂的社会问题。

最后，执法效率的提升是优化职能划分的重要目标。在信息爆炸的时代，快速反应和高效执行是执法工作的生命线。因此，应在保证执法质量的前提下，探索并实施能够加快执法速度的策略，如采用科技手段提高执法效能，利用大数据分析预测和防范潜在的违法行为，以此提升执法速度，更好地维护社会秩序。

（三）建立跨部门协作与信息共享机制

新质生产力的发展过程不可避免地伴随着一系列复杂的治理挑战，例如多部门执法中的协调难题，已成为制约高效治理与高效服务的一大因素。为解决这一问题，建立跨部门协作机制与高效的信息共享平台显得尤为重要。

1. 跨部门协作机制。随着国家治理体系和治理能力现代化的深入推进，传统的单部门管理模式已难以适应复杂多变的社会现实。面对新质生产力发展带来的新业态、新模式，单一部门的监管模式往往显得力不从心，容易导致监管空白或重叠，甚至引发矛盾冲突。因此，跨部门协作机制成为提升治理效能、实现高效监管的必然选择。

跨部门协作不仅能够汇聚各方力量，形成监管合力，还能有效避免部门间的推诿扯皮现象，提高问题解决效率。通过跨部门协作，不同部门之间可以相互学习、取长补短，共同提升治理能力和服务水平。这对于构建协同高效、统一规范的监管体系具有重要意义。跨部门协作本质上是一项体系化的综合任务，它牵涉多种管理实体，复杂性显著。在推行跨部门协作时，需克服协同效率、组织架构、责任分配的挑战，同时需弥合制度建设和精细化管理的不足，以解决潜在问题。[1]

首先，建立定期联席会议制度。跨部门联席会议制度，作为一种高效的信息交流与协作机制，对于推动法治社会的建设具有重要意义。它旨在打破部门间的壁垒，构建一个开放、透明、互动的决策与执行平台，以实现政策协同和资源优化配置。这一制度的核心在于，通过定期的联席会议，各部门能够就共同关注的议题展开深入研讨，确保政策制定的合法性、合理性和有效性。在联席会议中，各部门可以详细阐述各自在相关议题上的立场和观点，每个部门都能明确自身的职责范围，理解并尊重其他部门的职能，从而避免工作上的冲突和重叠，提高整

---

[1] 参见周志忍、蒋敏娟：《中国政府跨部门协同机制探析———一个叙事与诊断框架》，载《公共行政评论》2013 年第 1 期。

体行政效率。同时，这种机制也为解决新质生产力执法监管过程中的法律难题提供了有效途径。各部门可以共同探讨法律适用的新情况、新问题，寻求法律解释的一致性，确保法治的统一性和稳定性。联席会议的常态化机制是其运行的关键。这要求定期召开会议，及时通报各部门的工作进展，分享信息，讨论问题。这种机制保证了信息的快速传递，使得决策者能迅速响应社会变化，及时调整策略，防止因信息滞后导致的决策失误。同时，问题的及时解决机制能够快速应对突发情况，降低法律风险，维护社会的稳定和公正。此外，联席会议也是推动法治创新的重要平台。各部门可以在会议上交流各自的法治实践经验，共同探讨法治建设的新理念、新方法，推动法治的完善和发展。通过这种方式，可以将部门间的竞争转化为合作，形成法治创新的合力，进一步提升国家法治水平。

其次，联合执法行动。新质生产力的涌现，带来了前所未有的社会变革，也对执法领域提出了新的挑战。面对这些重点领域和亟待解决的问题，跨部门联合执法行动显得尤为必要且紧迫。这种执法模式，实质上是法学理论中的协同治理理念在实践中的具体体现，旨在提升执法效率，优化执法效果，确保法治的公正与公平。联合执法的核心在于部门间的协同合作。各部门共同参与执法方案的制定，通过深入讨论，明确执法重点和程序，可以确保执法的科学性和针对性，避免因信息不对称或理解差异导致的执法偏差。联合执法的实施，使得执法力量得以集中，形成合力，增强了对违法行为的威慑力，有助于维护法律的权威性和严肃性。同时，通过统一的执法行动，能够防止各部门间可能出现的执法重叠，减少资源浪费，也避免了可能的执法冲突，确保了执法的和谐与统一。联合执法还有助于提高执法的透明度和公正性。各部门的共同参与，使得执法过程更加公开，增强了公众的监督力度，防止了执法的任意性和不公，确保公民的合法权益得到充分保障。同时，这种模式也有利于部门间的经验交流和资源共享，提升整体的执法能力和水平。

最后，信息共享平台的建设。政府跨部门信息资源共享交换平台源于各政务服务业务系统，它梳理并量化各部门的信息资源，挖掘政府的数据资产。该平台采集并整合了各部门的行政管理数据，以及企业和公众的社会数据，有效破除"信息孤岛"，实现跨部门的数据交换与共享，为构建智慧治理的信息化体系奠定了坚实基础。[1]构建基于现代信息技术的跨部门信息共享平台，对于推进执法工作的高效协同和数据实时更新至关重要。这一平台不仅是技术层面的创新，更是法律实践中的重要突破，它旨在打破部门壁垒，实现信息的无缝对接和流

---

[1]参见谭九生、李猛：《智慧治理视域下跨部门政府信息资源共享的阻碍与纾解》，载《行政与法》2021年第8期。

通。信息共享平台的核心功能在于数据交换，通过标准化的数据接口和协议，确保各个部门能够实时、准确地获取和传递执法数据。这有助于消除信息孤岛，提高执法效率，为决策提供实时、全面的数据支持。平台的存储功能确保了海量执法数据的安全保存，为历史数据的查询、对比和研究提供了可能。同时，通过对数据的分类、整理和备份，可以防止数据丢失，维护数据的完整性。平台应具备大数据分析能力，能对执法数据进行深度挖掘，揭示隐藏的模式和趋势，为预防和解决法律问题提供预见性策略。同时，平台需建立健全的数据安全管理制度，强化访问控制，防止非法获取和滥用信息，保障信息的机密性和公民的隐私权。同时，要符合相关法律法规，确保数据处理的合法性，维护公正公平的执法环境。

2. 信息共享机制的实施路径。

首先，明确信息共享的范围和标准。在构建信息共享机制的过程中，首要任务是确立详尽的信息共享范围，这涉及明确哪些类型的数据可以被共享，哪些应当严格保密。应充分考虑各部门的职能特性，确保信息的流通性与保密性达到平衡。同时，设定统一的信息共享标准，所有参与共享的部门应遵循一致的规程和准则，以防止因操作不一导致的混乱或误解。信息共享标准应包括数据格式规范、权限分级、访问控制以及数据加密等要素，以确保信息在传输、存储和使用过程中的完整性和安全性。此外，还需设立严格的信息使用规定，防止信息的滥用或误用，以保护与数据有关的合法权益不受侵犯。为保障信息共享的合法性，应参照相关法律法规，如数据保护法、网络安全法等，对信息共享活动进行规范性审查。任何信息的获取、处理、传输和使用都应符合法律要求，防止非法获取和使用信息的行为。同时，设立有效的监督和审计机制，定期对信息共享行为进行审查，能及时发现并纠正可能存在的问题，增强信息共享的安全性。

其次，强化技术支撑与保障。信息共享机制的构建与运行，本质上是对现代信息技术的深度运用与创新，这对技术基础设施和安全保障提出了严苛要求。因此，必须持续加大技术投入，不仅包括硬件设备的更新升级，也涵盖软件系统的研发优化，以打造适应信息共享需求的高效平台。在信息安全层面，应构建多层次、全方位的防护体系。运用先进的加密技术，确保信息在传输与存储过程中的机密性，防止数据泄露；实行严格的身份认证机制，确保只有授权用户能访问相应信息，防止非法侵入。同时，应定期进行安全审计和风险评估，以便及时发现并处理潜在威胁。技术人员的角色至关重要，他们不仅是信息系统的维护者，也是安全策略的执行者。因此，需要加强对技术人员的专业培训，提升其在信息安全领域的知识和技能水平，同时建立健全的管理制度，确保他们的操作符合安全规范，以提高信息系统的整体管理水平。此外，法律层面的保障也不可忽视。应依据相关法律法规，制定完善的信息共享政策和规程，明确权责，规范行为，以法律的刚性约束力确保信息共享的合法、规范，从而在技术与法律的双重保障下，推动信息共享机制的稳健运行。

最后，完善制度保障与监督机制。应由立法机关制定详尽的法律法规，明确界定信息共享的法律地位，规定各参与方的权利、义务以及责任，以法律形式保障信息共享的公正、公平与透明。同时，出台具体的操作指南和政策文件，规范信息的收集、处理、存储、传输和使用流程，确保信息共享的合法性；建立多层次、全方位的监督机制至关重要，包括内部审计、外部审计以及第三方独立监督，以确保信息共享过程的规范性。应设立专门的信息共享监管机构，负责对信息共享活动进行实时监控，防止信息滥用、泄露和误用。此外，定期进行信息共享效果的评估，依据所获得的反馈信息优化流程，提升信息的准确性和及时性；应强化信息安全防护措施，运用先进的加密技术和权限管理，保障信息在共享过程中的安全。同时，建立信息争议解决机制，对可能出现的权益纠纷提供及时有效的解决途径，维护各方的合法权益；通过法律教育和培训，提升所有参与者的信息法治意识，使他们充分理解并遵守信息共享的相关规定，形成良好的信息共享文化，从而推动信息共享机制的持续、健康发展。

二、提升执法人员专业素养与技能水平

新质生产力的发展，使执法工作呈现出一些新的特征。例如，执法环境日益复杂，信息量大、传播速度快；执法手段不断更新，科技含量显著提升；执法标准更加严格，对公正性、透明度的要求更高。因此，执法人员必须具备更高的专业素养和更全面的技能水平，才能适应这些变化。执法人员的专业素养与技能水平是确保公正、公平、高效执法的基础，它涵盖了法律知识的积累、良好的职业道德、敏锐的法律意识和高超的沟通能力。在新质生产力发展的背景下，执法人员需要具备与时俱进的法律理解和应用能力，以及处理复杂社会问题的智慧。专业素养的提升有助于提高执法公信力，增强社会公众对法律制度的信任，促进社会和谐稳定。

（一）深化法律知识的学习

对于执法人员而言，深入理解和掌握法律，不仅是职责所在，更是确保公平公正执法的必要前提。宪法，作为国家的根本大法，规定了公民的基本权利和义务，执法人员应将其视为执法活动的最高准则，以确保公民权益不受侵犯。行政法，则是规范政府行政行为的法律，执法人员需要熟悉其规定，以防止滥用职权，确保行政行为的合法性与合理性。在处理日常行政事务时，执法人员应遵循行政法的原则，如依法行政、公平公正、程序正当等，以维护公共利益和社会秩序。

此外，随着科技的快速发展，新质生产力法律法规的出现，如数据保护法、网络安全法等，对执法人员提出了新的挑战。执法人员需密切关注这些新兴领域的法律动态，学习并理解新的法律条款和司法解释，以便在涉及新技术、新业态的执法工作中，能准确适用法律，避免因知识更新滞后而导致的执法偏差。

在法律学习过程中，执法人员不仅要关注法条本身，更要理解法律背后的立法精神和价值取向。这需要通过案例分析、法律研讨等方式，提升法律思维能力和实际操作技能。同时，定期的法律培训和考核，也是确保执法人员法律知识更新和完善的重要手段。

同时，建立终身学习机制。执法人员必须树立终身学习的理念，不断更新自己的知识结构和技能水平。鼓励和支持执法人员参加各类培训和进修课程，提升自己的综合素质和业务能力。执法人员应始终保持对法律的敬畏之心，不断提升自身的法律知识和技能，以实现法律的正确实施，维护社会的公正与和谐。

（二）加强职业道德教育

良好的职业道德是执法人员的灵魂，这不仅要求执法人员具备深厚的法律知识，更需要他们秉持高尚的职业道德，以确保法律的公正执行，维护社会公平正义。

职业道德教育是塑造执法人员道德品质的首要途径。这种教育应深入执法人员的价值观塑造中，使他们树立正确的法律信仰，将公正、公平、公开的原则内化于心、外化于行。执法人员应牢记自己的权力来源于人民，因此必须以服务人民、维护人民权益为宗旨，坚决抵制任何形式的权力滥用和特权思想。同时，应树立正确利益观，坚决抵制任何形式的贪污腐败，始终保持清正廉洁，做到执法为民，不谋私利。

建立健全职业道德评价机制，是保障执法人员职业道德实施的重要环节。应实行定期的职业道德考核，对执法人员的日常工作行为进行监督和评价，确保他们在执法过程中始终坚守职业道德。对于违反职业道德的行为，都应依法依规进行查处。职业道德评价机制既是对个体的约束，也是对整个执法队伍的警醒，能够有效防止道德风险，维护执法队伍的纯洁性和公信力。

此外，职业道德教育和评价机制的构建，还需要全社会的广泛参与和监督。公众有权了解和评价执法人员的行为，这既能增强执法的透明度，也能促使执法人员时刻保持警惕，提升他们的职业道德水平。同时，应建立有效的投诉举报机制，鼓励公众对违反职业道德的行为进行举报，形成社会监督的强大力量。

（三）加大科技创新在执法中的应用

在当前新质生产力浪潮中，执法领域的挑战与机遇并存。执法人员不仅要有深厚的法律知识，更要有对现代科技的敏锐洞察和熟练运用的能力。科技创新已成为执法现代化的重要推动力,大数据、人工智能、云计算等前沿技术,已逐渐成为执法工作的有力工具,无人机技术在环保执法中得到广泛应用,能够实时监测环境污染源,提高执法的精准度。智能执法终端的使用,如配备人脸识别和大数据分析功能的执法记录仪,使得执法人员能快速识别违法者并进行有效处理。区块链技术的应用,提高了执法信息的安全性和不可篡改性,提升了执法的公信力。但科技创新在提升执法效率、确保公正公平的同时,也对执法人员的知识结构和技能水平提出了新的要求。

要组织开展关于大数据、人工智能、云计算等前沿技术的培训。大数据技术的应用,使得执法人员能够从海量信息中挖掘出有价值的线索,进行深度的数据分析,从而进行精准的案件预测和决策。这需要执法人员具备数据挖掘、分析和解读的能力,以便能够理解数据背后的社会现象和法律问题;人工智能的引入,能够实现智能研判,通过算法模型预测行为并判断其合法性,从而减轻执法人员的工作负担,提高执法的准确性和公正性。这就要求执法人员理解人工智能的运作原理,并能够在实际执法中合理运用;云计算技术的运用,使得远程监控、跨地域协作成为可能,因而提高了执法的时效性和覆盖面。执法人员需要学习如何在云端进行信息共享、资源调度,以及如何在不侵犯隐私权的同时,有效进行远程执法。

加强信息化与智能化建设,推动执法工作向数字化、智能化转型,是时代发展的必然趋势。这不仅涉及技术层面的培训,更涉及思维方式的转变,执法人员需要从法律、科技、社会等多维度理解新技术在执法中的作用,以适应并引领这一变革。只有通过系统性的科技培训,提升执法人员的科技素养,才能保持执法工作的高效、公正和先进性。

(四)强化实战技能训练

1. 实行多元化的训练。实战技能,对于执法人员而言,是执行法律任务的利器。通过多元化的训练手段,如模拟实战情境以测试和提升执法人员反应速度和决策能力,深度剖析典型案例以增强执法人员的法律理解能力和应用技巧,以及实地观察学习以便执法人员熟悉执法程序和公众互动策略。

2. 进行危机管理训练。在处理突发事件时,执法人员应具备迅速评估、果断行动的应急处突能力,这需要通过专门的危机管理训练来培养。同时,面对复杂的案件,执法人员能灵活运用法律知识,协调多方关系,这就需要培养其沟通协调和解决问题的技巧。

3. 建立健全执法考核机制。考核应包含执法人员在模拟场景中的表现、处理实际案例的成效,以及在实际执法中的沟通和协调能力,从而检验训练效果,激励执法人员不断提升自我,以适应执法工作的日益复杂化,确保执法工作的公正、公平、高效。

三、强化执法队伍的监督与管理

（一）监督机制的完善与落实

对于行政机关而言，行政权力是一把"双刃剑"。没有制约和监督的权力，必然导致腐败。[1] 监督机制的构建与完善对于法治社会而言至关重要。"一个成熟的法治社会，不仅要通过法律约束老百姓，更要约束官吏，并有效制衡公权力，在私主体受到公权力的侵害之后，法律应当对其提供充分的救济。"[2] 一个健全的执法监督机制应当包含内部监督、外部监督与社会监督三大层面，形成多元、立体的监督网络，以确保执法行为的公正无私，防止权力滥用。

1. 内部监督。内部监督作为执法机关自我约束、自我完善的关键环节，是执法监督机制的基础。它要求执法机关建立健全内部监督体系，通过设立专门的监督机构、明确监督职责、完善监督程序等方式，对执法活动进行全方位、全过程的监督。

内部监督的有效性首先取决于监督机构的独立性。监督机构应当独立于被监督的执法部门，并直接对其上级机关或特定监督委员会负责，以确保其能够客观、公正地履行职责，不受外界干扰。

内部监督应涵盖执法活动的各个环节，包括执法依据的合法性、执法程序的正当性、执法结果的公正性等方面。通过定期审查执法案卷、开展执法质量评查、实施执法过错责任追究等措施，确保执法活动严格依法进行。

内部监督应采用多种监督方式相结合的模式，如日常监督、专项监督、个案监督等，以提高监督的针对性和实效性。利用现代信息技术，如建立执法信息平台、实行执法过程全记录等，提高监督的透明度和科技含量。

2. 外部监督。外部监督作为对执法机关外部力量的约束和制衡，是执法监督机制的重要组成部分。它主要包括立法监督、司法监督以及舆论监督等。

立法监督具有权威性和强制性，能够促使执法活动在法律的框架内进行。这种监督涉及对执法程序和结果的公正性评估，旨在维护法律的权威性和一致性，避免执法过程中的恣意妄为，实现法治的公平正义价值。例如，为全面落实《江苏省行政执法监督办法》，构建"1+3+X"三项制度规范体系，无锡市司法局在全省率先出台《镇街综合行政执法指导规范》，向社会公布相对集中处罚权事项目录清单，探索实施包容审慎监管，持续提升各级行政部门依法行政、依法决策的能力。为更好地促进民营经济健康发展，无锡市司法局建立行政执法监督服务

---

[1] 参见李坤轩：《社会治理法治化研究》，中国政法大学出版社2020年版，第51页。
[2] 宋功德：《建设法治政府的理论基础与制度安排》，国家行政学院出版社2008年版，第5页。

高质量发展常态长效机制,在全市建立100个行政执法监督基层联系点,聘任特邀行政执法监督员,收集社会各界对涉企执法意见建议,促进行政执法机关严格、规范、公正、文明执法,以执法监管的"温度"提升营商环境的"热度"。[1]

司法机关对执法机关的执法行为进行司法审查和监督,对行政行为的合法性进行严谨的审视与判断,旨在防止权力滥用,保障执法公正与公平。司法监督具有独立性、公正性和终局性等特点,能够有效纠正执法过程中的违法行为,保障公民的合法权益。这一过程涉及对法律规则的忠实解释和适用,要求对执法程序的每一个环节进行细致入微的审查,确保符合宪法原则和法治精神。通过司法监督,司法机关能够纠正执法错误,防止冤假错案,维护公民的合法权益,从而在权力运作与公民权益之间构建起坚实的保护屏障。

舆论监督作为社会监督的一种重要形式,具有广泛性、及时性和影响力大等特点。通过新闻媒体、网络平台等渠道,公众可以对执法机关的执法活动进行监督和评价,形成强大的社会舆论压力,促使执法机关依法行使职权。媒体作为社会公众的舆论代表,其独特的监督功能在法治社会中扮演着至关重要的角色。媒体不仅是信息传播的桥梁,更是公正公开的守护者。透明且及时的执法信息公开,不仅符合法治原则,也能够充分接受媒体的监督,确保权力在阳光下运行。媒体监督能够有效防止执法不公,促进司法公正,同时也是公众参与法治建设的重要途径。这种动态的监督机制,通过媒体的镜像反射,能够揭示问题,并推动法治环境的持续优化,进而构建更加公正、公平、透明的社会秩序。

3. 社会监督。社会监督是执法监督机制中不可或缺的一环,它体现了公众参与和民主监督的精神。通过建立健全公众参与机制、拓宽监督渠道、保障监督权利等方式,鼓励和支持社会各界对执法活动进行监督。以第三方监督为例,行业协会、新闻媒体及公益组织等第三方机构,可以通过社会舆论、行业准则等外在机制,实现监督,相较于政府部门的监管,社会组织监督的力度虽相对较弱且无强制执行力,但其优势在于监督领域更广、专业性更强,可实现场景化监督。[2]

公众的参与构成了广泛的外部监督力量,他们的监督权应当得到充分保障,如通过公众听证会、意见征询等方式,使公众能够对执法活动进行监督。群众的参与和监督是执法公正的保障。许多地方通过开发手机应用程序,让公众可以实时举报违法行为,增强了社会监督。执法信息公开制度的实施,让公众能够了解

---

[1] 参见郑弋、张永明:《无锡高水平法治建设护航发展》,载《江苏法治报》2024年8月26日,第1版。

[2] 参见陈辉萍、徐浩宇:《新质生产力背景下平台常态化监管的法治化进路》,载《湖北大学学报(哲学社会科学版)》2024年第3期。

执法过程，提升了执法的透明度。定期举办的公众开放日活动，使市民有机会了解执法工作，增进了市民与政府之间的理解和信任。设立专门的投诉举报渠道，确保了公众意见的有效反馈和问题的及时解决。通过公开执法信息，如执法流程、决定理由、处理结果等，使执法行为在阳光下进行，便于公众的审视。同时，应鼓励公众通过各种方式参与监督，如投诉举报、参与社区治理等，让公众成为执法公正的守护者。

落实监督机制的关键在于严肃查处违规行为。对于违反执法规定的，应依法严肃处理，绝不姑息，以此形成强大的震慑力，增强监督的实效性。同时，应完善责任追究制度，确保每一位执法者的权力都在法律的框架内运行，让执法者自觉公正执法。

综上，构建和完善执法监督机制是一项系统工程，需要内部、外部和社会三方面的共同努力，形成全方位、全过程、全链条的监督网络，以确保执法公正，维护社会公平正义，推动法治社会的健康发展。

（二）绩效考核与激励机制的建立

绩效考核在执法人员的工作评估中占据核心地位，既是一种衡量工作成效的工具，更是推动执法公正、公平、高效的重要措施。考核指标的设定应遵循科学性、全面性原则，涵盖执法效率、公正性以及公众满意度等多个维度。执法效率是衡量执法人员处理案件速度和质量的关键指标，它涉及法律的执行速度和案件的解决周期，要求执法人员在保证处理案件质量的同时，尽可能提高工作效率，减少司法拖延。公正性则是执法的灵魂，要求执法人员在执行法律时，不偏不倚，不受个人情感、利益或其他非法律因素的影响，确保每一起案件的处理都基于法律的公正裁决。这需要考核机制对执法人员的法律素养、公正判断力以及道德操守进行深度评估。公众满意度作为另一重要考核指标，体现了执法工作的社会效果。执法人员的工作不仅仅是对法律的执行，更是对社会公正的守护，因此，公众对执法工作的认可程度，反映了执法活动的成效和公信力。应通过调查、反馈等方式，定期收集公众对执法工作的评价，以群众满意度为衡量标准，衡量出执法工作的实际效果。

激励机制则是激发执法人员积极性的关键环节。执法工作往往面临诸多复杂的情况，任务繁重且责任重大。从内在激励来看，合理的晋升机制、荣誉授予等能够让执法人员看到自身职业发展的希望，从而激发他们不断提升业务能力、积极投入工作的热情。外在激励方面，适当的物质奖励，如奖金、补贴等，可以补偿执法人员高强度工作的付出。一套完善的激励机制能够营造积极向上的工作氛围，提高执法人员的职业认同感和归属感。当执法人员感受到自身的努力被认可、被回报时，他们在面对执法中的挑战时将更有动力去克服，从而有助于提升执法的效率和质量,对整个执法体系的良好运行有着不可替代的推动作用。

(三)执法队伍的纪律与作风建设

执法队伍的纪律与作风建设,对于构建法治社会、维护社会公平正义、保障执法公信力有重要意义,其核心在于强化执法人员的法治思维,并始终秉持法律至上的原则,坚决杜绝任何形式的职权滥用。执法人员的每一个行动,每一项决策,都应以法律为准绳,以公众利益为考量,以公正无私为操守。

在作风建设方面,应大力倡导公正、廉洁、高效的工作理念,塑造公正执法的形象。对待相对人应一视同仁,不偏不倚,不因个人好恶或利益影响执法判断。坚决抵制任何形式的腐败,保持清正廉洁,不以权谋私,不接受任何形式的利益输送。执法过程中,以最快的速度、最精确的判断,解决社会问题,满足公众期待。为强化执法人员的法治观念,应定期举办法律知识培训和研讨活动,使他们时刻保持对法律的敬畏之心,并不断提升法律素养,确保执法行为的合法性。同时,通过模拟案例分析、实战演练等方式,提升执法人员在实际操作中的法律应用能力,使他们能在复杂环境中准确运用法律。

(四)违法违纪行为的严肃处理

应构建完善的违法违纪举报体系,确保每一份举报都能得到迅速、公正的反馈和处置。对于违法违纪的执法人员,不仅要依法依规施以应有的行政或刑事处罚,同时也要追究其所在单位的监管责任,以示警戒,推动单位内部管理的完善。对于失职失察的管理层,应依据相关法律法规进行问责,以此强化责任传导,提升执法队伍的管理水平。

此外,通过定期公开典型案例,深入剖析问题根源,以警示执法人员,使他们始终保持敬畏之心,同时可以教育公众,提升社会监督的作用。

第三节 创新执法方式与方法

执法方式与方法是确保法律实施和维护社会公平正义的重要手段,关系到法律的权威性、公正性和有效性。传统的执法手段往往侧重于事后处罚,忽视了预防和引导的重要性。这种单一的执法模式在面对复杂的社会问题时显得力不从心。例如,对于环境保护、安全生产等领域,单纯的惩罚性执法往往无法从根本上解决问题,反而可能催生出逃避监管的行为。执法手段的多元化,包括教育引导、预警机制、合作治理等,是提升执法效能的关键。在一些地区和部门,执法效率低下,案件处理周期长,导致公众对执法的信任度下降。由于执法资源分配不均,一些重要领域和关键环节的执法力度不足,影响了执法效果。执法过程中的信息不透明，使得公众对执法结果的接受度降低，不利于社会秩序的维护和公众权益的保障。传统执法方式以规则为中心，侧重事后追责，而在新质生产力发展的背景下，执法方式需要更加注重预防性、灵活性和前瞻性，以适应快速变化的社会环境。良好的执法方式能提高公众对法律的认同感，增强公众的法治意识，从而促进社会和谐稳定。

一、引入科技手段提高执法效率

随着新质生产力的崛起，社会结构、经济形态、信息传播方式等发生了深刻变革，原有的执法方式在应对新型违法行为、保护新兴领域权益、维护社会秩序等方面显得力不从心。创新执法方式不仅有助于提高执法效率，减少执法成本，还能更好地适应社会发展的需求，提升法律的适应性和前瞻性。通过科技手段的运用，可以实现精准执法，减少执法过程中的误解和冲突，促进法治社会的建设。

大数据、云计算、人工智能等前沿技术正重塑各行各业，执法领域也不例外。这些技术的深度融合与广泛应用，不仅极大地提升了执法的精准度和效率，还为构建更加公正、透明、智能的法治社会奠定了坚实的基础。

（一）数字化执法平台：实时追踪与预警

随着信息化时代的到来，执法机构开始积极构建数字化的执法平台，这一举措标志着执法方式从传统向现代的深刻转变。数字化执法平台集成了数据采集、存储、处理、分析等一系列功能，能够实现对违法行为的实时追踪与监控。通过部署在关键区域的监控摄像头、传感器等物联网设备，平台能够收集到海量的视频、音频、图像等多媒体信息，为执法提供第一手资料。

更重要的是，数字化执法平台还具备强大的数据分析能力，能够运用算法模型对收集到的信息进行深度挖掘和智能分析。平台能够自动识别异常行为模式，预测潜在的违规风险，并及时发出预警信号。如此，执法机构就能在未发生实际违法行为之前，提前介入并采取措施，有效遏制违法行为的发生，真正实现"防患于未然"。

（二）人工智能分析：从海量信息中捕捉关键线索

面对每天产生的海量数据，如何快速准确地从中提取出有价值的线索，成为执法机构面临的一大难题。而人工智能技术的引入，则为这一难题提供了有效的解决方案。

人工智能系统具备强大的学习和推理能力，能够自动从海量数据中识别出与违法行为相关的关键特征。例如，在打击网络诈骗、金融犯罪等领域，人工智能可以通过分析用户的交易记录、社交行为等数据，发现异常交易模式或关联关系，为执法机构提供精准的线索。人工智能还能自动学习并适应新的犯罪手法和模式，不断提升自身的分析能力和准确性。

在辅助执法决策方面，人工智能同样发挥着不可替代的作用。通过对案件数据的智能分析，人工智能能够为执法人员提供科学的决策支持，帮助他们快速准确地判断案情、制定策略，从而提高执法效率和质量。

（三）科技赋能下的执法新生态

大数据、云计算、人工智能等技术的综合应用，正在推动执法领域向更加精准、高效、智能的方向发展。在这一背景下，执法机构开始探索构建以数据为核心、以技术为支撑的执法新生态。

通过进一步加强与其他政府部门、社会组织之间的信息共享与合作，打破信息孤岛，实现数据的互联互通。这将有助于拓宽数据来源渠道，提升数据质量，为执法提供更加全面、准确的信息支持。

执法机构通过积极推动技术创新与人才培养相结合，使自身的技术实力和应用水平得到提升。通过引进先进技术和设备、加强人员培训等措施，执法机构将能够更好地适应科技发展的新要求，为构建智能法治社会贡献自己的力量。

大数据、云计算、人工智能等技术的快速发展为执法领域带来了前所未有的机遇和挑战。执法机构应积极运用新技术，不断创新执法方式和手段，努力提升执法的精准度和效率。

二、推行柔性执法理念与方式

新质生产力不仅深刻改变了人们的生产生活方式，也对传统的社会治理模式提出了严峻挑战。在此背景下，柔性执法作为一种更加人性化、高效化的执法理念与方式，逐渐受到关注与认可。

（一）新质生产力时代柔性执法的必要性

1. 适应社会治理现代化的需要。新质生产力时代要求社会治理应更加精准、高效、智慧。柔性执法以其灵活多变、以人为本的特点，能够更好地适应复杂多变的社会环境，增加社会治理的针对性和有效性。例如，内蒙古自治区呼和浩特市市场监管局结合严厉打击肉类产品违法犯罪专项整治行动，聚焦"优化监管、柔性执法、特色科普"，推行"治理+普法"融合模式。呼和浩特市市场监管局通过探索运用行政裁量权基准，进一步规范执法行为，优化营商环境。呼和浩特市市场监督管理局于2024年1月29日印发了《呼和浩特市市场监督管理局行政处罚裁量权基准的适用及监督制度》，就市场监管领域行政处罚行为进行规范，并对《内蒙古自治区市场监督管理行政处罚裁量权适用规则》的标准、条件、种类、幅度、方式、时限予以合理细化、量化，营造更加包容、更具活力、更有温度的营商环境。[1] 通过柔性执法，可以更加精准地识别问题、分析问题、解决问题，从而推动社会治理现代化进程。

2. 缓解社会矛盾与冲突。在传统刚性执法模式下，往往采用单一的处罚手段来解决问题，容易引发社会矛盾与冲突。而柔性执法则通过沟通、协商、引导等方式化解矛盾纠纷，减少对立情绪与冲突的发生。这不仅有助于维护社会稳定与和谐，还能够提升公众对执法的认同感和满意度。例如，东莞城管在全省首创"小微执法"模式，以服务为先、包容审慎的执法理念，破解城市管理领域中违法情节轻微但高频反复且直接影响群众幸福的问题，让执法不仅有速度、力度，更有温度。截至2024年8月，"小微执法"模式共柔性化解6万多宗轻微违法的民生案件，涉及市场主体的比重超过80%，包容免罚率达82.8%，并且没有一宗案件引起行政复议、诉讼或暴力抗法。[2]

3. 促进法治精神的培育与传播。柔性执法不仅仅是一种执法方式上的转变，更是一种法治理念的升华。它强调在法律实施过程中应注重人文关怀与教育引导，使当事人在接受处罚的同时感受到法律的温暖与力量。这种执法方式有助于培养公众的法治意识与法治信仰，推动法治精神的广泛传播与深入人心。

（二）新质生产力时代柔性执法的实践方式

1. 创新执法手段与方式。在现代法治社会，执法不应仅限于传统的强制性手段，而是应当倡导并实践多元化、非强制性的执法策略。这其中包括教育引导、行政指导、约谈告诫、信用监管、和解与调解等柔性执法方式。这些方式的运用是法治理念的深化，也是人性化执法的体现。

教育引导，对于初次违法或情节显著轻微的个案，执法者可秉持人本理念，适度运用警告、教育等非强制性手段，以期达到惩戒与教育并重的效果，体现法律的刚柔并济，彰显执法的人文关怀与法律温度。这样的做法不仅能降低违法行为的再次发生的概率，也能在维护法律尊严的同时，增强公众对法律的认同感和信任度。例如，新乡市全面推行包容审慎监管执法，对属于新技术、新产业、新业态、新模式的市场主体实行不予处罚事项、减轻处罚事项、从轻处罚事项和不予行政强制事项"四张清单"制度，以执法监管"温度"提升营商环境"热度"。[3]

---

[1] 参见樊婷等：《优化监管 柔性执法 特色科普——内蒙古自治区呼和浩特市开展夏季食品安全专项行动记》，载《中国市场监管报》2024年8月16日，第A3版。

[2] 参见张雨倩：《东莞城管："小微执法"打造全国柔性执法新样本》，载《东莞日报》2024年8月6日，第A3版。

[3] 参见范卫彬：《以高水平法治支撑和服务新质生产力发展》，载《新乡日报》2024年8月6日，第1版。

行政指导作为非强制性的执法手段,其核心在于引导和教育,通过提供法律咨询服务,帮助当事人理解和遵守法规,避免违法行为的发生,以此实现预防性的执法目标。这种方式旨在提升公众的法律意识,而非单纯惩罚,体现了执法的前瞻性与预防性。

约谈告诫则是在发现潜在违法行为时,通过与当事人面对面的沟通,指出问题,提出改正建议,警示其遵守法律规定。这种方式不仅减少了对当事人的即时冲击,同时也给予了其改正错误的机会,体现了执法的教育性和人性化。

信用监管则是利用现代信息技术,构建信用评价体系,通过公示违法行为,影响当事人的社会信用,以此约束其行为。这种方式改变了传统的单一执法模式,通过社会舆论和市场机制,实现了对违法行为的多元化制衡,体现了执法的智慧化和实效性。

和解与调解,在合法规范的框架下,倡导违法者在意识到错误后积极自我矫正,通过法定的和解或调解机制解决纷争,旨在降低执法冲突,提升法治效率,维护社会的和谐稳定。此做法不仅彰显了法律的教育和引导功能,还体现了公平正义与人文关怀的法治精神。

2. 提升执法人员保障公民权利的意识。执法人员的培训与教育工作是法治社会建设的基础环节,应强化执法人员对法律知识的深度学习和实践应用,提升其专业素养,使其在理解法律精神的同时,具备精准执行法律的能力。这包括对各类法律法规的系统学习,对执法程序的严格把握,以及对公民权利的尊重和保护。同时,服务意识的培养也不可忽视,执法人员应视公众为服务对象,秉持公平公正的原则,以人性化的方式实施执法行为,增强公众的法治认同感。

三、加强跨部门协作与信息共享

(一) 加强跨部门协作与信息共享的必要性

1. 实现资源互补,优化执法方式。执法部门的职能差异性和专业特性构成了多元化的执法体系。每个部门在其特定的职责范围内,具备独特的专长和信息优势,这是构建高效执法机制的重要基础。例如,公安机关在侦查取证方面积累了深厚的实践经验,能够熟练运用各种侦查手段,查清犯罪事实,保障法律的公正执行。税务部门和市场监管部门则在经济领域的监管上拥有丰富的信息资源。他们对市场动态的敏锐洞察,对经济行为的深入理解,使得他们能够准确识别违法行为。这些信息资源对于预防和打击经济犯罪,如逃税、欺诈等行为,具有不可替代的作用。

跨部门协作能打破信息孤岛,实现信息资源的高效整合。通过信息共享机制,公安机关可以借助税务和市场监督部门的经济数据,更精准地锁定犯罪线索,而税务和市场监管部门也能在公安部门的侦查成果中找到违法行为的蛛丝马迹。这种协作模式不仅提高了执法效率，也提升了执法的精确度，有效减少了违法犯罪行为的出现。

同时，跨部门协作也促进了执法方式的创新和优化。各部门可以借鉴彼此的执法经验和方法，提升自身的执法能力。例如，公安机关的侦查策略可以被引入市场监管的调查中，而市场监管部门的专业见解则可以辅助公安机关理解复杂的经济犯罪案件。

2. 避免重复执法与执法真空。在传统的执法模式下，部门间的沟通壁垒和信息孤岛现象常导致执法效率低下。一方面，信息不共享使得各部门在执法过程中可能出现重复劳动，同一违法行为可能遭受多部门的重复处罚，这不仅浪费了执法资源，也对涉事主体造成过度负担，有违公平公正的法治原则。另一方面，由于部门间的信息不畅通，可能会产生执法真空，某些领域的违法行为因监管盲点而得以匿迹，影响了执法的权威性和社会的公正秩序。

加强跨部门协作，旨在打破部门壁垒，实现信息的高效流通。这需要构建统一的信息共享平台，使各部门能够实时获取和更新执法信息，确保决策的准确性和及时性。同时，通过明确各部门的执法职责和权限，可以避免执法过程中的混乱和冲突，提高执法的精准度和效率。信息共享与协作机制能够统一各部门的行动策略，形成合力，对违法犯罪行为进行全方位、无死角的打击。无论是预防犯罪，还是追责惩处，都能更有效地进行，确保违法者无处藏身。因此，跨部门协作与信息共享不仅是提升执法效能的关键，也是法治社会建设的重要一环。

（二）加强跨部门协作与信息共享的路径

当前，违法行为的多样性与复杂性日益凸显，单一的执法部门往往难以全方位、多层次地应对这一挑战。因此，构建跨部门的协作机制，实现资源的优化配置与执法效能的提升，成为法治社会建设的必然趋势。这一机制的核心在于信息共享、策略统一和协同行动，旨在打破部门间的壁垒，提升整体执法的效率和公正性。

首先，信息共享是跨部门协作的基础。公安、税务、市场监管等部门，各自在特定领域积累了丰富的信息资源，通过建立信息共享平台，可以实现数据的互联互通，有利于对涉及多个领域的违法行为进行深度分析和精确打击。例如，税务部门的财务数据与市场监管部门的商业登记信息相结合，可以有效识别和查处逃税、欺诈等违法行为。同时，这种信息共享也有助于预防和减少执法过程中的信息孤岛，提高执法的全面性和准确性。

其次，策略统一是跨部门协作的关键。通过建立执法协调机制，各部门可以就执法目标、行动策略、执法标准等达成一致，确保对违法行为的处理公正、公平、公开，避免因部门间的沟通和执行差异导致的重复执法或执法真空，有利于维护法律的统一性和权威性。

最后,私营部门的参与为跨部门协作提供了新的可能。尤其在大数据和先进技术被广泛应用的今天,政府可以与私营企业建立合作关系,利用其在数据收集、分析和应用上的优势,提升执法的科技含量。例如,通过与互联网公司的合作,能够实时监控网络空间的动态,及时发现和打击网络犯罪,提高执法的及时性和精确性。同时,这种合作也能推动技术创新,为法治建设注入新的活力。

第四节 加强行政执法的监督与制约

在新质生产力的背景下,行政执法监督与制约显得尤为重要。它能确保法律法规的正确实施,防止行政权力的滥用,保障社会公正和公平;有效的监督和制约机制能够促进行政效率的提高,减少决策失误,保障公共利益不受损害。在知识经济时代,知识产权的保护、新技术应用的规范、市场竞争的公正性等问题日益凸显,对行政执法提出了更高的要求。

行政执法监督与制约是现代治理体系的重要组成部分,它有助于维护法治秩序,保障公民权益,同时也是提升政府公信力、推动社会治理现代化的关键。在新质生产力的推动下,行政执法监督与制约需要不断创新和完善,以适应快速变化的社会环境和日益复杂的行政管理现状。

一、行政执法监督与制约的现状分析

(一)监督与制约机制的建立与实施

近年来,我国在行政执法监督与制约机制的建设上取得了一定的进展,逐步构建起多元、立体的监督网络。这一过程中,行政复议、行政诉讼、行政监察与审计监督等法定监督机制日益完善。行政复议制度允许公民、法人和其他组织对行政机关的具体行政行为提出申诉,以纠正不当行政行为;行政诉讼则通过司法途径,对行政行为的合法性进行审查,保障公民权益;行政监察则聚焦于公务员的廉洁与效能,防止行政腐败;审计监督则通过对公共资金使用情况的核查,确保行政资源的合理有效运用。

同时,政府信息公开制度的实施,将行政执法过程置于公众的监督之下。通过《中华人民共和国政府信息公开条例》的执行,公众得以获取更全面、更深入的行政决策信息,从而增强对行政行为的监督力度,推动政府决策的公开透明。公众参与机制的建立,使民众能直接参与到政策的制定和执行过程中,提升了决策的民主性和科学性。舆论监督的强化,对行政行为进行实时监督,形成了强大的社会约束力。

各地还积极探索并实施行政执法责任制，通过设定明确的执法标准和量化考核机制，对行政执法人员的行为进行规范和约束，以提升执法的公正性和透明度。例如，2023 年，山东省卫生健康委员会制定了《山东省卫生健康行政执法责任制规定（试行）》。行政执法责任制的建立，旨在消除执法随意性，增强执法的公正性，确保行政权力在法治的轨道上运行。

（二）存在的主要问题与挑战

尽管取得了一定进步，但行政执法监督与制约在实践中依然面临诸多问题。

首先，监督的执行力度不足。在某些地区，监督程序被简化为形式主义的过场，缺乏实质性审查，使得监督的效果大打折扣。

其次，信息不对称。信息不对称阻碍了监督的深入，部分行政执法信息的公开程度不足，不能做到及时、全面公开。这种状况导致公众无法获取足够的信息来进行有效的监督，公众的知情权、参与权和监督权在一定程度上被削弱，影响了行政执法的公正透明。

再次，监督资源的分配不均衡。基层执法监督力量薄弱，往往因资源匮乏而无法进行全面、深入的监督，使得行政执法的"最后一公里"监督力度不够，容易滋生执法不公和腐败现象。需要重新审视和调整监督资源的配置，确保基层监督的有效性和全面性。

最后，部分执法人员对监督机制的敬畏之心不足，可能采取规避监督的策略，如信息瞒报、行为隐匿等，以逃避被监督，这不仅削弱了监督的实际效果，也严重威胁着执法公正性。因此，强化执法人员的法治观念，使他们树立对监督机制的敬畏之心，是提升行政执法监督效能的关键。

二、新质生产力对行政执法监督与制约的影响

（一）技术进步对监督手段的创新

随着互联网、大数据、人工智能等新质生产力的发展，行政执法监督的手段也得到了更新。例如，利用大数据技术，可以实时分析海量的行政行为数据，发现潜在的违法违纪行为，提高监督的精准性和效率。无人机、遥感卫星等技术的应用，使得对环境、资源等领域的执法监督不再受地域限制，可以实现远程、实时监控。区块链技术的引入，保证了信息的不可篡改性，增强了监督的透明度和公正性。

（二）经济结构变化对监督范围的拓展

随着经济结构的转型升级，新兴行业和业态的崛起，行政执法监督的领域也得到拓展。电子商务、共享经济、生物科技等领域的监管需求日益凸显。例如，针对互联网平台的垄断行为，需要新的法规和监督机制来维护市场公平竞争。在生物科技领域，对基因编辑、生物安全的监管成为新质生产力背景下的重要课

题。这些变化要求执法机构要及时调整监督策略,以应对不断涌现的新问题和挑战。

(三) 社会变革引发监督理念的更新

新质生产力带来的社会变革,不仅体现在物质层面,也深刻影响了公众的法治观念。公民权利意识的觉醒,要求行政执法不仅要依法,更要遵循程序正义原则,注重人性化和公众参与。例如,公众对于信息公开的需求增强,推动了"阳光执法"的实施,使得行政决策过程更加公开透明。公众参与不仅是一项法律权利,更是一种政治文明的体现。[1] 社会共治的理念逐渐被接纳,公众、媒体、社会组织等多元主体的参与,丰富了监督形式,形成了多元、立体的监督网络。

新质生产力还促进了国际交流合作的加深,行政执法监督也需要与国际标准接轨,以提升我国在全球治理体系中的影响力。因此,应在保持自身特色的基础上,借鉴和学习国际的监督理念和实践经验,以适应全球化背景下日益复杂的监管环境。

总之,新质生产力对行政执法监督与制约的影响是全方位的,既促进了技术手段的革新,也带来了监督领域的拓展、监督理念的更新。面对这些变化,执法部门应积极应对,不断创新和完善监督机制,以确保在新经济、新技术、新社会的背景下,行政执法能够更加公正、高效地服务于社会。

三、行政执法监督与制约的实践探索

(一) 地方政府的创新举措

近年来,各地政府在加强行政执法监督与制约方面实施了一系列创新举措。例如,北京市推出"行政执法公示平台",通过公开执法信息,提高执法行为的透明度,使公众能够监督执法过程。上海市实施"双随机、一公开"制度,即随机抽取检查对象,随机选派执法检查人员,并及时公开检查结果,有效降低了执法的随意性。一些地方还建立了行政执法过错责任追究制度,对不当执法行为进行严肃处理,提升了行政执法的公正性。

(二) 行业协会与企业的参与

行业协会在行政执法监督中扮演着重要角色——通过制定行业规范,协助政府监督企业行为。例如,广东省某行业协会设立了行业自律委员会,对会员单位可能违法违规的行为进行自律审查。企业也在监督中发挥了重要作用,一些大型企业设立了内部法务部门,配合政府部门对自身及行业内的规范性问题进行自查和整改。例如,阿里巴巴集团公开承诺接受社会监督,对企业内部行为进行自我审查,确保其经营活动符合法律法规的要求。

---

[1] 参见陈蔚涛:《公众参与在社会治理中的基础性作用》,载《大连干部学刊》2014年第1期。

（三）公民的维权与监督

公民的维权意识日益增强，他们通过法律手段积极参与行政执法监督。公民可以申请信息公开，对政府执法行为质疑，通过行政复议、行政诉讼等方式维护自身合法权益。公民监督组织和志愿者团体也日益活跃，他们通过调查、举报和公众教育等方式，促进了行政执法的公开、公正。

以"小强热线"为例，这是一档由新闻媒体创办的栏目，鼓励公众举报不法行为，栏目组不仅曝光了诸多违法违规行为，还协助政府解决了不少行政执法问题。这种公民参与的模式不仅提高了行政执法的公众信任度，也为政府改进工作方式提供了宝贵意见。

四、加强行政执法监督与制约的路径

（一）加大执法力度

在司法保障的层面，着重强化对大数据、云计算、人工智能、虚拟现实、量子技术、数字孪生和高端芯片等前沿科技领域的创新成果的法律保护，以确保科技进步的合法性和安全性，包括对垄断协议和滥用市场支配地位等违法行为的坚决打击，特别是那些侵犯知识产权的垄断行为和不正当竞争行为，通过强化执法监管和司法审判，制止市场分割和壁垒。同时，严厉打击侵犯专利权、商标权、著作权等知识产权的非法交易，严肃处理失信行为，通过从重处罚使侵权成本大幅提升，以法治之力保障新经济形态和新质生产力的健康发展，维护公平竞争的市场环境。[1]

（二）监督机制的设立与完善

监督机制是确保执法公正、公平的重要制度，它旨在通过制度化的方式，对执法行为进行规范和约束，防止权力的滥用和失范。

首先，明确监督的主体，包括上级执法机构、司法机关、监察部门以及社会公众。这些主体各司其职，形成多维度的监督网络，确保执法过程的全程透明和可追溯。建立科学的监督流程，包括事前的预防、事中的监控和事后的评估，形成闭环管理，确保执法行为始终在合法、合理的轨道上运行。监督机制应具有自我更新和适应能力，可以随着社会和技术的发展，不断调整和完善，以应对新的挑战。加强监督机构的独立性和权威性，建立一支专业、高效、廉洁的监督队伍。这包括提高监督人员的法律素养和业务能力，定期进行培训和考核，确保其具备独立判断和公正执法的能力。强化内部监督机制，防止权力滥用，建立有效的内部举报和纠错机制，鼓励自我监督和自我净化。

其次，明确权力透明与制约的重要性。权力透明是执法监督的核心要素，它

---

〔1〕 参见周佑勇：《以高水平法治助力新质生产力发展》，载《浙江人大》2024年第6期。

要求执法过程公开、信息可获取，使公众能够了解并监督执法行为。通过信息公开，可以增强公众对执法行为的信任，同时防止暗箱操作和腐败现象的滋生。"正义不仅应得到实现，而且要以人们看得见的方式加以实现。"[1] 制约机制则从制度层面防止执法权力的过度集中和滥用，确保执法决定的公正性。例如，执法决定的审查和复议机制，可以让当事人有申诉和纠正的机会，避免单一权力的绝对化。制约机制还涉及内部监督机制，如执法机构的内部审计、纪检监察等，确保执法人员严格遵守法律法规和职业道德。

最后，防止滥用职权。防止滥用职权的制度设计是执法监督机制的重要组成部分，它旨在设定清晰的权力边界，明确执法行为的合法范围，防止权力的越界。这需要制定详细的操作规程和行为准则，对执法行为进行标准化，减少主观判断的自由度。此外，建立严格的法律责任制度，对滥用职权的行为进行严厉打击，形成强有力的威慑。完善投诉举报机制，鼓励公众参与执法监督，形成内外结合的制约力量。通过定期的执法培训和职业道德教育，提升执法人员的法律意识，从源头上减少滥用职权的可能性。

（三）推广信息化监督手段

依托大数据、云计算以及人工智能等前沿科技手段，构建起一个集智能化、高效化于一体的行政执法监督体系。这一平台的核心在于对行政行为的实时监测与深度分析，通过大数据的广泛搜集与精准处理，实现对行政行为的全时段、全方位洞察，从而提前预警可能的违法行政倾向，确保行政行为的合法性与规范性。

云计算的并行处理能力使得海量数据的快速分析成为可能，为精准监督提供了强大的技术支持。人工智能通过机器学习和模式识别，能够自动识别行政行为中的异常模式，进一步提升监督的精度和效率，有效防止和纠正不当行政行为。

（四）加强社会监督与舆论监督

鼓励社会公众、媒体、行业协会等多元主体深度参与行政执法监督，构建全面、立体的监督体系。这一机制旨在打破信息壁垒，激发社会活力，确保行政权力的公正、公平与公开运行。

首先，社会公众作为行政行为的直接受影响者，其参与监督具有天然的合法性与必要性。通过设立公开、便捷的举报渠道，可以有效收集并反映民意，使行政行为在公众的监督下接受评判，确保其合法性和合理性。同时，这也有利于增强公众的法治观念，形成全社会尊重法律、遵守法律的良好氛围。

其次，媒体作为信息传播的桥梁，其舆论监督功能不可忽视。借助媒体的广

---

[1] 陈瑞华：《看得见的正义》，中国法制出版社2000年版，第2页。

泛影响力，可以对违法行政行为进行及时揭露，促使行政机关自我纠错，提升行政效率。

再次，行业协会作为行业内部的自治组织，其对行政行为的监督具有专业性和针对性。它们能够从行业角度出发，对行政行为的合理性、专业性进行评价，提供专业的建议和意见，促进行政决策的专业化。

最后，建立有效的反馈机制至关重要。对于社会监督提出的意见和建议，行政机关应及时回应，对问题进行深入调查，对合理建议予以采纳，对不当行为进行整改。这种互动式的监督机制，能够确保社会监督的实效性，形成良性循环，促进行政执法公信力的提升。

（五）建立健全责任追究机制

在构建法治政府的过程中，明确对违法行政行为的追责标准和程序至关重要。建立健全责任追究机制旨在确保行政行为的合法性与合理性，防止权力的越界与滥用。追责标准的制定应当细致且严谨，涵盖行政行为的各个层面，包括实体上和程序上的违法行为，以及不当的行政行为和失职行为。程序的设定应公开透明，遵循公正、公平、及时的原则，确保追责的合法性和有效性。

对于违法或不当行政行为的追责，不应仅局限于直接责任人，还应延伸至相关领导和管理机构。他们负有领导责任和监管责任，对下级的行政行为有指导和监督的义务。若其疏于职守，未能及时发现和纠正问题，理应承担相应的责任。这种层层追责机制，旨在强化行政责任的落实，形成自上而下的责任压力，推动行政机构自我净化和自我完善。

严格的追责制度是制约行政权力的重要工具。它通过设定明确的责任边界和严厉的追责措施，对行政权力形成有力的约束，防止权力的滥用和腐败的发生。同时，追责制度的实施也应注重教育和警示功能，通过公开处理典型案例，揭示违法行为的后果，警示行政人员遵守法律，尊重法治，以此培育依法行政的文化。

以上策略的实施，力图构建起一个立体、多元、高效的行政执法监督与制约体系，确保在新质生产力推动社会变革的过程中，行政权力始终在法治的轨道上运行，保障社会公平正义，促进国家治理体系和治理能力的现代化。

第六章

强化新质生产力的司法保障

党的二十届三中全会《中共中央关于进一步全面深化改革 推进中国式现代化的决定》明确提出,"健全因地制宜发展新质生产力体制机制"。[1] 人民法院在服务保障新质生产力发展上大有可为。[2] 司法作为维护社会公平正义的最后一道防线,对于新质生产力的培育、成长与壮大具有不可替代的作用。新质生产力,如高科技产业、数字经济、绿色能源等,已成为全球经济发展的新引擎。在这一背景下,强化司法保障对于推动经济转型升级至关重要。司法保障为新兴产业提供了稳定的法律环境,鼓励创新者和投资者投入研发,推动科技成果转化。例如,通过公正审理知识产权案件,保护创新成果,可以激发企业和个人的创新热情,加速科技成果的市场化进程。司法保障有助于消除市场壁垒,确保新质生产力能够公平地参与市场竞争,推动产业结构优化。

新质生产力的快速发展往往会带来社会结构的深刻变革,如就业结构的变化、利益格局的调整等。在立法过程耗时长、成本高、程序复杂等情况下,司法的优势和功能就凸显出来。在司法实践中根据具体产业场景,对于基础概念、规则和原则,展开新的时代背景下的结构性反思,回应新质生产力高度动态性、基础变革性的需求,是时代赋予司法的使命。[3] 在此背景下,司法保障扮演着维护社会稳定和公平正义的角色。通过司法途径解决新质生产力发展过程中产生的纠纷,可以防止社会矛盾激化,保护弱势群体的合法权益。例如,对于因技术进

---

[1]《中共中央关于进一步全面深化改革 推进中国式现代化的决定》,载《人民日报》2024年7月22日,第1版。

[2] 参见本报评论员:《高质效司法保障新质生产力发展》,载《人民法院报》2024年8月13日,第1版。

[3] 参见刘晓春:《新质生产力的知识产权司法保障:理念、功能与机制》,载《中国应用法学》2024年第4期。

步而失业的工人，司法应确保他们得到合理的补偿和再就业援助。司法公正地处理企业与劳动者、新旧产业之间的冲突，有助于构建和谐的劳资关系，维护社会稳定。

司法公正也是保障社会公平正义的重要体现。在新质生产力的领域，防止技术垄断、打击不正当竞争，确保市场规则的公平执行，是司法部门的责任。通过审理涉及新技术、新产业的案件，司法能够确保资源的合理配置，防止市场力量的滥用，促进社会的公平正义。

新质生产力的司法保障不仅是经济转型升级的推动力，也是社会和谐稳定、公平正义的基石。通过完善的司法保障体系，可以为新质生产力的健康发展提供坚实的法律后盾，推动社会经济持续、健康、有序地发展。

第一节 新质生产力的司法保障概述

一、司法保障在新质生产力发展中的作用

（一）知识产权保护：激发新质生产力的创新活力

知识产权是新质生产力的核心要素，是创新驱动发展战略的重要支撑。在推动生产力的迭代和革新方面，知识产权制度一直承担着关键作用，激励和促进创新也是知识产权制度最基础的功能和目标。[1] 司法保障通过强化知识产权的法律保护，为创新者提供了强有力的法律武器。司法机构严厉打击侵犯知识产权的违法犯罪行为，维护了创新者的合法权益；通过公正的司法裁判，明确了知识产权的归属、使用、转让等规则，为知识产权的转化运用提供了法律保障。目前，我国的知识产权保护体系构建已取得较大发展，涵盖了保护对象、权利主体的义务、权利内容和限制等方面，形成了相对稳定的规则体系。这一规则体系为文学、艺术、科技等领域提供了清晰的产权界定和稳定的制度预期，有效调节了这些领域的生产关系，优化了资源配置。这种全方位、多层次的知识产权保护体系，有利于激发社会各界的创新热情，为新质生产力的持续发展注入源源不断的活力。

（二）纠纷解决：维护新质生产力发展的市场秩序

随着新质生产力的快速发展，各类矛盾纠纷也随之增多。这些纠纷如果得不到及时有效的解决，不仅会损害当事人的合法权益，还会扰乱市场秩序，影响新

---

〔1〕 参见刘晓春：《新质生产力的知识产权司法保障：理念、功能与机制》，载《中国应用法学》2024年第4期。

质生产力的健康发展。司法机构作为中立的第三方,通过公正、高效的审判程序,及时化解新质生产力发展过程中的矛盾纠纷,维护市场主体的合法权益和市场秩序的稳定。

(三) 公平竞争:保障新质生产力的公平发展环境

公平竞争是新质生产力健康发展的重要前提。司法保障通过打击不正当竞争行为,维护市场的公平竞争环境。不正当竞争行为不仅损害其他市场主体的合法权益,还破坏市场的正常竞争秩序,阻碍新质生产力的健康发展。司法机构通过对不正当竞争行为进行有力的打击和制裁,为新质生产力的发展创造一个公平、透明、可预期的竞争环境。

(四) 社会稳定:为新质生产力发展保驾护航

社会稳定是新质生产力发展的基础条件。司法保障通过公正的司法裁判,减少因新质生产力发展引发的社会矛盾,维护社会的和谐稳定。在新质生产力的发展过程中,难免会遇到各种利益冲突和矛盾纠纷。如果这些问题得不到妥善解决,就有可能成为社会动荡的不安定因素。司法机构通过发挥其定纷止争的职能作用,及时化解矛盾纠纷,消除社会不稳定因素,为新质生产力的发展提供坚实的社会保障。

司法保障是新质生产力健康、有序发展的基石。它通过强化知识产权保护、高效解决纠纷、维护公平竞争以及维护社会稳定等多个方面,为新质生产力的发展提供全方位、多层次的保障。

二、新质生产力司法保障实践中存在的问题与挑战

(一) 法律适用的困难

新质生产力涉及的技术领域广泛且更新迅速,包括人工智能、区块链、大数据、云计算、大模型等。这些新兴技术不仅改变了传统产业的运作模式,也对法律体系提出了前所未有的挑战。法律专业人士在面对新质生产力相关案件时,往往需要具备跨学科的知识背景,才能准确理解和适用相关法律法规。然而,现实情况是,法官和律师的专业知识有时跟不上技术发展的步伐,导致在案件判断和处理上可能出现偏差,不仅会影响司法公正,也会制约新质生产力的健康发展。

(二) 证据收集与认定的复杂性

新质生产力案件往往涉及大量的电子数据和复杂的技术问题。在取证过程中,如何确保数据的完整性和真实性成为一大挑战。电子数据具有易篡改、易丢失的特点,一旦数据被篡改或丢失,将直接影响案件的审理结果。技术的专业性也使得证据的认定更加困难。法官和律师需要借助专业技术人员的帮助,才能对案件中的技术问题进行准确判断。然而,这种依赖不仅增加了案件的审理成本,也可能因技术人员的偏见或错误而导致判决不公。

（三）审判效率与公平的平衡

新技术的应用，如区块链、人工智能等，为司法实践带来了前所未有的机遇。理论上，这些技术可以大幅提高审判效率，降低人为干预的可能性，从而保障司法公正。然而，在实际操作中，如何确保技术应用的公正性，防止技术成为判决不公的工具，是司法实践中的重要问题。例如，人工智能在案件审理中的应用可能受到算法偏见的影响，导致判决结果偏离公正。因此，在利用新技术提高审判效率的同时，必须建立严格的监管机制，确保技术应用的公正性和透明度。

（四）国际法律协调的缺失

在全球化的背景下，新质生产力的司法保护需要国际合作。然而，目前国际的法律协调尚不充分，导致跨境纠纷处理困难。不同国家和地区在新质生产力的法律定义、保护范围、赔偿标准等方面存在差异，使得跨境诉讼变得复杂且漫长，既增加企业的诉讼成本，也影响新质生产力的国际交流与发展。因此，加强国际的法律协调与合作，建立统一的法律框架和标准，对于促进新质生产力的健康发展具有重要意义。

（五）赔偿标准的不完善

在新质生产力侵权案件中，如何准确评估损失是司法实践中的一大难题。尤其是无形资产的损失，如商业秘密泄露、专利权被侵犯等，往往难以用金钱来衡量。现有的赔偿标准可能无法充分补偿创新者所遭受的损失，因此，需要建立更加科学合理的赔偿标准体系，充分考虑新质生产力的特点和价值，确保创新者得到应有的赔偿和激励。

（六）预防与救济机制的不足

对于新质生产力可能带来的潜在风险，如数据安全、隐私侵犯等，现行法律往往缺乏有效的预防机制。在发生问题后，救济机制的不完善也限制了受害者的权益保护。因此，需要建立健全预防与救济机制，加强对新质生产力的监管和风险评估工作，及时发现并消除潜在风险；同时，完善救济机制建设，为受害者提供及时有效的法律救济途径和保障措施。

新质生产力司法实践中存在的问题与挑战是多方面的、复杂的。要应对这些挑战并推动新质生产力的健康发展，需要法律界、科技界以及社会各界共同努力和协作。通过加强法律适用研究、完善证据收集与认定机制、平衡审判效率与公平、加强国际法律协调与合作、建立科学合理的赔偿标准体系以及完善预防与救济机制等措施，为新质生产力的健康发展提供更加坚实的法律保障和支持。

第二节 优化司法资源配置 提升审判质效

一、优化司法资源配置

当前的司法资源存在着在各地分配不均衡的现象。一线城市和发达地区的法院往往拥有更为充足的资源，包括高素质的法官、现代化的设施和充足的经费，而一些偏远或欠发达地区的法院则面临资源紧张的问题。随着社会经济的快速发展，新型案件增多，其复杂性也在提升，现有的司法资源配置方式面临着新的挑战，如法官工作负担过重、案件审理周期长、审判效率亟待提高等。

（一）司法资源配置的原则

1. 公平正义原则。公平正义是司法的核心价值，是衡量司法资源配置是否合理的基本标准。在司法实践中，对所有案件的处理都应遵循同一标准，避免因地域、级别、类型等因素导致的待遇不公。这需要在人员配置、案件分配、审判程序等方面确保公正，避免资源的过度集中或偏斜，确保每一个案件都能得到公正、及时的审理。

2. 高效便民原则。司法资源的高效利用意味着减少不必要的延误，提高审判效率，确保公民的合法权益得到及时维护。这需要通过优化审判流程，引入科技手段，如电子诉讼、在线调解等，以提高工作效率，降低当事人参与诉讼的成本。通过设立巡回法庭、社区调解等机制，使司法服务更加贴近群众，方便群众寻求司法救济。

3. 专业化与综合化并重。专业化意味着在特定领域，如知识产权、金融、环境等，配备具有专业知识背景的法官和工作人员，以提升案件审理的专业化水平。综合化则要求法官具备丰富的法律知识和实践经验，能处理各类复杂的法律问题。这种平衡既有助于提高司法判断的精准度，也能确保司法服务的全面性。

4. 提升审判质效与司法公信力。审判质效是司法资源配置的最终目标，包括案件结案率、上诉率、改判率等指标。提高审判质效意味着提升司法决策的质量和速度，减少错判和漏判，保障法律的正确实施。司法公信力是公众对司法系统信任程度的体现，它依赖于公正的审判、透明的程序和高效的执行。因此，优化司法资源配置应以提升审判质效和司法公信力为导向，通过合理分配资源，提高司法服务质量，增强公众对司法体系的信心。

（二）优化司法人力资源配置

1. 法官队伍建设与人才培养。法官是司法系统的灵魂，其专业素质和道德操守直接影响到司法公正的实现。优化司法人力资源配置首先应聚焦法官队伍的建设。培养一支既精通法律又具备良好职业道德的法官队伍，是提升司法效率和质量的基础。

首先，完善法官选拔机制。法官选拔机制的完善应立足于构建严谨的准入门槛，强调法律专业背景的必要性，如法学理论的深厚积淀、对国内外法律体系的全面理解等。同时，实践经验的考察同样重要，只有经历过法律实践的磨砺，才能在复杂的司法环境中准确把握法律精神，公正处理案件。为此，可设立严格的资格考试和实践评估，确保选拔出的法官具备扎实的专业能力和实战经验。应当重视法官团队专业性的建设，从案件到审判人员和组织，都应当繁简分流，将具有较高专业度的人才和组织集中配置在重要案件上，以促进高质量裁判规则的产出和更具专业度的审判人才的经验积累。[1]

其次，加强在职法官的继续教育。在职法官的继续教育应形成常态化，定期举办法律知识更新课程，确保法官对法律动态的敏感度，以便其在审判中应用最新的法律条款和司法解释。此外，案例研讨是提升审判技能的有效途径，通过分析典型、疑难案例，法官可以提高法律推理和判断能力，更好地服务于公正审判。建立丰富完善的案例库，提供多样化的学习资源，以激发法官的深度思考和独立判断。

再次，实施法官职业道德教育。法官职业道德教育是司法公正的基石，应强调公正、公平、公开的司法理念，这不仅体现在法律适用上，更体现在法官的言行举止中。应定期进行职业道德培训，强化法官的公正意识，使其在面对权势、利益诱惑时，能坚守法律底线，维护司法尊严。同时，鼓励法官自我约束，塑造高尚的职业操守，以赢得公众对司法的信任和尊重。

最后，深化创新学习。新质生产力的快速发展，其涉及的全新领域、高度技术性以及密集的知识体系给人民法院的审判工作带来前所未有的挑战。法官须深化创新学习的理念，加快解决因技术发展带来的"跟不上、不适应"的问题。各级人民法院应当积极作为，勇于尝试，探索并建立能够有效保护新质生产力发展的新工作机制。在司法实践中，既要坚持法律原则，又要灵活应对新技术带来的新问题，确保法律判决的公正性和合理性。同时，广大法官应当主动适应时代变化，增强学习的自觉性和主动性，不断提升自己的专业素养和综合能力。要克服"本领恐慌"，不断拓宽知识视野，深化对新质生产力的理解和认识，确保在司法实践中能够准确把握新技术、新产业的特性和规律，为经济社会的持续健康发展提供有力的司法保障。

2. 辅助人员职责明确与效能提升。辅助人员是司法体系中不可或缺的角色，

---

〔1〕 参见易继明：《知识产权是发展新质生产力的第一要素》，载《知识产权》2024 年第 5 期。

他们的执行效果与工作效率直接关系到司法公正的实现和审判流程的顺畅。

首先，明确职责分工。书记员、法警、司法行政人员等各类辅助人员，各有其专业领域和专长，应根据其职能特点，设定清晰的工作范围，确保每个人都能在其岗位上充分发挥作用，形成高效协同的工作机制。

其次，引入现代信息技术。这是提升辅助人员工作效率的关键。例如，电子卷宗管理系统可以实现案件资料的数字化管理，减少寻找和整理纸质文件的时间，使辅助人员能够将更多的精力投入到案件分析和准备等关键环节。此外，信息化平台还可以实现信息的即时共享，提高司法决策的准确性和及时性。

最后，进行定期培训和教育。这是提升辅助人员业务能力和服务意识的重要途径。通过定期的业务培训，辅助人员可以不断更新对法律法规的理解，提高处理复杂案件的能力。同时，加强服务意识的培养，使他们理解自身的职责不仅在于完成任务，更在于为公众提供公正、公平、高效的司法服务，以及更好地配合法官，推动司法公正的实现。

3. 人才流动与激励机制的完善。司法队伍的活力与创新能力是保障法律公正执行、推动司法进步的重要力量，而人才流动和激励机制是实现法律公正执行和司法进步的关键。

首先，建立完善的法官交流制度，不仅是对法官办案经验的丰富，也是对司法知识的多元传播。不同层级、不同地域的法官进行交流，能增进其对各地法律实践的理解，促进法律解释和适用的统一，从而提高司法公信力。

其次，设立清晰的晋升通道，是激励法官提升自我的重要手段。依据工作业绩和能力为法官提供晋升机会，既能肯定其对工作的贡献，也能激发其工作热情，促使他们在司法实践中持续精进。

再次，实施科学的绩效考核制度，将考核结果与薪酬、奖励、晋升等直接挂钩，能有效提升法官的工作积极性和创新性。这既是对法官工作成果的公正评价，也是对优秀司法行为的积极鼓励，有利于营造公平竞争、追求卓越的司法环境。

最后，关注法官的心理健康，是保障司法公正不容忽视的一环。在高压的工作环境下，法官的心理健康直接影响其判断力和决策质量。提供心理辅导和支持，可以帮助法官有效应对压力，保持良好的工作状态，确保他们在复杂的司法案件中作出公正、理智的裁决。

（三）优化司法资源配置

1. 法院基础设施建设与信息化升级。在当前新质生产力的驱动下，法院基础设施的现代化与信息化转型对于提升司法效能具有决定性作用。这既包括物理空间的优化，也包括数字空间的革新，以适应信息时代的司法挑战。

首先，法院办公场所的现代化升级是司法公正与效率的基础。审判庭的建设应兼顾公正公开与科技化，确保审判过程的透明度和公正性；调解室需营造出利于纠纷和解的氛围，同时配备先进的通信设备，以促进调解的高效进行；档案室则需实现数字化，以保证信息的安全存储和快速检索。

其次，法院信息化建设是提升司法效率的关键环节。构建一体化的司法信息平台，可以整合各类司法数据，实现案件信息的全程电子化，从而提高案件处理的效率和精度。这一平台应具备强大的数据处理能力，能快速分析复杂的法律案例，为法官决策提供精准支持。同时，通过信息共享，可以打破部门间的壁垒，提高司法协同效应。

最后，远程视频审判和在线调解等功能的实现，是法院信息化的生动体现。借助现代通信技术，可以实现当事人和法官的非面对面交流，大大减少了交通成本和时间消耗，提升了司法服务的便利性。这种"云司法"模式，不仅增强了司法的可达性，也使得公平正义触手可及，尤其对于偏远地区的当事人，更是一种实质性的司法公正保障。

2. 办案装备现代化与智能化。在当前信息化时代，借助大数据的深度挖掘与分析能力，人工智能技术在司法领域日益显现其重要性。智能辅助审判系统的构建涵盖了多个模块，包括智能量刑建议模块，该模块能基于海量历史案例和法律条文，提供客观、公正的刑期参考，减少人为因素的干扰，从而提高量刑的公正性和一致性；此外，还包括法律文书自动生成功能，它能依据案件事实和法律规定，快速准确地生成审判文书，提升司法工作效率，使法官能够将更多的精力集中在案件的复杂问题研究上。

同时，司法信息安全的保障是电子诉讼的关键。安全可靠的电子签名技术，如同传统的手写签名，具有唯一性和不可否认性，有利于确保文件的签署者身份真实无误，防止文档被篡改。而加密技术的应用主要是通过对司法文件进行加密处理，确保数据在传输和存储过程中的机密性，防止数据被非法获取和利用，有利于维护司法的权威性和公正性。

3. 司法资源区域间均衡配置。我国幅员辽阔，不同地区间司法资源配置存在较大差异。为了实现司法公正，需要建立动态的司法资源调配机制，根据案件数量、人口分布等因素，合理调整各级人民法院的编制和设施。对于案件量大、人口稠密的地区，适当增加法官和辅助人员，提升审判效率；对于偏远地区，利用远程审判技术，减少司法服务的地域障碍。加强区域间法院的协作，通过异地审判、远程协助等方式，实现司法资源的共享，促进全国范围内司法服务的均等化。

（四）以司法财力资源优化支持司法创新与改革

司法财力资源的优化，实质上是对司法功能的深度挖掘与提升，有利于维持司法系统的日常运作，也能为司法创新和改革注入动力。

首先，加大在科技领域的投入，包括人工智能和大数据等前沿技术的应用。这些技术的引入，可以实现案件的智能化分析，提升审判的精确性和效率，同时降低人为错误，确保司法公正的实施。

其次，加大对法官培训的投入。司法人员的专业素质是司法公正的基石，通过持续教育和专业发展课程，提升他们的法律素养和审判技能。同时，推动审判方式的创新，如在线诉讼和速裁程序，这些新的审判模式能够适应现代社会快节奏的需求，提供更为便捷高效的司法服务。

再次，面对跨区域的重大或复杂案件，设立专项基金，确保司法机关有足够的资源来应对这些案件的特殊性，保障审判工作的顺利进行，防止因资金问题影响案件的公正处理，从而维护司法的权威性和公信力。

最后，还应通过财政支持鼓励司法部门进行审判模式的探索和创新。随着社会的发展，司法需求也在不断变化，需要探索灵活、适应性强的审判模式，以满足这些新的需求。通过财政激励，司法部门可以积极尝试和推广更为现代化的审判理念和方法，推动司法体系的与时俱进，更好地服务于社会。

二、提升审判质效

提高审判质效，不仅能有效解决案件积压问题，提升司法公正性，还能增强公众对法律的信任，维护社会和谐稳定。审判质效的提升也是司法现代化的必然要求，它涉及审判程序的优化、审判团队的专业能力的提升、科技应用在深度和广度上的加强，以及监督激励机制的完善。在审判领域，新质生产力的引入能够改变传统审判模式，提高审判效率，减少人为错误，实现公正、公平、公开的司法裁决。

（一）加强专业审判团队建设

面对新质生产力发展所带来的法律挑战，司法系统的改革与创新显得尤为重要。这其中包括构建一支专业化、高效化的审判团队，以确保法律在复杂社会经济环境中的公正实施。审判团队应由精通法律、富有实战经验的法官、检察官以及来自科技、经济、社会学等多领域的专家共同构成，他们能够以全面的视角理解和解决新质生产力带来的法律纠纷。

首先，要进行法律知识更新与培训。审判团队成员的专业素养是其有效运作的关键，这要求他们具备深厚的法律知识，同时持续关注科技、经济和社会的最新动态，以便及时理解和适应新的法律问题。随着法律体系的不断发展和更新，审判团队的法律知识需要与时俱进。定期组织法律培训，培训内容涵盖新出台的法律法规、司法解释以及国际法律动态，确保法官能够准确理解和运用法律。强化案例研究，通过分析典型判例，提升法官对法律适用的判断力。鼓励法官参加学术交流和研讨会，以开阔视野，提高理论素养。审判团队可定期组织研讨会，及时更新知识库，增加对新技术、新经济模式和社会变革的理解，从而在审判过程中作出更为精准的法律判断。

其次，专业审判团队需具备跨学科的综合能力。在新质生产力的背景下，许多案件涉及科技、知识产权、环境保护等多个领域，如关于生物科技、人工智能、新能源等案件，对此，法官应具备一定的经济学、社会学、心理学、计算机等跨学科知识，以便在审理案件时能够全面考虑各种因素，迅速识别案件的关键问题，提供专业且具有前瞻性的法律建议，确保法律的正确适用，作出公正、合理的裁决，避免因专业知识的缺失导致的误判。

再次，专业审判团队需具备数据分析与信息技术应用能力。在信息化时代，数据分析能力已不仅仅是技术领域的专长，也是审判工作中的一项重要技能。法官不仅需要对法律条文有深入的理解，还需掌握一定的数据处理和分析的技巧，包括统计建模、预测分析、数据挖掘等。这些技巧在案件审理中起着重要的作用，能够使法官精准评估证据的权重，辅助法官进行逻辑严谨的法律推理，从而确保判决的公正性和准确性。借助先进的信息技术工具，如电子卷宗管理系统，法官可以高效地查阅、比对和分析海量的案件资料，避免了传统查阅纸质卷宗的繁琐，提升了查阅信息的准确性。智能辅助审判系统则通过算法模型，对案件进行预判和建议，进一步提升了审判效率，减少了人为疏漏的可能性。为了使法官能够适应数字化工作环境，定期的 IT 培训尤为必要，如对新软件、新系统的操作培训以及对大数据、人工智能等前沿技术的法律伦理和应用理解培训。这样的培训不仅可以提升法官的技术素养，还可以提升审判工作的科技含量，使审判与时代发展同步，更好地服务于司法公正和社会公平。

最后，跨领域合作与综合解决能力。面对由新质生产力发展带来的日益复杂多样的案件，审判团队需要具备跨领域合作的能力。这包括与检察官、律师、专家学者以及政府部门等多方的协作，共同解决法律问题。

（二）推进智慧法院建设，提高审判效率

随着信息技术的快速发展，智慧法院的建设已成为司法改革的重要方向。通过信息化手段，司法系统可以大幅提升审判质效，更好地服务于新质生产力的健康发展。

1. 加大智能化审判系统的研发与应用。智能化审判系统已成为司法公正与效率提升的关键驱动力。这一创新性技术体系，融合了人工智能、机器学习以及自然语言处理的前沿科技成果，以一种崭新的方式重塑司法审判的流程和模式，不仅有利于实现审判流程的自动化、智能化，提高审判效率，更重要的是，它通过科技手段保障司法公正，使法律的公平正义在每一个审判环节中得到体现。这种科技与法律的深度融合，将为我国的司法改革开辟新的路径。

首先，智能化审判系统的核心在于其强大的信息处理能力。以立案环节为例，立案是司法审判的第一步，智能化改造在此环节中可发挥关键作用。通过建立在线立案系统，当事人可以远程提交诉讼材料，减少因地理位置、时间限制带来的不便。系统通过人工智能技术自动审查起诉状的格式与内容，快速识别关键信息，有利于降低人为错误，提升立案效率。通过大数据分析，系统能预测案件可能的类型和复杂程度，为后续的审判工作提供预判。同时，通过深度学习和自然语言理解，系统能够准确理解并解析复杂的法律条文和案件信息，实现案件数据的高效检索。这一过程不仅大大节省了法官在海量文档中寻找关键信息的时间，还减少了因人为疏忽可能造成的错误，有利于提升审判的精确度。智能科技在庭审过程中的应用，有利于提高审判效率、维护审判公正性。视频庭审技术使得远程参与成为可能，尤其在跨地域或特殊环境下，减少了诉讼参与人的出行负担。同步录音录像系统确保了庭审过程的透明，增强了公众对司法公正的信任。智能语音识别技术将法官、律师和当事人的陈述实时转化为文字，便于后期查阅和记录，减少了人工记录的繁琐和可能的错误。

其次，文书生成功能是智能化审判系统的另一大亮点。该功能根据案件事实和相关法律规定，自动生成审判文书，不仅能确保文书的标准化和一致性，也会减轻法官的文书写作负担。此外，文书生成过程中的逻辑推理和法律适用都是在算法的指导下进行的，可以进一步减少人为因素的干扰，有利于保证判决的公正性。文书送达方面，电子送达系统通过电子邮件、短信或移动应用等方式，将文书迅速、准确地送达当事人，节省传统邮寄的时间，也降低丢失的风险。送达状态的实时追踪和反馈机制，能够保证司法程序的正常进行，提升诉讼效率。

再次，智能辅助决策系统是智能化审判系统中的重要一环。该系统能够在法官审理案件时，根据案件事实、法律规定以及类似案例，提供科学、客观的参考建议。这种智能决策支持，有助于法官作出更为准确、公正的判决，避免因个体差异或知识局限带来的判断偏差。

最后，智能排期系统对法庭资源的优化配置同样重要。通过对历史数据的分析和预测，系统能够合理安排庭审时间，避免了法庭资源的闲置和浪费，提升法庭的工作效率，同时也优化当事人的诉讼体验。

2. 推进司法大数据的分析与挖掘。在司法体系的庞大数据库中，隐藏着提升审判流程效率和保障审判公正的信息和线索。通过剖析过往案例，可以揭示出法律适用的趋势和模式，为法官提供有力的决策参考依据。利用大数据技术，能够预测审判过程中的热点问题，并提升揭示其潜在的法律风险，为司法工作筑起一道坚实的防线。

通过实时监控审判数据，可以响应并解决审判流程中的疑难问题，从而提升审判效率，确保案件处理的及时性和准确性。此外，大数据分析还能够为司法政策的制定和司法改革提供坚实的数据支撑，助力司法体系不断向更加公正、高效的方向发展。在信息化时代，大数据不仅能够提升审判效率，还能够促进司法公正，为人民群众提供更加优质的司法服务。因此，应充分发挥大数据的优势，不断探索其在司法领域的应用潜力，为构建更加公正、高效的司法体系贡献力量。

3. 强化云计算与区块链在审判中的应用。云计算技术以其强大的计算和存储能力，促使法院能够高效处理海量的案件数据，这不仅是对传统审判模式的革新，也是对司法资源优化配置的有力推动。借助云计算的云存储功能，各地法院可以打破地域限制，实现审判信息的即时共享，这在处理跨区域复杂案件时，可以提高协作效率，使得法律的公正执行不再受地域阻隔。

区块链技术保障了数据的透明性和不可篡改性，有利于促进司法公正。区块链的透明性有助于审判过程的公开，每一条审判信息都清晰可见，并且无法被篡改，从而提升公众对司法的信任度。在电子证据的存证方面，区块链技术通过分布式账本技术，确保了证据的完整性和真实性得以永久保存，从而防止证据伪造的可能性，增强证据的法律效力，确保审判的公正性。区块链技术对智能合约的支持，有利于促进司法审判的自动化进程。对于一些结构清晰、事实明确的简单纠纷，智能合约能够自动执行裁决，无需人工介入，有利于提高审判效率，减轻法院的工作负担，使得审判资源可以更集中地投入到复杂、疑难案件的审理中，从而实现司法效率与公正的双重提升。总的来看，云计算和区块链技术的应用将重塑司法审判，使司法审判智能化、高效化和公正化。

目前，国内已有部分法院在推进智慧法院建设、提升审判质效方面取得了一定的进展。例如，上海市浦东新区人民法院在提升审判质效方面作出了显著的创新。他们通过构建智能化审判系统，实现了案件的自动化分类、智能匹配法官以及在线调解等功能。利用大数据分析，法院能够对案件趋势进行预测，合理分配资源。法院还引入了语音识别技术，从而提高了庭审记录的效率和准确性，为法官决策提供强有力的支持。北京市朝阳区人民法院建立了全方位的电子诉讼服务平台，使当事人可以在线提交诉讼材料、参与庭审，甚至进行电子签名，大大减少了诉讼成本。法院通过与司法行政部门的数据共享，提高了案件处理的透明度和公正性，提升了公众满意度。通过推进智慧法院建设，司法系统能够更好地适应新质生产力的发展需求，提供高效、公正的司法保障，促进经济社会的持续健康发展。

第三节　深化司法体制改革　提高司法公信力

在司法领域，新质生产力不仅改变了传统的司法工作模式，也对司法体制提出了新的要求。以往依赖人力和纸质文档的司法流程正在被数字化、网络化和智能化的工具所取代，这使得司法服务更加高效、透明。新质生产力的发展也促使司法体制必须适应这种变革，以确保公正、公平的司法裁决。

一、完善诉源治理与诉调对接机制

诉源治理与诉调对接作为司法改革的重要一环，对于缓解法院办案压力、提高纠纷解决效率、促进社会和谐稳定具有重要价值。

（一）诉源治理：源头预防，减少诉讼

诉源治理的首要任务是增强公众的法治观念，减少因法律意识淡薄而产生的纠纷。这要求司法机关、政府部门及社会各界共同努力，通过多种形式的法治宣传教育活动，如法律知识讲座、普法节目、在线法律咨询等，提高公民的法律素养和守法意识，引导民众通过合法途径解决矛盾纠纷。随着新质生产力这一全新概念的提出，一大批新兴产业不断涌现。任何新生事物开始都是不完善的，我们要正视这些不完善，并积极寻求解决方案。例如，北京知识产权法院通过发送司法建议，有效助力弥补自动驾驶行业漏洞。各级人民法院要善于从个案中发现产业治理难题，与相关部门携手助力新质生产力领域规范管理，促进矛盾纠纷源头化解。[1]

建立健全以人民调解、行政调解、司法调解为主体的多元化纠纷解决机制，鼓励和支持社会组织、行业协会等参与矛盾纠纷化解，形成覆盖城乡、便捷高效的纠纷解决网络。通过非诉讼方式解决纠纷，不仅能够减轻法院负担，还能有效维护社会关系的和谐稳定。

基层是社会治理的"神经末梢"，也是诉源治理的前沿阵地。要加强基层党组织建设，发挥其在社会治理中的领导核心作用；提升基层治理的法治化、智能化水平，利用大数据、云计算等现代信息技术手段，提高矛盾纠纷的预测、预警和快速处置能力。

（二）诉调对接：无缝衔接，高效解纷

明确诉调对接的适用范围、启动条件和程序规则，确保调解与诉讼之间的顺

---

[1] 参见本报评论员：《找准司法服务发展新质生产力的结合点着力点》，载《人民法院报》2024年6月17日，第1版。

畅衔接。建立诉前调解引导机制，对于适宜调解的案件，在立案前引导当事人选择调解方式解决纠纷；对于调解不成的案件，及时转入诉讼程序，确保纠纷得到及时有效的处理。

培养一支专业化、职业化的调解队伍，是保障诉调对接工作顺利开展的关键。要加大对调解员的培训力度，提高其法律素养、调解技能和职业道德水平；建立健全调解员激励机制，激发其工作积极性和创造力。

对于经调解达成的协议，人民法院应依法进行司法确认，赋予其强制执行力，保障当事人的合法权益。加强对调解工作的司法监督，确保调解活动依法进行，防止调解过程中出现违法违纪行为。

诉源治理与诉调对接涉及多个部门和领域，需要各相关部门加强协作和配合，形成工作合力。要建立跨部门协调机制，定期召开联席会议，研究解决工作中遇到的问题和困难；加强信息共享和资源整合，提高纠纷解决的整体效能。

运用现代信息技术手段，提升诉源治理与诉调对接的智能化水平。建立统一的纠纷解决信息平台，实现调解、仲裁、诉讼等纠纷解决方式的互联互通；利用大数据分析技术，对纠纷类型、特点等进行深入研究，为制定更加精准的治理措施提供科学依据。

首例证券集体诉讼和解案[1]和长三角一体化司法监管协同跨域推动诉源治理[2]两起案件，是较为典型的目前司法改革方向中所强调的"诉源治理""诉调对接"的成果，起到以最小的诉讼成本换取最大的诉讼效果。

二、简化司法程序以提高效率

司法程序的优化与简化是提升司法效率的核心策略，旨在确保平衡公正与效率的目标得以实现。应对现有的司法流程进行梳理和改革，消除冗余，提升效能。电子诉讼的推广是这一进程的重要步骤。通过构建数字化的司法平台，实现立案、送达、庭审、执行等诉讼环节的全程在线，不仅可以节省当事人和法官的时间和精力，降低诉讼成本，更能实现信息的即时共享，提高司法透明度，提升公众对司法公正的信任度。针对事实明确、争议不大的案件，可以建立健全快速审理机制。引入简易程序，以简洁、高效的审判方式，缩短审理周期，确保司法资源的合理分配，既体现司法对效率的追求，也兼顾了对当事人权益的及时保护，是司法公正与效率的有机结合。

完善调解和仲裁等非诉讼纠纷解决机制，也是司法程序优化的重要一环。这些机制能够有效分流部分案件，减轻法院的审判压力，同时，它们以协商和解为

---

[1] 投服中心代表全体原告投资者诉某科技公司等证券虚假陈述责任纠纷案。
[2] 李某某与某科技公司申请司法确认调解协议案。

主导，更注重修复关系，预防纠纷升级，有利于社会和谐稳定。非诉讼纠纷解决机制的强化，不仅体现了多元化纠纷解决的理念，也是对司法资源的合理配置，有利于提升整个司法体系的运行效率。

总之，简化司法程序并非单纯的流程改造，而是司法理念的更新和司法制度的创新。需要从立案到执行，从诉讼到非诉讼，全方位、多层次地推进改革，以构建一个更加公正、高效、便民的司法环境。

三、强化司法监督与透明度

在新质生产力发展的背景下，司法公信力的提升不仅是一个法律问题，更是对新时代要求的回应、是提高社会与公众信任的基石。强化司法监督与制约机制，是确保司法公正，提高司法公信力的关键环节。

首先，法院内部的自我监督是维护司法公正的第一防线。审判管理的完善，要求对每一个案件的处理流程进行精细化、标准化，确保司法行为的规范化和公正性。审判委员会制度作为法院决策的重要组成部分，对重大、疑难案件进行集体讨论，以确保判决的公正性，避免人为因素的干扰。建立科学的法官业绩评价体系，将案件质量、审判效率、法律适用准确性等多方面纳入考核，既能激励法官提升业务素质，也能防止司法权力的滥用。错案责任追究机制的建立，旨在通过责任倒逼，提高法官的审判责任心，防止错误判决的发生。

其次，外部监督是维护司法公正的另一道防线。立法机关的监督，主要体现在立法对司法活动的规范和对司法解释的审查，以确保司法活动在法律框架内进行。监察机关的监督，旨在防止司法腐败，维护司法的廉洁性。社会公众和媒体的监督则具有广泛性和即时性，通过公开裁判文书、庭审直播等手段，使司法过程透明化，让公众能够直接参与和见证司法活动，从而增强司法的公信力。同时，建立有效的投诉举报机制，对于公众反映的司法不公问题，应迅速响应，及时调查，对确实存在的问题进行纠正，以此维护司法的公正性和权威性。司法公开是外部监督的重要载体，其不仅包括审判过程的公开，还包括裁判文书的公开。裁判文书公开能够使公众了解法官的判决依据，理解法律的适用，增强公众的法律意识，同时也能对法官的判决行为形成社会监督。申诉和再审机制的完善是司法纠错的重要环节，能够确保司法错误能得到及时纠正，维护法律的权威。

再次，跨部门协作是司法监督机制的延伸。与监察机关的协作，可以有效地打击职务犯罪，确保司法公正不受内部腐败的侵蚀。通过信息化手段，建立全国统一的司法信息平台，实现司法数据的共享，可以提高监督的效率和准确性，减少信息不对称带来的问题。

最后，司法机关应当主动接受社会评价，通过满意度调查等方式，了解公众对司法工作的满意度和期待，及时调整司法策略，改进司法服务，以公众需求为导向，提升司法公信力。这一过程既是司法公开的深化，也是司法服务的优化，旨在构建一个公开、公正、透明的司法环境，以回应社会的期待，增强公众对司法的信任。

四、完善司法公开与舆论引导机制

司法公开，作为提升司法公信力的关键手段，其重要性不言而喻。它不仅是确保公正审判的必要条件，也是保障公众知情权、参与权和监督权的重要途径。司法公开应涵盖审判全过程，从立案、审理、判决到执行，每一环节都应透明化，使公众了解司法运作的全貌，从而增强对司法制度的信服。通过司法公开，有利于加强司法公正建设，提高司法效率和质量，确保创新主体的合法权益得到有效维护。[1]

审判过程的公开，尤其是公开庭审，让公众能够亲眼见证法律的实施，理解司法的公正性。判决理由的公开，能帮助公众理解法律逻辑，增强法律意识，同时也是对司法判决权威性的有力证明。执行情况的公开，能确保法律判决的有效落实，消除公众对司法"纸面公正"的疑虑，进一步提升司法公信力。

新媒体平台在司法公开中扮演着桥梁角色。通过微博、微信、官方网站等渠道定期发布司法信息，回应社会关切，能够实时互动，及时解决公众的法律疑惑，使司法更接地气，更具亲和力。同时，公开的司法信息应包含案例解析、法律解读等内容，以提升公众的法律素养，增进对司法制度的理解和信任。

在舆论引导方面，司法机关不应沉默，而应主动发声。对社会热点案件，应及时发布权威信息，防止谣言滋生，引导公众形成基于事实和法律的理性判断。通过深度解读，揭示案件背后的法律原则，有助于公众形成客观的法律观，从而降低社会对司法的误解和偏见。

建立与媒体的有效沟通机制是司法公开的重要一环。司法机关应定期举行新闻发布会，及时发布司法动态，同时，应设立专门的媒体联络部门，确保信息的准确传递。通过司法与媒体的合作，共同构建一个公正、公开、公平的法治舆论环境，让公正的司法判决得到社会的广泛认同和支持，进一步提升司法的公信力和影响力。

---

[1] 参见蒋坤洋：《让法治建设为新质生产力保驾护航》，载《社会主义论坛》2024年第6期。

第四节 加强新质生产力的司法解释 厘清法律模糊地带

一、司法解释在新质生产力发展中的角色及现状

（一）司法解释在新质生产力发展中的重要性

1. 促进新质生产力的快速发展。新质生产力的崛起，对经济社会发展产生了深远影响。司法解释在这一过程中扮演着引导和规范的角色。强化司法解释，可以为新技术、新产业的发展提供清晰的法律指引，降低创新风险，鼓励企业投入更多资源进行研发和创新。司法解释通过明确法律边界，可以消除不确定性的法律障碍，使得创新者能够在一个公平、透明的环境中快速成长，从而推动整个社会生产力的进步。例如，2024年6月24日，《最高人民法院关于审理垄断民事纠纷案件适用法律若干问题的解释》正式公布，并于2024年7月1日起施行，该司法解释对《中华人民共和国反垄断法》（以下简称《反垄断法》）与《民法典》《中华人民共和国民事诉讼法》等相关法律在反垄断民事诉讼领域的综合协调适用提供了具体的规则指引。[1]

当前，新质生产力正处在初步发展阶段，生产关系的频繁变动和新兴产业利益的广泛分布，使得立法工作在短期内难以形成稳定的利益共识。因此，通过立法来适应新质生产力的需求并非最佳选择。相反，通过司法裁判的逐步积累，可以更细致地观察和理解新质生产力的具体应用场景，根据每个领域的利益冲突和发展需求，来审视和调整现有的法律概念、规则和框架。[2] 在司法过程中，需要超越单一案件的视角，认识到每一个裁决都可能对新质生产力相关行业产生长远影响。特别是在面对新问题和新挑战时，司法机关需要创造性地解释和应用现有规则。法院在裁决中对于规则的选择和解释，可能会超越具体案件，对行业规则和资源分配产生一般性影响，从而激励和引导创新主体的行为。[3]

2. 维护市场秩序与公平竞争。在新质生产力领域，市场竞争激烈，新的商业模式和业态不断涌现。司法解释通过明确相关法律规则，可以防止市场垄断，保护中小企业的合法权益，促进市场的公平竞争。例如，对于数据隐私、知识产权、不正当竞争等问题，及时的司法解释可以为市场竞争设定合理的规则，避免

---

[1] 参见孙晋：《2024年反垄断民事诉讼新司法解释亮点阐释与未来展望》，载《法律适用》2024年第8期。

[2] 参见刘晓春：《新质生产力的知识产权司法保障：理念、功能与机制》，载《中国应用法学》2024年第4期。

[3] 参见景汉朝：《互联网法院的时代创新与中国贡献》，载《中国法学》2022年第4期。

因法律空白导致的市场混乱。这不仅有助于维护市场秩序,还有助于激发市场的活力和创新力。

3. 保障消费者权益与公共利益。新质生产力的发展往往伴随着新技术、新服务的普及,消费者权益保护问题显得尤为重要。强化司法解释,可以确保消费者在享受新技术、新产品带来的便利时,其个人信息安全、隐私权、知情权和选择权等基本权益也能得到保障。司法解释还可以在环保、公共安全等领域设定法律标准,防止新质生产力发展对环境和社会带来潜在危害。例如,对于新能源技术,司法解释可以明确企业在能源生产和使用过程中的环境保护责任,确保公共利益不受损害。

强化司法解释不仅是应对新质生产力发展的法律需求,更是维护经济社会稳定、保障公平正义、促进社会进步的必要手段。通过司法解释的完善,可以构建一个有利于创新、竞争有序、消费者权益得到充分保障的法律环境,为新质生产力的健康发展提供坚实的法律支撑。

(二)新质生产力的法律特征

1. 技术创新性的法律保障。新质生产力的核心在于技术创新,它推动着经济结构的深刻变革。在法律层面上,技术创新性的法律保障主要体现在以下几个方面:知识产权法律体系的完善是保障技术创新的基础,包括《专利法》《商标法》《著作权法》等,它们为创新成果提供了法律保护,鼓励创新者进行研发。《反垄断法》的实施确保市场公平竞争,防止技术垄断阻碍创新。《中华人民共和国促进科技成果转化法》等法规促进了科技成果的市场化应用,使技术创新能够转化为实际生产力。

2. 产业融合性的法律边界。新质生产力的演进,往往伴随着不同产业领域的深度交织与创新融合。这种现象在信息技术与制造业的智能化转型、生物技术与医疗健康的精准医疗等领域中体现得尤为明显。这些融合不仅催生了新的业态和商业模式,也对现有的法律体系提出了严峻挑战。

法律层面上,首要任务是划定产业边界,这不仅是为了保障各行业的正常运行,也是为了维护市场秩序,防止无序的跨界扩张导致的混乱。然而,产业融合的特性决定了静态的、固定的产业边界不再适用,法律应当鼓励并规范创新性的跨界活动,而非阻碍其发展。因此,法律应当具有足够的灵活性,以适应产业的动态变化,以数据保护法规为例,它在保障个人隐私权的同时,支持信息的合法流动和共享,以促进数据驱动的创新。这需要在立法时平衡个人隐私权与公共利益,设立合理的数据使用、存储和共享规则,以确保信息的安全流动,而非形成"数据孤岛"。

此外,跨行业合作的法律框架也需明确且包容。法律应当鼓励企业间的协同创新,提供清晰的合同规则、知识产权保护机制以及在纠纷发生时的解决途径,以降低合作风险,促进产业融合的健康发展。同时,也要防止法律真空地带的出现,避免因法律不确定性导致的创新停滞。

因此,面对产业融合的趋势,法律应当扮演积极的引导者和守护者的角色,既要为创新提供空间,又要为秩序设定边界,以实现产业融合的有序、健康、繁荣。

3. 市场适应性的法律挑战。新质生产力的快速发展往往超越现有的法律框架,给市场监管带来挑战。例如,人工智能和大数据的应用可能涉及隐私权、数据安全和责任归属等法律问题。法律需要及时回应这些新问题,制定适应性法规,如数据保护法的更新,对算法决策的透明度和可解释性进行规定,以及对新技术可能引发的社会问题提供法律救济。国际法律协调也至关重要。例如,跨境数据流动的规则制定,需要各国在尊重主权的前提下,寻找共同的法律解决方案。

(三) 司法解释的现状与问题

1. 司法解释在新质生产力领域的滞后性。随着科技的进步,人工智能、大数据、云计算等前沿技术引领了时代的变革,对经济社会的深度影响不容忽视。然而,这种变革似乎超越了司法解释的发展步伐。司法解释作为法律适用的重要工具,往往基于既定的法律框架,对这些新兴领域的法律问题缺乏前瞻性的考量和界定,因此,在实践中常出现法律空白地带,无法为新质生产力的创新和发展提供适时、精准的法律指引。司法解释的滞后性,束缚了新质生产力的创新。同时,它也为法律纠纷的解决设置了无形的障碍,使得在面对新兴科技引发的法律问题时,司法实践可能陷入无法可依、无章可循的窘境,影响了法治的公正性和权威性。因此,法律解释与科技发展的同步性,已成为亟待解决的法治课题。

2. 现有司法解释对新质生产力的适应性不足。新质生产力的飞跃式进步,催生了前所未有的商业模式与交易形态,对传统法学理论与法律框架发起了深度拷问。大数据作为新时代的生产要素,其应用领域广泛而深远,但却引出了数据所有权的法律界定难题。数据,既是信息的载体,又蕴含个体隐私,现有的司法解释基于传统的财产权和人格权理论,对这一新领域的问题往往显得力不从心,亟需新的理论框架进行解析和规范。

同时,新质生产力的跨界融合特性,如科技与金融的深度融合,催生了金融科技、数字货币等新兴业态,打破了传统行业疆界的划分。这种模糊性对法律的适用性提出了挑战,司法解释在界定法律责任、权利义务时,需要在不断演变的经济现实中寻找稳定性的法律原则。例如,如何在保护创新与维护金融稳定之间寻找平衡,如何在数据流动与个人隐私之间划定界限,都是当前司法解释和立法需要解决的新课题。

此外,智能合约、区块链等技术的兴起,对合同法、证据法等传统法律领域提出了新的挑战。这些技术的去中心化、自动化特性,对传统的法律关系、法律责任的认定提出了新的解释需求。因此,法律制度的改革与创新必须与新质生产力的发展同步,以适应并引导这一历史进程,确保社会公平正义的实现。

3. 司法解释实践中存在的问题与困境。在司法实践中,由于新质生产力的复杂性和动态性,法官在解释和适用法律时经常面临挑战。由于法律法规的滞后,法官可能需要在没有明确司法解释的情况下作出判决,增加了判决的不确定性和不一致性。新质生产力的快速发展要求法官具备较高的科技和经济理解能力,但现实是,法官的专业知识更新速度往往赶不上科技变化的步伐。司法解释的制定和更新机制不够灵活,难以快速响应新出现的法律问题,使得司法解释在应对新质生产力带来的法律挑战时显得力不从心。司法解释在新质生产力领域的改革与创新迫在眉睫,需要通过深化司法解释的理论研究、优化司法解释的制定程序、加强法官的专业培训等方式,提升司法解释对新质生产力的适应性和有效性。

二、强化新质生产力司法解释的原则

(一) 完善司法解释的法律法规体系

完善司法解释的法律法规体系是确保司法解释有效应对新质生产力发展的基础,包括制定专门针对新质生产力的司法解释法规,明确司法解释的法律地位、权限与程序,以及规定司法解释在法律体系中的适用规则。应确保司法解释与宪法、法律、行政法规等上位法的一致性,避免法律冲突,确保司法解释的权威性。应建立动态更新机制,使法律法规体系能够及时适应新质生产力的技术变革和市场变化。

(二) 提高司法解释的灵活性与前瞻性

司法解释在面对新质生产力时,需要具备足够的灵活性以适应快速发展的科技环境,这就要求其不仅应关注当前的法律问题,还应预见并预判未来可能出现的法律挑战。法官在识别出有可能对新质生产力发展产生影响的案件后,有必要从纵向技术发展阶段、横向国际竞争态势两个层面,进行全面深入的利益权衡和评估,针对可能导致的产业影响进行审慎分析,进而对法条和规则作出符合新质生产力发展需求的解释和适用。[1] 通过建立科学的预测模型和研究方法,司法解释可以更好地预测新技术、新业态可能带来的法律问题,提前进行解释,为新

---

[1] 参见刘晓春:《新质生产力的知识产权司法保障:理念、功能与机制》,载《中国应用法学》2024年第4期。

质生产力的发展提供稳定的法律预期。应鼓励创新性思维，对新质生产力中的创新行为给予合理的法律空间。

（三）加强司法解释与其他法律制度的衔接

司法解释，作为法律实施中的重要一环，与立法、执法、守法等环节构成法律体系的动态生态系统，其科学性和时效性对法律的统一性和稳定性至关重要。

司法解释应与立法进程保持同步互动，及时揭示和明确法律条文的深层含义，还要预见到社会发展的新变化，避免滞后于快速发展的社会实践。

司法解释需与执法标准和程序无缝对接，形成统一的执法尺度，防止法律适用的混乱和不公。这要求司法解释不仅要清晰界定法律的边界，还要为执法机构提供操作性强的指导，确保法律执行的公正性和一致性。

守法教育和法治宣传是司法解释的延伸，两者应形成良性互动。司法解释需考虑如何通过简洁明了的方式，使公众理解并接受新的法律理念，尤其在面对新质生产力带来的法律问题时，司法解释的角色尤为重要，它能引导公众理解法律的变迁，提升法治意识，从而促进法律的自觉遵守和有效执行。

（四）推动司法解释的国际化与标准化

在全球化背景下，新质生产力的发展需要跨越国界，相应的司法解释也需要具备国际视野。推动司法解释的国际化，意味着与其他国家和国际组织进行交流与合作，以增强我国司法解释的国际影响力。标准化则是保证司法解释质量与可比性的关键，应建立统一的司法解释制定标准，确保解释的公正性、透明度和可操作性。可推动国际司法解释的合作平台建设，促进跨国法律问题的统一解决。

三、强化新质生产力司法解释的路径

（一）加强对新质生产力案例的研究与分析

司法解释的精准性依赖于对实际案例的深入研究。新质生产力引发的法律纠纷案例，往往揭示了法律适用的新维度和复杂性。定期的案例收集与分析，能够及时揭示法律前沿的动态，了解法律实践中出现的新问题和挑战。案例研究是司法解释与时俱进的关键步骤。它不仅是对过往纠纷的回顾，更是一种前瞻性的思考，通过分析案例中的法律问题，可以预测并防止可能出现的冲突和挑战。这种实证研究，为司法解释的修订和完善提供了扎实的数据基础，确保法律的解释与社会发展同步，不落后于时代的步伐。司法在回应新质生产力发展需求过程中发现、识别、甄选出来的具有重要影响力的案例，会在各个行业领域成为业界、学界乃至相关部门关注的焦点和热点。一方面，这会引发研究者高度关注，从而引导投入研究资源；另一方面，针对各类"第一案"所代表的新型问题而进行的针锋相对的争议和辩论，可以将研究和认识引向深入，扩充讨论的广度和深度，为全面评估规则选择的后果提供研究基础。实际上，这一过程近年来在数据、个

人信息、算法、平台治理、人工智能等各个领域已经充分展现出来。[1] 同时，案例研究对于司法人员的专业成长至关重要，有利于深化司法人员对新质生产力本质的理解，提升他们在面对此类案件时的法律判断力。通过深入剖析案例，司法人员能够更好地适应社会变迁带来的法律需求，提高处理复杂法律问题的能力，以更加灵活和精准的方式解决纠纷，维护公正的司法秩序。

（二）定期发布新质生产力司法解释指南

司法解释指南对引导司法运作，特别是在新兴科技和市场经济的动态领域，发挥着至关重要的作用。应建立定期更新机制，如设定为每半年或年度发布，以及时响应科技进步和市场变革带来的法律挑战，确保法律的适时性，防止司法解释的滞后性阻碍公正裁决。

司法解释指南的核心内容应详尽全面，明确解释的适用边界，阐明解释原则，并详细阐述在具体案例中的实践路径。对于适用范围，应明确各类新质生产力活动的法律定位；解释原则部分，需兼顾法理逻辑与社会实效，体现法律的公平与公正；在应用方法的解析中，应提供实例解析，使法官能准确理解并适用，律师能有效辩护，企业界能预见行为的法律后果。通过发布司法解释指南，不仅能够为司法决策提供明确指引，还能强化法律的可预测性，提升公众的法律意识，从而在动态的社会环境中维护法治的稳定与权威。

（三）强化对新质生产力司法解释的宣传与培训

提高司法解释的公众认知度与司法从业者的专业素养，是司法解释得以准确、公正执行的基础。应大力促进对新质生产力司法解释的深度解读与广泛传播。例如，举办法律研讨会，通过专题讨论解析其内在逻辑和法律价值。借助在线教育平台，开设专门课程，为广大法律从业者和公众能随时随地学习提供便利，理解司法解释的精神实质。公开讲座也是宣传新质生产力司法解释的重要途径，专家的现场解读能即时解答疑惑，增强公众的理解力。

同时，对司法人员的专业培训不可或缺。司法人员应理解与新质生产力司法解释相关的法律条文，以提升他们在实际操作中的应用能力。定期的培训课程可设计为案例分析和模拟演练，以提升司法人员处理相关案件的技巧和职业素养。

鼓励学术界和实务界的跨界对话是推动理论与实践相结合的方法之一。学者的理论研究能为司法实践提供理论支持，而司法人员的实践经验能丰富学术理论，形成良性的互动循环。这种交流应包括研讨会、联合研究等多种形式，以促进法律理论的创新和发展，确保司法解释在实践中发挥出最大作用。

---

〔1〕 参见刘晓春：《新质生产力的知识产权司法保障：理念、功能与机制》，载《中国应用法学》2024年第4期。

第五节　完善知识产权司法保障

知识产权，包括专利、著作权、商标、商业秘密和设计权等，是创新成果的法律"保护伞"。自近代知识产权制度建立以来，人类社会每一项颠覆性科技创新成果的产业运用都对知识产权制度变革提出新要求，对知识产权司法保护提出新挑战。新质生产力的发展以科技创新为基，以知识产权保护为翼。[1] 知识产权正是通过满足人们深层次的社会需求，将知识产权赋予知识创造者，激励人们创造出更多的知识产品，最终增加整体社会福利的产权制度。[2] 作为国家创新发展的战略性资源和国际竞争力的核心要素，知识产权的规模、结构、质量直接决定新质生产力的生成过程。全链条强化知识产权创造、运用、保护、管理和服务，才能更好地掌握科技竞争主动权。[3] 司法保障在新质生产力中扮演着至关重要的角色。它确保了创新者对知识产品享有专属权利，从而刺激了创新和研发。没有强有力的司法保护，创新者可能会因担心其成果被他人无偿使用或剽窃而不愿意投入资源进行研发。知识产权的司法保障机制，可以预防和打击侵权行为，维护市场的公平竞争，为投资者提供信心。它也是国际技术交流与合作的基石，增强了全球价值链上的信任与合作。知识产权的司法保障，对于保护新质生产力的健康发展，维护创新驱动的经济秩序，以及确保全球经济的持续进步，都具有不可忽视的作用。

一、新质生产力为知识产权司法保护带来了新挑战

（一）技术创新加速带来的复杂性

随着科技的飞速发展，新质生产力的内涵不断拓宽，涵盖了人工智能、生物科技、量子计算等多个前沿领域。这些领域的技术创新不仅推动了社会进步，极大地丰富了新质生产力的内涵，也深刻地改变了人们的生活方式、工作模式乃至思维方式，对知识产权的界定和保护提出了新的挑战。

随着深度学习、自然语言处理等技术的突破，人工智能已经开始涉足文学创作、艺术设计等领域，并创作出具有独特风格和审美价值的作品。然而，这些作品的法律地位却陷入了尴尬的境地。传统上，作品的著作权归属于其创作者，但

---

[1] 参见朱丹：《加强知识产权司法保护 促进新质生产力发展》，载《人民法院报》2024年4月25日，第2版。

[2] 参见彭立静：《伦理视野中的知识产权》，知识产权出版社2010年版，第92页。

[3] 参见马一德、韩天舒：《对标新质生产力要求 完善知识产权治理体系》，载《前线》2024年第5期。

在人工智能创作的情境下，"创作者"的身份变得模糊不清。创作者是编程者、训练数据的提供者，还是人工智能系统本身？这一问题的答案不仅关乎创作者的权益，也直接影响到整个创意产业的健康发展。

生物科技领域的进步，尤其是基因编辑技术的出现，为人类治疗遗传性疾病、改善农作物品质等提供了前所未有的可能性。然而，这些技术成果也引发了专利权争议。例如，基因序列作为自然界的产物，其是否应被视为可授予专利权的"发明"存在争议；基因专利权的授予可能导致垄断，限制科研的进一步发展和技术的广泛应用。如何在保护创新者权益的同时消除对公共健康和生物多样性的潜在威胁，成为知识产权保护的一大难题。

量子通信技术具有不可破解的保密性，然而，这一技术的独特性也给专利保护带来了前所未有的挑战。量子通信技术的专利往往涉及高度复杂的算法和精密的硬件设计，公开申请专利的过程可能会泄露关键技术信息，从而削弱其保密优势。如何在保障量子通信技术知识产权的同时维护其独特的保密性，成为司法系统亟待解决的问题。

（二）跨国知识产权纠纷增多

随着全球化的深入发展，越来越多的企业跨越国界，寻求在全球范围内的资源配置和市场拓展。这种国际化趋势使得知识产权的跨境保护成为必然需求，但由于不同国家和地区之间在知识产权法律制度、执法力度和司法判决上的差异，增加了跨国知识产权纠纷的风险。

在知识经济时代，知识产权已成为企业核心竞争力的重要组成部分。专利、商标、著作权等知识产权不仅是企业技术创新和品牌建设的成果，还是企业获取市场优势、实现商业价值的重要工具。因此，各国对知识产权的保护力度不断加强，而跨国公司之间在知识产权领域的竞争也日益激烈，导致纠纷频发。

然而，不同国家和地区在知识产权法律制度上存在着显著的差异，这种差异不仅体现在法律条文上，更体现在法律理念、执法力度和司法判决等方面。例如，美国在专利保护方面较为严格，而欧洲和亚洲的一些国家则可能更加注重商标的保护。这种差异使得跨国企业在知识产权保护和维权过程中面临着复杂的法律环境，增加了纠纷的发生概率。

1. 法律适用与管辖权的冲突。跨国知识产权纠纷，其复杂性源于全球各地法律体系的多元性和差异性。知识产权司法保护已经成为国际交往和国际竞争中最受关注的核心领域。[1] 各国对于知识产权的定义、保护范围、侵权标准及法律责任的解读往往大相径庭，这在法律适用上引发了深刻的冲突。不同司法管辖

---

[1] 参见丁文严：《跨国知识产权诉讼中的长臂管辖及应对》，载《知识产权》2018年第11期。

区间的管辖权争议，使得纠纷解决路径变得错综复杂，增加了诉讼成本和时间消耗。同时，这种法律环境的不确定性可能导致相同的事实情况在不同国家得到截然不同的判决，产生法律效果的不一致性和判决的不可预见性，极大地挑战了国际商业活动的稳定性，阻碍了技术交流和创新，还可能对企业的全球战略布局、投资决策和市场信誉造成深远影响，凸显了构建全球统一的知识产权保护体系的紧迫性。

2. 诉讼成本高昂、时间消耗长。知识产权跨国诉讼，往往涉及严谨的司法程序和精细的证据链构建，其复杂性不言而喻。案件的审理过程常常伴随着详尽的法条解析，国际法与国内法的交叉适用，以及不同司法辖区间的法律冲突，极大地提升了诉讼的难度。繁重的证据收集工作，如专利技术的鉴定、著作权的归属证明等，不仅需要专业的知识，更需投入大量的人力和物力，导致诉讼成本急剧攀升。这对企业的财务状况构成压力，也打乱了其正常的研发节奏和市场战略，甚至在激烈的市场竞争中削弱其市场地位，影响其长远发展。因此，知识产权的跨国保护和纠纷解决机制亟待优化，以适应全球化背景下企业的需求。

3. 判决执行难度大。跨国企业的知识产权诉讼往往面临棘手的跨司法境况。企业在一个国家成功捍卫了知识产权，其判决的执行却可能在另一国遭遇阻碍，这主要源于各国之间法律体系的异质性和司法实践的多样性。不同的法律框架和执行机制可能导致对判决的解释不一，执行速度缓慢，甚至在某些情况下，判决完全无法实施。这不仅会削弱知识产权的全球保护力度，也对司法判决的国际信誉和效力构成挑战，进一步加大全球商业环境中的法律风险和不确定性。

(三) 互联网环境下的侵权新形态

随着互联网技术的飞速发展和普及，人类社会进入了一个前所未有的数字化时代。这一转变不仅极大地丰富了人们的生活方式，同时也对传统的知识产权法律体系带来了深刻的影响。互联网环境下的侵权新形态层出不穷，其复杂性和隐蔽性使得知识产权的保护面临前所未有的挑战。

1. 互联网环境下侵权的新特点。

(1) 瞬时性与广泛性。互联网信息时代对信息传播方式、交易模式和消费观念都产生了深刻影响。[1] 互联网以其无边界、无时差的特性，极大地加速了信息的流通，同时也加剧了著作权侵权行为的蔓延。一旦网络上出现未经许可的媒体内容，诸如影视作品、音乐、文字作品等，就可能在瞬息之间，通过社交媒体和云分享平台，被全球的网络用户瞬间获取，乃至非法传播。以网络盗版为

---

[1] 参见徐子淼：《互联网环境下商标侵权判定中的"商标性使用"辨析》，载《科技与法律（中英文）》2022年第4期。

例，一个未经权利人许可的影视作品链接，可能在眨眼之间，即几分钟甚至几秒钟的短暂时间内，被数十万乃至数百万的网民点击、浏览甚至下载，这无疑对原创者和合法版权持有人造成了巨大的经济损失，同时也严重打击了他们创新和创作的动力，扭曲了正常的市场秩序。因此，互联网时代的版权保护亟待强化，以维护创作者的合法权益，保障文化产业的健康发展。

（2）隐蔽性增强。在互联网中，侵权行为呈现出新的复杂性。侵权者常借由先进的技术工具，如匿名软件、虚拟身份等，刻意模糊其真实身份和网络踪迹，使得执法机构在追踪和定位上面临严峻挑战。这种"数字伪装"不仅阻碍了对侵权行为的及时发现，也增加了事后追责的难度。网络空间的匿名性为不法分子打造了一个可能逃避法律制裁的"避风港"。这一现象凸显了网络法治建设的紧迫性，应在法律框架下，构建起有效识别和打击网络侵权的监管机制。同时，国际司法协作也显得至关重要，应打破网络空间的地域限制，共同维护网络环境的公正与秩序。

（3）技术性挑战增大。随着数字化技术的演进，侵权行为的方式与形态也随之演变，尤其是深度伪造技术的兴起，它利用先进的算法和大数据，能轻易仿造他人的思想成果，混淆了原创作品与复制品的界限，对知识产权保护提出了严峻考验。这种技术若出于恶意目的被使用，可能导致原创者的创作被篡改或假冒。这不仅侵害了原创者的法定权益，破坏了公平竞争的市场环境，更在深层次上撼动了社会信任的基石，甚至可能对社会稳定和公共安全构成潜在威胁。因此，应直面这一新形态的侵权手法，构建与之匹配的法规和防御策略，维护社会公正和秩序。

2. 互联网环境下侵权的主要形式。

（1）在线盗版与非法下载。在线盗版与非法下载是数字化时代一种常见行为，已然成为对知识产权保护的重大挑战。提供非法服务的平台不仅侵犯了原创者的著作权，损害了他们的经济回报，也侵蚀了他们创作的动力，阻碍了文化产业的健康发展。同时，它破坏了市场规则，损害了公平竞争的环境，造成不公正竞争，影响市场的正常运行。因此，对在线盗版和非法下载的打击，不仅是对个体权益的维护，还是对法治精神和市场经济秩序的维护。

（2）深度伪造技术。深度伪造技术是指基于人工智能与机器学习，模糊了多媒体信息的真实边界的技术。该技术造成虚假图像与视频肆虐，混淆视听，动摇公众信任基础。深度伪造对知识产权的侵害，如盗用肖像、伪造原创内容及对个人隐私的侵犯，已成为社会问题，亟需法治层面的回应与规制。

（3）网络爬虫与数据抓取。在数字化时代，网络爬虫（Web Crawler）与数据抓取（Data Scraping）作为互联网信息处理的重要技术，极大地推动了数据分析、机器学习、智能推荐等领域的发展。它们如同网络空间中的探索者，自动遍历网页、提取并整理海量信息，为企业决策、学术研究乃至个人兴趣提供了强大的数据支持。在合法规范的框架内，网络爬虫与数据抓取技术被广泛应用于多个领域。例如，搜索引擎通过爬虫技术收集互联网上的信息，为用户提供快速、全面的搜索结果；电商平台利用数据抓取技术分析竞争对手的价格策略，优化自身定价机制；科研人员则可能通过抓取公开数据集进行学术研究，推动知识边界的拓展。这些应用均建立在尊重数据来源、遵守网站使用协议及保护个人隐私的基础上。然而，任何技术都具有双刃剑的特性，网络爬虫与数据抓取技术也面临着被滥用的风险，特别是被一些不法分子用于非法获取和利用他人的数据资源，这不仅侵犯了数据所有者的合法权益，更可能引发严重的社会安全问题。当这些技术被用于非法目的时，其危害便会显露。非法数据抓取涉及未经授权访问网站、窃取敏感信息（如用户账号密码、个人信息、商业秘密等）、过度请求服务器导致服务中断（DDoS攻击的一种形式）、绕过反爬虫机制等行为。这些行为不仅违反相关法律法规，如《网络安全法》《数据安全法》及《个人信息保护法》等，还严重侵犯数据主体的知情权、选择权和控制权，对个人隐私权、企业商业秘密乃至国家网络安全构成威胁。

二、知识产权司法保护的现状与问题

知识产权的司法保护是知识产权制度的重要组成部分，旨在为创新者和创作者提供必要的法律保障，确保他们能够从其创新成果中获益。然而，当前的知识产权司法保护面临着一些挑战和问题。

（一）部分法律法规仍有待细化和更新

尽管我国的知识产权法律体系在过去的数十年间取得了显著的进步，构建了一套相对全面的法律法规体系，涵盖了专利、商标、著作权等多个领域，但在面对日益复杂且快速变化的经济环境时，仍有些不足。

在数字版权领域，互联网与数字技术的革命性进步催生了大量的创新表达和传播模式，这对传统的版权法律体系提出了严峻挑战。现有的法律法规架构往往无法应对这一领域日新月异的发展，特别是在网络环境中，版权的生成、行使、交易及保护等环节出现了许多前所未有的复杂问题。例如，区块链技术的透明性和不可篡改性为版权作品的登记提供了全网自证的可能性，即作品一旦在区块链上完成注册，其版权信息就会被永久记录，并且每次交易或版权变更都会被实时更新和记录。然而，区块链技术在提高交易效率、降低成本的同时也带来了法律监管的新问题。[1] 因此，亟需对现行法规进行深度解读和细致修订，以期构建

---

[1] 参见何悦：《数字版权交易中区块链技术的法律监管研究》，载《传播与版权》2024年第17期。

一套既能激励创新，又能有效保障权利人利益，适应数字时代特性的版权法律框架。

商业秘密保护方面，有关商业秘密保护法律法规已初步构建，然而在界定商业秘密的具体内涵、外延，以及确立侵权判断的明确标准上，立法明显存在模糊性与不确定性。这种法律真空状态往往导致保护力度的弱化，使得商业秘密易遭受侵犯，且权利人在维权过程中面临证明困难的问题，不利于激发创新活力和维护公平竞争秩序。

在新兴技术如人工智能和大数据等前沿科技领域，现有的法律架构对于创新成果的知识产权界定显得滞后，未能清晰划定所有权、使用权及许可权的边界。缺乏明确的法律规范，使得数据挖掘、算法创新等活动可能陷入法律的真空地带，增加了侵权纠纷的风险，同时也阻碍了公平、有序的市场竞争环境的形成。这亟需法律体系对新技术的快速发展做出适应性调整，构建起完善的权益保护和法律责任追究机制，以保障科技创新的健康、稳定发展。

此外，法律的实施和执行力度存在不均衡，司法实践中对知识产权的保护力度和效率有待提升。在一些案件中，由于法律条文的解释不一致或者法律规定过于宽泛，导致权利人在面对侵权行为时，往往陷入法律救济的困境，无法得到有效和及时的司法保护。因此，完善知识产权法律体系，增强法规的适应性和执行力度，是当前亟待解决的问题。

（二）司法效率与公正性有待进一步提升

知识产权作为推动科技进步和经济发展的重要力量，其保护力度与效率直接影响着创新主体的积极性与市场的公平竞争。然而，在知识产权案件的审理过程中，司法效率与公正性时常成为社会各界关注的焦点。

知识产权案件往往涉及复杂的法律适用、技术鉴定及证据收集等环节，这些直接导致了审理周期的延长。权利人，尤其是中小企业或个人创作者，在面对侵权行为时，往往因漫长的诉讼过程而承受巨大的经济压力和精神负担。长时间的等待不仅可能导致权利人的市场份额被侵蚀，还可能影响其创新动力和市场竞争力。同时，知识产权案件的诉讼程序相对复杂，涉及多个环节和部门协作。从立案、证据交换、庭审到判决，每一个步骤都需要严格的法律程序和规定，这在一定程度上保障了案件的公正性，但也增加了诉讼的时间成本和人力成本。因此，缩短案件审理周期，优化诉讼程序，简化不必要的流程，提高司法效率，对及时维护权利人权益、促进创新环境健康发展具有重要意义。

司法的公正性问题也值得关注。以赔偿标准为例，赔偿是知识产权案件判决中的关键环节，直接关系权利人的切身利益。然而，由于地区差异、法官自由裁量权等因素，相同的侵权行为在不同法院可能得到不同的判决结果，这严重损害了司法公正性。司法公正不仅体现在判决结果的公正性上，还体现在司法过程的透明度上。

（三）司法资源分配与利用需进一步优化

知识产权案件的特性在于其深度的专业性和技术性，往往涉及复杂的法律条文、技术标准以及行业知识，这对法官的专业素养提出了更严格的要求。然而，司法实践中，不少法官可能缺乏专门培训和实践经验，影响了案件的公正、公平审判。

知识产权法院的数量有限，且专门处理此类案件的法官队伍规模不足以应对日益增长的案件数量，导致案件积压现象严重。这种现象不仅延长了诉讼周期，影响了司法效率，也对权利人的权益保护造成了延迟，削弱了法律的威慑力和公众对司法系统的信心。

此外，知识产权案件的取证和鉴定过程常常伴随着高昂的成本。从技术鉴定的费用到法律服务的支出，对于中小企业和独立创作者而言，可能是难以承受的重负。他们可能因此而放弃寻求法律救济，这不仅阻碍了创新和创作的活力，也对知识产权制度的健康发展构成了潜在威胁。

因此，优化司法资源配置，提升法官的专业能力，建立更为高效且公正的知识产权审判机制，以及寻求降低诉讼成本的途径，成了亟待解决的问题。这需要司法部门、立法机构以及社会各方的共同努力，以确保对知识产权的保护能够真正落地，并服务于社会的创新与进步。

三、完善知识产权司法保护的措施

（一）提高知识产权法律法规体系的精细化程度

知识产权的司法保护首先依赖于一套健全且适应时代发展的法律法规。随着新质生产力的不断涌现，知识产权的种类、形态和侵权方式也在持续演变。因此，法律法规的更新和完善显得尤为重要。

明确权利义务的边界是知识产权保护的重点。目前，部分地方已探索出一些好的经验做法。例如，近年来，不少国货品牌首饰引领时尚潮流，带动了设计、制造、零售等上下游行业。福州的林某看中了这点，购进了仿冒的知名品牌首饰近 200 件进行销售，至案发的短短半年，销售金额达 10 万余元。被侵权的品牌首饰公司对于其享有哪些权利和义务非常困惑。对此，福州市鼓楼区检察院结合知识产权案件权利人诉讼权利义务告知机制，创新建立一手册、一清单、一平台的"三个一"机制，通过送达"诉讼权利义务告知书""权利人清单"并开展"一站式公告"，让被侵权的首饰品牌公司充分了解到自己的权利和义务，准确提出希望获得赔偿以及仿冒品不再上市销售这两项诉求。林某也积极赔偿损失，并承诺不再销售侵权产品。落实宽严相济刑事政策，鼓楼区检察院通过公开听证,对林某变更强制措施为取保候审。最后,经判决,林某被判处缓刑并处罚金。[1]

知识产权法的动态修订至关重要,须定期更新法律框架,以适应并保护大数据、人工智能、云计算等新兴技术领域所产生的知识产权。这不仅包括对技术创新的产权确认,还应涉及这些领域的数据所有权、使用权以及由此产生的经济利益,如数据采集、处理和分析的权利,以及人工智能算法和模型的原创性确认。

侵权行为的定义需进一步明确和细化,以应对新型知识产权可能面临的各种潜在侵权行为。这包括擅自使用、未经许可的传播、修改或利用他人的知识产权,以及在数字环境中可能出现的新型侵权行为,如数据盗窃、算法复制等。在司法实践中,这些细化的定义能帮助法庭更准确地界定和处理侵权纠纷,消除因法律定义模糊而引发的不必要争议。加大对侵权行为的惩处力度,依法对影响企业创新发展的关键技术岗位人员、管理人员侵犯商业秘密、商标权、著作权等犯罪进行严厉打击。检察机关应深入推进知识产权领域行政执法和刑事司法衔接,坚决纠正有案不移、以罚代刑,常态化开展知识产权恶意诉讼专项监督工作。加强关键核心技术、新兴产业领域知识产权司法保护,强化芯片制造、信息技术、人工智能、生物医药、种业安全、新能源等重点领域知识产权司法保护,严厉打击侵犯关键核心技术犯罪。[2]

同时,国际知识产权法律的跟踪研究不容忽视。我国应积极参与世界知识产权组织等国际平台的讨论,借鉴《伯尔尼公约》《TRIPS 协定》等国际公约。此外,通过借鉴国外知识产权保护经验,进一步巩固我国在国际知识产权体系中的公信力和影响力。

(二) 提升知识产权案件司法审判水平

司法审判能力关乎知识产权保护的效能与公信力。对于人民法院来说,如何找准司法保障新质生产力加快发展的切入点、发力点,切实做好知识产权司法保护工作,是必答的时代命题。

首先,应强化法官的专业素养。这需要定期对法官进行深度培训,培训内容涵盖新科技、新兴产业的知识产权法规与实践,使他们能够洞察科技发展趋势,理解知识产权的动态变化,确保他们在面对复杂案件时,能做出基于法律与事实的公正、专业的判断。例如,在一起商标权纠纷案件中,原告某信息公司和被告某技术公司先后上线了各自研发的软件,作用均为通过智能互联技术,为客户企

---

[1] 参见张铁国、许斯影、陈逸晴:《鼓楼检察:履职保护知识产权 助推新质生产力发展》,载《福州日报》2024 年 4 月 25 日,第 4 版。

[2] 参见马一德、韩天舒:《对标新质生产力要求 完善知识产权治理体系》,载《前线》2024 年第 5 期。

业改进质量控制水平、提升生产管理质效。原告的软件名称为"xymes兴企云"，其中，"xymes"为商标。而被告的软件名称是"Bxymes制造赋能平台"，使用了"缺口齿轮+xymes"标识，原告认为其商标权被侵犯，遂诉至法院。法院审理后认为，被告在产品名称中使用"xymes"标识，且同时使用蓝色"缺口齿轮+xymes"标识，构成突出使用，其所称的识别内容"B"反而被弱化。最终，法院判决被告侵犯了原告的商标权，应依法纠正侵权行为，并赔偿相关损失。法院为新技术的发展提供了清晰的司法边界，为数字技术与实体经济深度融合营造了健康法治环境，也为创新创业者提供了法治底气。[1]

同时，强化知识产权全链条、全生命周期保护。持续深化最严格的知识产权司法保护，加大对关键核心技术和重点领域知识产权的保护力度。例如，江苏省高级人民法院制定出台《全省法院服务保障加快打造发展新质生产力重要阵地十二条司法措施》，依法制裁"专利陷阱""专利蟑螂"等阻碍创新的不法行为。严格落实侵权惩罚性赔偿制度，做到依法及时有效救济。对创新性强、贡献度大的原创性成果，用足用好等同侵权、间接侵权等规则，适时提级审理涉生物医药、半导体、新材料等创新技术的一审案件，提升科创成果知识产权保护质效。依法规范科技成果从创造到转化、应用各环节的利益分配、责任承担等法律关系，妥善处理产学研融合过程中产生的技术成果权属认定、权利转让与许可、技术出资、价值确定等纠纷，妥当认定知识产权转让、许可、开发、服务等合同效力与法律责任，推动科技与产业供需对接、合理匹配。[2] 以数据司法保护为例，目前为止，数据权益在我国法律实践中的确认及其具体内涵的丰富，主要是通过知识产权司法途径累积众多裁判规则来实现的。对于符合作品独创性要求的数据集合，可以通过著作权法获得保护。对于构成商业秘密的数据及其集合，则可以适用商业秘密的相关保护规定。[3]

其次，设立专门的知识产权法庭，聚集精通知识产权法的专家，对于处理此类案件具有显著优势。专门的知识产权法庭能够以专业、集中的方式应对各种知识产权纠纷，提高审判效率，同时保证判决的权威性和公正性，为知识产权的保护构建坚实的司法屏障。例如，西安知识产权法庭是西北地区首家知识产权法庭，也是陕西省人民法院系统完善知识产权审判工作机制，加快建设知识产权审

---

[1] 参见贺雪丽、许颖、邱岩：《陕西西安：厚植新质生产力发展的法治沃土》，载《人民法院报》2024年6月17日，第6版。

[2] 参见王晓红：《省法院出台12条司法措施——为发展新质生产力提供精准司法服务》，载《江苏法治报》2024年7月24日，第1版。

[3] 参见崔国斌：《新酒入旧瓶：企业数据保护的商业秘密路径》，载《政治与法律》2023年第11期。

判体系，促进审判能力现代化的一个载体。西安市中级人民法院加强对重点领域科技创新产业及其成果的司法保护，聚焦新一代信息技术、高端装备制造、新能源、新材料和植物新品种等核心技术领域，充分发挥审判职能，2023年，共受理技术类案件498件，审结386件，让"真创新"受到"真保护"。[1] 从国家层面而言，可以设立国家知识产权法院。国家知识产权法院应当是单独建制的法院，集中管辖地方知识产权法院及其他中级人民法院审结的技术类知识产权案件的上诉案件。成立国家知识产权法院有利于进一步理顺知识产权案件的审级关系、增强知识产权审判力量、统一知识产权裁判标准，有利于从人、财、物等各方面加大对知识产权审判工作的支持和保障力度，促进提升知识产权审判质效。[2]

再次，引入技术专家顾问是提升判决科学性和准确性的重要手段。在涉及专业技术问题的案件中，他们的专业知识和实践经验能够为法官提供宝贵的参考意见，帮助法庭作出更为精确的判断，防止因技术难题导致的判决失误。为了应对新类型、新领域、新业态案件不断涌现的工作挑战，西安市中级人民法院与西安市市场监督管理局（知识产权局）等单位沟通协调，选聘了36名知识产权技术调查官，在审理涉及专利、植物新品种、集成电路布图设计、技术秘密、计算机软件等专业技术性较强的知识产权案件时，邀请知识产权技术调查官参与诉讼活动，将技术调查意见作为合议庭认定技术事实的参考。[3]

最后，优化诉讼程序同样至关重要。应当精简非核心的诉讼环节，提高审判效率，减轻权利人在时间和经济上的双重负担，使他们能够更专注于自身的创新与发展。同时，简化程序并不意味着忽视公正，而是通过提升司法效率，使正义更快得到伸张，增强知识产权保护的及时性。

综上，提升司法审判能力，旨在构建一个专业、公正、高效的知识产权保护体系，以此激发创新活力，保障经济社会的健康发展。

(三) 强化跨部门协作机制

知识产权的保护体系是创新驱动发展战略的重要保障，是一个需要各部门深度协作的系统工程。

首先，建立知识产权行政与司法的联动机制。行政部门在知识产权保护中应发挥前瞻性作用，通过其在专业技术评估、证据搜集等方面的职能，为司法部门提供扎实的前置基础，以便在司法程序中更精准、更快速地判断和执行。应推进

---

[1] 参见陶玉琼：《夯实发展新质生产力的法治保障》，载《陕西日报》2024年4月25日，第8版。

[2] 参见朱丹：《加强知识产权司法保护 促进新质生产力发展》，载《人民法院报》2024年4月25日，第2版。

[3] 参见陶玉琼：《夯实发展新质生产力的法治保障》，载《陕西日报》2024年4月25日，第8版。

知识产权领域行政执法和刑事司法的衔接。河南的郭某在网络上架设服务器，并使用某热门网络游戏的盗版客户端开展运营。为了吸引玩家，郭某通过调整游戏参数，提升了游戏"极品装备"的获得概率，还在游戏中设置链接以收取会员充值费。短短1年时间，郭某便获利65万余元。在发现被侵权情况后，该游戏版权公司向行政主管部门反映情况。检察院通过"刑事司法与行政执法衔接信息平台"主动介入，并多次与版权行政主管部门沟通，引导其补充证据材料，并建议将案件移送公安机关立案侦查。同时，检察官提前介入引导侦查，收集固定包括人物形象、游戏源代码、运营机制等核心元素，委托权威鉴定机构进行同一性鉴定，为案件顺利审理打下坚实基础。最终，郭某因侵犯商业秘密罪被判处有期徒刑并处罚金。此外，检察院还向该游戏版权公司制发检察建议，不断完善其运营机制与保密水平。[1]

秦某甲、秦某乙未经著作权人许可，采用非法手段将他人享有著作权的文字作品复制至自行搭建的盗版小说网站中，并通过植入广告的方式谋取非法利益。经鉴定，两名被告人侵犯某企业享有著作权的作品数量高达522部。立案后，检察院提前介入引导侦查取证，通过释法说理积极帮助被侵权企业挽回经济损失180万元；对涉案企业经营管理中存在的刑事风险和漏洞等问题制发检察建议，助力企业健康发展。在案件审理中，审判机关全部采纳了检察院的量刑建议，并当庭作出宣判。西安市检察机关不断完善专业化办案机制，建立健全知识产权犯罪案件提前介入、综合研判和专家咨询等工作制度，引入技术调查官协助办案，与公安等部门建立涉知识产权行刑衔接工作机制。通过强化全链条司法保护，积极保护被侵权中小微企业初创品牌价值，对侵犯知识产权案件开展"一案四查"，同步审查是否涉刑事犯罪、民事侵权、行政违法和公益诉讼线索，提升专业化办案质效。[2] 可见，健全协作联动机制，对于知识产权的法治保障具有重要作用。

其次，加强与市场监管、科技、商务等部门的信息共享，形成知识产权保护的合力。包括及时更新知识产权注册信息、侵权行为的监控数据，以及市场动态等，以便在源头和流通环节对知识产权进行保护。通过大数据和信息化手段，建起一个全面的知识产权保护网，以此提升监管效能，有效打击侵权行为。例如，2023年，西安市中级人民法院与西安市市场监督管理局等单位联合选聘了西安市首批知识产权技术调查官，共计36人，涉及光电技术、机械、金融、医药生

---

[1] 参见张铁国、许斯影、陈逸晴：《鼓楼检察：履职保护知识产权 助推新质生产力发展》，载《福州日报》2024年4月25日，第4版。

[2] 参见杨春燕：《西安市检察院持续提升检察履职水平 服务新质生产力发展》，载《西安日报》2024年5月14日，第4版。

物等领域。技术调查官制度将有效提升技术事实认定的中立性、科学性，提升审判专业化水平。[1]

再次，与国际组织和他国司法部门建立合作机制。我国需与世界知识产权组织等国际机构，以及各国的司法部门建立紧密的合作机制，共同面对和解决跨国知识产权争议。通过联合调查、信息交换、案例研讨等方式，提升跨境执法的协调性和执行力，以适应全球化的知识产权保护需求。

最后，鼓励行业协会和民间组织参与，形成政府、企业、社会共同参与的知识产权保护网络。政府应鼓励和支持这些非政府组织的参与，构建起政府、企业与社会公众的共治格局。行业协会因其专业性和行业了解，能提供深度的行业知识和市场动态，民间组织则能反映公众利益，监督政策执行，两者共同编织了一张多元、立体的知识产权保护网络。

（四）推动知识产权司法国际化

我国知识产权制度的建立和发展，具有很强的国际化背景，并且回应我国创新发展和产业阶段的特征。[2]

首先，参与国际知识产权合作与交流。包括与其他国家和地区的司法部门共享信息，交流法律实践经验，也包括与国际组织和机构的合作。要深度参与世界知识产权组织框架下的全球知识产权治理，积极加强与世界知识产权组织仲裁与调解上海中心的对接工作，促进涉外知识产权纠纷的多元化解。跨国企业间的知识产权联盟和协议，如《商标国际注册马德里协定》和《专利合作条约》等，也是国际交流与合作的重要组成部分，有助于提高全球知识产权保护的协调性和一致性。要充分发挥中国法院知识产权司法保护国际交流（上海）基地的作用。2014 年，最高人民法院在上海市高级人民法院设立"中国法院知识产权司法保护国际交流（上海）基地"。要积极依托该基地举办国际研讨会、涉外知识产权审判培训班，进一步拓宽知识产权法官的国际视野，增强知识产权法官的审判能力，提升中国知识产权司法保护的国际形象。要积极选派优秀知识产权法官出国交流研讨，既发出中国知识产权司法保护的"好声音"，讲好中国知识产权司法保护的"好故事"，又促进中国知识产权司法保护能力水平的提升，并且增强了中国知识产权司法保护的国际影响力和权威性。[3]

其次，加强跨国知识产权纠纷解决能力。包括培训专业的知识产权法官、律

---

[1] 参见贺雪丽、许颖、邱岩：《陕西西安：厚植新质生产力发展的法治沃土》，载《人民法院报》2024 年 6 月 17 日，第 6 版。

[2] 参见吴汉东：《中国知识产权法律变迁的基本面向》，载《中国社会科学》2018 年第 8 期。

[3] 参见朱丹：《加强知识产权司法保护 促进新质生产力发展》，载《人民法院报》2024 年 4 月 25 日，第 2 版。

师和执法人员,提升他们在解决国际知识产权纠纷上的专业知识和技能。中国已积极参与到国际仲裁和调解机制中,如世界贸易组织的贸易争端解决机制。通过建立快速响应的跨国纠纷解决团队,中国在处理复杂的知识产权案件中展现出高效、专业的司法形象。此外,应推动构建多边和双边的司法互助协议,以便在跨境调查、取证和执行方面得到协助,从而确保知识产权权利人在全球范围内的权益得到保障。重视与世界知识产权组织等国际组织和各国的司法部门建立紧密的合作机制,共同面对和解决跨国知识产权争议。通过联合调查、信息交换、案例研讨等方式,提升跨境执法的协调性和执行力,以适应全球化的知识产权保护需求。要立足于国际化的站位,形成全局式的认识和判断。司法裁判需要基于全球视野,在尊重立法框架的前提下,采取有助于提升我国产业竞争能力、维护产业海外利益的程序和实体裁判规则。[1] 同时,应当鼓励人民法院在现行法律体制下,大胆创新,综合考量国家主权、国际形势和知识产权政策等多种因素,在具体案件中,利用现有法律制度,积极采取应对措施,更好地维护国家利益,为我国创新发展营造空间。[2]

最后,推广我国知识产权司法实践经验。我国在知识产权司法实践中积累了一定的经验,对世界其他国家和地区具有借鉴意义。通过分享中国在知识产权案件中的成功先例,可以启发国际社会对知识产权保护的新思路。例如,华为与三星的专利大战。华为作为全球知名的科技巨头,始终重视知识产权的积累和保护。2015年,华为在美国起诉三星电子侵犯其4G通信技术的多项专利。通过精心的证据收集和法律论证,华为在美国得克萨斯州的联邦法院胜诉,成功促使三星支付了高额的侵权赔偿并与华为达成专利许可协议,保护了自己的知识产权。

此外,除了通过在国际会议上发表论文、发布白皮书,以及与其他国家和地区分享案例研究,我国也在积极学习并吸收他国的优秀实践,以达到共同进步的目的。这种经验交流不仅有助于提升全球知识产权司法的公信力,还有助于建立一个更加公正、公平、透明的国际知识产权环境。

(五)探索知识产权"三合一"审判机制

知识产权"三合一"审判机制,简而言之,是指将涉及知识产权的民事、行政和刑事案件统一交由特定的知识产权审判庭进行审理。这一机制的核心在于将原本分散在不同审判庭的知识产权案件整合到一起,以实现审判标准的统一、审判效率的提升和审判质量的优化。其背后理念在于通过专业化、集中化的审判,提高对知识产权侵权行为的打击力度,进而更有效地保护权利人的合法

---

[1] 参见张先昱、殷越:《国际平行诉讼背景下禁诉令签发条件的考量——以华为公司诉康文森公司案为例》,载《人民司法》2023年第25期。

[2] 参见丁文严:《跨国知识产权诉讼中的长臂管辖及应对》,载《知识产权》2018年第11期。

权益。

早在2008年，国务院发布的《国家知识产权战略纲要》中就已提出"研究设置统一受理知识产权民事、行政和刑事案件的专门知识产权法庭"的构想。2009年，最高人民法院发布的《人民法院第三个五年改革纲要（2009—2013）》进一步明确了"探索设置统一受理知识产权案件的综合审判庭"的目标。这为后续的知识产权"三合一"审判机制的正式启动奠定了坚实的基础。

随着理论的不断完善和实践的深入探索，知识产权"三合一"审判机制逐步在全国范围内铺开。2014年11月6日，我国首个知识产权法院在北京挂牌成立，我国正式启动了知识产权"三合一"审判机制。随后多个省份的高级人民法院、中级人民法院及基层人民法院先后试点并逐步推广，以应对日益增长的知识产权案件和复杂多变的侵权形势。

知识产权"三合一"审判机制的一大特点是审判团队的专业化。这些法院不仅具有丰富知识产权法律知识和实践经验的法官，还通常有相关领域的专家和技术人员，以应对技术性强、专业性高的知识产权案件。通过将所有类型的知识产权案件集中到同一个审判庭审理，能够有效避免因不同审判庭之间的裁判标准差异而导致的同案不同判现象。这有助于提高司法公信力，保护当事人的合法权益，减少因审判不一致而产生的司法资源浪费。知识产权"三合一"审判机制还促进了公安机关、检察院与法院之间的协作与配合。通过建立高效的信息共享和沟通机制，实现了从侦查、起诉到审判的无缝衔接，显著提高了诉讼效率，降低了当事人的诉讼成本和时间成本。

加强知识产权保护是推动创新驱动发展战略的重要保障。知识产权"三合一"审判机制的实施为创新者提供了更加稳定、可预期的法律环境，鼓励更多的创新和研发投入，促进国家和企业的长远发展。知识产权"三合一"审判机制是当前我国知识产权保护领域的一项重要改革措施。它不仅适应了知识产权案件审判的现实需求，也为我国的知识产权事业健康发展注入了新的动力。全国已有25个高级人民法院、242个中级人民法院和287个基层人民法院有序开展知识产权民事、行政和刑事案件集中管辖。[1] 随着这一机制的不断完善和推广，我国对知识产权保护也日益完善。

---

〔1〕参见张昊：《最高法发布全国法院2023年知识产权司法保护情况 以法治之力服务保障新质生产力发展》，载《法治日报》2024年4月23日，第3版。

第七章

加强新质生产力的普法教育

无论是培育发展新质生产力还是建设科创中心，核心都是人才，基础都在教育。[1] 普法教育是提升社会整体法律意识、促进法治社会建设的重要途径。卢梭在他的著作《社会契约论》中曾言："一切法律之中最重要的法律，既不是刻在大理石上，也不是刻在铜表上，而是铭刻在公民的内心里。"[2] 法治的力量来源于公民对法律的信仰。只有铭刻在心中的法治，才是牢不可破的法治。[3] 在新质生产力发展的背景下，普法教育的重要性日益凸显。普法教育的深度和广度直接影响到科技创新的环境、企业的发展模式以及社会的和谐稳定。因此，加强新质生产力领域的普法教育，不仅是提高公民法律素质的必要途径，也是推动经济社会高质量发展的必然要求。

第一节 新质生产力普法教育概述

一、新质生产力普法教育的现状分析

（一）政策法规宣传的普及程度不一、地域性分化明显

在法治轨道上推进新质生产力发展，既是立足于解决当前各类问题的现实考量，也是着眼于长远目标和发展的战略谋划，更是推动技术创新和社会进步的重

---

〔1〕 参见吴苡婷：《教育在培育发展新质生产力中如何发挥作用？——市教委主任周亚明：加强人才培养，打造"核爆点"》，载《上海科技报》2024年5月15日，第3版。

〔2〕 ［法］卢梭：《社会契约论》，何兆武译，商务印书馆1980年版，第73页。

〔3〕 参见中共中央文献研究室编：《习近平关于全面依法治国论述摘编》，中央文献出版社2015年版，第121页。

要举措。[1] 坚持把全民普法和守法作为依法治国的长期基础性工作，深入开展法治宣传教育，引导全民自觉守法、遇事找法、解决问题靠法。[2] 在新质生产力的发展中，政策法规的引导和规范作用至关重要。当前，国家对于新质生产力的法律法规体系已初步建立，涵盖科技创新、知识产权保护、数据安全等多个方面。政府部门通过定期发布政策解读、举办普法讲座、开设在线学习平台等方式，积极推广相关法律法规。

然而，新质生产力的政策法规普及现象呈现出鲜明的地域性分化特点。在一线城市及发达区域，得益于丰富的教育资源、高效的信息化平台以及对创新的积极政策导向，相关政策法规的普及率与理解度较高，形成了良好的法治环境，有力推动了新质生产力的培育与发展。然而，欠发达地区的普及现状却不容乐观，受限于有限的教育资源分配、信息传播渠道的狭窄以及地方法治建设的滞后，新质生产力的政策法规普及工作进展缓慢，导致了地区间法治环境发展的不平衡，影响了这些地区对新质生产力的接纳与转化能力。为了解决这一问题，亟需强化法治宣传，拓宽信息传播途径。

（二）企业在普法教育中的主体作用不强

普法教育作为提升企业法治意识、规避法律风险的重要手段，其重要性日益凸显。然而，当前企业在新质生产力普法教育中的主体作用普遍不强，制约了企业健康持续发展。

首先，重视程度不足。部分企业在追求经济效益的过程中，往往忽视普法教育的重要性，将其视为"软任务"或"额外负担"。企业领导层对普法教育的认识不到位，缺乏足够的支持与投入，导致普法教育活动难以有效开展。

其次，针对性不强。新质生产力的涌现，涵盖了一系列尖端科技领域，如人工智能的智能决策系统、大数据的隐私保护问题以及云计算的合同责任划分，这些都对法律环境提出了全新的挑战。这些技术的法律问题不仅涉及知识产权的界定、数据安全的保障，还涵盖合同法、侵权法等传统法律领域的重构，甚至触及伦理和公共政策的边界。然而，目前许多企业的法治教育依然停留在传统产业的框架内，内容老化、形式僵化，对新兴领域的法律知识缺乏深入、具体的解析和培训，使得企业在面对新质生产力带来的法律纠纷时，往往显得力不从心。因此，更新普法教育内容，增强对新质生产力法律问题的针对性，以适应科技发展的步伐，已成为企业法治建设的迫切需求。

再次，师资力量薄弱。专业的普法教育师资是提升企业法治素养的重要支

---

[1] 参见曾炜君：《为发展新质生产力提供有力法治保障》，载《新湘评论》2024年第17期。
[2] 《中共中央关于全面推进依法治国若干重大问题的决定》，人民出版社2014年版，第26页。

撑，其作用不容忽视。然而，现实情况却是，普法教育在企业的职能架构中常被视为次要角色，导致这一领域的师资队伍建设滞后，无法满足普法教育的深度与广度需求。普法教育人员的专业构成往往偏向传统法律知识，对于新兴的科技、经济等新质生产力领域的法律知识掌握不足，日益复杂的企业法律问题成为教育短板。因此，亟需培养一批既精通法律，又了解企业运营、科技动态的复合型普法教育人才，以提升普法教育的实效性和针对性，真正为企业经营决策提供坚实的法律保障。

最后，员工参与度低。员工，作为企业普法教育的核心受众，不仅是法治观念的接受者，更是法治实践的推动者，对企业法治环境的塑造起着不可或缺的作用。然而，目前企业关于普法教育的内容往往停留在法规条文的机械传递，缺乏生动的案例解析，使得知识难以深入人心。同时，教育形式单一，未充分利用多媒体的互动方式，难以激发员工的学习兴趣。此外，企业对员工的普法教育激励机制不足，没有将法治教育与个人职业发展有效挂钩，这在一定程度上削弱了员工参与的积极性。因此，提升普法教育实效性，亟需创新教育内容和形式，建立健全激励机制，以充分调动员工的法治学习主动性，从而推动企业法治建设的持续深化。

（三）公众的认知和参与度仍有待提高

尽管新质生产力已经展现出了前所未有的潜力和价值，但公众对其的认知程度和参与度却仍显不足，这在一定程度上制约了新质生产力应有作用的充分发挥。

首先，公众对新质生产力的认知存在信息不对称的问题。公众对新质生产力的理解存在着显著的信息鸿沟现象，这主要源于科技与创新的爆炸式增长超越了现有的信息传播机制的承载能力。复杂的科技术语和专业概念使得非专业群体难以透彻理解新质生产力的深层内涵和实质影响。同时，科普教育的匮乏与教育资源的不均衡分配进一步加剧了这一问题，使得新质生产力的知识传播受限，公众的认知往往浮于表面，甚至产生误解。这不仅影响公众的科技素养提升，也制约了社会对新质生产力的有效利用和健康发展。因此，需要构建更为高效且通俗的科普体系，打破知识壁垒，确保信息的公正、公平传播，以促进公众对新质生产力的深度理解和接纳。

其次，传统观念束缚和思维惯性制约了公众的认知。传统观念与思维惯性往往构成对公众认知更新的深层羁绊。这种习惯性的认知模式，使得个体倾向于在熟悉的轨道上思考和行为，对新颖的观念与变革展现出一种保守甚至抵制的态势。面对新质生产力的涌现，如人工智能、生物科技等，公众的反应复杂而微妙。由于对这些新事物的内在机理缺乏深度理解，公众容易滋生出对未知的恐惧，担忧其可能颠覆现有的职业结构和社会秩序，从而对相关信息选择性无视，拒绝接纳可能带来变革的知识与信息。这种防御性的认知策略，实则是对自身安全和稳定感的保护反应，但同时也可能阻碍社会的创新进步和个体的自我提升。因此，打破思维定式，以开放心态接纳新知，是时代进步对每个个体提出的挑战。

最后，利益关联度低导致公众参与度不足。公众对新质生产力的参与度低，首要原因在于尚未直接感受到这一变革带来的实质性利益。目前，新质生产力的应用场景多集中在高新技术企业及特定行业，对于广大普通民众而言，其直接影响尚不明显，难以产生强烈的参与欲望。除了利益感知的缺乏，有效的参与机制和渠道的缺失也是制约公众参与的重要因素。公众往往面临信息不对称、知识门槛高、参与成本大等障碍，难以有效参与到新质生产力的建设和推广中来。这种机制性缺失不仅限制了公众的积极性，也阻碍了新质生产力的社会化进程。公众对新质生产力的认知不足也是导致其参与度低下的重要原因。新质生产力的发展离不开教育的高质量发展，教育通过人才创新、知识创新、技术创新以及产业创新分别作用于新质生产力三要素，从而对新质生产力发展形成基础性、战略性支撑。[1] 当前，关于新质生产力的教育与宣传工作尚显薄弱，公众缺乏足够的了解和认识，难以形成积极的态度来参与和行动。

尽管新质生产力普法教育取得了一定成效，但仍存在普及不均、企业参与度低、公众认知度有限等问题。未来，需通过加强政策引导、企业自我规范和社会协同，进一步提升新质生产力普法教育的质量和效果。

二、新质生产力普法教育的必要性

新质生产力普法教育的必要性不言而喻，它不仅是科技发展、市场竞争和劳动者权益保护的基石，更是推动社会进步的重要力量。

（一）促进科技创新与知识产权保护

新质生产力的提升往往伴随着科技创新，而科技创新的背后是知识产权的保护。知识产权不仅定义了创新者对其创新成果的法定权利，也设定了相应的社会责任，确保公平竞争，促进知识和技术的有序传播。普法教育成为保障这一机制有效运作的关键工具。

普法教育的核心在于理解和传播知识产权法律法规。对于企业和个人而言，知识产权揭示了创新者拥有对自身创新成果的专有权利，如专利权、著作权、商标权等，同时也明确了尊重他人创新成果的义务。这种认知能够激发创新者自我

---

〔1〕 参见张志杰、马岚：《教育促进新质生产力发展的理论逻辑与路径》，载《河北师范大学学报（教育科学版）》2024年第3期。

研发的动力，通过合法的途径，保障自身创新的价值。

同时，普法教育也是创新者自我保护的盾牌。通过普法宣传教育，创新者可以学习如何通过申请专利来保护其独特的创新技术，防止被他人非法复制或使用。此外，对于那些无形但至关重要的商业秘密，普法教育也能提供有效的保护策略，让创新者懂得如何在商业活动中保持其竞争优势。在遭遇侵权行为时，普法教育能指导创新者运用法律武器，维护自身权益，打击不法行为。

普法教育在营造良好的科技创新环境上起到催化剂的作用。它鼓励公平竞争，抵制侵权行为，从而激发全社会的创新活力，推动科技进步，促进经济社会的持续发展。加强知识产权的普法教育，对于构建创新驱动的发展模式，构建知识经济的新格局，具有重要意义。

（二）维护市场公平竞争秩序

新质生产力的涌现正在重塑市场竞争的格局，加剧市场动态的复杂性。市场竞争格局的演变可能带来新的垄断形式和不正当竞争行为，对市场公平秩序构成潜在威胁。因此，连接着法律规则与市场实践的普法教育显得尤为重要。例如，《反垄断法》和《反不正当竞争法》是维护市场公平竞争的基石，它们旨在防止企业滥用市场支配地位，禁止限制竞争的行为，保护消费者的合法权益。普法教育就是将这些法律转化为公众和企业的行为规范，使他们理解和遵循。提高公众的法律素养，可以使他们识别并抵制不公平的市场行为。对于企业而言，学习这些法律意味着明确自身的市场行为边界，避免因违法行为导致的法律风险和经济损失。

此外，普法教育也强化了市场的法治环境，有利于提升市场参与者的法治意识，使他们自觉遵守法律，尊重市场竞争规则，形成良好的市场伦理。法治意识的提升，有助于预防和解决市场纠纷，促进市场的健康、有序发展。通过普法教育，法律不再是孤立的条文，而是转化为维护市场公正公平的行动指南，推动形成公平、公正、公开的市场竞争环境。

（三）保障劳动者权益与社会稳定

新质生产力的演进正催生出全新的产业结构，改变传统的劳动模式，对劳动者权益的维护提出了更为复杂和多元的要求。这不仅涉及基本的工资、工时、劳动安全和健康权益，更涵盖了数据主权、隐私保护等新兴话题。因此，普法教育显得至关重要，它不仅有利于劳动者权益的保障，也能促进社会公平正义。

普法教育使劳动者更充分理解《中华人民共和国劳动法》《中华人民共和国社会保险法》等基本法规，清晰界定自身的法定权益，增强法律意识，提高自我保护能力。对于新兴行业，如数字经济，劳动者需要理解数据的所有权、使用权和保护机制，以防止数据被滥用或隐私被侵犯。在人工智能领域，劳动者应知悉职业安全规定，以应对可能产生的技术风险和职业健康问题。

普法教育还关注法律救济，使劳动者在权益受损时能够有效寻求法律援助，减少因信息不对称导致的劳动纠纷。通过强化法律教育，构建起劳动者、企业和社会之间的良性互动机制，实现劳动关系的和谐稳定，进而维护社会的长治久安。

第二节 加强新质生产力普法教育的路径

一、强化政府部门主导作用，推动普法教育深入开展

政府在新质生产力的普法教育中处于主导地位，通过制定普法规划，开展法律宣传，引导公众理解并遵守法律法规，提升全社会法治素养，构建法治环境，实现国家治理现代化。同时，政府部门自身也需模范守法，以公信力推动法治信仰的深入人心。抓好领导干部这个"关键少数"学法用法，提升各级领导干部以法治思维和方式推动新质生产力发展的能力。深入推进依法行政，加快建设人民满意的法治政府，推动政府在新质生产力科学布局、规划引领、资源统筹、政策引导等方面主动作为，促进有效市场和有为政府更好结合。[1]

（一）制定全面的普法教育规划，完善法治人才培养

生产力是人利用自然和改造自然的能力。新质生产力生成的第一资源就是高素质人才。[2] 2024年3月6日，习近平总书记在看望参加全国政协十四届二次会议的民革、科技界、环境资源界委员，并参加联组会，听取意见和建议时指出："科技界委员和广大科技工作者要进一步增强科教兴国强国的抱负，担当起科技创新的重任，加强基础研究和应用基础研究，打好关键核心技术攻坚战，培育发展新质生产力的新动能。""要务实建言献策，助力深化科技体制改革和人才发展体制机制改革，健全科技评价体系和激励机制，进一步激发各类人才创新活力和潜力。"[3] 政府在法治社会建设进程中，应充分发挥普法教育的主导作用，设计一套全面而深入的普法教育规划，从而提升全体国民的法律意识和法治素养。应当将新质生产力的法律知识，即与科技创新、数字经济、环保法规等相关的新颖法律领域，纳入国民教育体系的核心内容。

---

[1] 参见范卫彬：《以高水平法治支撑和服务新质生产力发展》，载《新乡日报》2024年8月6日，第1版。

[2] 参见高超、吴娅：《新质生产力下部门法发展方向与回应》，载《现代交际》2024年第7期。

[3] 《习近平在看望参加政协会议的民革科技界环境资源界委员时强调 积极建言资政广泛凝聚共识 助力中国式现代化建设》，载《人民日报》2024年3月7日，第1版。

首先，从基础教育阶段开始，应当植入法律启蒙教育，通过生动的教学方式，让孩子们理解法律的基本原则和公民的权利义务，培养他们对法律敬畏之心。同时，针对新质生产力的法律知识，如知识产权法律知识、网络安全法律知识等，进行适度引入，使学生在接触科技知识的同时，理解其背后的法律框架。

进入高等教育阶段，应设立专门的法学课程，系统教授新质生产力的法律知识，包括科技创新法律、环境法、数据保护法等。通过案例分析、模拟法庭等方式，学生的法律实践能力得到了提升，他们具备了法治思维并可以运用法律解决实际问题。

其次，明确普法教育内容，将新技术、新产业、新业态的法律法规纳入教育范畴，确保教育的针对性和时效性。在普法教育实施中，应深化教育内容，将涵盖新技术、新产业、新业态的相关法律法规有机融入，确保教育的精准指向和时代契合性，包括对现行法律体系的解读，也包括对新兴科技伦理、知识产权、数据安全等前沿法律问题的探讨，以提升公众的法律素养，适应社会快速发展下的法治需求。

最后，普法教育不应局限于学校、社区、企事业单位等，社会各个层面也应开展法律知识的普及活动，形成全社会学法、懂法、守法、用法的良好氛围。通过终身学习机制，确保公民在社会变迁中，始终能与时俱进，掌握最新的法律知识，适应新质生产力发展的法律需求。

为了确保新质生产力的持续发展，人才的培养至关重要。[1] 在新质生产力的推动下，法治人才需要具备更加广泛的知识面和更高的专业素养。法治人才不仅要精通传统法律知识，熟悉国内外法律体系和法律实务，还要掌握现代信息技术、大数据分析、人工智能等前沿科技知识，以应对新技术、新业态、新模式带来的法律问题和挑战。法治人才还需具备良好的职业道德、创新思维和国际视野，能够在复杂多变的国际环境中有效维护国家利益和公民权益。2024年1月31日，习近平总书记在主持中共中央政治局第十一次集体学习时强调："要按照发展新质生产力要求，畅通教育、科技、人才的良性循环，完善人才培养、引进、使用、合理流动的工作机制。"[2] 因此，构建系统的法律素养培养机制，是提升国家法治水平、保障社会公平正义、推动新质生产力健康发展的重要途径。政府在这一进程中，应扮演主导角色，引领全社会形成尊重法律、遵守法律的文化风尚。

---

［1］ 参见邹新月：《提升新质生产力，推动高质量发展》，载《南方经济》2024年第5期。
［2］ 《习近平在中共中央政治局第十一次集体学习时强调 加快发展新质生产力 扎实推进高质量发展》，载《人民日报》2024年2月2日，第1版。

(二) 发布政策解读

法律是社会秩序的基石，也是公民行为的指南。发布有关新质生产力的政策解读是政府部门的重要职责，旨在确保公众对涉及新质生产力的法律法规有准确的理解，从而优化社会的法治环境。

1. 应对新兴挑战。新质生产力的快速发展带来了诸多新的法律问题，如数据安全与隐私保护、人工智能伦理与责任、生物技术应用风险等。这些问题复杂多变，需要及时的法律指导和规范。政府部门发布政策解读，有助于为相关行业和公众提供明确的法律边界和操作指引，降低法律风险。

2. 促进法律普及。新质生产力涉及领域广泛，参与者众多，包括企业、科研机构、社会组织及广大公众。由于信息不对称和法律知识普及程度不一，部分主体可能对新质生产力相关的法律法规缺乏了解或存在误解。通过政策解读的发布，可以有效提升公众的法律素养，增强法律意识，促进法律知识的普及。政策解读不仅要对法律条文的字面意思进行解读，更要深入挖掘其背后的立法目的、立法精神和立法背景。通过深度解读，帮助公众理解法律条文的真正含义和适用范围，避免误解和误用。新质生产力涉及众多领域和行业，如数字经济、智能制造、生物经济等。政策解读应广泛涵盖这些领域的相关政策法规，确保公众能够全面了解并掌握与自己行业相关的法律法规。

3. 优化法治环境。法治是现代社会的重要基石，也是保障新质生产力健康发展的必要条件。通过发布政策解读，可以进一步明确法律适用标准，规范市场行为，打击违法违规行为，营造公平、公正、透明的法治环境，为新质生产力的快速发展提供有力保障。引入实际案例进行政策解读，可以使抽象的法律条文变得具体生动，易于理解和接受。案例分析还可以帮助公众更好地把握法律适用的实际情况和可能遇到的问题，提高应对法律风险的能力。

"企业是具有活力的科技创新主体，是新质生产力发展的重要参与者和有力推动者。"[1] "法治是最好的营商环境。"[2] 秉持这些理念，昌吉州积极营造与新发展格局相适应的法治化营商环境，以良好的法治营商环境承载要素流动，吸引项目落地，带动创新创业，为新质生产力发展注入"法治动能"。2023年，昌吉州率先垂范，以高标准建成了全疆首个集法律服务要素集约化、专业化、智慧化于一体的全域法务区——昌吉法务区。昌吉法务区以"和合昌吉"法务中心和奇台县法务中心为核心，以法治综合服务区、法治诉讼服务区、"法治营商+

---

[1] 参见沈开艳、何畅：《发展新质生产力》，载《解放日报》2023年12月19日，第9版。
[2] 参见段续、刘怀丕：《法治是最好的营商环境》，载《新华每日电讯》2024年3月9日，第8版。

文化服务区"三大服务区建设为重点,打造"20 分钟法律服务圈"服务广大群众。[1]

(三) 创新普法教育方式方法

1. 利用新媒体拓宽普法渠道。随着互联网的广泛渗透,新媒体已逐渐演变为法律知识传播的关键媒介。政府有关部门可借助微博的即时性、微信的互动性、抖音的可视化,制作并分享高质量的法治教育短片,将枯燥的法律条款转化为生动的故事,让公众在无意识的娱乐中接收法律知识。同时,建立官方在线平台,发布权威的法律法规与政策解读,通过图表、案例分析等形式,复杂的法律概念可以通俗易懂,助力公众提升法律理解能力。此外,设立在线咨询功能,提供精准的法律咨询服务,确保公众在遇到法律问题时能迅速获取准确信息,进一步增强全民的法治观念和法律素养。

2. 开展互动式、体验式普法活动。设立模拟法庭,可以让公众尤其是年轻一代,亲自参与司法实践,体验法律的严谨与公正。在模拟审判中,可以让公众扮演各种法律角色,如法官、律师以及当事人,从而深入理解法律在社会生活中的实际运作。此外,法治剧场作为一种创新的教学方式,以戏剧化的形式展示法律案例,可以使公众在观赏中领悟法律的魅力。同时,现代科技的融入,如虚拟现实和增强现实技术,为法律教育提供了更为立体的平台。VR 和 AR 能构建出仿真的法律场景,使学习者身临其境地感受复杂的法律问题,如理解案件背景、解析法律条文、模拟法庭辩论,以此提升他们对法律条文的深度理解和应用能力。这种互动式的学习模式,不仅使抽象的法律概念变得生动具体,还强化了公众的法律意识和法治精神。

3. 强化案例分析与实践教学。

(1) 案例分析在普法教育中发挥着至关重要的作用,它以生动、直观的方式揭示了法律的实质和运作机制。政府应系统性地挖掘、整理各类典型法律案例,包括合同纠纷、犯罪行为、行政争议等,确保案例的多样性和全面性,以便公众能从不同角度理解法律的适用范围和影响深度。案例分析不应仅停留于表面,而应深入到法律原则、法规解释和司法判例的层次,以启发公众的法律思维。

(2) 公众参与社区法律服务是实践教学的途径之一,如参与法律援助项目、协助解决邻里纠纷,或者在调解工作中应用法律知识,这些都能提升公众的法律意识和实际操作能力。此外,与高等教育机构合作设立法律诊所,让在校学生在

---

[1] 参见马军、武卫军:《昌吉法务区:以高水平法治保障新质生产力发展》,载《昌吉日报(汉)》2024 年 3 月 27 日,第 7 版。

模拟法律环境中为真实客户提供咨询，这不仅加强了理论与实践的结合，也使普法教育更具实效性，为培养未来的法律人才打下坚实基础。

（四）加强普法教育资源整合

1. 跨部门协作共享资源。法治宣传教育是一项系统工程，涉及范围广、普法周期长，需要常抓不懈、久久为功，推动宣传教育常态化开展。[1] 政府部门在推进新质生产力普法教育的实践中，应秉持协同创新的理念，积极推进跨部门合作，以消除信息隔阂，实现普法教育资源的优化配置。其目的在于整合各部门的优势，构建一个多元、立体的普法教育网络。

司法行政机关作为新时代法治建设的主力军，有着党委法治综合机构、政府组成部门、政法机关"三重身份"，承担着"一个统抓、五大职能"，不仅对高质量发展具有服务保障作用，而且是高质量发展的有机组成部分。例如，新乡市制定实施《新乡市司法局关于以高水平法治支撑和服务新质生产力发展十项措施》，组建涉金融、知识产权等领域法律服务人才库，为实施创新驱动发展和知识产权战略提供法治保障。[2]

落实"谁执法谁普法"普法责任制，通过发布检察建议、裁判文书释法说理等方式，从源头上防范和化解重大安全风险，保护人民群众生命财产安全，保证企业健康发展、营商环境不断优化。[3]

司法部门凭借其专业深度，可以提供权威的法律解读，解析法条背后的逻辑与精神，为普法教育注入专业知识。例如，福州市鼓楼区人民检察院检察官结合鼓楼区"法务特派员"工作机制，定期上门走访或云端回答，引导民营企业人员增强法治意识，推动建设法治企业、清廉企业。

教育部门可凭借丰富的教学经验和教育资源，负责设计符合各年龄段和知识层次的教育方案，确保普法教育的针对性和实效性。

宣传部门可凭借广泛的传播渠道和公众影响力，将法治理念以更易接受的方式普及社会各个角落，提升普法教育的覆盖面和影响力。

此外，各部门间的资源共享不仅能提高资源利用效率，降低教育成本，还能保证普法教育内容的全面性，避免信息碎片化，保持法律知识的系统性与连贯性，使公众在学习过程中形成完整的法律知识体系。同时，各部门的协同工作也能确保教育内容的准确性，避免因信息来源单一导致的理解偏差。

跨部门协作模式在新质生产力普法教育中的应用，是对法治社会建设的有力

---

[1] 参见李坤轩：《法治政府理论热点与实践进路研究》，人民出版社2023年版，第260页。

[2] 参见范卫彬：《以高水平法治支撑和服务新质生产力发展》，载《新乡日报》2024年8月6日，第1版。

[3] 参见周佑勇：《以高水平法治助力新质生产力发展》，载《浙江人大》2024年第6期。

推动，也是政府部门公共服务能力提升的重要体现。

2. 引入社会专业力量参与。新产业、新业态、新模式的不断涌现，使得法律知识的普及与应用显得尤为重要。社会专业力量，作为法律知识的传播者和实践者，其在新质生产力普法教育中的作用不可忽视。

（1）重视发挥社会专业力量的独特优势。法律服务机构、律师事务所等机构汇聚了大量法律专业人才，他们不仅精通各类法律法规，还具备丰富的实战经验。这些人才资源是新质生产力普法教育的宝贵财富，能够为企业提供精准的法律指导，为公众解答复杂的法律问题。近年来，多地律师协会积极组织律师走进校园，为学生开展法律知识讲座和咨询服务。这些活动不仅增强了学生的法律意识和自我保护能力，还促进了校园法治文化的建设。通过律师的生动讲解和案例分析，学生们对法律有了更直观、更深刻的理解。与单纯的理论教学不同，社会专业力量通过长期的法律实践，积累了丰富的案例经验和解决策略。这些实践经验对于新质生产力领域的企业和个人而言，具有极高的参考价值，能够帮助他们更好地识别法律风险，制定风险防控策略。社会专业力量能够灵活运用讲座、研讨会、在线课程等多种形式开展普法教育，满足不同群体的学习需求。

（2）政府部门应主动搭建起政府、企业、社会专业力量之间的合作平台。合作平台有利于促进信息的交流与资源的共享。通过定期举办法律论坛、研讨会等活动，加强各方之间的沟通与合作，共同推动新质生产力普法教育的深入开展。政府可以出台相关政策，鼓励社会专业力量积极参与新质生产力普法教育。例如，对于开展普法教育的机构给予税收减免、资金补助等优惠政策；对于表现突出的个人或团队给予表彰奖励，以激发其积极性和创造力。

（五）建立健全普法教育评估机制

1. 制定科学合理的评估标准。在新质生产力普法教育的实施过程中，制定科学合理的评估标准同样重要。这些标准应涵盖内容的全面性、方法的有效性、受众的接受度和教育的持久性等多个维度。内容的全面性意味着评估应包括法律知识的普及程度、法治观念的树立、法律意识的提升等多个方面。方法的有效性则关注教育手段是否能吸引受众、激发其学习兴趣。评估受众的接受度需要考虑教育活动的参与度、满意度以及知识的转化率。而教育的持久性则关注普法教育是否能形成长效机制，促进法治社会的建设。

2. 定期开展普法教育效果评估。为了确保普法教育的效果，应定期进行效果评估，包括对个体的法律素养提升、社区法治环境改善、企事业单位守法经营状况等多方面的考核。可以采用问卷调查、面试、测试、案例分析等多种方式进行评估。例如，通过问卷调查了解公众对法律法规的理解程度和遵守意愿；通过面试或测试检验特定群体的法律知识掌握程度；通过分析典型违法案例，评估普法教育在预防违法行为上的实际效果。

3. 根据评估结果调整优化策略。评估结果不仅是对普法教育工作成效的反馈,更是改进工作的指引。如果发现公众对某些法律法规的理解度较低,应及时调整教育内容,强化这些领域的知识普及;如果发现某些教育方法在实践中效果不理想,应引入新的教学手段,如案例教学、模拟法庭等,提高教育的吸引力和实效性。评估结果也可以用来优化资源配置,对效果显著的普法项目加大投入,对存在问题的环节进行整改,以实现普法教育的持续改进和提升。

二、发挥企业主体作用,实现普法教育与经营管理相结合

在新质生产力的浪潮中,企业作为市场经济的主体,其作用日益凸显。然而,企业在追求经济效益的同时也必须肩负起社会责任,特别是加强普法教育,实现其与经营管理的深度融合,以构建和谐的法治化营商环境。

(一)新质生产力对企业普法教育的影响

1. 技术革新对普法教育方式的改变。在新质生产力的背景下,技术革新正深刻地改变着企业的普法教育方式。以前,普法教育主要依赖于线下讲座、研讨会和发放纸质资料,而现在,数字化、网络化和智能化技术的应用使得普法教育更为高效、便捷。例如,企业可以通过在线学习平台,利用视频教程、互动问答、虚拟现实(VR)体验等手段,使员工能随时随地进行学习,提高普法教育的覆盖率和参与度。大数据分析可以帮助企业精准定位员工的法律知识需求,提供个性化的学习建议,提升教育效果。

2. 市场需求变化对普法内容的调整。在当前瞬息万变的市场环境中,企业面临的法律挑战日益复杂且多元。新兴的技术革命,如共享经济、人工智能以及区块链的革新,催生了新的法律问题,对法律规范的边界和内涵作出了新的诠释。这就要求企业在普法教育中,不仅要关注传统法律领域,更要对这些新兴领域的法律框架有深入理解。

(1)数据隐私保护。鉴于大数据和云计算的广泛应用,企业需强化员工对《个人信息保护法》《数据安全法》等法律的认识,确保在数据采集、处理和使用过程中遵循合法、规范原则,避免潜在的法律风险。

(2)知识产权法律知识。随着创新技术的层出不穷,知识产权的保护力度也在加强。企业应普及《专利法》《商标法》《著作权法》等法律知识,使员工明白尊重和保护知识产权的重要性,不侵犯他人权益,同时也保障自身的创新成果不被侵犯。

(3)反垄断法律知识。面对日益激烈的市场竞争,企业需理解并遵守反垄断法规,避免在经营决策中触碰法律红线,确保市场公平竞争。此外,随着全球化进程的加速,涉外法律知识,如《联合国国际货物销售合同公约》《TRIPS 协

定》等,也成为企业普法教育不可或缺的部分。

总之,普法教育应与时俱进,与市场环境、科技发展同步,为企业在变革中稳健前行提供有力保障。

3. 企业文化建设对普法氛围的营造。企业文化在普法教育中扮演着至关重要的角色。新质生产力的发展促进了企业文化的更新,普及法治文化应成为企业文化的重要组成部分。企业应积极倡导法治精神,将法治观念融入企业价值观中,使员工在日常工作中自觉遵守法律,形成良好的法治氛围。例如,企业可以通过举办法律知识竞赛、设立法治榜样、定期组织法律案例研讨等活动,增强员工法律意识。企业领导层的表率作用也至关重要,他们的法治行为会直接影响到企业的整体法治氛围。

(二)企业实现普法教育与经营管理相结合的策略

1. 将普法融入企业文化。企业文化是企业的灵魂,它不仅塑造了企业的价值观,也影响着员工的行为规范。将普法教育融入企业文化,可以提高员工的法律意识,使其在日常工作中自觉遵守法律法规。

(1)设立企业法律日。为了强化企业法律意识,可以设立一年一度的企业法律日,这一活动旨在为员工提供一个系统性学习法律知识的平台。企业可以邀请资深的法律专家和实践者解析最新的法律法规,也会解读这些法规对企业运营的实际影响,使员工能够理解法律规则背后的逻辑和对企业行为的指导作用。

(2)制作法律宣传资料。这是一种有效的普法宣传教育方式。法律手册可以详细列举重要的法律条款,辅以易于理解的解释,而海报则可以以简洁明了的形式展现员工日常工作中可能遇到的法律问题。这些资料应分布在办公区域的显眼位置,使得法律知识融入日常工作环境,时刻提醒员工尊重法律,遵守规则。

(3)举行法律知识竞赛。竞赛是一种互动性强,寓教于乐的学习方式。通过设计各种法律问题和情境,员工可以在竞争中提升法律素养,同时增强团队协作精神。竞赛的奖励机制也能进一步激发员工的积极性,使法律学习不再枯燥乏味。

(4)分享法律案例。分享法律案例是实践性教育的重要手段。通过选取具有代表性的法律案例,分析其背后的法律逻辑,员工可以从中看到违反法律带来的实际后果,避免潜在的法律风险。案例分析还能帮助员工提高法律判断力,使他们在遇到类似问题时能作出正确的决策。

(5)发挥社会主义核心价值观的引领作用。党的十九大报告指出:"社会主义核心价值观是当代中国精神的集中体现,凝结着全体人民共同的价值追求。"[1]

---

[1] 习近平:《决胜全面建成小康社会 夺取新时代中国特色社会主义伟大胜利——在中国共产党第十九次全国代表大会上的报告》,人民出版社2017年版,第42页。

党的二十届三中全会《中共中央关于进一步全面深化改革 推进中国式现代化的决定》指出,"推动理想信念教育常态化制度化。完善培育和践行社会主义核心价值观制度机制"。[1] 每个时代有每个时代的精神,每个时代有每个时代的价值观念。[2] 缺少了社会主义核心价值观的引领,企业的法治文化建设就会失去方向。

2. 制定具有针对性的普法教育计划。企业应根据自身的行业特点和业务需求,制定具有针对性的普法教育计划。

(1) 课程设置方面。依据员工的职务特性和职责范围,构建阶梯式法律课程体系。基础课程涵盖通用法律知识,如合同法、劳动法等;进阶课程则针对各部门、各岗位的特殊性,如财务部门的税法,销售部门的消费者权益保护法等,确保员工能精准掌握与自身工作密切相关的法律知识,增强法律意识,规范职业行为。

(2) 定期培训方面。秉承持续学习的理念,定期举办年度或季度的法律知识更新培训。这些定期的培训,旨在让员工及时了解法律的最新动态,提升应用法律能力,以应对日益变化的法律环境。

(3) 在职教育方面。对于新员工,可将法律教育纳入入职培训,使新员工从入职就构建起法律至上、规范操作的观念。对于已入职的员工,特别是在晋升过程中的员工,可增设法律课程,培养其在新的职务中所需的法律素养,确保其在决策过程中能够遵循法律规定,规避潜在风险。

(4) 个性化学习方面。针对特定岗位或有特殊需求的员工,提供定制化的法律辅导和专项培训,包括一对一的法律咨询,或者是针对特定案例的深度解析,满足员工的个性化需求,提升其在特定法律领域的专业素养。通过这种方式,可以打造一支既懂业务又懂法律,能够依法行事、依规操作的高效团队。

3. 加强与政府部门及行业协会的合作。企业应主动与政府部门和行业协会建立合作关系,以获取最新的法律法规信息和行业动态。

(1) 参加法律培训。为了确保企业运营始终在法治轨道上,法律培训至关重要。培训形式不仅限于政府部门或行业协会主办的研讨会,还应涵盖举办各类法律专业课程,如合同法、知识产权法、劳动法等。通过系统学习,深入理解法律条文的内涵与外延,可以规避潜在风险。

(2) 法规咨询。这是确保企业规范运营的另一关键措施。定期与律师事务所、政府部门等机构保持紧密联系,获取最新的法规信息和专业解读,有助于企

---

[1] 《中共中央关于进一步全面深化改革 推进中国式现代化的决定》,载《人民日报》2024年7月22日,第1版。

[2] 参见习近平:《习近平著作选读》(第一卷),人民出版社2023年版,第239页。

业在第一时间识别潜在的法律风险，及时调整运营策略，保证企业行为的合法性与合理性。

（3）行业交流。这是提升企业法律素养的有效途径。参与同行间的法律论坛、研讨会，分享各自在应对法律问题上的实践经验，可以激发新的思考，拓宽解决问题的视野，共同提升行业整体的法律素养，同时也可构建起良好的行业法律环境。

（4）政策解读。这是企业法律工作的核心任务。企业应对政府部门发布的各项政策文件进行深入细致的解读，理解其背后的立法意图和政策导向，以便及时响应政策变化，规避因误解或忽视政策调整可能带来的法律风险。这需要企业建立专业的政策研究团队，以确保政策解读的准确性和时效性。

总之，通过多元化的方式强化法律学习，主动获取法规信息，积极参与行业交流，精准解读政策，构建起强大的法律防护网，为企业持续、稳健的发展奠定坚实基础。

4. 建立健全考核与激励机制。考核与激励机制是确保普法教育的效果的重要手段。

（1）法律知识考核。企业可构建全面的法律知识考核体系，既包括基础的法规理解，也包括实际案例分析、法律风险识别与应对策略等。考核结果应与员工的绩效评定、职级晋升等挂钩，以激发员工深入学习与运用法律知识的动力，从而提升员工整体的法治素养。

（2）奖励制度。对于在法律知识学习中表现出色的员工，企业应设立多元化的奖励机制，包括优先的晋升机会、获得专项奖金、参与企业重要决策的机会等，以彰显法律知识在企业运营中的重要地位。

（3）法律风险防范。企业应设立一套科学的法律风险防范指标体系，包括合同规范性、知识产权保护、劳动法规遵循等方面。通过定期考核、监测和评估这些指标，及时发现并预防潜在的法律风险，降低企业运营的法律风险成本，保障企业稳健发展。

（4）反馈机制。建立有效的普法教育反馈机制，定期收集员工对普法教育内容和方式的评价与建议。这既包括对教育内容的深度和广度的反馈，也包括对教学方法、教学节奏等实际操作层面的反馈。通过持续地收集和分析，不断优化和调整教育策略，确保普法教育的针对性和实效性。

第八章

建立健全新质生产力多元化纠纷解决机制

新质生产力的蓬勃兴起正以前所未有的速度重塑着社会的经济结构、生产方式和交往模式。从人工智能、大数据、云计算到区块链技术，这些新兴技术的广泛应用虽然极大地提升了生产效率，但也催生了大量前所未有的法律问题和纠纷，利益多元化趋势日益明显。利益多元化是当今中国社会的基本特征，在利益多元化的社会，妥善调整多元利益关系的唯一机制就是法治，别无其他思维和方式。[1] 面对这一挑战，传统的纠纷解决机制显得力不从心，其固有的局限性在新技术面前愈发凸显。多元化纠纷解决机制，是指基于诉讼途径或者非诉讼途径解决各种纠纷所形成的一种综合系统。[2] 司法实践中，"案多人少"的窘境凸显，部分源于公共治理机制的局限性，这种局限性阻碍了多元化纠纷解决途径的拓展，限制了公众通过非司法渠道解决纷争的能力，导致过度倚重诉讼，这对司法的专业性构成了侵蚀，减弱了司法作用，尤其在面对纠纷预防和处理的多元化需求时，问题更为突出。[3]

多元化纠纷解决机制作为现代社会纠纷解决体系的重要组成部分，具有主体多元性、手段多样性和程序灵活性等特点。它不仅能够高效化解纠纷、促进社会和谐，还能够弥补诉讼制度的不足。在现代社会中，多元化纠纷解决机制的发展和完善具有重要的意义和价值。因此，构建一个灵活、高效、适应性强的多元化纠纷解决机制，已成为维护社会公平正义、促进经济健康发展的迫切需求。中国多元化纠纷解决机制建设作为国家治理体系和治理能力现代化的重要组成部分，

---

[1] 参见胡锦光：《新时代党员干部的法治思维》，中国人民大学出版社2018年版，第27、30页。
[2] 参见李坤轩：《法治政府理论热点与实践进路研究》，人民出版社2023年版，第95页。
[3] 参见姜峰：《法院"案多人少"与国家治道变革——转型时期中国的政治与司法忧思》，载《政法论坛》2015年第2期。

还缺少一部具有中国特色的定位准确、职责清晰、科学规范的多元化纠纷解决机制建设法律。[1] 纵观世界，许多国家和地区都将替代性纠纷解决机制制度化和立法化。[2]

第一节 新质生产力多元化纠纷解决机制概述

一、多元化纠纷解决机制概述

（一）多元化纠纷解决机制的基本概念

纠纷是秩序的反义词，表现为冲突（conflict）的一种类型或一个层次。[3] 纠纷的本质是主体的行为与社会既定的秩序、制度以及主流道德的不协调或对其的反叛，具有反社会性。[4] 当前，我国社会矛盾纠纷呈现多发易发、错综复杂的态势，社会矛盾纠纷参与主体多元化。[5] 一个和谐稳定发展的社会，既需要公正高效权威的司法系统维护社会公平正义，又需要构建公民自治、社会共治、多方参与、司法保障的纠纷解决体系。[6] 随着社会的快速发展和法治建设的深入推进，社会矛盾与纠纷日益复杂化和多样化。传统的单一诉讼解决机制已难以满足当前社会对高效、便捷、低成本纠纷解决方式的需求。因此，多元化纠纷解决机制应运而生，并逐渐成为现代社会纠纷解决体系的重要组成部分。

1. 多元化纠纷解决机制的定义。关于多元化纠纷解决机制的概念表述和内涵理解，中外学者在认识上有所差异。国内学者范愉认为，多元化纠纷解决机制是指社会中的各种纠纷解决方式、程序或制度（包括诉讼方式与非诉讼方式两大类）以其特定的功能共同存在、相互协调所构成的纠纷解决系统。[7] 日本学者小岛武司、伊藤真认为，多元化纠纷解决机制是指诉讼外纠纷解决制度，与审

---

[1] 参见龙飞：《替代性纠纷解决机制立法的域外比较与借鉴》，载《中国政法大学学报》2019年第1期。

[2] 参见齐树洁、许林波：《域外调解制度发展趋势述评》，载《人民司法（应用）》2018年第1期。

[3] See Henry J. Brown, Arthur L. Marriott, "ADR Principles and Practise", Sweet & Maxwell, 1999, p. 12.

[4] 参见顾培东：《社会冲突与诉讼机制》，四川人民出版社1991年版，第2~7页。

[5] 参见李坤轩、邱丽莉：《"互联网+"视域下基层信访工作的创新路径——基于山东省济宁市信访工作的实践》，载《理论导刊》2017年第3期。

[6] 参见龙飞：《多元化纠纷解决机制立法的定位与路径思考——以四个地方条例的比较为视角》，载《华东政法大学学报》2018年第3期。

[7] 参见范愉、李浩：《纠纷解决——理论、制度与技能》，清华大学出版社2010年版，第21页。

判和谈判并列，是一种民事纠纷的解决方法。[1] 本书认为，多元化纠纷解决机制，是指针对纠纷呈现出的主体多元化、诉求复杂化、类型多样化等特点，通过整合人民调解、行政调解、司法调解、仲裁等多种社会资源，综合运用调解、仲裁、和解等多种方式和手段，形成的功能互补、程序衔接的矛盾纠纷有效化解体系。这一机制不仅包括诉讼方式（即法院判决），还涵盖了非诉讼方式，如调解（人民调解、司法调解、行政调解）、当事人和解、行政裁决、行政复议、仲裁等。从我国情况看，诉讼方式是解决纠纷的主要渠道，和解、调解、仲裁、行政裁决、行政复议等非诉讼途径在解决社会矛盾纠纷中也发挥着重要作用。[2]

2. 多元化纠纷解决机制的特点。

（1）主体多元性。多元化纠纷解决机制的最大特点在于其参与主体的广泛性。它不仅包括司法机关，还涉及行政机关、社会组织、民间力量等多方主体。这种多元主体的参与，使得纠纷解决过程更加全面、客观，有利于实现纠纷的公正、合理解决。

（2）手段多样性。在多元化纠纷解决机制下，纠纷的解决手段不再局限于诉讼这一种方式。调解、仲裁、和解等多种手段的综合运用，为当事人提供了更多元化的选择。这些手段各具特色，相互补充，当事人可根据纠纷的性质和自己的需求，灵活选择最适合的解决方式。

（3）程序灵活性。与诉讼程序相比，多元化纠纷解决机制的程序更加灵活。它可以根据纠纷的具体情况，灵活调整程序环节，缩短纠纷解决时间，降低纠纷解决成本。非诉讼手段往往侧重于调解和协商，有利于维护当事人之间的和谐关系。

（二）传统纠纷解决方式的局限性

1. 诉讼程序冗长、复杂。从起诉、答辩、证据交换、庭前会议到庭审、判决，乃至执行，每一个环节都可能伴随着繁复的法律程序，这不仅需要当事人投入大量时间，还伴随着高昂的金钱成本。这种繁琐的流程对于急于解决问题的当事人而言是一种负担，特别是对于小额纠纷，可能诉讼成本远超纠纷本身的经济价值，容易形成"小纠纷，大成本"的悖论。

2. 传统诉讼成本高。除了律师费用，传统诉讼还包括法院的诉讼费用、可能的鉴定费用、执行费用等，这些费用累积起来，对于部分当事人来说，是沉重的经济压力。尤其在某些情况下，当事人可能因为诉讼成本过高而选择放弃寻求

---

[1] 参见［日］小岛武司、伊藤真编：《诉讼外纠纷解决法》，丁婕译，中国政法大学出版社2005年版，第1~6页。

[2] 参见李坤轩：《法治政府理论热点与实践进路研究》，人民出版社2023年版，第96页。

法律救济。

3. 诉讼过程存在对抗性。有些原本可能通过协商解决的纠纷走向对立，这种对抗性不利于缓和当事人之间的关系，对社区和谐甚至社会稳定都可能产生负面影响。

4. 诉讼过程的公开性。法院的判决记录公开，虽然有利于司法透明，但可能对当事人，特别是商业主体，产生不良影响。公开的诉讼记录可能会暴露企业的商业秘密，损害其商业信誉，影响其市场竞争力，这对于企业的长远发展构成潜在威胁。

5. 效率不高。法院案件积压严重，导致许多纠纷的解决时间过长，无法满足现代社会对快速、高效解决纠纷的需求。在瞬息万变的社会环境中，长时间的诉讼周期可能会使纠纷的解决失去时效性，影响到当事人的权益。

（三）多元化纠纷解决机制的优势与价值

多元化纠纷解决机制在现代社会中日益凸显其优势与价值，它以非诉讼的形式，为纠纷的解决提供了更为灵活、高效和人性化的选择。这一机制不仅能够提升纠纷解决的效率，节约成本，还在维护和谐关系、优化司法资源和提高当事人满意度等方面展现出独特的价值。

1. 效率提升。多元化纠纷解决机制通常采用调解或仲裁的方式，其程序设计简洁，避免了传统诉讼程序的繁琐与冗长。调解过程中，通过第三方的中立协调，双方可以在短时间内达成共识，大大缩短了解决纠纷的时间。仲裁则通过专门的仲裁机构，依据事先约定的规则进行，比法院诉讼更为快捷。作为制度化的民间性非诉讼纠纷解决机制，仲裁相比诉讼而言，具有自愿性、专业性、灵活性、保密性、快捷性、经济性等特点。[1] 调解和仲裁都能在提高纠纷解决效率的同时，减少当事人因等待结果而产生的焦虑和压力。

2. 节约成本。在诉讼过程中，当事人需要承担律师费、诉讼费以及可能的鉴定费、执行费等，这些费用往往构成不小的经济负担。相比之下，调解和仲裁的费用通常较低，尤其在涉及小额争议或复杂商业关系时，选择多元化纠纷解决机制能够显著减轻当事人的经济压力。

3. 灵活性与保密性。多元化纠纷解决机制为当事人提供了更大的选择空间。当事人可以根据纠纷性质和自身需求，自由选择最适宜的解决方式，如选择专业调解员或指定仲裁员。同时，调解协议和仲裁裁决的内容及纠纷解决过程通常可保密，这在保护商业秘密、防止信息泄露，以及维护企业形象等方面具有重要

---

[1] 参见范愉、李浩：《纠纷解决——理论、制度与技能》，清华大学出版社2010年版，第148~149页。

价值。

4. 维护和谐关系。非对抗性的多元化纠纷解决机制较为缓和，有利于修复双方关系。在家庭、邻里或商业合作中，保持和谐的关系往往比单纯的胜负更重要。调解和仲裁以和解为目标，旨在修复而非加剧冲突，有利于保护人际关系，防止矛盾升级。

5. 多元化纠纷解决机制有助于优化司法资源的配置。通过将大量简单的、重复的纠纷转移出法院，法院可以将精力集中在处理复杂、具有重大社会影响的案件上，从而提升司法效率，保证司法公正的实现。据统计，全国有行业协会、商会近7万个，商事仲裁委员会230多个，劳动仲裁委员会3000多个，每年仲裁案件超过100万件。有效利用仲裁途径化解矛盾，既可以减轻国家解决纠纷的成本，也便于当事人维护自身的合法权益。[1]

6. 自主选择的解决方式往往能提高当事人对结果的满意度。在调解和仲裁中，当事人的参与度更高，他们可以更直接地表达自己的意愿，对达成的协议有更高的接受度，这有利于纠纷的最终解决，也有利于社会的和谐稳定。

以"马背人民调解工作室"为例，这是昌吉州拓宽基层社会治理法治化路径的一个缩影。近年来，昌吉州出台《昌吉州关于坚持和发展新时代"枫桥经验"推进矛盾纠纷源头治理工作的实施意见》，创新打造"1+2+3+4+N"诉源治理新模式，建立人民调解、行政调解、司法调解、律师调解"四支队伍"，这种模式被最高人民法院、司法部认可并在全国推广。2024年3月18日，木垒县博斯坦乡马背人民调解工作室为6名乡村两级人民调解员颁发了聘书。"马背人民调解室"现有人民调解员7名，有老党员、老干部，也有人大代表、乡贤等。成立4年多来，人民调解员坚持应调尽调，有效化解辖区的草场纠纷、邻里纠纷等各类矛盾纠纷180多起。[2]

二、新质生产力背景下多元化纠纷解决机制的迫切需求

（一）知识产权纠纷的复杂化

在全球化背景下，科技创新的迅猛发展使得知识产权从单纯的法律概念演变为决定企业生死存亡的关键战略资源。知识产权不仅涵盖了专利、商标、著作权等多种形态，更在数字经济时代与商业秘密、域名等领域交织融合，构建了复杂多元的法律保护网络。

专利权的交叉许可问题，使得企业需在技术共享与保护之间寻找微妙的平衡。这不仅要求司法工作人员理解复杂的科技原理，还需掌握合同法、竞争法等

---

〔1〕参见徐隽：《多元化解，有助"胜败皆服"》，载《人民日报》2016年7月6日，第17版。

〔2〕参见马军、武卫军：《昌吉法务区：以高水平法治保障新质生产力发展》，《昌吉日报（汉）》2024年3月27日，第7版。

领域的相关法律的知识，以确保公平交易的实现。

商标权的地域性争议则凸显了国际法与国内法的冲突与协调问题。在全球市场一体化的今天，商标的跨地域保护需要司法机关具备全球视野，能够准确解读和适用各类国际条约，以维护品牌商标价值。

著作权的网络侵权，其瞬息万变的特性对司法实践提出了严峻挑战。互联网的无国界性使得侵权行为难以追踪，而技术进步则不断催生新的侵权方式。因此，司法工作人员需不断更新知识结构，熟悉数字版权相关法律，以应对层出不穷的网络侵权现象。

总的来说，知识产权纠纷的复杂性对司法体系的专业化、国际化和动态适应性提出了前所未有的要求。这不仅是对司法工作人员法律素养的考验，更是对司法体系能否适应科技变革，以保护创新成果、维护市场公平竞争的重大挑战。

（二）数据隐私保护的困境

大数据时代，数据资源丰富，其背后的技术革新极大地推动了信息的快速搜集与处理，使得社会生活的各个层面都处于数据之中。2024年8月29日，中国互联网络信息中心（CNNIC）在2024中国国际大数据产业博览会"智能经济创新发展"交流活动上发布第54次《中国互联网络发展状况统计报告》显示，截至2024年6月，我国网民规模近11亿人（10.9967亿人），较2023年12月增长了742万人，互联网普及率达78.0%。[1] 互联网技术已渗透到人们的日常生活中，网络空间成了现代人生活中不可或缺的重要领域。[2] 然而，海量的数据也将个人隐私置于前所未有的风险之下。曾经隐藏于日常生活的个人数据如今可能在不经意间被广泛收集、分析甚至滥用，隐私的边界变得模糊不清。

面对这一挑战，现有的法律体系显得捉襟见肘。传统的隐私权保护法律法规往往基于对个人信息的静态保护，难以应对大数据环境下数据流动的动态性和复杂性。需要强调的是，数据的流通并非全然负面，它对于科技进步、商业发展乃至社会管理都具有重要价值。因此，隐私保护的目标不应是阻止数据的流通，而应是在保障数据利用效率的同时，构建起有效的防火墙，防止个人隐私被滥用。可见，现有的法律体系在应对数据隐私争议时，往往显得力不从心，需要更加完善的法律框架和纠纷解决机制。

（三）技术转让合同的模糊地带

在新时代经济背景下，新质生产力的快速发展催生了技术转让合同这种重要

---

[1] 参见《第54次〈中国互联网络发展状况统计报告〉》，载 https：//www.cnnic.cn/n4/2024/0829/c88-11065.html，最后访问日期：2025年3月1日。

[2] 参见叶小源、王维先：《网络空间治理体系中用户数据安全及隐私保护研究》，载《中国高校社会科学》2024年第5期。

的企业合作模式。这种合作形式基于科技知识的转移，旨在推动技术创新与产业升级，但随之而来的是复杂且微妙的法律问题。技术转让合同在推动科技成果转化中扮演重要角色，降低转让过程中的合同风险，减少技术转让合同纠纷，对确保科技成果的顺利转化，助推我国经济持续向高层次、高质量发展具有重要意义。[1]

首先，知识产权的归属问题尤为关键，其涉及创新成果的保护和使用权限，稍有不慎，可能导致技术源头的混乱与侵权纠纷。

其次，技术转让的范围界定同样复杂，这包括技术的使用权限、许可程度以及技术更新的处理等，模糊的界限往往成为争议的滋生地。合同中的技术描述需精确到足以使任何第三方都能理解的程度，否则可能引发关于技术实质的争议。

再次，合同履行的标准是判断双方是否履行义务的重要依据。在技术转让合同中，这涉及技术的交付、验收标准、技术支持等，其复杂性与技术本身的特性密切相关，非专业法律人士往往难以准确把握。

最后，传统的合同纠纷解决机制，如诉讼或仲裁，在处理这些涉及专业技术知识的纠纷时有时显得力不从心。法律专家需要对技术细节有深入理解，才能准确解读合同条款，还原合同精神，否则纠纷的解决过程可能陷入冗长且低效的境地，影响企业正常的经营活动。

因此，构建一套集法律、技术于一体的纠纷解决机制，以提高纠纷解决的效率和准确性，是当前亟待解决的问题。这需要法律界与科技界的深度合作，共同构建一个既能保护知识产权，又能促进技术交流的法律环境。

三、国际多元化纠纷解决机制的发展趋势

在全球化的背景下，国际多元化纠纷解决机制正经历着深刻的变革。随着国际贸易和投资的飞速增长，国际商事纠纷的数量也日益增多，传统的诉讼方式往往无法满足现今高效、经济和灵活的解决需求。因此，仲裁、调解、协商等非诉讼纠纷解决方式逐渐成为主流。中国多元化纠纷解决机制与国外ADR（Alternative Dispute Resolution，以下简称ADR）并非同一概念，但二者有着密切的关联。20世纪80年代以后，世界各国和地区致力于通过发展ADR推动司法和社会治理体系改革，形成了世界性的ADR潮流。[2]

（一）国际仲裁的兴起

随着国际贸易与投资规模的扩大，跨国商事纠纷也呈现出上升趋势。面对复杂多变的国际市场环境，国际商事仲裁以其独特的灵活性、专业性和保密性，成

---

[1] 参见颜博：《技术转让合同纠纷调研报告》，湖南大学2020年硕士学位论文。

[2] 参见齐树洁、许林波：《域外调解制度发展趋势述评》，载《人民司法（应用）》2018年第1期。

为跨国公司解决纠纷的重要方式。

1. 国际商事仲裁的优越性

（1）灵活性。与诉讼程序相比，仲裁程序可以根据当事人的意愿和特定案件的需要进行灵活调整。当事人可以自由选择仲裁机构、仲裁地点、仲裁语言以及仲裁规则等，这为跨国公司在不同法律体系下解决纠纷提供了较大便利。仲裁裁决的执行也更为灵活，许多国家和地区都承认并执行国际仲裁裁决，使得跨国公司在全球范围内执行仲裁裁决成为可能。

（2）专业性。仲裁员通常是在特定领域具有丰富经验和专业知识的专家，他们能够根据案件的具体情况和行业的特定规则，作出公正、合理的裁决。这种专业性不仅提高了仲裁裁决的质量，也增强了当事人对仲裁结果的信任度和接受度。在国际商事仲裁领域，像国际商会仲裁院（ICC）和伦敦国际仲裁院（LCIA）这样的知名机构，更是以其专业化的仲裁员队伍和完善的仲裁规则，赢得了全球企业的广泛认可。

（3）保密性。与公开审判的诉讼程序不同，仲裁程序通常是不公开的，这有助于保护当事人的商业秘密和声誉。在跨国商事纠纷中，涉及的信息往往关乎企业的核心竞争力，因此保密性对于当事人来说至关重要。国际商事仲裁的保密性不仅有助于维护当事人的合法权益，也有利于维护市场的稳定和秩序。

2. 国际商事仲裁机构的发展。

（1）国际商会仲裁院。国际商会仲裁院作为世界上最古老、最著名的国际商事仲裁机构之一，自成立以来，一直致力于为全球企业提供公正、高效的仲裁服务。国际商会仲裁院仲裁规则不断完善，仲裁员队伍专业化程度不断提升，为全球范围内的跨国商事纠纷提供了优质的解决方案。国际商会仲裁院仲裁裁决在全球范围内享有很高的认可度，为跨国公司的纠纷解决提供了坚实的保障。

（2）伦敦国际仲裁院。伦敦国际仲裁院是另一个在全球范围内享有高声誉的国际商事仲裁机构，其以独立、公正、高效的仲裁服务而著称，其仲裁规则灵活、实用，能够满足不同当事人的需求。伦敦国际仲裁院仲裁员队伍由来自世界各地的顶尖法律专家组成，他们具备丰富的国际仲裁经验和专业知识，能够为跨国商事纠纷提供高质量的裁决。伦敦国际仲裁院仲裁裁决在全球范围内也具有很高的认可度。

随着全球化的深入发展和跨国商事活动的不断增加，国际商事仲裁将在未来发挥更加重要的作用。为了应对新的挑战和机遇，国际商事仲裁机构需要继续完善仲裁规则、提升仲裁员队伍的专业化水平、加强国际合作与交流等方面的工作。随着科技的进步和数字化时代的到来，国际商事仲裁也需要积极运用新技术、新模式，提高仲裁程序的效率和透明度。

（二）在线纠纷解决机制（ODR）的崛起

在线纠纷解决机制（Online Dispute Resolution，以下简称ODR），简而言之，是指利用互联网技术，通过在线平台实现争议双方或多方之间的高效、便捷纠纷解决过程。它打破了物理空间的限制，让当事人无需面对面即可进行沟通、调解、仲裁或诉讼，从而大幅降低了时间和金钱成本。

1. ODR的核心优势。

（1）效率与速度。ODR平台24小时不间断服务，无论何时何地，只要有网络连接，纠纷就能得到即时处理，极大地挣脱了传统纠纷解决方式的时间与地域束缚，显著提升了纠纷解决的速度，使得司法正义不再因等待而迟到。

（2）成本效益。ODR的经济优势同样明显，它通过消除线下诉讼的种种成本，如金钱成本以及时间成本，为资金有限的中小企业和个体用户提供了一种更为经济实惠的纠纷解决方案，使得纠纷解决方式更加平等和普惠。

（3）灵活性。ODR的灵活性主要体现在其跨文化的适应性上。平台支持多语言服务，使得不同国家、不同法律体系的参与者能无障碍地进行交流，无论他们身处何种法律环境，都能找到适合的纠纷解决途径。同时，ODR提供了调解、仲裁等多种模式，以满足各类复杂需求，充分体现了ODR定制化和人性化的服务理念。

（4）透明度和可追溯性。所有线上的交流记录、证据材料都得到妥善保存，当事人可以随时查阅，这不仅有利于增强纠纷解决过程的透明度，也有利于保证该过程的可追溯性，进一步巩固公众对法律体系的信任。这种数字化的记录方式，也使得纠纷处理过程更加公正、公平，符合现代法治社会对公开、公正、公平的追求。

2. ODR在跨境电子商务中的应用。跨境电子商务的蓬勃发展，使得跨国交易中的纠纷解决变得尤为复杂。ODR的出现，为这一难题提供了有效的解决途径。通过ODR平台，买卖双方可以迅速解决因产品质量、物流延误、支付纠纷等问题引发的争议，保障交易顺利进行。ODR平台还能根据国际贸易惯例和相关法律法规，为跨境交易提供公平、公正的裁决环境。

3. ODR在知识产权领域的革新。知识产权作为企业的核心资产，其保护与维权历来备受关注。然而，在全球化背景下，侵犯知识产权行为日益猖獗，且往往涉及多个国家和地区。传统的知识产权诉讼周期长、成本高，往往让权利人望而却步。ODR为知识产权纠纷的解决开辟了新路径。通过在线调解、仲裁等方式，ODR能够快速、低成本地解决专利、商标、著作权等知识产权争议，保护权利人的合法权益，促进知识产权市场的健康发展。

第二节　新质生产力与多元化纠纷解决机制的融合路径

中国的多元化纠纷解决机制是指一个社会中各种纠纷解决方式、程序或制度（包括诉讼与非诉讼两大类）共同存在、相互协调所构成的纠纷解决系统。中国的多元化纠纷解决机制的理念强调兼顾诉讼与非诉讼机制的协调发展，但以建立完善非诉讼程序、整合纠纷解决资源为中心任务，因此其与 ADR 运动的理念与目标高度一致，都适应了当代社会纠纷解决的现实需求，符合纠纷解决和法治发展的规律。[1]

一、创新纠纷解决方式

面对新质生产力引发的复杂法律问题，传统的诉讼模式往往显得力不从心，其线性、单一的纠纷解决路径难以适应多元化、快速变化的现实需求。因此，对纠纷解决机制的创新成为必然，这其中包括对 ODR 的探索和应用。

ODR 作为司法领域的一场技术革命，它借助互联网的无界性，突破了地理限制，使得纠纷的解决能够跨越时空，实现远程、高效处理。这一方式显著降低了当事人的时间成本和经济负担，尤其对于跨地域、小额或者频繁发生的纠纷而言，ODR 的优势更为明显。此外，ODR 的实施也提升了纠纷解决的效率，使得正义的实现更为迅速，从而更好地维护了当事人的合法权益。

ODR 的潜力远不止于此。随着人工智能和大数据分析技术的发展，ODR 系统变得越来越先进。人工智能能够模拟人类的决策过程，通过深度学习和模式识别，对纠纷进行智能分析，提供公平、公正的解决方案。大数据分析则可以从海量的案例中挖掘规律，预测纠纷可能的发展趋势，为预防和解决纠纷提供前瞻性指导。这样的科技融合，不仅优化了纠纷解决流程，也提升了司法决策的科学性和公正性。

ODR 的构建与完善，结合人工智能和大数据的应用，是对传统诉讼方式的有效补充和创新，它预示着未来司法领域的发展方向，即科技与法律的深度融合，以更高效、更智能的方式，应对新时代的纠纷挑战。

二、健全调解、仲裁等非诉讼纠纷解决机制

调解作为 ADR 的一种重要形式，其核心在于鼓励争议双方通过直接对话和协商，寻找双方都能接受的解决方案。这种方式最大的优势在于其高度的灵活

---

[1] 参见范愉：《当代世界多元化纠纷解决机制的发展与启示》，载《中国应用法学》2017 年第 3 期。

性，即可以根据纠纷的具体情况和双方当事人的意愿，灵活调整程序和时间，快速响应市场变化，有效缩短纠纷解决周期。对于追求速度和效率的新质生产力企业来说，调解无疑是一种更为合适的纠纷解决途径。20 世纪 70 年代以来，全球调解发展趋势大致可分为三个阶段：第一阶段是允许调解作为一种纠纷解决方式使用；第二阶段是鼓励调解的普遍使用；第三阶段是采取有条件的强制利用方式推动调解的运用与发展。[1]

与调解相比，仲裁提供了更为正式的纠纷解决平台。仲裁裁决由具有专业知识和独立性的仲裁员作出，通常具有法律约束力，双方当事人必须履行裁决结果。这种法律效力确保了仲裁裁决的权威性和可执行性，为新质生产力企业提供了强有力的法律保障。

(一) 建立专业机构与培养专家

新质生产力的崛起带来了全新的法律问题和纠纷类型。为适应这一变革，有必要构建专门针对这一领域的调解和仲裁体系，从而在法律框架下妥善解决有关科技驱动的纠纷，保障社会经济的稳定发展。

首先，设立专门的调解和仲裁机构。这些机构应具有前瞻性和专业性，能够理解和应对新质生产力所带来的复杂法律挑战。这需要集结一支跨学科的专家团队，他们不仅需精通科技领域的专业知识，还要具备深厚的法学素养，以便准确解读和应用法律法规。同时，在构建多元化纠纷解决机制的立法进程中，也要保持调解的职业性和其民间特性之间的平衡。随着社会进步和专业细分，职业调解员的角色日益凸显，特别是在处理复杂的专业或商事纠纷时，他们的介入显得尤为必要。然而，这并不排除社区调解和人民调解在处理日常民间纠纷中的作用。因此，需要承认调解的双重本质——既要提升调解服务的专业水平，同时也要发扬其根植民间的特性，两者缺一不可。[2]

这些机构应具备教育和预防功能。通过案例分析和法律宣传，提高公众对新质生产力法律问题的认识，从而预防潜在纠纷的发生。通过这种方式，构建一个更为和谐、有序的科技发展环境，确保新质生产力的健康发展与法律秩序的稳定。

其次，制定适应新质生产力特点的调解和仲裁规则。这些规则应充分考虑科技的快速发展和其对社会经济的深远影响，确保纠纷解决机制的灵活性和前瞻性。规则的制定应包括知识产权、数据隐私、技术转让等多个关键领域，以应对可能出现的各种纠纷类型。

---

[1] 参见齐树洁主编：《外国 ADR 制度新发展》，厦门大学出版社 2017 年版，第 24 页。

[2] 参见龙飞：《替代性纠纷解决机制立法的域外比较与借鉴》，载《中国政法大学学报》2019 年第 1 期。

最后，提高纠纷解决的针对性和有效性。调解和仲裁过程应力求快速、公正，减少传统诉讼程序可能带来的延迟和成本。同时，应注重保护创新者的权益，鼓励科技领域的持续创新，以促进科技与法律的良性互动。

（二）简化程序与提高公信力

为了鼓励更多的企业将调解和仲裁作为纠纷解决机制的首选，有必要对相关程序进行深度优化，以提升其效率和便利性。

首先，可以通过引入在线调解和仲裁服务来实现。利用先进的信息通信技术，打破地域限制，使得纠纷解决不再受物理空间的束缚，从而大幅降低各方的时间和经济成本。在线平台的搭建，使得当事人可以随时随地进行交流，减少了传统面对面调解可能带来的不便，提升了纠纷解决的效率。

其次，加强调解和仲裁过程的监管至关重要。这既包括对调解员和仲裁员的专业素质、道德行为的严格要求，也包括对整个调解和仲裁程序透明度的严格要求。通过公开、公正的程序，增强公众对非诉讼纠纷解决的信任，确保其公正性不受质疑。同时，建立完善的反馈和申诉机制，允许当事人对裁决结果提出异议，以维护其合法权益。

再次，仲裁机构的公信力是吸引企业选择其服务的关键。这需要通过强化机构内部管理、提升服务质量、定期公开裁决案例，来展示其专业能力和公正立场。此外，引入独立的第三方评估机构，通过对仲裁机构的运营和裁决进行定期评估，也能进一步增强其公信力。

最后，仲裁裁决的权威性是保障其有效性的基石。这需要法律的明确支持，确保仲裁裁决具有执行力。同时，通过法律手段确保裁决的公正、公平，防止滥用权力。只有当企业相信仲裁结果能够得到法院的认可和执行，他们才会更愿意选择仲裁作为纠纷解决方式。

（三）宣传普及与文化培育

强化调解和仲裁机制的公众认知与企业接纳度尤为关键，尤其是对于新质生产力企业而言，这不仅关乎纠纷解决的效率，更影响着企业的健康发展。

首先，应当深化对多元化纠纷解决机制的理论研究，明确其在现代企业纠纷解决中的重要地位。这包括理解其公正、高效、灵活等特性，以及与传统诉讼相比，其在保护商业关系、节约资源等方面的优势。

其次，开展系统化的宣传普及工作是提升企业对多元化纠纷解决机制认识的有效途径。可以通过举办专业培训班，邀请法学专家和实践经验丰富的仲裁员，详细解读多元化纠纷解决机制的法律依据、程序规则和操作实践来实现。同时，定期举办研讨会，分享成功案例，分析失败教训，使企业从实际操作中理解并掌握多元化纠纷解决机制的运用技巧。此外，还可以编写和发布相关教材和指南，为企业提供理论与实践相结合的学习资料。

再次，培养企业运用多元化纠纷解决机制的能力是关键环节。这不仅要求企业具备法律素养，理解并尊重法律规则，更需要培养其灵活运用多元化纠纷解决机制解决纠纷的实战能力。通过模拟训练和实战演练，企业员工可以熟悉调解和仲裁的流程，他们在面对纠纷时的应对能力得以提升。

最后，构建尊重合同、诚信经营的企业文化，是推动多元化纠纷解决机制广泛应用的社会基础。企业应将遵守契约精神、公正解决纠纷视为自身责任，这不仅能提升企业形象，也有助于形成良好的商业环境，为多元化纠纷解决机制的实施营造有利的社会氛围。

（四）加强多元解纷机制的融合

多元解纷机制的融合是现代法治社会中提升司法效率与公正性的重要途径。鼓励调解、仲裁、诉讼等多种纠纷解决方式的无缝对接与协同运作，可以构建起多层次、立体化的纠纷解决网络。目前，已有部分地方出台方案，对知识产权予以综合性保护。

例如，2024年6月，连云港市人民政府印发《连云港市国家知识产权强市建设试点城市工作方案（2024—2026年）》，确定16个建设目标和19项重点任务，提出强化知识产权司法保护、行政保护、仲裁调解、社会监督衔接机制，争创省知识产权保护示范区、省级"正版正货"示范街区（行业）等，全面启动国家知识产权强市建设试点工作，为加快培育和发展新质生产力增势赋能。[1]再如，近年来，西安市中级人民法院不断扩大矛盾化解"朋友圈"，将知识产权保护的各个关键点串联成线，与陕西省知识产权保护中心和西安市知识产权保护中心建立了"知识产权纠纷诉调+专家咨询对接"机制，与中国国际经济贸易仲裁委员会丝绸之路仲裁中心、西安仲裁委员会一同完善了"诉讼—仲裁—调解"有效衔接的争议解决机制，与西安市知识产权局健全知识产权司法保护和行政保护衔接机制，形成了党委领导、政府负责、社会参与、法治保障、府院联动、系统治理的知识产权纠纷多元化解体系，全面拓展知识产权司法保护空间。[2]

"诉调对接"模式是多元解纷机制理念的具体实践，它将法院的司法权威与调解的灵活性相结合。法院与调解机构的合作并非简单的并行，而是一种深度的互动，调解前置可以减轻法院的压力，而法院的司法确认则赋予调解结果以法律效力，提升了纠纷解决的效率和公信力。这种模式鼓励当事人优先选择非诉讼方式解决纠纷，只有在调解无效时，才借助法院的强制力，从而实现纠纷解决的

---

[1] 参见侍敏、徐新合、朱昌伟：《"知"度为新质生产力发展保驾护航》，载《连云港日报》2024年7月3日，第1版。

[2] 参见陶玉琼：《夯实发展新质生产力的法治保障》，载《陕西日报》2024年4月25日，第8版。

"双保险"。

同时,多元解纷机制的融合也强调机制间的无缝转换,确保当事人在不同解纷方式间自由选择,避免因程序转换带来的不便和成本增加。完善法律法规,明确各类解纷方式的适用范围和转换规则,可以进一步优化解纷流程,提高解纷效率,满足社会多元化、个性化的解纷需求。

三、推动信息技术与纠纷解决的深度融合

区块链、大数据、人工智能等前沿科技正以前所未有的速度渗透并重塑社会的各个领域,同时,多元化纠纷解决机制也迎来了革命性的变革。信息技术的深度融入,不仅极大地提升了纠纷处理的效率与公正性,还为构建更加和谐的社会环境提供了强有力的支撑。

首先,区块链技术作为数字时代信任构建的核心工具,其分布式账本、去中心化、信息透明且不可篡改的特性,为纠纷解决领域带来了全新的解决方案。在纠纷处理过程中,区块链技术能够确保所有相关证据、合同及交易记录的真实性与完整性,有效避免了数据造假和信息篡改的风险,从而极大地提升了纠纷处理的公正性。区块链技术的智能合约功能还能自动执行合同条款,减少因合同履行问题引发的纠纷,进一步降低了纠纷发生的概率。政府和行业组织应当积极引入区块链技术,推动其在纠纷解决领域的广泛应用。制定相关政策和标准,为区块链技术的安全、规范应用提供法律保障;鼓励技术创新,探索区块链技术与传统纠纷解决机制的深度融合路径,为当事人提供更加便捷、高效、公正的纠纷解决服务。

其次,大数据技术的崛起,使得海量数据的收集、处理与分析成为可能,为纠纷解决提供强大的数据支持。通过对历史纠纷案例的深入挖掘与分析,大数据技术能够揭示纠纷发生的规律性、趋势性及共性特征,为决策者提供科学依据。在纠纷预防方面,大数据技术可以预测潜在风险点,提前采取干预措施;在纠纷处理阶段,大数据技术则能辅助决策者快速定位问题根源,制定更加精准有效的解决方案。为了充分发挥大数据技术在纠纷解决中的作用,政府和行业组织需要建立健全数据共享机制,打破信息孤岛,促进数据资源的互联互通;加强数据安全保护,防止数据泄露和滥用,确保个人隐私和商业秘密的安全。

最后,人工智能技术的快速发展为纠纷解决带来了新的可能。人工智能通过机器学习、自然语言处理等技术,能够模拟人类专家的思维方式,对复杂案件进行快速分析和判断,辅助决策者做出更加科学合理的决策。在简单纠纷中,人工智能甚至能够直接进行裁决,实现纠纷的快速解决。推动人工智能技术在纠纷解决中的应用,需要注重技术创新与人才培养的双重结合。鼓励科研机构和企业加大研发投入,突破关键技术瓶颈,提升人工智能的智能化水平;加强法律、信息

技术等跨学科人才的培养，打造既懂法律又懂技术的复合型人才队伍，为人工智能在纠纷解决领域的广泛应用提供坚实的人才保障。

信息技术与纠纷解决的深度融合，是时代发展的必然趋势，也是提升社会治理效能、构建和谐社会的重要路径。在这个过程中，政府、行业组织、科研机构及企业等各方应携手并进，共同推动信息技术在纠纷解决领域的创新应用与深度融合。

第九章

加强新质生产力法治保障的国际合作

在全球化背景下，新质生产力的发展日益呈现出跨国、跨领域的特点。国际的科技交流与合作催生了大量创新成果，但也带来了法律适用的复杂性和冲突问题。新质生产力的迅速发展往往超越了现有的国际法律框架，需要各国共同面对和解决新出现的法律问题。因此，加强国际合作，共同构建适应新质生产力的法治环境，已经成为各国面临的紧迫任务。此外，加强新质生产力法治保障的国际合作，还有助于促进全球新质生产力的持续健康发展。

第一节 新质生产力法治保障的国际合作背景

一、全球化背景下新质生产力的挑战

新质生产力的崛起，正深刻地重塑着全球经济格局。这些新兴技术不仅为人类社会带来了前所未有的发展机遇，同时也伴随着一系列复杂而严峻的挑战。

（一）新质生产力的崛起给全球化带来深刻影响

1. 人工智能：重塑生产模式与决策体系。人工智能技术的革新性进步在21世纪的信息科技领域中体现得淋漓尽致。这一技术的核心在于，通过算法和机器学习的精妙应用，计算机系统能够模仿人类的认知功能，进而执行原本专属人类的复杂任务，如判断、推理甚至创新性思考。在制造业的范畴，人工智能的融入已引领了一场深刻的变革。智能工厂和自动化生产线的构建，颠覆了传统的生产模式，实现了生产流程的精细化和高效率化，显著提升了产出速率，降低了误差率，从而保证了产品质量的稳定性，使得制造业在成本控制和生产效率上达到了前所未有的新高度。

同时，人工智能的影响并未止步于工业界。在医疗健康领域，人工智能通过大数据分析和预测模型，优化了病例诊断和疾病预测，实现了医疗资源的精准分配，改善了病患的诊疗体验。在金融行业，人工智能的运用强化了风险评估和市场预测，通过深度学习的算法，增强了投资决策的精准性和及时性。教育领域也因为人工智能的发展实现出显著的进步，人工智能驱动的个性化学习平台，依据每个学生的能力和进度定制教学方案，推动了教育公平，提升了教学质量。

人工智能以其独特的逻辑推演和模式识别能力，逐步渗透进社会的各个层面，逐步重塑各行各业的运作方式，对现代社会的管理机制产生了深远影响，成为推动社会进步的重要引擎。

2. 生物科技：开启生命科学新纪元。生物科技的飞速进步，特别是在基因编辑和合成生物学等前沿领域的革新，正在重塑人们对遗传性疾病的理解和应对方式。CRISPR-Cas9等基因编辑技术的出现，使得科学家能够精准定位并修改特定的基因序列，从而为治疗一系列遗传性疾病，如囊性纤维化、遗传性失明甚至一些类型的癌症，开辟了全新的治疗途径。这不仅极大地推动了生物医药产业的创新与增长，还对生命科学的研发方向产生了深远影响。

在农业领域，生物科技的应用正在提高农作物的抗病虫害能力，增强其营养价值，以及优化其生长周期，从而大幅提升农业生产效率。例如，转基因作物的培育，不仅能够抵抗病虫害，还能适应不同的气候和土壤条件，从而实现粮食供应的稳定，减轻全球粮食安全的压力。

然而，伴随这些显著的科技进步，生物科技应用也催生了一系列的伦理和安全问题。基因编辑可能被滥用，导致生物多样性的丧失，甚至可能对人类自然遗传资源的保护带来潜在威胁。此外，公众对基因编辑的理解和接受程度不一，可能引发社会分歧和冲突。因此，建立严格的法规和道德框架，平衡科技进步与伦理道德，确保科技发展的可持续性，成为生物科技领域亟待克服的挑战。

3. 清洁能源技术：引领能源革命。在全球环保法规日益严格的背景下，清洁能源技术已成为各国政策制定者和法学研究者关注的焦点。这一转变不仅基于对环境保护的伦理责任，更源于对可持续发展法律原则的深入理解和实践。太阳能、风能、水能等可再生能源技术的科技进步，实质上是法律框架下对环境友好型产业的鼓励和推动，旨在通过技术创新降低碳排放，应对全球气候变化这一严峻的国际问题。

清洁能源的广泛应用，不仅符合国际环境法中的"预防原则"，也体现了"共同但有区别的责任"原则，各国在追求经济发展的同时，承担起减少温室气体排放的义务。这不仅有助于实现《巴黎协定》等国际气候法律文书设定的目标，也是对联合国《2030年可持续发展议程》[1]的有力响应。该议程首次提出"5P"发展愿景，即人类（people）、地球（planet）、繁荣（prosperity）、和平（peace）、伙伴关系（partnership），以及17个可持续发展目标和169个具体目标。[2]

此外，清洁能源的发展也引发了能源法律体系的革新，推动了能源结构的优化。法学视角下，这是一场从化石燃料向可再生能源的法律转型，涉及产权、市场准入、补贴政策等多方面法律调整，旨在构建一个更加公正、绿色的能源市场。这一转型不仅为经济发展提供了新的增长点，也为社会公正和环境正义提供了法律保障，是法治与可持续发展深度融合的生动例证。

(二) 全球化背景下新质生产力面临的挑战

1. 产业结构调整与就业压力。新质生产力的迅猛进步，尤其是科技与信息领域的革命，催生了一种全新的产业生态，传统产业因此面临深度衰退的威胁，而新兴产业崭露头角。这一历史性的产业结构转型，本质上是生产力与生产关系的辩证互动，是对经济基础与上层建筑关系的再定义。传统行业的萎缩并非全然消极，它揭示了社会进步的内在规律，即旧的生产方式在新质生产力的冲击下必然会改变。

然而，产业结构的调整并非一个无痛过程。伴随着旧岗位的消失，新兴行业对人才的需求呈现出高度专业化、技术化的特点，这无疑加剧了就业市场的结构性失衡。一方面，大量劳动力因技能不匹配而失业或待业，形成了"结构性失业"现象；另一方面，新兴岗位的高门槛又限制了劳动力的流动，使得人才供需矛盾日益凸显。

对于发展中国家来说，这一挑战更为严峻。它们在技术和人才储备上的不足，使得产业结构调整的过程更为艰难。缺乏必要的技术积累，使得产业转型的路径依赖问题更为突出；而人才短缺，则直接影响了新兴产业的培育和发展。因此，发展中国家在应对产业转型时，不仅需要引进和吸收新的科技，更需建立完善的职业教育和人才培养体系，以适应新经济形态的需求，实现劳动力市场的动态平衡。这一过程，既是挑战，也是机遇，是实现经济社会跨越发展的关键节点。

2. 技术鸿沟与发展不均衡。新质生产力的快速发展与应用，诸如人工智能、生物科技、量子计算等高科技领域的突破，正在以前所未有的速度重塑全球产业结构，也进一步拉大了国家间的技术差距。发达国家，凭借其在科技研发、资本

---

[1] 2015年9月，第70届联合国大会通过《改变我们的世界——2030年可持续发展议程》。
[2] 参见张贵洪：《全球发展倡议赋能联合国2030年可持续发展议程》，载《当代世界》2024年第8期。

积累、教育体系以及政策环境等多方面的综合优势，往往能抢占新质生产力的高地，占据行业标准制定的先机，进而控制国际市场的话语权。它们的企业和研究机构能够迅速捕捉并引领技术创新，确保其在全球产业链中的主导地位，从而在技术鸿沟的两极分化中扮演主动角色。

相反，发展中国家则在这场全球技术竞赛中承受着追赶的压力。他们需要不断引进、消化并吸收先进的科技，然后在此基础上进行再创新。技术转让的过程复杂且充满变数，包括对知识产权的尊重和保护、对引进技术的适应性改造，以及对新科技的再创新，这些都对发展中国家的技术进步构成了严峻挑战。

这种日益扩大的技术鸿沟，无疑对全球经济的均衡发展构成了阻碍。一方面，它限制了资源的有效分配，导致全球财富的不均衡；另一方面，技术差距也成为国际关系中的敏感点，加剧了国家间的竞争和冲突，甚至可能触发贸易战、技术战，影响全球的合作与和平。因此，技术鸿沟不仅是经济发展的障碍，也成为国际社会稳定的一大隐患。

3. 数据跨境流动与网络安全。在新质生产力的演进过程中，大数据的作用不容忽视。大数据作为信息时代的金矿，其价值在于被挖掘与分析，它已经渗透到经济运行的各个层面，成为驱动创新和发展的关键动力。然而，数据跨境流动的问题也随之出现，这个问题涉及数据主权、个人隐私保护以及网络安全等多个维度。

数据主权问题，实质上是国家对数据的控制权和管理权的确认。数据主权源于国家主权这一基本概念。[1] 网络主权不仅是要保障主体对信息技术的掌控，还要保障其对网络中的数据取得占有和管辖的权利，[2] 数据主权由此诞生。各国在维护自身主权的同时，对数据跨境流动施加了不同程度的限制，这可能导致全球信息流的阻碍，影响全球经济一体化的进程。因此，如何在尊重各国数据主权的同时，推动数据的自由流动，是一个亟待解决的法学难题。

隐私保护问题，是数据流动中不容忽视的法律议题。随着大数据的广泛应用，个人隐私面临前所未有的挑战。数据的非法收集、使用和泄露，侵犯了公民的基本权利，需要建立更为严格的数据保护法规，以确保数据流动的合法性。

网络安全问题，已经成为全球性的关注点。黑客攻击和数据泄露事件频繁，不仅对企业的经济利益构成威胁，更可能对国家安全和社会稳定产生深远影响。因此，构建有效的网络安全防护体系，制定并执行严格的网络安全法规，是保障数据跨境流动安全的必要举措。

---

[1] 参见陈思怡：《数据主权下 CPTPP 安全例外条款适用困境及其纾解》，载《网络安全与数据治理》2024 年第 7 期。

[2] 参见曹磊：《网络空间的数据权研究》，载《国际观察》2013 年第 1 期。

因此，大数据的利用与数据跨境流动是一个复杂而微妙的问题。应在保护国家主权、维护个人隐私和确保网络安全之间寻找平衡，制定出既能促进数据流动，又能有效防范风险的法律框架，以适应新质生产力发展的需求。

4. 知识产权保护与国际合作。新质生产力的演进，已成为推动社会进步的关键动力，而这离不开对知识产权的保护。知识产权，作为一种法律与制度的构建，旨在鼓励创新，保护创新者权益，从而激发社会的创造力。然而，全球化背景下的知识产权保护面临着前所未有的挑战。

跨国侵权问题已经成为困扰知识产权保护的顽疾。在全球化的市场环境中，产品与技术的跨境流动日益频繁，但与此并行的侵权行为也随之跨越了国界。这不仅侵犯了创新者的合法权益，也削弱了新质生产力发展的动力。解决这一问题需要国际社会的共同努力，强化国际合作，制定和实施具有强制执行力的全球知识产权法规，以期构建一个公平、公正的创新环境。

全球范围内的知识产权保护标准不统一也是亟待解决的问题。不同的国家和地区对于知识产权的定义、保护范围差异显著，这无疑加大了保护的复杂性。解决这一问题的关键在于推动全球知识产权标准的统一，以实现对新质生产力成果的公正评估和有效保护。

新质生产力的研发和应用，往往需要跨越国界的资源与知识共享，国际合作显得至关重要。然而，现有的国际合作机制在应对新质生产力的保护和发展需求时，显得力不从心。这要求建立更为灵活、更具包容性的合作框架，以便在全球范围内优化资源配置，促进知识和技术的交流与合作。

因此，面对新质生产力的发展，知识产权的保护不应仅停留于一国的法律范畴，还应具备全球视角，推动形成全球知识产权保护的统一标准，建立更加完善、高效的合作机制。如此，才能确保创新成果得到应有的尊重和保护，从而持续推动新质生产力的进步，促进全球科技与经济的繁荣。

二、各国法治体系对新质生产力的适应性

新质生产力以前所未有的速度推动着全球经济结构的变革。从人工智能、区块链、大数据到生物科技等新兴领域，新质生产力不仅重塑了产业格局，也对传统法治体系提出了严峻挑战。各国法治体系在适应这一新趋势的过程中，呈现出了不同的成效，形成了鲜明的对比。

（一）发达国家法治体系的适应性探索

1. 法律法规框架的完善与创新。以美国的《数字千年版权法》[1]（*Digital*

---

[1] 该法律于1998年10月8日与12日分别获得美国第105届国会两院的通过，并于1998年10月28日经克林顿总统签署，正式生效，成为美国联邦法律的一部分。

Millennium Copyright Act，DMCA）为例，这部法律的诞生并非偶然，而是对新兴数字技术革命的有力回应。它不仅在法律层面上确立了数字版权的保护框架，防止了数字时代的盗版行为，而且前瞻性地为科技创新和发展预留了空间，鼓励了互联网产业的繁荣。这部法律的出台，实际上是对新经济形态的法律确认，它在保护知识产权的同时，也推动了互联网经济的飞速发展，体现了法治对新质生产力发展的引导和推动作用。

欧盟的《通用数据保护条例》则从另一个角度展示了发达国家法治的深度和广度。《通用数据保护条例》的实施，不仅标志着对个人隐私权的保护程度在数字化时代的高度提升，而且体现了法律对技术进步的深度介入和有效规范。它设定了全球最严格的数据保护标准，对数据处理者的责任进行了明确规定，强化了用户的数据主权，同时为全球数据治理提供了参照模板。《通用数据保护条例》的出台，不仅是一次法律的革新，更是一次对数字时代社会伦理和权利边界的重新定义，显示了法治体系在新质生产力面前的应变能力和创新精神。

2. 法律执行的严格与高效。在发达国家的法治实践中，一部严谨且全面的法律法规仅仅是保障社会公正和经济繁荣的第一步。更为关键的是，它们拥有高效运作的司法体系和执法机制。以美国为例，其法律制度不仅规定了清晰的市场规则，更通过强有力的执行确保了规则的有效性。

对于科技企业，美国司法部门并未因科技创新而放松监管，反而通过深入的反垄断调查，防止市场过度集中，保障了市场竞争的公平性。这种做法不仅避免了大企业滥用市场支配地位，也鼓励了小型创新企业的发展，从而在整体上促进了科技领域的持续创新和动态竞争。

此外，知识产权的保护在美国法治中占据重要地位。对侵犯知识产权行为的严厉打击，不仅是对创新成果的尊重，也是对创新精神的鼓励。这种严格保护机制为知识创新者提供了安全的环境，使得他们可以安心投入研发，无惧其成果被非法复制或盗用，从而维护了整个社会的创新生态。

发达国家的法治经验表明，法律法规的制定与执行并重，是促进新质生产力发展、维护市场秩序和创新环境的不可或缺的双重保障。法律不仅是社会运行的规则，更是推动经济社会进步的强大力量。

（二）发展中国家面临的挑战

1. 法律法规制定的滞后性。发展中国家的法律法规制定往往表现出滞后性，这主要源于其在经济基础、科技实力上的局限。经济层面上，发展中国家可能无法快速调整产业结构，以匹配新经济形态对法律环境的新要求，导致法律规范的缺位。技术层面上，新科技的快速发展，如数字经济、人工智能等，对法律的挑战巨大，而发展中国家往往缺乏必要的技术法律框架来规制这些新兴领域。

法律法规的滞后性会带来许多困境。第一，它削弱了对外资的吸引力。外国投资者在面对法律不明朗的环境时，可能会选择规避风险，减少投资。第二，这也抑制了本土企业的创新活力。企业需要在清晰、稳定的法律框架下进行创新活动，法律法规的滞后和不确定性会增加企业的经营风险，抑制其探索新技术、新业务模式的意愿，从而影响整体经济的创新驱动发展。

因此，发展中国家亟需加强法治建设，通过立法创新，以更加灵活和前瞻性的视角，适应并引导经济与科技的快速发展，为国内外企业提供公平、透明的法治环境，激发经济的活力和创新力。

2. 法律执行的困境。发展中国家在法律执行层面遭遇的挑战多元且复杂。

首先，司法体系的不完善是一个核心问题，包括司法解释的模糊性，以及法律程序的繁琐与冗长。这些因素导致法律的适用性和可操作性大打折扣。

其次，执法资源的短缺也是一个严峻的现实问题。在许多发展中国家，有限的财政预算往往优先满足其他社会需求，导致执法机构设备落后，人员不足，无法有效执行法律，这无疑削弱了法律的执行力和威慑力。

新质生产力的发展需要稳定、公正的法治环境作为保障，而上述问题的存在，无疑为这一进程设置了重重障碍。因此，强化司法体系，优化执法资源分配，是发展中国家亟待解决的法律执行问题。

三、国际合作的历史与现状

国际合作是推动社会进步与文明发展的重要力量。从古代丝绸之路的商贸往来，到现代全球化背景下的多边合作机制，国际合作的形式与内容不断演变，以适应时代发展的需要。特别是在新质生产力领域，如数字化、绿色经济等，国际合作的重要性愈发凸显。

（一）国际合作的历史回顾

1. 早期的国际技术交流。早期国际技术交流的典范，古丝绸之路无疑是最具代表性的案例之一。这条起源于古代中国的政治、经济、文化、外交的通道，不仅连接了亚洲、非洲和欧洲的众多国家和地区，更成为一条沟通东西方文明的重要纽带。在漫长的历史岁月中，古丝绸之路见证了无数次商品交换、文化碰撞与技术传播。古代丝绸之路在中国历史文化中占有举足轻重的地位，是中国通向世界的一条重点纽带。[1]

在技术交流方面，古丝绸之路的商队和使者们不仅携带了丝绸、瓷器等中国特产，还将造纸术、印刷术、火药等中国四大发明传播到了远方。这些技术的传

---

[1] 参见张颖：《中国古代丝绸之路与"一带一路"的发展历程及历史意义》，载《现代商贸工业》2023年第20期。

播,不仅极大地促进了西方文明的进步,也加深了东西方文化之间的相互理解和尊重。古丝绸之路也为中国带来了葡萄、核桃、胡萝卜等外来作物,以及天文学、数学、医学等领域的先进知识,进一步丰富了中国的文化宝库。

随着工业革命的到来,人类社会进入了一个全新的发展阶段。蒸汽机、纺织机、铁路等一系列创新技术的出现,极大地提高了生产效率和运输能力,为全球化时代的到来奠定了基础。在这个过程中,国际技术交流也进一步加速,各国开始更加频繁地共享科技成果,共同推动工业化进程。

工业革命时期的国际技术交流,不仅体现在技术的直接引进与模仿上,更体现在技术创新的合作与共享上。各国科学家、工程师和企业家们通过国际交流与合作,共同探索新技术、新工艺和新材料的应用,推动全球科技水平的不断提升。国际技术市场也逐渐形成并发展壮大,为各国之间的技术转移与扩散提供了更加便捷和高效的途径。

早期的国际技术交流,不仅为当时的世界各国带来了实实在在的经济利益和文化繁荣,更对后世产生了深远的影响。它打破了地域和文化的界限,促进了全球范围内的知识与技术的自由流动与共享;它增强了各国之间的相互依存与合作意识,为后来的国际合作与发展奠定了坚实的基础;它激发了人类的创新精神和探索欲望,推动了人类文明的不断进步与发展。

2. 现代国际组织的建立。进入21世纪,全球化的浪潮以前所未有的速度和规模席卷全球,国与国之间的联系日益紧密,国际合作与交流成为不可逆转的时代潮流。在这一背景下,现代国际组织的建立与发展,成为推动全球化进程、促进国际合作与共赢的重要力量。其中,世界贸易组织和世界知识产权组织作为两个具有代表性的国际组织,为各国提供了一个对话、协商和合作的平台,有助于各国化解分歧、增进共识,从而推动全球化朝着更加开放、包容、普惠、平衡、共赢的方向发展。

世界贸易组织的前身是关税与贸易总协定(GATT)。GATT成立于1995年1月1日,是一个旨在促进全球贸易自由化和便利化的国际组织。世界贸易组织的成立,标志着多边贸易体制进入了一个新的发展阶段。其宗旨是通过制定和实施多边贸易规则,消除贸易壁垒,促进全球贸易的公平、自由和可持续发展。

世界贸易组织的核心工作是制定和实施多边贸易规则,包括货物贸易、服务贸易和与贸易有关的知识产权等方面的规则。这些规则为各国提供了贸易行为准则,有助于减少贸易摩擦和争端。部长级会议是世界贸易组织的"最高权力机构"[1],通过定期举行部长级会议和谈判,推动各成员国就贸易问题达成共识,

---

[1]《马拉喀什建立世界贸易组织协定》第4条第1款规定,部长级会议有权就所有事项作出决定。

进一步降低关税和非关税壁垒,促进全球贸易的自由化和便利化。

世界贸易组织还建立了一套完善的争端解决机制,为成员国提供了解决贸易争端的平台。这一机制具有中立性、权威性和强制性等特点,能够有效地解决成员国之间的贸易争端,维护国际贸易秩序的稳定和可预测性。通过争端解决机制,世界贸易组织不仅促进了各国之间的贸易合作与共赢,也推动了全球贸易体系的不断完善和发展。例如,从2022年开始,世界贸易组织争端解决机制改革谈判陆续展开,并且在第十三届部长级会议前取得了一定成果,通过了《关于争端解决机制改革的部长决定》。[1]

世界知识产权组织成立于1967年,是一个致力于促进使用和保护人类智力作品的国际组织。随着全球化的深入发展,知识产权的保护问题日益凸显。知识产权的侵权行为不仅损害了创新者的合法权益,也阻碍了全球技术创新和产业升级的步伐。因此,加强知识产权保护成为各国普遍关注的重要议题。世界知识产权组织的使命是通过提供知识产权信息和服务、制定国际标准和政策以及推动国际合作与交流等方式,促进全球知识产权保护体系的建设和发展。

世界知识产权组织在知识产权保护方面发挥了重要作用。通过制定和实施知识产权国际公约和条约等法律文件,世界知识产权组织为各国提供了统一的知识产权保护标准和规范。世界知识产权组织还积极推动各国加强知识产权执法力度和提高司法保护水平,为创新者提供了更加有力的法律保障。这些努力不仅激励了全球范围内的创新创造活动,也促进了全球经济的持续增长和转型升级。

(二) 当前国际合作的现状

1. 数字化与绿色经济的兴起。近年来,随着科技的飞速跃进,特别是信息技术的革命性进展,数据已从无形的比特转变为驱动全球经济发展的关键生产要素,催生了国际合作的新维度——数字化与绿色经济。在这一全球数字化转型中,数据安全、跨境数据流动及数字税收等问题逐步浮出水面,成为国际对话与合作的新焦点。《通用数据保护条例》的诞生,不仅设定了数据保护的全球标准,更开启了跨国数据治理合作的先河。该法规通过确立用户对其个人信息处理的知情权、访问权及被遗忘权,构建了一个全球性的数据保护伞,旨在平衡信息时代的科技进步与个人隐私权,推动了各国在数据治理领域的深度对话与协同立法。

同时,面对环境恶化与气候变化的严峻现实,国际社会在绿色经济领域的合作也日益紧密。《巴黎协定》的签署,标志着全球气候治理从自愿减排的阶段迈

---

[1] 谈判是在美国主导下进行的,谈判文本的核心是回应美国关注,加上成员意见分歧和美国大选在即,争端解决改革谈判的前景不容乐观。参见杨国华:《WTO争端解决机制改革的现状与未来——部长级会议决定解读》,载《国际商务研究》2024年第4期。

向了量化、具有法律约束力的新时期。协定中的国家自定贡献机制，要求各缔约方设定并定期更新其减排目标，这一创新机制促进了各国在环境保护上的集体行动，为构建可持续的绿色经济提供了国际合作的平台。

2. 合作中的分歧与挑战。国际合作在推动全球化的进程中扮演着至关重要的角色，尤其是在推进数字化和绿色经济等前瞻性领域。然而，这一过程并非毫无阻碍，而是充满了挑战与冲突。

一方面，在新兴的数字化领域，国际合作遭遇了数据主权这一复杂问题的严峻考验。数据主权问题已然成为横亘在国际合作中的一座大山，各国在数据跨境流动与数据存储的法规上存在显著的差异。一些国家倾向于保护国内数据资源，限制或严格规制数据出境，以保障国家安全和公民隐私，而其他国家则主张数据自由流动，以促进信息交流与商业发展。这种分歧在很大程度上阻碍了各国在数据共享和技术交流上的合作，使得信息传输与处理的标准化、安全化变得困难重重。

另一方面，绿色经济的倡导与实践也在国际社会引发了摩擦。在应对气候变化和推动绿色转型的过程中，发达国家和发展中国家在技术转让规则上存在分歧。前者拥有先进的环保技术，而后者则期望获取并应用这些技术以改善环境状况。然而，技术转让的条件、知识产权的保护以及利益分配机制等问题，导致了双方一定程度的僵持，进一步复杂化了国际合作的进程。

可见，推动国际合作的顺利进行需要的不仅是一致的利益诉求和目标设定，还需要在数据主权、技术转让等关键问题上找到一个平衡点，既要保障各国的权益，又要推动全球性的进步。这对国际法律框架和谈判策略提出了新的挑战，需要在尊重各国差异的同时，寻找到一种公平、公正且可行的全球协作模式。

（三）国际组织的法治合作实践

1. 欧盟通用数据保护法规。《通用数据保护条例》的出台，是欧盟在数据治理领域的一次重大立法革新，旨在构建起一套全面、统一的成员国数据保护法规体系。这一条例不仅消除了内部市场的法律障碍，为跨国企业在欧盟境内的数据流动设定了清晰的规范遵从路径，也为全球数字经济的发展树立了新的标杆。

《通用数据保护条例》更新了其个人数据保护策略，强化了数据控制者和处理者的法律责任，尤其在数据主体权利方面，如知情同意的明确规范，以及赋予个体访问、修改、限制处理、携带数据、遗忘、异议等权利。同时，新机制包括数据泄露通知、隐私影响评估和第三方认证，以及隐私设计等，均展现出前瞻性的法规创新。[1] 它的核心理念是对个人隐私权的尊重和保障，它规定了严格的数据处理原则。这不仅强化了公民的数据主权，也对企业数据管理提出了前所未有的挑战，促使企业加强内部数据保护机制，提升数据治理能力。

该条例的实施，不仅促进了企业间的合作，通过共享规范遵从经验，共同提升数据保护标准。该条例也对欧洲市场的运营环境产生了深远影响，确保了公平竞争和市场的健康发展。同时，《通用数据保护条例》的全球影响力也不容忽视，它推动了全球数据保护法规的趋同，促使各国重新审视和调整自己的数据保护政策，以适应日益全球化的数据流动。

《通用数据保护条例》的出台标志着数据保护的新时代，它不仅是欧盟法律框架的重要组成部分，更是全球数据治理的重要参考，对企业界和立法者都提出了新的责任和期待。

2. 《北美自由贸易协定》（NAFTA）。《北美自由贸易协定》自1994年起生效，堪称区域经济一体化的里程碑，它不仅深化了美国、加拿大和墨西哥三国间的贸易关系，更在法律层面上构建了桥梁。在知识产权的维度，《北美自由贸易协定》展现出了其前瞻性和全面性，它确立了一套详尽的知识产权保护规则，设定了最低保护标准，确保成员国在知识产权法规上的对等与协调。

《北美自由贸易协定》的知识产权章节不仅包括了专利、商标、版权等传统领域，还前瞻性地涉及了集成电路布图设计、商业秘密和植物新品种的保护，以适应科技日新月异的时代需求。这一规定有效防止了知识产权的滥用，同时也保障了创新者和创作者的合法权益，促进了知识和技术创新的跨境流动。

此外，《北美自由贸易协定》设立的投资争端解决机制是其法律框架中的另一亮点。这一机制允许外国投资者直接对东道国政府提起诉讼，避免了因国内司法系统偏见可能导致的不公平待遇，增强了投资环境的可预见性和稳定性，该解决机制通过公正、透明的仲裁程序，为跨国企业在北美区域的投资活动提供了坚实的法律保障，进一步推动了三国间的经济互动和资本流动。

3. 《巴黎协定》。《巴黎协定》于2015年缔结，是全球对抗气候变化斗争的一个关键转折点，它构建了一个多元、包容且具有法律约束力的国际框架。这一协定旨在通过集体行动，降低全球温室气体排放，以遏制全球气温升高，保护地球生态系统的稳定性。各国不仅在国家层面上需修订能源政策、强化环保法规执行力度，以适应协定要求，同时也需在跨国层面上确保政策的一致性和执行的公正性。

---

[1] 参见张夏明、张艳：《人工智能应用中数据隐私保护策略研究》，载《人工智能》2020年第4期。

《巴黎协定》的实施，展示了国际法治的强大力量，它推动了全球范围内的环境法规协调，促进了绿色技术的研发与应用。《巴黎协定》既深化了国际科技合作，也催生了一条全新的绿色产业链，涉及可再生能源、能源效率提升、碳捕获和储存等多个领域。因此，这一协定不仅是环境保护的里程碑，也是全球经济结构转型的催化剂。

（四）当前国际合作面临的挑战与对策

1. 法律文化的差异与冲突。文化是不同国家在长期的历史过程中形成的物质、精神和制度文化的总和，体现了不同国家或民族在制度文化、民族风俗、现代化程度上的不同。文化差异会影响国家、企业、甚至个人对商事行为的理解，影响经济行为。[1]

全球化本质上是经济一体化的驱动进程，其深远影响遍及各个领域，推动着社会变迁。在经济全球化的背后，不可避免地牵引着文化、艺术、学术乃至政治的交融发展。因此，全球化的理论框架跨学科且综合，涵盖了经济、政治、社会和文化等多元维度的全球化现象。[2] 在全球化的深度推进过程中，法律文化的多样性与异质性构成了不容忽视的挑战。法律文化是一系列观念的总和，法律文化的结构便是诸多观念要素的内部组合。外部因素，如异族渗透、外来文化影响及全球化的文化交流，常引致本土法律文化与异质法律文化的交融与冲突。这种冲突的催生，源自外来冲击触发的本土社会内部变革，激发出新的需求与价值观，使得传统文化观念与新兴思想间产生张力和矛盾。[3] "这种冲突可能表现为不同法律文化整体结构间的冲突，也可能表现为新的制度文化同旧的观念文化的冲突，或者是新的观念文化同旧的制度文化的冲突。"[4]

法律，作为一种社会规范，深深植根于各个国家的历史传统、社会结构和文化价值观之中，这使得各国的法律体系在本质上呈现出多元化的特点。例如，在知识产权的保护领域，美国的版权制度倾向于赋予创作者广泛的财产权，以激励创新，而欧洲的版权法更强调公共利益，保障公众对知识的获取和使用，这种对比鲜明的立场在实践中往往引发冲突。

数据治理方面，各国的法律态度也大相径庭。美国倾向于促进数据的自由流动，强调企业的商业利益，而欧盟则强调保护个人隐私权，对数据收集和使用设置了严格限制。这种差异在跨国数据交换和云计算等领域的合作中，可能导致法律障碍和规范遵从风险。

---

[1] 参见明月：《文化差异对商事仲裁国际化的影响》，载《文化学刊》2022年第7期。

[2] 参见俞可平：《经济全球化与治理的变迁》，载《哲学研究》2000年第10期。

[3] 参见王晓广：《全球化背景下中西法律文化冲突论纲》，吉林大学2009年博士学位论文。

[4] 刘作翔：《法律文化理论》，商务印书馆1999年版，第217页。

劳动法规的差异同样显著。以工作时间规定为例，法国的劳动法规定了严格的工时限制，以保障员工的休息权，而美国的劳动法规则相对灵活，鼓励企业与员工协商。这种差异可能影响跨国企业的运营模式，甚至在一定程度上阻碍全球劳动力市场的整合。

面对法律文化的差异与冲突，国际社会需要通过对话、协商和合作，寻求共同的法治原则和标准，以促进新质生产力的全球合作与发展。同时，应当尊重和包容法律文化的多样性，以实现全球法治的和谐共生，推动全球化进程的健康、稳定和可持续发展。

2. 国际法律规范的制定与执行难度。制定全球新质生产力的法律规范是一项深度复杂的工程，它不仅要求对各国的经济结构、文化背景和社会利益予以理解和尊重，还需在促进技术创新与保障社会公正之间寻找微妙的平衡。这一过程涉及对环境影响的预防、资源分配的公平以及科技伦理的考量，每一项都与国家的长远发展和人民福祉息息相关。

即使国际共识得以形成，接下来的执行阶段也会面临更为严峻的考验。各国司法体系的差异性不容忽视，法律的解释和执行可能因地域而异，影响法律的一致性和公正性。比如，国际知识产权协议，其效力的发挥在很大程度上取决于各国司法体系的独立性和执法效率。在某些司法制度尚不完善的国家，这可能导致协议的落地效果大打折扣，甚至引发国际纠纷。

此外，法律规范的动态适应性也是挑战之一。新质生产力的发展日新月异，法律需要具备前瞻性和灵活性，以便及时响应科技革新带来的新问题。因此，建立全球性的法律协调机制，提升法律执行的透明度和可预测性，以及推动各国司法体系的互信与合作，对于确保全球新质生产力法律规范的有效实施至关重要。

3. 加强多边主义与双边合作的平衡。在全球化背景下，国际合作的形式多元，其中，多边机制与双边协议各自承载着独特的价值，面临不同挑战。双边和多边合作法律机制的建设，有利于保障和促进区域内各国之间的经贸合作，尤其是我国"一带一路"倡议的提出以及自由贸易区的建设，进一步加深了区域经贸合作的力度。[1]

多边组织如世界贸易组织和世界知识产权组织，以其广泛的参与度和普遍的约束力，促进了全球治理的发展。它们提供了一个多元声音平等对话的平台，通过协商一致达成规则，确保了全球公共利益的维护。然而，多边机制的决策过程往往受到成员国众多、利益复杂的制约，导致决策效率较低，难以迅速适应日新月异的国际形势，在新质生产力领域如数字经济、生物科技等新兴领域的规则制

---

[1] 参见明月：《文化差异对商事仲裁国际化的影响》，载《文化学刊》2022年第7期。

定上尤其如此。

相比之下，双边协议则展现出更强的灵活性和针对性。国家间可以根据自身利益和实际情况，快速达成一致，推动具体领域的合作。然而，过多的双边协议可能导致国际规则的碎片化，不同协议间的冲突可能引发法律和政策的混乱，影响全球法治的一致性和稳定性。

因此，在新质生产力的发展背景下，如何在多边机制与双边协议之间寻找一种动态平衡，实现合作模式的创新，是当前国际法学界和政策制定者亟需解决的课题。应构建一个既能包容多元性，又能保证规则一致性的国际合作框架，以确保在全球化进程中，法治的公正性和一致性得以维护，新质生产力的发展得到有序引导。

4. 创新合作模式与机制。在全球化大背景下，面对前所未有的挑战，创新国际合作模式和机制成为解决问题的重要策略。

可以探索在法律框架下设立专门的国际法庭，以妥善处理与新质生产力相关的复杂法律纠纷，还应构建起跨国协调机构，以实现标准和监管的统一，消除跨国合作的障碍。专门国际法庭的建立，应当具备公正、公平、公开的特性，以国际法为基石，确保所有涉事方的合法权益得到保障。而跨国协调机构的职能则应涵盖政策协调、信息共享以及纠纷调解，以促进全球产业链的顺畅运行。

此外，定期的国际研讨会和工作坊是知识交流和经验分享的重要平台，它们能够促进各国对新问题的理解，推动国际规则的完善和法治保障的提升。通过这些活动，各国可以借鉴他国的成功经验，避免重复错误，共同推进全球治理的法治化进程。

第二节　新质生产力国际合作法治保障体系的构建

一、法律框架的完善与更新

（一）修订国内法律法规以适应新质生产力

在全球化深入发展的背景下，国内立法应重点考虑与国际规则接轨。这不仅涉及技术层面的规范统一，更需要在法律框架内实现多层次的协调与融合。

首先，从技术交流的角度来看，与国际标准相衔接是促进跨国科研合作的基础。例如，在数据保护、知识产权等领域，若我国法律与国际通行规则保持一致，将显著降低跨国企业在华运营的风险成本，从而吸引更多国际资本和先进技术流入。这有助于开放型创新生态的形成，有利于我国在全球科技竞争中占据有利地位。

其次，与国际规则对接并不意味着完全照搬国外经验，而是要在尊重国际规则的前提下，结合我国具体国情进行调整与优化。例如，针对新兴技术领域，我国可以借鉴欧盟《通用数据保护条例》的理念，同时兼顾本土产业发展的实际需求，制定更具操作性和前瞻性的法律法规。这种"引进—消化—再创新"的模式，有利于保障国家利益，又能体现我国在全球治理中的责任担当。

最后，构建具有中国特色的科技法治体系，需注重法律制度的系统性与协调性。要强化基础研究领域的立法支持，为科技创新提供稳定的制度环境，也要通过灵活的政策工具应对快速变化的技术挑战。因此，应充分发挥法学理论与实践的互动作用，确保法律既具前瞻性，又能适应社会经济发展的动态需求。

（二）推动全球统一的法律标准和框架的建立

在新质生产力的语境下，技术交流与合作应成为国际社会的常态，特别是在信息技术、生物技术等高科技和创新密集型领域。在全球化进程中，统一的法律标准和框架不仅有助于降低交易成本，减少因法规差异带来的不确定性和风险，还能有效预防和解决跨境法律纠纷，为全球创新生态的健康发展提供坚实保障。这就需要在全球范围内建立一套公平、透明且具有前瞻性的法律框架，以适应快速发展的科技趋势。

在此背景下，国际组织的作用显得尤为重要。世界贸易组织和世界知识产权组织等国际机构，应当积极推动构建全球统一的法规体系，以适应和引导这一变革。世界贸易组织的角色在于促进公平贸易，确保技术交流不受不合理的贸易壁垒影响；而世界知识产权组织在知识产权的保护和执行方面的指导，有助于消除各国在技术转让和知识产权保护上的分歧，进而巩固全球创新的基础。

为应对新出现的挑战，如数据跨境流动、人工智能伦理等前沿问题，各国需要在尊重国家主权的前提下，通过多边或双边谈判，建立共识。这既包括设立一套适用于全球的规则，同时也应包括定期的审查和更新机制，以应对科技的快速发展。此外，制定规则时必须充分考虑公众利益、隐私保护和市场竞争，以实现公正且包容的全球治理。

（三）消除跨国合作中的法律障碍

在全球经济一体化的背景下，跨国合作的深化与拓展往往遭遇法律层面的桎梏，如各国法律体系的不兼容、跨境执行的复杂性，以及高昂的规范遵从成本，这些都是国际合作进程中不容忽视的难题。

解决这些问题的核心在于构建公正、公平且高效的争端解决机制。国际仲裁作为一种被广泛接受的法律工具，能够为各国提供中立的第三方裁决，以化解法律冲突，保障各方权益，同时也可避免法律纠纷升级为更严重的冲突。

跨法域问题的解决则需要设立专门的国际协调机构，此类机构的角色不仅是调解法律冲突,还包括促进法律规则的对接与互认,以期在多元法律体系中找到共通的语言。国际条约和谅解备忘录的签署则能进一步巩固合作基础,明确各方的权利和义务,降低因法律差异带来的风险。这些书面协议不仅是国际合作的法律基石,也是预防纠纷的措施。

此外,通过构建国际交流平台,各国可以分享法律实践的最佳案例,提升各自法律体系的透明度和可预测性,这对于增强跨国合作的信任基础至关重要。透明度的提升意味着减少不确定性;增加法律的预见性,使得投资者和商业实体能够更好地规划和评估潜在的法律风险。这种互动过程不仅强化了全球法律框架,也推动了新的生产力的全球发展,特别是知识资本和技术转移等领域,这对于全球经济增长和社会福祉具有深远影响。

二、强化知识产权国际保护

知识产权不仅是国内发展的"刚需",也是国际贸易和投资的"标配"。[1]知识产权保护是推动新质生产力发展的重要基石,它保障了创新成果的合法性和可持续性,激发了全球范围内的创新动力。加大对战略前沿技术及新兴产业、重点领域的知识产权保护力度,加强中国商标品牌的全球推介力度,帮助企业更好"走出去""引进来"。加大涉外知识产权违法行为惩戒力度,依法管理知识产权对外转让行为,推动我国专利与国际标准制定有效结合。达成符合大多数国家利益的规则共识、构建互惠共赢的知识产权话语体系。[2]2023年8月,《市场监管总局 农业农村部关于开展农作物种子认证工作的实施意见》出台,标志着我国国家层面的农作物种子认证制度正式展开,实现与国际通行做法的接轨。[3]

(一)进一步发挥国际组织在知识产权规则制定中的作用

国际组织在知识产权规则构建中发挥的作用至关重要,其影响力跨越国界,深度影响全球知识经济的运行机制。世界知识产权组织作为知识产权领域的主导力量,不仅有利于推动国际法律的统一,还有利于提升知识产权的全球治理效能。

世界贸易组织的《TRIPS协定》则从贸易视角深化了知识产权的全球治理。《TRIPS协定》不仅设定了国际知识产权保护的最低标准,还强调了知识产权与国际贸易的紧密联系,保障了知识产品的跨境流通,促进了全球市场的公平竞

---

〔1〕参见张昊:《最高法发布全国法院2023年知识产权司法保护情况——以法治之力服务保障新质生产力发展》,载《法治日报》2024年4月23日,第3版。

〔2〕参见马一德、韩天舒:《对标新质生产力要求 完善知识产权治理体系》,载《前线》2024年第5期。

〔3〕参见李蕊、巩逸凡:《以法治力量推动粮食产业新质生产力发展》,载《农村工作通讯》2024年第12期。

争。同时，它为发展中国家提供了灵活性，以平衡知识产权保护与公共健康、经济发展之间的关系。

地区性组织如欧洲联盟、北美自由贸易区等也在知识产权规则制定中发挥了不可忽视的作用，它们根据各自区域的特点和需求，制定并实施了适应性的知识产权法规，丰富了全球知识产权法律体系的多元性。

通过进一步发挥国际组织在制定、解释和执行知识产权规则方面的作用，有利于促进技术进步和创新，维护创作者和权利人的权益，为全球经济的可持续发展提供了法律保障。同时，它们也面临着如何在保护创新与促进公共利益之间找到平衡，以及如何适应快速发展的数字时代等挑战，需要持续的对话和合作以推动知识产权规则的动态完善。

（二）加强国内知识产权执法与跨国合作

各国政府应致力于完善知识产权法律体系，确保法律框架的健全与更新。这包括明确界定知识产权的范围、细化侵权行为的认定标准、提高侵权行为的法律成本等。通过立法手段，为知识产权的创造、运用、保护和管理提供坚实的法律保障，让创新者能够安心投入研发，无惧侵权风险。例如，我国在知识产权领域内，以《民法典》第1185条[1]为总纲，以各单行法及司法解释的规定为补充，形成了较为完备的惩罚性赔偿制度体系，为司法实践提供了较为完备的良法基础。但目前我国在知识产权侵权惩罚性赔偿制度适用上也存在一定的问题，如惩罚性赔偿的司法适用情形模糊、侵权惩罚性赔偿要件确定存在分歧、侵权损害赔偿的数额难以精确计算、法官自由裁量权行使缺乏参照标准、权利人申请惩罚性赔偿举证困难等。[2]

当前，部分国家和地区的知识产权侵权赔偿标准相对较低，难以对侵权者形成有效震慑。例如，当下智能化机械的完备程度尚未生发出完全自主意识，其主体地位在法律上也没有得到认可，因而在法律上居于客体地位。其引发的侵权争议，应当由相关自然人、法人等法律主体承担。传统的侵权主体在此类情形中更加复杂，法律需要对不同情形下的智能化机器侵权进行具体的责任主体认定。以自动驾驶粮食耕作机器为例，其设计者与生产者往往不是同一主体，当智能技术成为事故发生的主要原因时，若仍然由生产者承担因智能设计缺陷导致的侵权责任，该责任分配的公平性便值得商榷。除传统侵权责任主体以外，人工智能侵权

---

[1]《民法典》第1185条规定，故意侵害他人知识产权，情节严重的，被侵权人有权请求相应的惩罚性赔偿。

[2] 参见吴璐璇：《知识产权侵权惩罚性赔偿制度适用研究》，河北经贸大学2024年硕士学位论文。

的责任主体应着重考虑算法设计者、数据提供者和算法应用平台。[1] 因此，提高侵权赔偿标准成为加强知识产权执法的重要一环。通过提高赔偿额度，让侵权者承担更高的经济成本，从而降低其侵权意愿，保护权利人的合法权益。

知识产权执法是一项高度专业化的工作，需要执法部门具备丰富的专业知识和实践经验。为此，各国政府应加大对知识产权执法部门的投入，提升其专业能力，包括加强人员培训、引进专业人才、配备先进设备等。还应建立健全跨部门协作机制，形成合力，共同打击知识产权侵权行为。

在全球化背景下，知识产权侵权行为往往具有跨国性、隐蔽性和复杂性等特点。因此，加强跨国合作成为打击知识产权侵权行为的必然选择。各国应通过建立双边和多边机制，加强政策沟通、信息共享和执法协作，共同应对跨境知识产权侵权挑战。

国际刑警组织等国际平台在打击跨境犯罪方面发挥着重要作用。各国应充分利用这些平台，加强信息共享和执法协作，共同打击跨境假冒和盗版行为。通过国际刑警组织的协调，各国可以共享侵权线索、开展联合调查、实施跨境抓捕等行动，有效遏制跨境知识产权侵权行为的蔓延。

为了加强跨国合作，各国还应积极推动国际合作协议的签署与实施。这些协议可以涵盖知识产权保护的各个方面，包括信息共享、执法协作、司法协助等。通过签署和实施这些协议，各国可以建立起更加紧密的合作关系，共同应对知识产权侵权挑战，保护权利人的利益。

加强国内知识产权执法与跨国合作是构建创新保护的全球网络的重要途径。在国内层面，各国政府应完善法律体系、提高赔偿标准、强化执法能力；在跨国合作方面，各国应加强信息共享、利用国际平台、推动协议签署与实施，以此打造一个更加公平、公正、有序的知识产权保护环境，为创新者提供坚实的法律保障和广阔的发展空间。

三、保护数据安全与隐私

（一）制定严格的数据安全法律法规

当前，数据安全与隐私保护的重要性日益凸显，这不仅是各国政府和企业的责任所在，更是构建数字时代社会秩序的核心议题。

首先，确保数据安全与隐私权，要构建起一套完善的数据安全法律法规框架，该框架需详尽周全，以覆盖数据生命周期的各个环节，包括数据的采集、存储、处理、传输、访问以及销毁等阶段。这些法律法规需明确界定数据所有者、

---

[1] 参见李蕊、巩逸凡：《以法治力量推动粮食产业新质生产力发展》，载《农村工作通讯》2024年第12期。

管理者和使用者的权利与义务,确保他们在数据流通过程中的角色和责任,防止数据被滥用或误用。贵州省十四届人大常委会第十一次会议表决通过《贵州省数据流通交易促进条例》。该条例对数据流通交易的"两主体"(数据来源者、数据处理者)和"三权益"(数据资源持有权、数据加工使用权、数据产品经营权)等进行了明确。[1]

其次,相关立法应当预见并适应科技的快速发展,尤其是对人工智能、物联网等新技术的应用。这需要在法律条文中对新技术的特定数据处理方式给予明确规定,确保在保障个人隐私和整体数据安全的同时,不束缚科技创新和数字化服务的发展。例如,对于人工智能和物联网技术,法律应设定适应其运行机制的数据安全标准,同时平衡好隐私保护与技术进步的关系,既要防止数据滥用,又要鼓励科技的合理应用和进步。

再次,应当设定严格的法律责任,对任何违反数据安全规定的行为,无论故意或过失,都应有相应的处罚措施,以此震慑潜在的违规行为。法律以强制性为基本特征,这也是"硬法"的核心所在。[2] 同时,法律应包含有效的纠纷解决机制,确保受害者的权益得到及时和公正的救济。在此基础上,法律应适时更新,以应对不断演变的数据安全挑战,同时保持对隐私的尊重,以维护公众对数字服务的信任,促进数字经济的健康发展。

最后,探索完善数据保护裁判规则。针对数据保护领域法律适用标准不一的问题,应加强司法解释和案例指导工作,明确数据处理的合法基础、个人权利保障范围以及违法行为的法律责任等关键问题的裁判标准。加强不同法律之间的协调与衔接,确保法律体系内部的一致性和完整性。针对数据保护案件审理程序不够明确的问题,应建立专门的案件审理机制,明确案件管辖范围、举证责任分配、审理期限等程序性事项。加强数字技术在司法审判中的应用,提高案件审理效率和质量。例如,可以运用区块链技术确保电子证据的真实性和完整性;利用人工智能技术辅助法官进行法律检索和裁判文书撰写等。针对司法裁量权行使不够规范的问题,应加强对法官的培训和监督力度,提高法官的专业素养和裁判能力。建立科学合理的裁量基准和裁量规则体系,明确裁量权的行使边界和条件限制。还应加强裁判文书的公开和透明度建设,接受社会监督和舆论评价。

(二)借鉴国际标准,建立数据保护框架

在数字化时代,数据的流通与利用已成为推动社会经济发展的重要驱动力。

---

[1] 参见王鹤霖、王家梁:《贵州立法促进数据流通交易 为发展新质生产力提供有力法治保障》,载《法治日报》2024年9月3日,第6版。

[2] 参见李蕊、巩逸凡:《以法治力量推动粮食产业新质生产力发展》,载《农村工作通讯》2024年第12期。

然而，数据的广泛采集、处理与共享也伴随着前所未有的隐私风险与安全挑战。为了确保个人信息的安全与自由流动，应加强数据保护立法，其中《通用数据保护条例》和CCPA等国际标准可以为全球数据保护实践提供借鉴。

1. 《通用数据保护条例》的里程碑意义。《通用数据保护条例》以其严谨的法规架构和对个人隐私权的坚定维护，树立了全球数据保护的新标杆。其核心理念在于，个人数据不再仅仅是信息，而是个体的基本权利，应当受到法律的严密保护。

首先，《通用数据保护条例》明确了数据控制者与处理者的法律责任与义务。他们不仅需要确保数据的合法、透明收集与使用，还要确保数据的安全性，防止未经授权的访问或泄露。这要求企业在数据处理过程中实施严格的数据保护措施，提升数据管理的透明度和责任感。

其次，《通用数据保护条例》赋予了数据主体前所未有的权利。个人有权访问、更正、删除关于自己的数据，甚至有"被遗忘权"，即在特定条件下可以要求删除网络上与其相关的个人数据。这体现了对个人数据主权的尊重，强化了个体在数字时代对自己信息的控制权。

再次，《通用数据保护条例》强化了跨境数据传输的监管，规定了严格的跨境数据转移条件。任何涉及跨境数据流动的企业都必须遵守《通用数据保护条例》的规定，这增加了数据传输的复杂性，但同时也保障了数据的跨境流动不会侵犯个人隐私。

最后，《通用数据保护条例》的高额罚款制度对违反者形成了强大威慑。违规企业可能面临高达其全球年营业额4%的罚款，这不仅警示企业要严格遵守《通用数据保护条例》，也推动了全球范围内数据保护法规的更新和完善。

综上，《通用数据保护条例》的实施不仅提升了全球数据保护的法律标准，更引发了关于数据权利、企业责任和监管机制的深入讨论，为全球数字治理提供了重要的法律框架。

2. 美国CCPA的补充与创新。CCPA[1]的制定极为仓促。民众对个人信息收集、处理、分享和交易过程不透明性的不满，对个人信息安全保障不足和信息泄露的担忧，以及对加强个人信息控制的诉求是推动法案形成的直接原因。[2] CCPA的出台，凭借其对个人隐私权的精细保护，成为数据保护法律领域的一次重大革新。相较于欧盟全面覆盖的《通用数据保护条例》，CCPA的焦点在于对

---

〔1〕 CCPA是继欧盟《通用数据保护条例》颁布后又一部数据隐私领域的重要法律。它于2018年6月28日正式颁布，在随后的两年内又陆续做了多次修订，2020年7月1日正式开始施行。

〔2〕 参见崔亚冰：《〈加州消费者隐私法案〉的形成、定位与影响》，载《网络法律评论》2017年第1期。

加州消费者隐私权益的特定保护，这在一定程度上体现了地域性法律对个人数据治理的微观关注。该法案的核心理念在于强化企业在处理消费者个人信息时的透明度和责任性，这不仅要求企业公开、清晰地披露其数据收集和使用的实践，还包括在数据处理中的自我监管，确保在收集、使用和共享消费者个人信息时，始终保持对用户隐私的尊重与保护。

CCPA 的核心原则之一是知情权的赋予，意味着消费者有权了解企业收集、出售或公开其个人信息的详情，以及为何目的。这一权利的设立，旨在让消费者在信息时代拥有更多的数据控制权，使他们能够更好地理解和管理自己的数据流动。

此外，法案同时强调了选择权，让消费者有权拒绝企业出售其个人信息，这一机制旨在打破信息流动的单向性，使个人能够在数据经济中拥有发言权。企业必须尊重并执行消费者的"选择退出"权利，拒绝进一步出售其个人信息，除非消费者明确表示同意。

CCPA 还引入了最小必要原则，规定企业只能收集、处理与提供服务直接相关的最小必要信息，以防止过度采集和滥用数据，这在很大程度上限制了企业对个人数据的自由裁量权，平衡了商业需求与隐私权益。

CCPA 开创性地允许消费者有提起民事诉讼的权利，为数据侵权提供了直接的法律救济途径。这种机制增强了法律的执行力，同时也提高了对违规企业的威慑力，使得数据保护不再停留在纸面，而是真正能够落地执行。

CCPA 的实施不仅对美国，尤其是加州的数据保护法律体系产生了深远影响，也为全球的数据保护立法提供了新的视角和挑战。其独特的设计和实施无疑丰富了全球隐私权保护的法律工具箱，预示着未来可能在更多地区出现类似的、针对特定用户群体的隐私保护法。

3. 构建全面数据保护框架的路径。

（1）立法先行，确保有法可依。在全球数字化进程加速的背景下，可参照国际通行标准，建立健全数据保护的法律保护框架，以确保信息时代的法治秩序。这涉及制定或修订相关法律法规，详尽规定数据生命周期中的每一环节，包括数据的采集、处理、存储、传输及销毁等，明确各环节的法律界限和责任归属，构建起严密的法治网络。

法律法规条文应当具有严谨性和可操作性，详细界定数据主体的权利，这不仅限于知情权、选择权、访问权、更正权和删除权，还应包括数据的使用权、转移权以及反对自动化决策的权利。同时，法律法规应设定透明的程序，确保数据主体能有效行使这些权利，例如，设置明确的申请和响应时限，以及有效的申诉机制。

同时，法律法规的制定也需兼顾数据的利用，以促进科技创新和社会发展。因此，法律法规应设定合理的例外条款，如国家安全、公共利益、科研或历史记录保存等情形，允许在特定条件下适度放宽数据保护限制。在此基础上，应建立严格的风险评估和监管机制，以防止数据滥用，确保数据保护与利用之间的动态平衡。

此外，法律法规还应强化对数据处理者的义务规定，要求其履行数据安全保护、数据最小化和目的限制等原则，以构建公正、安全、透明的数据环境。通过这样的法制建设，在保障个人隐私的同时，推动数字社会的健康发展。

习近平总书记2016年在网络安全和信息化工作座谈会上强调，要"推动我国网信事业发展，让互联网更好造福人民"，与此同时"要以技术对技术，以技术管技术，做到魔高一尺、道高一丈""要本着对社会负责、对人民负责的态度，依法加强网络空间治理"。[1] 2022年1月起，《深圳经济特区数据条例》正式实施。这是我国首部综合覆盖个人数据、公共数据、数据要素市场以及数据安全等关键领域的地方性法规。《"数据要素×"三年行动计划（2024—2026年）》从法律实施、产品开发、技术服务三个层面提出了数据安全保障措施，[2] 体现了国家对数据资源潜力的重视，以及对数据安全问题的高度关注。尽管如此，有关数据隐私安全的法律法规仍待健全，制定一部针对互联网个人隐私数据保护的法律十分必要。[3]

（2）设立独立监管机构，强化执法力度。设立独立的数据保护监管机构是确保数据安全法规得以切实执行的核心环节。该机构组成人员不仅需具备深厚的法学理论基础，还应拥有精湛的技术和实践能力，以便能准确理解和解析在大数据时代可能触及的复杂法律问题。其核心职能在于，对数据控制者和处理者进行严格的规范性审查，以确保他们在收集、处理、存储和传输数据的过程中严格遵循法规，尊重并保护个人隐私权。

此类监管机构应被授予广泛的调查权，包括现场检查、查阅文件、询问证人以及获取和分析必要信息的权力，以便发现、预防和纠正任何可能的违法行为。同时，他们应拥有执法权，能对违反数据保护法规的行为采取强制措施，如罚款、警告、命令停止不符合规范的处理行为，甚至提起法律诉讼，以追究法律责任。

---

〔1〕陈力丹：《习近平在网络安全和信息化工作座谈会上的讲话》，载《新闻前哨》2018年第2期。

〔2〕参见吴江、陶成煦：《激活数据要素 赋能千行万业——〈"数据要素×"三年行动计划（2024—2026年）〉政策解读》，载《情报理论与实践》2024年第3期。

〔3〕参见叶小源、王维先：《网络空间治理体系中用户数据安全及隐私保护研究》，载《中国高校社会科学》2024年第5期。

此外，为了构建全面的数据保护监管体系，该机构还需与其他执法、司法及行政部门紧密协作，通过建立有效的信息共享机制，共同面对和解决日益复杂的数据安全挑战。在法律框架下，他们应与国内外的相关部门、机构以及技术专家保持开放的沟通渠道，共同研讨和制定适应技术发展和法律变迁的监管策略，以期在动态变化的数字环境中，形成保护数据安全和隐私权益的统一战线。

（3）强化数据泄露通报机制，及时应对风险。数据泄露是一种严峻的数据安全挑战，会对全球信息化社会构成深度威胁。各国需构建起完善的法律法规体系，确立强制性的数据泄露通报制度，规定数据控制者在发现任何数据泄露情况时，必须立即无延迟地向主管监管机构及受影响的个人或组织披露，以确保信息的透明度和公众的知情权。例如，澳大利亚于2018年2月22日开始施行《数据泄露通报法案》，该法案能有效地防止数据泄露事件悄无声息地发生。[1] 数据泄露通报机制应明确时间限制，以保证快速响应，最大限度地降低潜在风险。可见，确保数据安全并充分挖掘数据的潜在价值，是网络空间安全治理体系中不可或缺的一环，对于维护网络空间生态的健康稳定以及促进数据驱动的创新发展具有重大意义。[2]

同时，应强化数据泄露后的应急处理机制，要求数据控制者采取必要的技术与管理措施，如数据加密、数据备份和安全隔离等，以防止损失的进一步扩大。此外，法律应明确规定，监管机构有权对数据泄露事件进行全面调查，以揭露事实真相，找出问题根源。

建立健全问责制度同样重要。对于因故意或过失导致数据泄露的行为，应依法严惩，追究法律责任，无论是个人还是机构，都不能逃避法律的制裁。通过这种方式，不仅可以起到威慑作用，也能促使责任主体强化数据安全管理，预防同类事件的再次发生。在此基础上，还应设立事后修复和补偿机制，保护数据主体的合法权益，恢复公众对数据安全的信任。

（4）推广技术创新，提升数据保护能力。技术创新在数据保护领域的核心地位不容忽视，其对于强化个人数据安全具有深远影响。各国政府应积极推动创新策略，倡导并资助企业广泛应用加密技术，通过复杂的算法，确保数据在传输和存储过程中的隐私性。同时，推广匿名化处理技术，通过消除或混淆个人信息，降低数据泄露的风险，以实现对公民隐私权的有效维护。

区块链技术的引入，为数据保护提供了新的解决方案。其分布式、不可篡改

---

〔1〕 参见钱丽君：《澳大利亚将于2018年2月22日施行〈数据泄露通报法案〉》，载《互联网天地》2018年第2期。

〔2〕 参见叶小源、王维先：《网络空间治理体系中用户数据安全及隐私保护研究》，载《中国高校社会科学》2024年第5期。

的特性,使得数据一旦记录,即无法被随意修改或删除,从而增强了数据的完整性和安全性。各国需适时调整法规,为区块链技术在数据保护领域的应用提供法律保障。

网络安全防护体系的建设同样关键。习近平总书记强调:"没有网络安全就没有国家安全,就没有经济社会稳定运行,广大人民群众利益也难以得到保障。"[1] 应强化网络基础设施的防护能力,构建多层次、全方位的防护网,防止恶意攻击和非法侵入。《2024年上半年度网络安全态势研判分析报告(第9期)》[2] 显示,2024上半年针对Web的攻击次数达到1417.1亿次,同比上涨了61.39%,IPv6协议的攻击次数为35.34亿余次,同比上涨87.78%,整体安全态势严峻。上半年全网监测到的网络层的DDoS攻击次数达4128亿次,CC攻击次数达1842.4亿次。上半年新增安全漏洞11 075个,包括高危漏洞4787个,呈上升态势。2024年上半年拦截恶意程序153.16亿次,拦截量增多。[3] 同时,提升网络安全事件的应急响应能力,建立快速有效的应对机制,以最大程度减少潜在损失。此外,加强网络安全教育和人才培养,提高全社会的网络安全意识,是构建稳固数据保护体系的重要一环。

(三) 建立跨国合作与数据跨境流动规则

数据的跨境流动已成为推动世界经济、社会发展的重要力量。从金融交易到医疗健康,从在线教育到远程办公,数据支撑起全球经济的新生态。然而,数据跨境流动在带来便利的同时也引发了数据保护、隐私安全及法律遵从等复杂问题。因此,建立一套公平、透明且高效的数据跨境流动规则,成为国际社会共同面临的重大课题。

1. 建立一套公平、透明的数据跨境流动规则。

(1) 签订国际数据转移协议。在全球化背景下,随着科技进步与数字化转型的加速,数据跨境流动的法律问题日益凸显,对此,亟需国际社会构建一个全面的法律框架,签署具有约束力的国际数据转移协议。此类协议的核心目标应包括确立数据跨境流动的明确准则、条件与程序,包括确立数据隐私保护标准,跨境数据传输的透明度原则,以及在尊重各国数据主权的前提下,平衡利益与风

---

[1] 《习近平:自主创新推进网络强国建设》,载http://www.xinhuanet.com/politics/2018-04/21/c_1122719810.htm,最后访问日期:2025年3月21日。

[2] 中国网络空间安全协会组织国家互联网应急中心、南开大学、天津理工大学、天融信、启明星辰、阿里云、安天科技、安恒信息、恒安嘉新、任子行、美亚柏科(安全狗)、深信服、网宿科技、绿盟科技等会员单位对2024年1~6月期间各类数据进行数据分析研判,形成《2024年上半年网络安全态势报告》。

[3] 《2024年上半年度网络安全态势研判分析报告(第9期)》,载https://www.thepaper.cn/newsDetail_forward_28267884,最后访问日期:2025年3月22日。

险。协议应规定详细的规范遵从要求，包括数据保护措施、用户知情权以及在数据泄露或滥用情况下的问责机制。同时，应设立有效的争端解决机制，以应对可能出现的法律纠纷。此外，协议还需涵盖数据本地化和数据留存的要求，尊重并适应各国不同的数据管理法规。

（2）设立数据安全认证机制。数据安全认证机制在推动全球数据流动的信任生态中扮演着重要角色。其核心在于构建一套严谨的监管框架，以确保跨境数据处理企业在尊重和保护个人隐私、维护数据主权和保障信息安全的前提下，遵循国际公认的数据保护标准和最佳实践。《通用数据保护条例》首倡的数据安全认证机制，已发展为全球数据治理的关键工具。此机制现已被我国采纳并演化为三种形式：数据安全管理认证、个人信息保护认证及移动互联网 APP 安全认证。这些认证制度规范了网络运营者对数据的收集、存储、使用等行为，确保全面的数据保护与规范处理。[1] 这一过程通常涉及对数据处理企业的深度审核，包括其数据管理策略、加密技术、安全存储和传输方法，以及对数据泄露的预防和应对措施。引入第三方认证机构有利于保证该机制的公正性，第三方机构的专业评估涵盖数据生命周期的各个环节，从收集、处理、存储到废弃，全面检查企业是否具备有效机制来保护数据的完整性、保密性和可用性。该机制不仅强化了数据安全，也降低了因数据跨境流动可能引发的法律冲突和规范遵从风险，为全球企业的商业交互建立了一个公正、透明且可预测的环境。建立数据安全认证机制，有利于促进各国的理解和合作，降低跨境数据流动的不确定性，增强跨国企业间的互信和协作。有利于鼓励企业积极采纳和实施最佳的数据管理策略，从而推动全球数字经济的健康发展，平衡数据的开放与流通与用户隐私的保护，体现法律面前人人平等的原则，增强全球数字市场的互信，降低交易成本，提高全球信息共享的效率。

（3）实施"对等"原则。对等原则是国际法上的基本原则。[2] 在跨境数据传输的复杂环境中，倡导并实施"对等"原则至关重要。这一原则本质上是对数据主权的尊重，它要求数据接收国应以其本国对自身数据的保护标准，同等对待来自数据提供国的信息。这不仅有利于平衡各国在数据安全与隐私保护上的权益，防止数据流动过程中的不平等对待，同时，也是对各司法管辖区数据保护法规差异的一种调和机制。"对等"原则的推行，有助于构建起全球数据保护的统一标准，促进国际社会在数据安全规范上的共识。它推动各国在保护数据的同时，尊重并接纳他国的数据保护制度，形成一种互惠互利的国际合作格局。这一

---

〔1〕 参见朱涵：《数据安全认证机构的法律规制》，载《信息技术与管理应用》2024 年第 2 期。

〔2〕 参见吴波：《司法应对"长臂管辖"的学理研究——基于对等原则和刑事司法视角的分析》，载《青少年犯罪问题》2024 年第 3 期。

原则的实施，不仅有利于全球数据治理的法治化进程，也有利于为跨国企业提供更为清晰的运营框架，确保数据在国际舞台上的公正、公平流动。

2. 构建统一的全球数据安全标准。当前，各国在数据安全领域的法律法规、标准规范存在较大差异，这种碎片化的局面给跨国企业带来了沉重的规范遵从负担。企业在不同国家和地区运营时，需要面对不同的法律要求和技术标准，这不仅增加了规范遵从成本和时间成本，还可能导致数据流动的受阻和效率降低。跨国数据安全挑战日益复杂多变，包括数据泄露、非法访问、滥用等数据安全风险频发，对全球数字经济的稳定发展构成威胁。

统一的数据安全标准能够减少跨国企业在不同国家和地区之间的规范遵从差异，降低企业的规范遵从成本和时间成本，企业可以按照统一的标准进行数据安全管理和防护，提高运营效率和市场竞争力；统一的标准有助于简化数据跨境流动的流程，减少不必要的审批和监管环节，提高数据流动的效率和可靠性，这有助于促进全球数字经济的深度融合和发展，推动全球经济的持续增长；统一的数据安全标准可以促进各国在数据安全领域的交流与合作，共同应对跨国数据安全挑战，各国可以分享数据安全治理的成功经验和最佳实践，加强在数据安全技术研发、人才培养、法律政策等方面的合作，共同提升全球数据安全水平。

联合国作为全球最具权威性的国际组织之一，在推动全球数据安全标准统一方面发挥着引领作用。联合国可组织召开相关国际会议和论坛，邀请各国政府、企业、学术界等各方代表参与讨论和交流，共同推动数据安全标准的制定和实施。国际电信联盟（ITU）作为联合国专门机构之一，在推动全球数据安全标准统一方面具有重要技术支撑作用。国际电信联盟可以制定和推广相关的技术标准和规范，为跨国企业提供技术指导和支持，确保数据安全标准的落地实施。例如，2023年世界无线电通信大会（WRC-23）修订在全球具有普遍法律约束力的《无线电规则》，对国际无线电频率和卫星轨道资源使用管理进行调整并制定相应的规则程序，使有限的无线电频率和卫星轨道资源得到更加科学、合理、经济、高效的利用。[1]

各国应加强在数据安全领域的沟通与协调，增进相互理解和信任，共同推动全球数据安全标准的统一，世界各国可以建立定期对话机制，就数据安全政策、法律法规、标准规范等议题进行深入交流和讨论；在推动全球数据安全标准统一的过程中，应充分考虑各国国情和实际需求，制定具有普遍适用性的标准，这些标准应既符合国际惯例和最佳实践，又能满足各国在安全、隐私、经济等方面的

---

〔1〕参见帅又榕、吴双：《国际电信联盟无线电规则委员会委员程建军：积极寻找最大公约数 各国共同制定〈无线电规则〉很必要也很重要》，载《中国无线电》2023年第12期。

合理关切；技术创新是推动数据安全标准统一的重要动力，各国应加大对数据安全技术的研发投入，推动技术创新和成果转化，还应加强数据安全领域的人才培养和引进工作，为数据安全标准的制定和实施提供有力的人才保障；各国应加快完善数据安全领域的法律法规体系，为数据安全标准的制定和实施提供坚实的法律保障，可以借鉴国际先进经验和做法，结合本国国情制定具有针对性的法律法规和政策措施。

3. 强化情报共享与联合执法。情报是打击跨国犯罪的关键资源。然而，由于国家间法律体系、文化背景及利益诉求的差异，情报共享往往面临诸多障碍。在大数据时代背景下，针对日趋虚拟化、产业化、有组织及跨境化的犯罪现象，情报信息共享机制显得至关重要。该机制以实战应用为导向，依托综合集成的策略，打破国界、部门和警种的界限，整合各类资源，包括技术、情报和证据。通过多元力量的协作参与、信息同步，构建一个反应迅速、协作无间的网络，有效消除信息孤岛，创建一个无缝对接、高效联动的应对框架，以克服社会体系的约束，提升作战效率。[1] 建立多边情报共享平台，为各国政府、执法机构及私营部门提供一个安全、便捷的信息交流渠道。通过该平台，各国可以实时共享网络攻击预警、犯罪线索、证据材料等重要情报，为及时响应和有效打击跨国犯罪提供有力支撑。制定一套国际公认的情报共享标准和流程，确保情报的准确性、完整性和及时性。加强对情报人员的培训，提升他们的情报分析、研判和共享能力，确保情报价值得到最大化利用。在推动情报共享的过程中，必须高度重视对敏感信息的保护。建立健全的保密制度和信息安全管理机制，防止敏感信息泄露或被滥用。加强对情报共享的监管和评估，确保情报共享活动合法规范、安全可控。

联合执法是打击跨国犯罪的重要手段。通过跨国协同作战，可以实现对犯罪分子的精准打击和有效遏制。实践中，联合执法还存在一些薄弱环节。一方面，立法的不健全在一定程度上限制了协作打击犯罪的效力。部分国家的法律框架对网络新型犯罪的定义模糊，导致对这类犯罪的理解和应对策略参差不齐，跨境执法合作中时常出现法律依据的真空和盲点，这使得调查程序变得复杂，甚至可能让嫌疑人在冗长的司法过程中逃脱法网。另一方面，虽然国际法律框架如《联合国打击跨国有组织犯罪公约》为联合执法提供了基本指导，但实际操作中，证据收集、司法转移、引渡和资产追缴等具体事宜的相关规定不够具体详尽，配套的司法解释和程序性规则尚不完善。此外，国际法与国内法之间的衔接机制也需要

---

[1] 参见孙静晶：《情报信息共享机制在跨境打击涉网新型犯罪中的应用研究》，载《公安研究》2024年第9期。

进一步优化，以提升法律执行的连贯性和效率。因此，下一步工作中，应推动建立跨国联合办案机制，明确各国在联合执法中的职责分工和协作流程。通过联合调查、取证、抓捕和审判等环节，实现对跨国犯罪案件的全程追踪和有效打击。加强各国执法机构之间的沟通与协作，确保联合执法行动的顺利进行。深化跨国司法协助合作，为联合执法提供坚实的法律保障。各国应相互承认和执行对方的司法判决和裁定，加强在引渡、调查取证、资产追缴等方面的合作。推动制定更加完善的国际司法协助条约和协议，为跨国犯罪案件的审理和判决提供更加有力的法律支持。加强跨国执法能力的培训和提升，提高各国执法机构应对跨国犯罪的能力和水平。通过组织联合演练、交流研讨等方式，分享执法经验和最佳实践，促进各国执法机构之间的学习和借鉴。加强对新技术、新手段的应用和研究，提升跨国执法的科技含量和智能化水平。

四、完善跨国纠纷解决机制

（一）现有国际纠纷解决平台的不足与改进

传统的国际纠纷解决平台，尽管在过去几十年间为全球商业秩序的稳定做出了重要贡献，但在面对新时代的挑战时，其效率、透明度和公正性等问题日益凸显。

1. 现有国际纠纷解决平台的不足。

（1）世界贸易组织。世界贸易组织的争端解决机制，在推行国际贸易规则的强制执行以及保障多边贸易体制的稳定性与公平性方面发挥了重要作用。然而，该机制的困境不容忽视：决策流程的繁琐冗长往往导致正义的实现被延宕，降低了其对国际贸易冲突的响应速度，使得公正的裁决时常滞后。面对新经济形态催生的贸易纠纷，如数字贸易引发的数据主权问题、知识产权的复杂保护议题等，世界贸易组织现有的规则框架显得力有不逮，亟待更新。数字贸易的迅猛发展对现有框架提出了挑战，而知识产权在21世纪的国际贸易中占据了核心地位，但世界贸易组织的规则却未能提供及时和有效的指导，反映出其规制调整的滞后性。因此，改革与更新其决策和上诉程序，以及扩展和深化规则以涵盖新出现的贸易领域，对恢复和提升世界贸易组织的效率与公信力至关重要。

（2）国际商会仲裁院。国际商会仲裁院以其独立、公正、专业的特点，在全球商业纠纷解决领域享有盛誉，其仲裁程序相对灵活高效，且仲裁裁决在多数国家都能得到承认和执行。然而，随着仲裁案件数量的激增和涉及领域的复杂化，国际商会仲裁院也面临着专家资源分配不均、仲裁成本高昂等问题。如何确保仲裁程序更加透明，以满足当事人的期待，也是国际商会仲裁院需要解决的问题。

2. 改进的措施。

（1）引入更高效的争议解决程序。鉴于当前众多平台在争议解决过程中显现的效率瓶颈，建议引入更为完善的纠纷处理机制，例如，快速仲裁[1]或调停机制，尤其对于那些事实明确、争议点有限的案件，通过程序优化与时间压缩，以减轻当事人的程序负担和经济成本。近年来，在国际商事仲裁中，快速仲裁因其简便、高效、经济的优势被广泛运用。但其采取的缩短时限、限制步骤、独任仲裁员、减免理由等程序简化方法，可能成为裁决执行风险的诱因。联合国国际贸易法委员会于2021年7月出台《贸易法委员会快速仲裁规则》。同时，应充分利用信息化技术的革新力量，比如运用在线仲裁平台，实现远程、实时的争议裁决，以及借助智能合约的自动执行功能，预先设定解决规则，从而在确保公正性的同时，大幅提升争议解决的效率和灵活性。这种以技术驱动的法律服务模式，有利于适应数字化时代的需要，也有利于实现法律的效率与公正。

（2）优化专家库建设与管理。专家资源是国际纠纷解决平台的核心竞争力之一。为了提升平台的公正性和专业性，应持续优化专家库建设与管理。要扩大专家库的覆盖范围，吸纳来自不同领域、不同国家的优秀专家加入。要建立科学合理的专家遴选和分配机制，确保每个案件都能得到最适合的专家团队的审理。还应加强对专家的培训和监督，提高专家队伍的整体素质和业务水平。

（3）提升对新质生产力领域特定问题的适应能力。面对新质生产力带来的挑战，国际纠纷解决平台必须不断提升自身的适应能力。这包括加强对新技术、新规则的学习和研究，及时更新和完善相关规则体系；加强与各国政府、行业协会、科研机构等的合作与交流，共同应对新质生产力领域的新问题；以及积极探索和创新纠纷解决方式和方法，如通过跨学科、跨领域的合作来解决复杂多样的纠纷案件。

（4）提升透明度和公信力。透明度和公信力是国际纠纷解决平台赖以生存和发展的基础。为了提升平台的透明度和公信力，可以采取一系列措施：一是加强信息披露和公开力度，及时公布案件进展、裁决结果等信息。二是建立健全监督和问责机制，对平台工作人员和专家的行为进行严格监管和问责。三是加强与当事人的沟通和交流，充分了解当事人的需求和关切，提高当事人对平台的满意度和信任度。

（二）建立快速、公正的国际仲裁和调解机制

1. 仲裁和调解的优势。仲裁和调解作为非诉讼争议解决方式，相较于司法

---

[1] 参见赵晨婷、宁金成：《国际商事快速仲裁规则的检视与完善——以仲裁裁决执行风险的诱因为视角》，载《河南财经政法大学学报》2024年第1期。

诉讼具有更高的效率。

仲裁程序相对简洁，可以根据当事人的需求定制，避免了司法诉讼中的冗长程序和繁琐手续。1697年世界上第一部仲裁法——《英国仲裁法》的诞生，确立了国际贸易纠纷中的仲裁制度。至今，世界各国大都制定了本国的仲裁法。为了更好地协调本国的仲裁法，使国际商事争议得到有效的解决，国际社会先后制定了多项区域性和全球性国际公约及文件。其中，最有影响的是1958年联合国主持制定的《承认及执行外国仲裁裁决公约》（又称《纽约公约》）调解协议虽然不具有直接的法律强制力，但一旦达成，双方当事人通常会自觉履行，因为调解协议是在双方自愿的基础上达成的。[1] 1976年联合国贸法会制定了《联合国国际贸易法委员会仲裁规则》，1985年制定了《国际商事仲裁示范法》。随着越来越多的国家成为《承认及执行外国仲裁裁决公约》的缔约国和在本国的仲裁立法中采用联合国贸法会《国际商事仲裁示范法》，各国有关国际商事仲裁的立法和实践得到空前的协调和统一，这种协调和统一代表了国际仲裁现代化的发展趋势。[2]

调解则更注重双方当事人的协商与妥协，能够在较短时间内达成和解，减少时间成本和金钱成本。调解制度在世界范围内走过一条曲折且充满挑战的发展之路，其现代化过程并非短暂的狂热使然，而是得益于其生存环境持续不断地改善和优化。[3] 2020年生效的《联合国关于调解所产生的国际和解协议公约》（又称《新加坡调解公约》）是国际上第一个关于国际商事调解协议跨境执行的多边条约，是国际经贸规则重构的重要成果，代表了国际商事调解规则的最新水平和标准，也代表了国际商事调解协议执行机制未来的发展趋势。

仲裁和调解过程中的所有文件和讨论均保持机密，这对于保护当事人的商业机密和隐私至关重要。相比之下，司法诉讼往往涉及公开庭审和公开判决，可能暴露当事人的敏感信息。

仲裁和调解的灵活性体现在多个方面。仲裁机构可以根据当事人的选择适用不同的仲裁规则，调解员也可以根据案件的具体情况采取灵活的调解策略。仲裁和调解还可以跨国界进行，不受地域限制。仲裁裁决在大多数国家都具有强制执行力，这得益于《承认及执行外国仲裁裁决公约》等国际公约的支持。

2. 国际仲裁和调解的现状。近年来，国际仲裁和调解制度取得了显著发展。

---

[1] 参见龙飞：《替代性纠纷解决机制立法的域外比较与借鉴》，载《中国政法大学学报》2019年第1期。

[2] 参见赵秀文：《国际商事仲裁现代化研究》，法律出版社2010年版，第320页。

[3] 参见[澳]娜嘉·亚历山大主编：《全球调解趋势》，王福华等译，中国法制出版社2011年版，第2页。

越来越多的国家和国际组织认识到仲裁和调解在解决国际商事争议中的重要性，纷纷设立仲裁机构和调解中心，制定和完善相关规则。例如，国际商会仲裁院、伦敦国际仲裁院等仲裁机构在国际上享有较高声誉，其仲裁规则和裁决被广泛接受和执行。然而，国际仲裁和调解仍面临一些挑战。例如，不同国家之间的仲裁法律和实践存在差异，导致仲裁裁决的承认和执行面临困难；仲裁费用高昂，使得一些中小企业望而却步；仲裁员的素质参差不齐，影响了仲裁裁决的公正性和权威性。

3. 建立快速、公正的国际仲裁和调解机制的措施。各国应加强在国际仲裁和调解领域的合作与协调，推动制定统一的国际仲裁和调解规则。加强司法协助和合作，确保仲裁裁决和调解协议能够在不同国家得到顺利承认和执行。

为了吸引更多的中小企业参与仲裁和调解，应努力降低仲裁成本。具体措施包括优化仲裁程序、简化仲裁流程、提高仲裁效率以及通过政府补贴等方式减轻当事人负担。

仲裁员和调解员的素质直接关系到仲裁和调解的公正性和权威性。因此，应加强对仲裁员和调解员的培训和监督，确保其具备专业知识、职业道德和调解技巧。建立仲裁员和调解员的信息库和评价体系，为当事人提供选择依据。

随着互联网技术的发展，在线仲裁和调解已成为可能。这种方式不仅提高了仲裁和调解的效率，还降低了成本并增强了保密性。各国和国际组织应积极推广在线仲裁和调解平台，为当事人提供更加便捷、高效的争议解决服务。

仲裁和调解的发展离不开司法的支持和保障。各国应加强对仲裁和调解的司法审查力度，确保仲裁裁决和调解协议的合法性和有效性。建立仲裁和调解的司法救助制度，为经济困难的当事人提供必要的法律援助。

(三) 替代性纠纷解决方式的推广与应用

传统诉讼方式往往成本高昂且耗时，因此，推广和应用替代性纠纷解决方式变得尤为重要。这包括调解、协商、中立评估等方式。在新质生产力领域，这些非正式方法可能更适合解决复杂的技术和知识产权纠纷，因为它们通常更注重双方的沟通和合作，而非简单的胜负判断。

例如，科技中立的专家评估可以帮助双方理解技术问题，达成共识。利用 ODR 可以降低地理距离的障碍，提高效率。通过制定统一的 ODR 规则和标准，可以进一步提高国际纠纷解决的效率和公正性。

随着多元化纠纷解决机制的发展，域外立法展现了双重演进轨迹。其一，部分非诉讼纠纷解决方式正逐步被司法系统所吸纳，与司法程序形成深度融合，协同发挥作用。其二，民间的自治性和行政性的 ADR 在合法性上得到强化，其在纠纷解决中的效能与特色日益凸显，促成了一种国家权力与社会力量并存互补的多元治理结构。[1] 这一演变体现了法学理论中的社会构建和公共政策的深度融合，展示了法治社会的动态发展面貌。在推广 ADR 的过程中，各国政府、行业组织和国际机构应共同制定指导原则，提供培训和资源，鼓励当事人在纠纷初期就尝试非诉讼解决途径。如此，不仅能够降低纠纷解决的成本，也有助于维护国际合作关系，推动新质生产力的持续发展。

---

[1] 参见范愉：《中国非诉讼程序法的理念、特点和发展前景》，载《河北学刊》2013 年第 5 期。

主要参考文献

一、中文著作

1. 习近平：《习近平谈治国理政》（第三卷），外文出版社 2020 年版。
2. 习近平：《习近平谈治国理政》（第四卷），外文出版社 2022 年版。
3. 习近平：《习近平著作选读》（第一卷），人民出版社 2023 年版。
4. 习近平：《习近平著作选读》（第二卷），人民出版社 2023 年版。
5. 习近平：《高举中国特色社会主义伟大旗帜 为全面建设社会主义现代化国家而团结奋斗——在中国共产党第二十次全国代表大会上的报告》，人民出版社 2022 年版。
6. 习近平：《决胜全面建成小康社会 夺取新时代中国特色社会主义伟大胜利——在中国共产党第十九次全国代表大会上的报告》，人民出版社 2017 年版。
7. 《习近平法治思想概论》编写组编：《习近平法治思想概论》，高等教育出版社 2021 年版。
8. 中共中央党史和文献研究院编：《习近平关于城市工作论述摘编》，中央文献出版社 2023 年版。
9. 中共中央马克思恩格斯列宁斯大林著作编译局编译：《马克思恩格斯文集》（第一卷），人民出版社 2009 年版。
10. 中共中央马克思恩格斯列宁斯大林著作编译局编译：《马克思恩格斯文集》（第七卷），人民出版社 2009 年版。
11. 中共中央马克思恩格斯列宁斯大林著作编译局编译：《马克思恩格斯选集》（第一卷），人民出版社 2012 年版。
12. 中共中央马克思恩格斯列宁斯大林著作编译局译：《马克思恩格斯全集》（第二十三卷），人民出版社 1972 年版。

13.《中共中央关于全面深化改革若干重大问题的决定》，人民出版社 2013 年版。

14. 中共中央文献研究室编：《习近平关于全面依法治国论述摘编》，中央文献出版社 2015 年版。

15.《中共中央关于全面推进依法治国若干重大问题的决定》，人民出版社 2014 年版。

16. 邓小平：《邓小平文选》（第三卷），人民出版社 1993 年版。

17. 邓小平：《邓小平文选》（第二卷），人民出版社 1994 年版。

18. 李坤轩：《社会治理法治化研究》，中国政法大学出版社 2020 年版。

19. 宋功德：《建设法治政府的理论基础与制度安排》，国家行政学院出版社 2008 年版。

20. 赵秀文：《国际商事仲裁现代化研究》，法律出版社 2010 年版。

21. 张鸿涛等编著：《物联网关键技术及系统应用》，机械工业出版社 2016 年版。

22. 陈泽宪主编：《刑事法前沿》（第十卷），社会科学文献出版社 2017 年版。

23. 胡凌：《数字架构与法律：互联网的控制与生产机制》，北京大学出版社 2024 年版。

24. 齐树洁主编：《外国 ADR 制度新发展》，厦门大学出版社 2017 年版。

25. 李坤轩：《法治政府理论热点与实践进路研究》，人民出版社 2023 年版。

26. 王利明：《法治：良法与善治》，北京大学出版社 2015 年版。

27. 俞可平：《论国家治理现代化》，社会科学文献出版社 2014 年版。

28. 于干千、邹再进、甘开鹏编著：《服务型政府管理概论》，北京大学出版社 2012 年版。

29. 胡锦光：《新时代党员干部的法治思维》，中国人民大学出版社 2018 年版。

30. 范愉、李浩：《纠纷解决——理论、制度与技能》，清华大学出版社 2010 年版。

31. 顾培东：《社会冲突与诉讼机制》，四川人民出版社 1991 年版。

32. 张德军、战晓彤：《高利放贷刑事规制研究》，中国政法大学出版社 2024 年版。

33. 武小川：《公众参与社会治理的法治化研究》，中国社会科学出版社 2016 年版。

34. 陈瑞华：《看得见的正义》，中国法制出版社 2000 年版。

35. 刘作翔：《法律文化理论》，商务印书馆 1999 年版。

36. 许章润等：《法律信仰——中国语境及其意义》，广西师范大学出版社 2003 年版。

37. 周志华：《机器学习》，清华大学出版社 2016 年版。

38. 宋亚辉：《社会性规制的路径选择：行政规制、司法控制抑或合作规制》，法律出版社 2017 年版。

39. 腾讯研究院等：《人工智能——国家人工智能战略行动抓手》，中国人民大学出版社 2017 年版。

40. 何艳玲：《人民城市之路》，人民出版社 2022 年版。

41. 龚维斌主编：《中国社会治理研究》，社会科学文献出版社 2014 年版。

42. 杨新元：《论社会治理的公众参与权》，社会科学文献出版社 2021 年版。

43. 陶希东等：《共建共享：论社会治理》，上海人民出版社 2017 年版。

44. 贾霄锋编著：《社会转型加速时期社会组织介入社会问题治理》，西南交通大学出版社 2016 年版。

45. 唐兴霖：《国家与社会之间：转型期的中国社会中介组织》，社会科学文献出版社 2013 年版。

46. 蔡定剑主编：《公众参与：风险社会的制度建设》，法律出版社 2009 年版。

47. 王锡锌：《公众参与和行政过程——一个理念和制度分析的框架》，中国民主法制出版社 2007 年版。

48. 应松年主编：《行政程序法立法研究》，中国法制出版社 2001 年版。

49. 王振海等：《社会组织发展与国家治理现代化》，人民出版社 2015 年版。

50. 庞中英：《全球治理与世界秩序》，北京大学出版社 2012 年版。

51. 朱富强编著：《现代西方政治经济学：以公共选择学派为主的经济和政治理论》，清华大学出版社 2016 年版。

52. 向春玲主编：《推进国家治理体系现代化》，中共中央党校出版社 2015 年版。

53. 王浦劬：《国家治理现代化：理论与策论》，人民出版社 2016 年版。

54. 杨冠琼：《国家治理体系与能力现代化研究》，经济管理出版社 2018 年版。

55. 张志铭、于浩：《转型中国的法治化治理》，法律出版社 2018 年版。

56. 刘少华、刘宏斌、余凯编著：《国家治理体系现代化与政治治理》，湖南人民出版社 2015 年版。

57. 刘智峰：《国家治理论：国家治理转型的十大趋势与中国国家治理问题》，中国社会科学出版社 2014 年版。

58. 靳江好主编:《服务型政府建设》,社会科学文献出版社 2012 年版。

59. 赵建春:《中国国家治理现代化研究》,经济管理出版社 2017 年版。

60. 苏长和:《大国治理》,人民日报出版社 2018 年版。

61. 迟树功、王格芳主编:《国家治理体系和治理能力现代化问题研究》,中共中央党校出版社 2014 年版。

62. 秦亚青:《全球治理:多元世界的秩序重建》,世界知识出版社 2019 年版。

63. 刘爱龙:《社会治理创新中的法治绩效研究》,法律出版社 2019 年版。

64. 张成福、党秀云:《公共管理学》,中国人民大学出版社 2001 年版。

65. 孙柏瑛:《当代地方治理:面向 21 世纪的挑战》,中国人民大学出版社 2004 年版。

66. 王名、何建宇、刘国翰:《中国社团改革:从政府选择到社会选择》,社会科学文献出版社 2001 年版。

67. 李怡然:《网络平台治理:规则的自创生及其运作边界》,上海人民出版社 2021 年版。

68. 彭立静:《伦理视野中的知识产权》,知识产权出版社 2010 年版。

二、中文译著

1. [美] 理查德·A. 波斯纳:《法理学问题》,苏力译,中国政法大学出版社 1994 年版。

2. [美] 道格拉斯·C. 诺斯:《制度、制度变迁与经济绩效》,刘守英译,上海三联书店 1994 年版。

3. [美] 梅里利·S. 格林德尔、约翰·W. 托马斯:《公共选择与政策变迁:发展中国家改革的政治经济学》,黄新华、陈天慈译,商务印书馆 2016 年版。

4. [美] 迈克尔·麦金尼斯主编:《多中心治道与发展》,毛寿龙等译,上海三联书店 2000 年版。

5. [美] 理查德·C. 博克斯:《公民治理:引领 21 世纪的美国社区》,孙柏瑛等译,中国人民大学出版社 2005 年版。

6. [美] 奥利弗 E. 威廉姆森:《治理机制》,石烁译,机械工业出版社 2016 年版。

7. [美] 曼纽尔·卡斯特:《信息时代三部曲:网络社会的崛起》,夏铸九等译,社会科学文献出版社 2001 年版。

8. [美] 弗朗西斯·福山:《国家构建:21 世纪的国家治理与世界秩序》,郭华译,学林出版社 2017 年版。

9. [美] 杰克·奈特:《制度与社会冲突》,周伟林译,上海人民出版社

2017年版。

10. ［美］B. 盖伊·彼得斯：《政府未来的治理模式》，吴爱明、夏宏图译，中国人民大学出版社2001年版。

11. ［英］约翰·帕克：《全民监控：大数据时代的安全与隐私困境》，关立深译，金城出版社2015年版。

12. ［英］丹尼斯·C. 缪勒：《公共选择理论》，韩旭等译，中国社会科学出版社2017年版。

13. ［英］托尼·本尼特：《文化、治理与社会》，王杰等译，东方出版中心2016年版。

14. ［法］卢梭：《社会契约论》，何兆武译，商务印书馆1980年版。

15. ［法］柯蕾主编：《公众参与和社会治理：法国社会学家清华大学演讲文集》，李华、林琳、陶思媛译，中国大百科全书出版社2018年版。

16. ［澳］娜嘉·亚历山大主编：《全球调解趋势》，王福华等译，中国法制出版社2011年版。

17. ［德］尼克拉斯·卢曼：《信任：一个社会复杂性的简化机制》，瞿铁鹏、李强译，上海世纪出版集团2005年版。

18. ［德］乌尔里希·贝克：《风险社会：新的现代性之路》，张文杰、何博闻译，译林出版社2018年版。

19. ［德］施密特·阿斯曼：《秩序理念下的行政法体系建构》，林明锵等译，北京大学出版社2012年版。

20. ［德］柯武刚、史漫飞：《制度经济学：社会秩序与公共政策》，韩朝华译，商务印书馆2000年版。

21. ［加拿大］马歇尔·麦克卢汉：《理解媒介：论人的延伸》，何道宽译，商务印书馆2000年版。

22. ［日］小岛武司、伊藤真编：《诉讼外纠纷解决法》，丁婕译，中国政法大学出版社2005年版。

三、中文期刊

1. 习近平：《坚定不移走中国特色社会主义法治道路 为全面建设社会主义现代化国家提供有力法治保障》，载《求是》2021年第5期。

2. 习近平：《必须坚持人民至上》，载《求是》2024年第7期。

3. 习近平：《不断开拓当代中国马克思主义政治经济学新境界》，载《求是》2020年第16期。

4. 徐显明：《论中国式现代化与法治的关系》，载《天津大学学报（社会科学版）》2024年第5期。

5. 王乐泉：《论改革与法治的关系》，载《中国法学》2014 年第 6 期。

6. 汪习根：《论法治中国的科学含义》，载《中国法学》2014 年第 2 期。

7. 马一德、韩天舒：《对标新质生产力要求 完善知识产权治理体系》，载《前线》2024 年第 5 期。

8. 张文显：《法治与国家治理现代化》，载《中国法学》2014 年第 4 期。

9. 王利明：《"良法""善治"并举 四中全会将绘就"法治中国"路线图》，载《人民论坛》2014 年第 27 期。

10. 苏力：《法律与科技问题的法理学重构》，载《中国社会科学》1999 年第 5 期。

11. 张钦昱：《论新质生产力的法治保障》，载《行政管理改革》2024 年第 6 期。

12. 徐汉明、张新平：《网络社会治理的法治模式》，载《中国社会科学》2018 年第 2 期。

13. 张颖：《中国古代丝绸之路与"一带一路"的发展历程及历史意义》，载《现代商贸工业》2023 年第 20 期。

14. 蒋坤洋：《让法治建设为新质生产力保驾护航》，载《社会主义论坛》2024 年第 6 期。

15. 高超、吴娅：《新质生产力下部门法发展方向与回应》，载《现代交际》2024 年第 7 期。

16. 俞可平：《法治与善治》，载《西南政法大学学报》2016 年第 1 期。

17. 蒲清平、黄媛媛：《习近平总书记关于新质生产力重要论述的生成逻辑、理论创新与时代价值》，载《西南大学学报（社会科学版）》2023 年第 6 期。

18. 陈兵：《以高水平法治促进新质生产力发展》，载《人民论坛·学术前沿》2024 年第 11 期。

19. 周佑勇：《以高水平法治助力新质生产力发展》，载《浙江人大》2024 年第 6 期。

20. 李晓华：《新质生产力的主要特征与形成机制》，载《人民论坛》2023 年第 21 期。

21. 陈辉萍、徐浩宇：《新质生产力背景下平台常态化监管的法治化进路》，载《湖北大学学报（哲学社会科学版）》2024 年第 3 期。

22. 马昀、卫兴华：《用唯物史观科学把握生产力的历史作用》，载《中国社会科学》2013 年第 11 期。

23. 刘志迎：《"双链"耦合构建现代化产业体系形成新质生产力》，载《合肥工业大学学报（社会科学版）》2024 年第 4 期。

24. 袁芳：《新质生产力理论对马克思生产力理论的创新性发展》，载《学术界》2024年第8期。

25. 魏崇辉、李垠辰：《唱响中国经济光明论语境下新质生产力推动共同富裕：内在机理与实践路径》，载《统一战线学研究》2024年第3期。

26. 文丰安：《从"解放发展生产力"到"培育发展新质生产力"——新中国成立以来生产力理论的变迁及启示》，载《重庆邮电大学学报（社会科学版）》2024年第4期。

27. 韩喜平、马丽娟：《新质生产力的政治经济学逻辑》，载《当代经济研究》2024年第2期。

28. 黄亚玲：《新中国成立以来中国共产党生产力发展观研究》，载《思想理论教育导刊》2010年第2期。

29. 王晓明、沈华：《对新质生产力的理论认识、战略认识、实践认识》，载《科技中国》2024年第4期。

30. 赵晨婷、宁金成：《国际商事快速仲裁规则的检视与完善——以仲裁裁决执行风险的诱因为视角》，载《河南财经政法大学学报》2024年第1期。

31. 王思敏、张沛：《程序正义独立价值的先天性及其认知神经基础》，载《华侨大学学报（哲学社会科学版）》2023年第5期。

32. 齐文浩、赵晨、苏治：《基于四"新"维度的新质生产力发展路径研究》，载《兰州大学学报（社会科学版）》2024年第2期。

33. 谢鹏俊等：《加快形成新质生产力的唯物史观阐释》，载《当代经济研究》2024年第4期。

34. 吕爽：《加强"新质人才"培养 为发展新质生产力蓄力赋能》，载《中国就业》2024年第9期。

35. 姜峰：《法院"案多人少"与国家治道变革——转型时期中国的政治与司法忧思》，载《政法论坛》2015年第2期。

36. 张志杰、马岚：《教育促进新质生产力发展的理论逻辑与路径》，载《河北师范大学学报（教育科学版）》2024年第3期。

37. 孟子硕、尹彦：《勘探"新质生产力"的内在机理：何谓、为何与何为》，载《湖北经济学院学报（人文社会科学版）》2024年第5期。

38. 占智勇、徐政、宁尚通：《数据要素视角下新质生产力创新驱动的理论逻辑与实践路径》，载《新疆社会科学》2024年第3期。

39. 高帆：《"新质生产力"的提出逻辑、多维内涵及时代意义》，载《政治经济学评论》2023年第6期。

40. 张夏恒：《ChatGPT的政治社会动能、风险及防范》，载《深圳大学学报

（人文社会科学版）》2023 年第 3 期。

  41. 刘文祥：《塑造与新质生产力相适应的新型生产关系》，载《思想理论教育》2024 年第 5 期。

  42. 王凯：《汉谟拉比法典——古巴比伦文明的唯一记录》，载《科学与文化》2007 年第 3 期。

  43. 曾炜君：《为发展新质生产力提供有力法治保障》，载《新湘评论》2024 年第 17 期。

  44. 李蕊、巩逸凡：《以法治力量推动粮食产业新质生产力发展》，载《农村工作通讯》2024 年第 12 期。

  45. 胡田野：《论法治的含义及其实现路径》，载《北京警察学院学报》2015 年第 1 期。

  46. 邓玉龙、吴静：《从政治经济学史看新质生产力理论的出场逻辑和科学意蕴》，载《经济问题》2024 年第 9 期。

  47. 代玉：《浅谈企业治理中的民主参与与法治建设》，载《民主法制建设》2024 年第 3 期。

  48. 马一德、韩天舒：《全力支持高质量发展的知识产权法治》，载《中国法治》2024 年第 4 期。

  49. 焦方义：《新中国成立以来生产力发展的基本规律》，载《学术交流》2010 年第 7 期。

  50. 李冉：《进一步全面深化改革要坚持以人民为中心》，载《红旗文稿》2024 年第 16 期。

  51. 李帅：《以人民为中心的法治：逻辑起点、价值定位与中国道路》，载《湖湘论坛》2023 年第 4 期。

  52. 肖鲁伟、史珺怡：《数字经济与以人民为中心的发展》，载《西藏发展论坛》2024 年第 1 期。

  53. 刘运渠：《创新驱动，需求导向，建设新质生产力》，载《经济导刊》2024 年第 1 期。

  54. 吴锋：《论以人民为中心的发展思想基本要义》，载《南方论刊》2020 年第 1 期。

  55. 乔佳琪、王哲：《新质生产力赋能农业绿色发展的逻辑机理与推进路径》，载《江南论坛》2024 年第 8 期。

  56. 薛全忠：《论习近平法治思想的原创性贡献——坚持中国特色社会主义法治道路的视角》，载《青海师范大学学报（社会科学版）》2024 年第 3 期。

  57. 王硕：《P2P、众筹与众包：共享经济新范式》，载《农村金融研究》

2016 年第 5 期。

58. 曲亚囡、白冰：《习近平法治思想指导下国内法治与涉外法治的统筹推进——基于中国式现代化法治国家的构建视角》，载《北京科技大学学报（社会科学版）》2024 年第 1 期。

59. 陆黎：《服务型政府理论基础的争议：化解、反思与未来展望》，载《理论观察》2024 年第 3 期。

60. 徐彦刚：《数据挖掘算法研究综述》，载《电脑知识与技术》2024 年第 24 期。

61. 陈秉乾、周强、刘欣：《云计算时代安全问题探究》，载《天津科技》2024 年第 9 期。

62. 吕磊：《基于机器学习的网络安全态势感知关键技术研究》，载《网络安全技术与应用》2024 年第 9 期。

63. 何悦：《数字版权交易中区块链技术的法律监管研究》，载《传播与版权》2024 年第 17 期。

64. 李坤轩、邱丽莉：《"互联网+"视域下基层信访工作的创新路径——基于山东省济宁市信访工作的实践》，载《理论导刊》2017 年第 3 期。

65. 张成岗、阿柔娜：《智慧治理场景下的数字信任构建：机制、挑战及趋向》，载《社会治理》2024 年第 1 期。

66. 李金桃：《建设中国特色新型智慧城市：发展愿景、治理模式、价值取向》，载《贵州社会科学》2024 年第 1 期。

67. 谢智菲：《区块链技术在资产证券化中的应用——基于法律与监管的视角》，载《河北金融》2019 年第 8 期。

68. 刘琼：《〈民法典〉实施中的法律解释与司法适用研究》，载《法制博览》2024 年第 17 期。

69. 李佳、王京婕：《全球跨境电子取证法律冲突及应对思考》，载《中国信息安全》2019 年第 5 期。

70. 徐辉、李俊强：《新时代法律职业共同体建设的机制、困境与路径探析——以共生理论为视角》，载《北京政法职业学院学报》2024 年第 2 期。

71. 王宇：《对提高法律执行力的思考》，载《法制与社会》2020 年第 9 期。

72. 庞思璐、刘雨晴：《政府干预、要素市场扭曲与企业投资效率》，载《经营与管理》2022 年第 4 期。

73. 张平：《人工智能伦理治理研究》，载《科技与法律（中英文）》2024 年第 5 期。

74. 陈林林、严书元：《论个人信息保护立法中的平等原则》，载《华东政法大学学报》2021 年第 5 期。

75. 张凌寒：《算法权力的兴起、异化及法律规制》，载《法商研究》2019 年第 4 期。

76. 周辉：《算法权力及其规制》，载《法制与社会发展》2019 年第 6 期。

77. 张欣：《算法解释权与算法治理路径研究》，载《中外法学》2019 年第 6 期。

78. 李淼：《数字经济时代企业数据财产权确权研究》，载《江西财经大学学报》2024 年第 5 期。

79. 端利涛：《数据确权的内在逻辑分析——以数权在场景和流通中的表现为视角》，载《互联网周刊》2024 年第 18 期。

80. 郭旨龙、李文慧：《数字化时代知情同意原则的适用困境与破局思路》，载《法治社会》2021 年第 1 期。

81. 宋辰琦：《知情同意规则在网络个人信息处理中的适用困境及进路》，载《中阿科技论坛（中英文）》2024 年第 9 期。

82. 朱沛智：《论生物识别信息保护中的知情同意原则》，载《西北师大学报（社会科学版）》2023 年第 5 期。

83. 陈金钊：《论法律信仰——法治社会的精神要素》，载《法制与社会发展》1997 年第 3 期。

84. 江春泽：《对生产力要素的几点看法》，载《学术月刊》1962 年第 7 期。

85. 吕炳斌：《个人信息保护的"同意"困境及其出路》，载《法商研究》2021 年第 2 期。

86. 王俐智：《隐私政策"知情同意困境"的反思与出路》，载《法制与社会发展》2023 年第 2 期。

87. 完颜邓邓、陶成煦：《国外政府数据分类分级授权协议及对我国的建议》，载《图书情报工作》2021 年第 3 期。

88. 鲍静、张勇进：《政府部门数据治理：一个亟需回应的基本问题》，载《中国行政管理》2017 年第 4 期。

89. 张先君、殷越：《国际平行诉讼背景下禁诉令签发条件的考量——以华为公司诉康文森公司案为例》，载《人民司法》2023 年第 25 期。

90. 陈兵、郭光坤：《数据分类分级制度的定位与定则——以〈数据安全法〉为中心的展开》，载《中国特色社会主义研究》2022 年第 3 期。

91. 景汉朝：《互联网法院的时代创新与中国贡献》，载《中国法学》2022 年第 4 期。

92. 李爱君：《组建国家数据局释放哪些关键信号》，载《人民论坛》2023 年第 9 期。

93. 包炜杰、陈晓青：《数据所有权：数字经济时代马克思主义所有制理论的新议题》，载《上海经济研究》2024 年第 9 期。

94. 崔国斌：《新酒入旧瓶：企业数据保护的商业秘密路径》，载《政治与法律》2023 年第 11 期。

95. 徐瑛晗、纪孟汝：《"三同时"制度：个人数据跨境流动风险监管之创新》，载《情报杂志》2022 年第 7 期。

96. 姚万勤：《客观归责理论与自动驾驶交通肇事刑事责任的归属》，载《大连理工大学学报（社会科学版）》2023 年第 6 期。

97. 易继明：《知识产权是发展新质生产力的第一要素》，载《知识产权》2024 年第 5 期。

98. 吴汉东：《中国知识产权法律变迁的基本面向》，载《中国社会科学》2018 年第 8 期。

99. 李振林：《人工智能刑事立法图景》，载《华南师范大学学报（社会科学版）》2018 年第 6 期。

100. 刘晓春：《新质生产力的知识产权司法保障：理念、功能与机制》，载《中国应用法学》2024 年第 4 期。

101. 孙晋：《2024 年反垄断民事诉讼新司法解释亮点阐释与未来展望》，载《法律适用》2024 年第 8 期。

102. 丁文严：《跨国知识产权诉讼中的长臂管辖及应对》，载《知识产权》2018 年第 11 期。

103. 伍德志：《论法律信任建构的反向逻辑：不信任的制度化及其功能》，载《暨南学报（哲学社会科学版）》2023 年第 3 期。

104. 徐子森：《互联网环境下商标侵权判定中的"商标性使用"辨析》，载《科技与法律（中英文）》2022 年第 4 期。

105. 俞可平：《经济全球化与治理的变迁》，载《哲学研究》2000 年第 10 期。

106. 张伟伦：《科技企业成国际合作亮丽名片》，载《中国对外贸易》2024 年第 9 期。

107. 明月：《文化差异对商事仲裁国际化的影响》，载《文化学刊》2022 年第 7 期。

108. 龙飞：《替代性纠纷解决机制立法的域外比较与借鉴》，载《中国政法大学学报》2019 年第 1 期。

109. 齐树洁、许林波：《域外调解制度发展趋势述评》，载《人民司法（应用）》2018 年第 1 期。

110. 雷磊：《新科技时代的法学基本范畴：挑战与回应》，载《中国法学》2023 年第 1 期。

111. 龙飞：《多元化纠纷解决机制立法的定位与路径思考——以四个地方条例的比较为视角》，载《华东政法大学学报》2018 年第 3 期。

112. 范愉：《中国非诉讼程序法的理念、特点和发展前景》，载《河北学刊》2013 年第 5 期。

113. 范愉：《当代世界多元化纠纷解决机制的发展与启示》，载《中国应用法学》2017 年第 3 期。

114. 汪斯坦：《公众参与加快城市治理法治化》，载《中国管理信息化》2017 年第 13 期。

115. 贡太雷：《公众参与社会治理与法治中国建设》，载《南海法学》2018 年第 3 期。

116. 陈蔚涛：《公众参与在社会治理中的基础性作用》，载《大连干部学刊》2014 年第 1 期。

117. 叶小源、王维先：《网络空间治理体系中用户数据安全及隐私保护研究》，载《中国高校社会科学》2024 年第 5 期。

118. 陈力丹：《习近平在网络安全和信息化工作座谈会上的讲话》，载《新闻前哨》2018 年第 2 期。

119. 吴江、陶成煦：《激活数据要素赋能千行万业——〈"数据要素×"三年行动计划（2024—2026 年）〉政策解读》，载《情报理论与实践》2024 年第 3 期。

120. 钭晓东：《论生成式人工智能的数据安全风险及回应型治理》，载《东方法学》2023 年第 5 期。

121. 孙静晶：《情报信息共享机制在跨境打击涉网新型犯罪中的应用研究》，载《公安研究》2024 年第 9 期。

122. 帅又榕、吴双：《国际电信联盟无线电规则委员会委员程建军：积极寻找最大公约数 各国共同制定〈无线电规则〉很必要也很重要》，载《中国无线电》2023 年第 12 期。

123. 卓泽渊：《习近平法治思想要义的法理解读》，载《中国法学》2021 年第 1 期。

124. 吴波：《司法应对"长臂管辖"的学理研究——基于对等原则和刑事司法视角的分析》，载《青少年犯罪问题》2024 年第 3 期。

125. 朱涵：《数据安全认证机构的法律规制》，载《信息技术与管理应用》2024 年第 2 期。

126. 钱丽君：《澳大利亚将于 2018 年 2 月 22 日施行〈数据泄露通报法案〉》，载《互联网天地》2018 年第 2 期。

127. 刘政宇、蒲思远：《PPP 模式风险的法律规制》，载《服务外包》2024 年第 8 期。

128. 朱松丽：《巴黎协定第一次全球盘点成果的诞生与影响》，载《可持续发展经济导刊》2024 年第 Z1 期。

129. 梁志文：《论人工智能创造物的法律保护》，载《法律科学（西北政法大学学报）》2017 年第 5 期。

130. 刘小璇、张虎：《论人工智能的侵权责任》，载《南京社会科学》2018 年第 9 期。

131. 华劼：《人工智能时代的隐私保护——兼论欧盟〈通用数据保护条例〉条款及相关新规》，载《兰州学刊》2023 年第 6 期。

132. 张夏明、张艳：《人工智能应用中数据隐私保护策略研究》，载《人工智能》2020 年第 4 期。

133. 邵国松、黄琪：《人工智能中的隐私保护问题》，载《现代传播（中国传媒大学学报）》2017 年第 12 期。

134. 付其运：《人工智能非主体性前提下侵权责任承担机制研究》，载《法学杂志》2021 年第 4 期。

135. 杨国华：《WTO 争端解决机制改革的现状与未来——部长级会议决定解读》，载《国际商务研究》2024 年第 4 期。

136. 陈思怡：《数据主权下 CPTPP 安全例外条款适用困境及其纾解》，载《网络安全与数据治理》2024 年第 7 期。

137. 张贵洪：《全球发展倡议赋能联合国 2030 年可持续发展议程》，载《当代世界》2024 年第 8 期。

138. 张卓明：《司法改革的目标定位》，载《检察风云》2024 年第 16 期。

139. 蔡培如、王锡锌：《论个人信息保护中的人格保护与经济激励机制》，载《比较法研究》2020 年第 1 期。

140. 谭九生、李猛：《智慧治理视域下跨部门政府信息资源共享的阻碍与纾解》，载《行政与法》2021 年第 8 期。

141. 韩志明、李春生：《城市治理的清晰性及其技术逻辑——以智慧治理为中心的分析》，载《探索》2019 年第 6 期。

142. 李卫东：《我国城市政府的数据调查和信息资源共享现状分析》，载《电子政务》2008 年第 10 期。

143. 周志忍、蒋敏娟：《中国政府跨部门协同机制探析——一个叙事与诊断

144. 陈水生：《迈向数字时代的城市智慧治理：内在理路与转型路径》，载《上海行政学院学报》2021 年第 5 期。

145. 宋君、沙巨山：《数字治理到智慧治理的演进逻辑、风险管控与价值实现》，载《领导科学》2022 年第 10 期。

146. 顾丽梅、李欢欢、张扬：《城市数字化转型的挑战与优化路径研究——以上海市为例》，载《西安交通大学学报（社会科学版）》2022 年第 3 期。

147. 宋旭光：《法律解释何以可能？——法律解释的推论主义说明》，载《法制与社会发展》2024 年第 1 期。

148. 郑永年、黄彦杰：《中国的社会信任危机》，载《文化纵横》2011 年第 2 期。

149. 谢晖：《法律信仰概念及其意义探析》，载《宁夏大学学报（社会科学版）》1996 年第 3 期。

150. 季卫东：《法律程序的意义——对中国法制建设的另一种思考》，载《中国社会科学》1993 年第 1 期。

151. 胡旭东：《地方立法权在中国法治中的双重角色》，载《中国党政干部论坛》2008 年第 9 期。

152. 周伟：《论我国地方立法存在的问题及其解决》，载《河南财经政法大学学报》2013 年第 2 期。

153. 何人可：《基于区块链的智能合约在金融领域应用及风险防控》，载《理论探讨》2020 年第 5 期。

154. 周建峰：《论区块链智能合约的合同属性和履约路径》，载《黑龙江省政法管理干部学院学报》2018 年第 3 期。

155. 邹丽梅、姜琪：《区块链背景下智能合约的法律救济探究》，载《长春理工大学学报（社会科学版）》2021 年第 6 期。

156. 王滨起：《法律意识是法治国家进程的基础——兼论"四五"普法的重心任务》，载《中国司法》2001 年第 2 期。

157. 江俊瑶：《我国智能投顾的法律风险及其监管规制》，载《西部学刊》2024 年第 4 期。

158. 刘浩然、胡象明：《习近平关于防范化解风险重要论述中的知行合一观》，载《北京联合大学学报（人文社会科学版）》2023 年第 1 期。

159. 肖唐镖：《以多元性居民参与践行全过程人民民主》，载《中国报道》2024 年第 9 期。

160. 王华伟：《论人形机器人治理中的刑法归责》，载《东方法学》2024 年第 3 期。

161. 贡塔·托依布纳、祁春轶：《多元现代性：从系统理论角度解读中国私法面临的挑战》，载《中外法学》2013 年第 2 期。

162. 钱颖一：《市场与法治》，载《经济社会体制比较》2000 年第 3 期。

163. 莫纪宏、蔡立东、张守文：《法治与社会主义市场经济》，载《甘肃农业》2023 年第 7 期。

164. 王耀国：《全面推进企业依法治理的思考》，载《中国司法》2015 年第 5 期。

165. 余文唐：《法律冲突基本问题疏辨》，载《山东法官培训学院学报》2023 年第 3 期。

166. 黄晖：《冲突法中的选法意外规制》，载《法商研究》2024 年第 3 期。

167. 贾开、薛澜：《人工智能伦理问题与安全风险治理的全球比较与中国实践》，载《公共管理评论》2021 年第 1 期。

168. 陈兵：《以高水平法治促进新质生产力发展》，载《人民论坛·学术前沿》2024 年第 11 期。

169. 邹新月：《提升新质生产力，推动高质量发展》，载《南方经济》2024 年第 5 期。

170. 周文、许凌云：《论新质生产力：内涵特征与重要着力点》，载《改革》2023 年第 10 期。

171. 黄海华、袁先鹏：《精心编制十四届全国人大常委会立法规划》，载《中国法治》2024 年第 8 期。

172. 张贤明、田玉麒：《论协同治理的内涵、价值及发展趋向》，载《湖北社会科学》2016 年第 1 期。

173. 高泓：《营造法治化营商环境：内涵与路径》，载《人民论坛·学术前沿》2023 年第 23 期。

174. 曹磊：《网络空间的数据权研究》，载《国际观察》2013 年第 1 期。

175. 崔亚冰：《〈加州消费者隐私法案〉的形成、定位与影响》，载《网络法律评论》2017 年第 1 期。

四、报纸

1. 《习近平在中共中央政治局第十一次集体学习时强调 加快发展新质生产力 扎实推进高质量发展》，载《人民日报》2024 年 2 月 2 日，第 1 版。

2. 《习近平主持召开新时代推动东北全面振兴座谈会强调 牢牢把握东北的重要使命 奋力谱写东北全面振兴新篇章》，载《人民日报》2023 年 9 月 10 日，第 1 版。

3. 《习近平在参加江苏代表团审议时强调 因地制宜发展新质生产力》, 载《人民日报》2024 年 3 月 6 日, 第 1 版。

4. 《习近平主持召开新时代推动中部地区崛起座谈会强调 在更高起点上扎实推动中部地区崛起》, 载《人民日报》2024 年 3 月 21 日, 第 1 版。

5. 《中共中央关于进一步全面深化改革 推进中国式现代化的决定》, 载《人民日报》2024 年 7 月 22 日, 第 1 版。

6. 习近平:《在纪念孔子诞辰 2565 周年国际学术研讨会暨国际儒学联合会第五届会员大会开幕会上的讲话》, 载《人民日报》2014 年 9 月 25 日, 第 2 版。

7. 张昕、杨丽萍、刘盼盼:《党就在身边 智慧治理就在身边 郑州市党建引领网格化治理工作观摩活动侧记》, 载《郑州日报》2024 年 8 月 25 日, 第 1 版。

8. 吴忧:《以发展新质生产力为重要着力点扎实推进高质量发展 "新质"与"高质"如何双向奔赴》, 载《四川日报》2024 年 5 月 14 日, 第 2 版。

9. 徐隽:《多元化解, 有助"胜败皆服"》, 载《人民日报》2016 年 7 月 6 日, 第 17 版。

10. 尹栋、吴萌、王晓丹:《以法治保障引领发展新质生产力》, 载《黑龙江日报》2024 年 5 月 1 日, 第 3 版。

11. 侍敏、徐新合、朱昌伟:《"知"度为新质生产力发展保驾护航》, 载《连云港日报》2024 年 7 月 3 日, 第 1 版。

12. 沈慧:《期待人形机器人成为好帮手》, 载《经济日报》2024 年 9 月 2 日, 第 10 版。

13. 李建伟:《程序正义在司法公正中的价值定位与优化建议》, 载《山西科技报》2024 年 2 月 26 日, 第 8 版。

14. 李蕊:《山东滨州高新技术产业开发区——优化创新生态 激活发展动能》, 载《人民日报海外版》2024 年 9 月 4 日, 第 5 版。

15. 张亚玮:《智慧城市建设中的智慧治理:赋能机制与达成路径》, 载《山西科技报》2024 年 7 月 25 日, 第 B6 版。

16. 傅军、王鑫彤、张翔宇:《分批次做好政策推送, 设立"专精特新"服务专线——青岛税务助推新质生产力发展》, 载《青岛日报》2024 年 7 月 24 日, 第 7 版。

17. 孙道萃:《人工智能对传统刑法的挑战》, 载《检察日报》2017 年 10 月 22 日, 第 3 版。

18. 刘珊伊:《为发展新质生产力提供法治保障——〈赣州市科技创新促进条例〉解读》, 载《赣南日报》2024 年 4 月 29 日, 第 2 版。

19. 范孝东:《不断完善发展新质生产力法治保障体系 访省人大常委会法工

委主任吴斌》，载《安徽日报》2024 年 4 月 25 日，第 6 版。

20. 施娴丽、杨俊：《深刻把握新质生产力的科学内涵与实现路径》，载《新华日报》2024 年 4 月 19 日，第 14 版。

21. 郑弋、张永明：《无锡高水平法治建设护航发展》，载《江苏法治报》2024 年 8 月 26 日，第 1 版。

22. 樊婷等：《优化监管 柔性执法 特色科普——内蒙古自治区呼和浩特市开展夏季食品安全专项行动记》，载《中国市场监管报》2024 年 8 月 16 日，第 A3 版。

23. 张雨倩：《东莞城管："小微执法"打造全国柔性执法新样本》，载《东莞日报》2024 年 8 月 6 日，第 A3 版。

24. 范卫彬：《以高水平法治支撑和服务新质生产力发展》，载《新乡日报》2024 年 8 月 6 日，第 1 版。

25. 朱丹：《加强知识产权司法保护 促进新质生产力发展》，载《人民法院报》2024 年 4 月 25 日，第 2 版。

26. 张铁国、许斯影、陈逸晴：《鼓楼检察：履职保护知识产权 助推新质生产力发展》，载《福州日报》2024 年 4 月 25 日，第 4 版。

27. 贺雪丽、许颖、邱岩：《陕西西安：厚植新质生产力发展的法治沃土》，载《人民法院报》2024 年 6 月 17 日，第 6 版。

28. 王晓红：《省法院出台 12 条司法措施——为发展新质生产力提供精准司法服务》，载《江苏法治报》2024 年 7 月 24 日，第 1 版。

29. 陶玉琼：《夯实发展新质生产力的法治保障》，载《陕西日报》2024 年 4 月 25 日，第 8 版。

30. 杨春燕：《西安市检察院持续提升检察履职水平 服务新质生产力发展》，载《西安日报》2024 年 5 月 14 日，第 4 版。

31. 张昊：《最高法发布全国法院 2023 年知识产权司法保护情况——以法治之力服务保障新质生产力发展》，载《法治日报》2024 年 4 月 23 日，第 3 版。

32. 吴苡婷：《教育在培育发展新质生产力中如何发挥作用？——市教委主任周亚明：加强人才培养，打造"核爆点"》，载《上海科技报》2024 年 5 月 15 日，第 3 版。

33. 《习近平在看望参加政协会议的民革科技界环境资源界委员时强调 积极建言资政广泛凝聚共识 助力中国式现代化建设》，载《人民日报》2024 年 3 月 7 日，第 1 版。

34. 马军、武卫军：《昌吉法务区：以高水平法治保障新质生产力发展》，载《昌吉日报（汉）》2024 年 3 月 27 日，第 7 版。

35. 王鹤霖、王家梁：《贵州立法促进数据流通交易为发展新质生产力提供有力法治保障》，载《法治日报》2024年9月3日，第6版。

36. 康凤云、邹生根：《深刻把握新质生产力的科学内涵、鲜明特征与培育路径》，载《光明日报》2024年5月24日，第6版。

37. 沈开艳、何畅：《发展新质生产力》，载《解放日报》2023年12月19日，第9版。

38. 段续、刘怀丕：《法治是最好的营商环境》，载《新华每日电讯》2024年3月9日，第8版。

五、博士、硕士论文

1. 姚瑶：《我国跨境数据流动治理法律问题研究》，大连海洋大学2024年硕士学位论文。

2. 颜博：《技术转让合同纠纷调研报告》，湖南大学2021年硕士学位论文。

3. 于雯静：《中国公私合作制度研究》，黑龙江大学2024年硕士学位论文。

4. 王晓广：《全球化背景下中西法律文化冲突论纲》，吉林大学2009年博士学位论文。

5. 吴璐璇：《知识产权侵权惩罚性赔偿制度适用研究》，河北经贸大学2024年硕士学位论文。

6. 李逸桢：《习近平"人民至上"理念的丰富内涵和时代价值研究》，北方民族大学2024年硕士学位论文。

7. 马玉杰：《人工智能"符合伦理设计"的逻辑基础研究》，苏州大学2021年硕士学位论文。

8. 高圆：《智慧治理：互联网时代政府治理方式的新选择》，吉林大学2014年硕士学位论文。

9. 丛楷力：《从"碎片化"到"整体性"：地方政府数据开放治理研究——以山东省为例》，山东师范大学2019年硕士学位论文。

后　记

  本书的撰写工作虽已结束，但对新质生产力的法治保障这一宏大课题，相关问题的思考远未结束。这不是一个可以用简短篇幅就能全面阐述的问题，其涉及的层面之广、要素之多，都使得这一研究领域充满了无尽的挑战与可能。

  新质生产力，作为当下社会经济发展的关键动力，是推动高质量发展的内在要求和重要着力点，其重要性不言而喻。而与之相对应的法治保障，则是确保其健康、有序发展的基石。从立法层面的制度设计，到执法层面的规范实施，再到司法层面的权益保护以及普法层面的宣传教育，每一个环节都关乎新质生产力能否在法治的轨道上稳健前行。

  本书虽然对新质生产力的法治保障进行了系统的梳理和分析，但须承认，本书的研究仅仅是其中的一个版本或角度而已。随着科技的不断进步、社会经济的持续变革，新质生产力的形态和内涵也在不断丰富和拓展。这意味着，与之相关的法治保障也需要不断适应、更新和完善。

  探究新质生产力的法治保障具有明显的时代及时效意义。通过借鉴国内外先进的法治理念和实践经验，结合我国新质生产力的实际发展情况，构建具有中国特色的新质生产力法治保障理论体系，将有助于指导实践，推动新质生产力在法治的轨道上实现高质量、可持续的发展。

  新质生产力的法治保障是一个值得持续关注和深入研究的课题。本书虽然取得了一定的研究成果，但未来的路还很长。期待更多的学者、专家加入这一研究领域中来，共同为新质生产力法治保障提供理论支撑与启迪。

  学术探索是对智慧与学术边界的无尽拓扑，它不仅需要个人的毅力和努力，更离不开前人成果的积淀与启发。本书写作过程中参考了国内外诸多专家学者的权威论著和观点，在此表示感谢。他们的学术论著与独特见解，构筑了我踏足未知、挖掘真理的阶梯，虽然意味着可以借此站得更高，但由于本人的学术积累和写作水平有限，却未必看得更远。希望在今后的研究中，能够做出更有理论深度和历史厚度的成果。

本书是2024年度山东省社会科学规划研究重点项目"新质生产力的法治保障研究"（24BFXJ01）、中共山东省委党校（山东行政学院）重大项目攻关创新科研支撑项目"新质生产力对中国式社会治理现代化的影响及路径研究"（25CX126）的成果，更是本人近年来研究的阶段性总结。本书适合广大理论工作者与实务工作者阅读。本书难免存在错讹和疏漏之处，敬请读者朋友给予批评指正！

马玉丽

2024年10月于济南